QIYE HETONG FALÜ FENGXIAN
FANGFAN QUANSHU

企业合同法律风险防范全书

陈萍 阎丽 马新峰 / 主编

法律出版社
LAW PRESS·CHINA
北京

图书在版编目（CIP）数据

企业合同法律风险防范全书 / 陈萍，阎丽，马新峰主编．－－北京：法律出版社，2025．－－ISBN 978-7-5244-0237-4

I．D923.64

中国国家版本馆 CIP 数据核字第 20259HC878 号

企业合同法律风险防范全书
QIYE HETONG FALÜ FENGXIAN FANGFAN QUANSHU

陈 萍 阎 丽 马新峰 主编

策划编辑 林 蕊
责任编辑 林 蕊
装帧设计 臧晓飞

出版发行 法律出版社	开本 710 毫米×1000 毫米 1/16
编辑统筹 司法实务出版分社	印张 23.25　字数 456 千
责任校对 裴　黎	版本 2025 年 7 月第 1 版
责任印制 胡晓雅	印次 2025 年 7 月第 1 次印刷
经　　销 新华书店	印刷 天津嘉恒印务有限公司

地址：北京市丰台区莲花池西里 7 号（100073）
网址：www.lawpress.com.cn　　　　　　　销售电话:010-83938349
投稿邮箱：info@lawpress.com.cn　　　　　客服电话:010-83938350
举报盗版邮箱：jbwq@lawpress.com.cn　　　咨询电话:010-63939796
版权所有·侵权必究

书号：ISBN 978-7-5244-0237-4　　　　　　定价：83.00 元

凡购买本社图书，如有印装错误，我社负责退换。电话:010-83938349

本书编委会

主编

陈　萍　四川瀛领禾石律师事务所　　　阎　丽　北京德和衡(太原)律师事务所
马新峰　河南绿地律师事务所

副主编

栾新友　北京市京师律师事务所　　　张学文　北京市惠诚律师事务所
王波涛　上海至合律师事务所　　　　白彦强　北京金诚同达(西安)律师事务所
芶　芸　北京大成(长春)律师事务所

编委会委员(以下排名不分先后)

单　艺　北京市炜衡律师事务所　　　游　震　北京市京师(福州)律师事务所
朱家涛　河南诚然律师事务所　　　　游潘念　四川能言律师事务所
曹洪霞　江苏叠慧律师事务所　　　　董丽娜　北京市盈科(湛江)律师事务所
蒋　斌　北京浩略律师事务所　　　　申　丽　北京盈科(长春)律师事务所
张华东　北京市隆安律师事务所　　　余　洋　重庆准的律师事务所
陈　坚　浙江仙居国浩法律服务所　　周　盟　北京中阔律师事务所
张智峰　江苏瀛元律师事务所　　　　孙　岩　河北三和时代(沧州)律师事务所
臧学军　泰和泰(重庆)律师事务所　　刘兴远　泰和泰(重庆)律师事务所
刘　禾　四川睿桥律师事务所　　　　陈一杏　上海市汇业(中山)律师事务所
胡明春　天津瀛略律师事务所　　　　彭长明　北京华泰(乌鲁木齐)律师事务所
曹毅晖　浙江五前律师事务所　　　　杜心付　北京市京师(郑州)律师事务所
严但灵　湖南瑞财律师事务所　　　　李　淼　北京倡信律师事务所
贺　俊　北京市盈科律师事务所　　　郭中政　山东鲁辰律师事务所
杨兴跃　云南天外天律师事务所　　　赵金笑　北京市中闻(深圳)律师事务所
白　洁　四川昊通律师事务所　　　　邬　娜　北京市中伦文德(重庆)律师事务所

序 一 Preface

在全球化浪潮与数字经济深度交融的当代商业环境中,企业所处的市场环境正经历着前所未有的深刻变革。市场竞争的白热化态势、政策法规的动态演变、技术迭代的加速推进,共同形成了企业运营发展中的复杂挑战矩阵。而合同,作为企业经济活动的核心纽带,如同一条无形的脉络,贯穿于企业设立、运营、发展的全生命周期,在现代商业体系中占据无可替代的关键地位。

作为一名拥有三十载执业经验的律师及律所创始合伙人,通过长期处理海量企业合同法律事务,我对合同法律风险的巨大影响力有极为深刻且直观的感受。从初创企业充满探索性的商业合作协议,到大型企业复杂精细的并购合同,每一个合同文本都像一个微观的法律宇宙,其中任何一个细微的条款瑕疵,都可能在未来的某个时间节点引发一场旷日持久的法律纠纷风暴。这些纠纷不仅会让企业耗费大量的人力、物力资源,更可能对企业造成严重的经济创伤,甚至危及企业的声誉根基与命脉存续。

防范合同法律风险,绝非简单的法律知识机械应用,而是需要构建一套系统化、立体化的风险管理思维与战略视角。这一过程要求企业在合同起草、谈判、签订、履行的全流程环节中,始终保持高度的法律敏锐性与风险防控意识。在合同起草阶段,需以严谨的法律思维确保条款的逻辑严密性与表述精准性,杜绝任何模糊、有歧义的表述;在谈判过程中,要精准识别潜在的法律风险点,同时以灵活的谈判策略争取有利的合同条款,在法律框架内为企业争取最大的商业利益;在合同签约前,需对合同相对方进行全面、深入的审查,包括主体资格的合法性验证、履约能力的综合评估等;在合同履行过程中,则要严格依照合同约定执行,建立完善的履行监控机制,妥善处理合同变更、违约等突发状况,确保合同目的的顺利实现。

然而,审视当下的商业实践,众多企业对合同法律风险仍缺乏足够的认知与重视。部分企业在签约时表现出草率轻率的态度,忽视对合同条款的全面审查,盲目轻信对方的口头承诺;部分企业由于缺乏专业的法务支持,合同管理体系漏洞频出,从合同的起草、审批到履行、归档,各个环节都存在潜在的风险隐患;还有部分企业在发生法律纠纷时，应对不及时、处理不恰当，导致损失不断扩大。这些现实存在的问题，无不凸显加强企业合同法律风险防范的迫切性与必要性，也成为本书创作的重要初衷与动力源泉。

本书的创作立足于大量真实的企业合同法律案例，通过对这些案例的深入剖析，揭示企业在各类合同中潜藏的法律风险点。针对每一个风险点，本书不仅进行清晰的风险提示，更从实践操作的角度出发，提出系统、全面且具有高度实用性的防范措施与应对策略，旨在为企业提供一套切实可行的合同法律风险防控指南。无论是企业的高级管理者，还是专业的法务从业者，抑或是关注企业法律事务的法律工作者，都能从本书中汲取宝贵的实践经验，获得有益的法律启发。

最后，我要向所有为本书创作与出版付出心血与努力的同人致以最诚挚的谢意。正是大家的共同努力，才使得本书能够顺利与读者见面。我们衷心期望本书能够为广大读者带来切实的帮助，成为企业合同法律风险防范工作的得力助手。同时，也希望本书能够引发更多企业对合同法律风险的重视与关注，推动企业合同管理向规范化、专业化的更高水平迈进，共同营造一个更加健康、有序的商业法律环境。在未来的商业征程中，愿每一家企业都能以法律为盾，有效防范合同法律风险，在市场竞争中稳健前行，实现可持续的高质量发展。

陈　萍

2025年7月

序 二 Preface

在商业活动的宏大舞台上,合同宛如一根无形却又至关重要的丝线,紧密串联起企业运营的各个环节。它不仅是企业之间经济往来的重要载体,更是保障交易安全、明确权利义务的关键依据。然而,在合同的签订、履行过程中,法律风险如影随形,稍有不慎,便可能给企业带来巨大的损失。作为一名长期奋战在法律一线的律师,我深刻认识到企业合同法律风险防范的重要性和紧迫性。

从理论层面来看,合同法律体系犹如一座宏伟而复杂的大厦,涵盖了众多的法律法规和司法解释。《民法典》合同编作为我国合同领域的基本准则,为合同的订立、效力、履行、变更、转让、终止等各个方面提供了全面而系统的规范。此外,还有大量的行政法规、部门规章以及地方性法规对特定领域的合同进行了细化和补充规定。这些法律法规相互交织、相互影响,构成了一个庞大而严密的法律网络。企业要想在这个法律网络中游刃有余地开展经营活动,就必须深入了解合同法律的基本原理和规则,准确把握法律的精神和实质。只有这样,才能在合同的起草、审查、履行等各个环节中,运用法律武器维护自身的合法权益,避免陷入法律风险的泥潭。

然而,理论知识只是纸上谈兵,要真正实现企业合同法律风险的有效防范,还必须将理论与实践紧密结合起来。在多年的律师职业生涯中,我接触过形形色色的企业合同纠纷案件。这些案件涉及的行业广泛,包括制造业、服务业、金融业、房地产等;纠纷的类型也多种多样,如合同效力纠纷、违约责任纠纷、合同解除纠纷等。通过对这些案件的深入分析和研究,我发现许多企业合同纠纷的发生并非偶然,而是由于企业在合同管理方面存在诸多漏洞和不足。例如,一些企业在签订合同前,没有对合同相对方的主体资格、资信状况进行充分的调查和了解,导致在合同履行过程中出现对方违约甚至欺诈的情况;一些企业在合同起草过程中,没有使用规范的合同文本,合同条款表述模糊、歧义丛生,为日后的纠纷埋下了隐患;还有一些企业在合同履行过程中,没有严格按照合同约定履行自己的义务,或者对对方的违约行为没有及时采取有效的措施进行处理,导致损失不断扩大。

为了帮助企业提高合同法律风险防范意识和能力,我结合自己多年的理论研究和实践经验,参与了这本《企业合同法律风险防范全书》的编写。本书以企业合同的生命周期为主线,从合同的签订前准备、合同的起草与审查、合同的履行与变更、合同的终止与解除等各个环节入手,详细介绍了企业合同法律风险的识别、评估和防范方法。书中不仅对合同法律的基本原理和规则进行了深入浅出的讲解,还通过大量的实际案例分析,生动形象地展示了企业合同法律风险的表现形式和防范策略。

  合同法律领域广袤无垠,实践情形更是千变万化,本书中难免存在阐释欠精准、剖析欠周全的地方。在此,我怀着赤诚之心,恳切地期望广大读者能够不吝给予批评指正,提出您的真知灼见。您的每一条反馈都如同一束光,照亮本书不断臻于完善的道路,也将让更多企业在合同法律风险防范的征程中受益。

  最后,衷心感谢您对本书倾注的关注。您的支持是我前行的不竭动力。

阎 丽
2025 年 7 月

序 三 Preface

在当今竞争激烈且复杂多变的商业环境中,合同已然成为企业开展各类经营活动的关键纽带与重要保障。企业的日常运营,大到重大项目合作、巨额资产交易,小至办公用品采购、服务外包,无一不是通过合同来明确各方权利义务、规范交易行为的。可以说,合同贯穿于企业经营的每一个环节,其重要性不言而喻。然而,合同在带来商业机遇与规范交易秩序的同时,也如同隐藏着暗礁的海洋,充斥各种法律风险。

从合同的订立阶段开始,风险便如影随形。若在签订前未对合作方进行深入细致的背景调查,企业很可能与缺乏履约能力或信用不佳的主体缔结合同;一旦对方违约,企业将遭受经济损失,甚至陷入长期的法律纠纷。实践中,诸多企业因忽视这一环节,轻信对方表面的宣传与承诺,在未充分了解对方财务状况、经营历史、涉诉情况等关键信息的情况下匆忙签约,最终导致合同无法履行,货款无法收回,给自身带来沉重打击。例如,一些企业在与新客户合作时,仅进行简单的沟通与洽谈,未对客户的信用记录、经营稳定性进行核实,结果在交付货物后,客户却以各种理由拖延付款,甚至破产倒闭,使企业的辛苦付诸东流。

合同订立过程中的主体资格审查同样至关重要。与无主体资格的合同相对方签订合同,如与已被吊销营业执照或注销的企业、不具备特定交易资质的主体,以及企业内部无缔约能力的机构部门签约,将导致合同无效,企业的预期利益无法实现,还可能因合同无效引发一系列法律责任与经济损失。在某些行业,如建筑、医疗等,国家对企业的经营资质有严格规定,若企业忽视对合作方资质的审查,与不具备相应资质的主体签订合同,不仅合同可能被认定无效,企业还可能面临行政处罚,严重影响企业的正常经营与声誉。

合同的效力问题也是企业必须高度关注的风险点。无效合同、可撤销合同、效力待定合同等不同效力状态的合同,会给企业带来截然不同的法律后果。因欺诈、胁迫、重大误解等原因订立合同,企业可能在不知情的情况下陷入不利境地,权益遭受侵害。例如,一方故意隐瞒重要事实或提供虚假信息,诱使企业签订合同,待企业发现真相时，可能已投入大量资源，却因合同效力存在瑕疵而无法实现预期目标，还可能面临赔偿对方损失的风险。

合同履行阶段同样充满挑战。拒绝履行、迟延履行、履行不符合约定等违约行为时有发生，给企业的生产经营带来严重干扰。若合同对产品质量、价款、履行地点等关键条款约定不明，双方在履行过程中极易产生争议，增加企业的沟通成本与法律风险。在买卖合同中，若对产品质量标准约定模糊，买方收到货物后认为质量不符合要求，双方可能因对质量标准的理解不同而产生纠纷，导致交易陷入僵局，影响企业的正常生产与销售计划。

此外，合同的变更、转让、终止等环节也都存在相应的法律风险。随意变更合同内容、未经合法程序转让合同权利义务、未妥善处理合同终止后的相关事宜，都可能引发法律纠纷，给企业带来麻烦与不必要的损失。在企业的实际经营中，因业务调整或市场变化，可能需要对合同进行变更或转让。若企业未遵循相关法律法规与合同约定的程序进行操作，可能导致变更或转让行为无效，损害自身或第三方的利益，引发法律诉讼。

鉴于合同法律风险对企业经营发展的重大影响，企业必须高度重视合同法律风险防范工作。而《企业合同法律风险防范全书》正是企业在这一领域的得力助手与实用指南。本书全面、系统、深入地对企业合同法律风险防范进行了详尽阐述与剖析。从合同的订立、效力、履行，到合同的保全、变更与转让、权利义务终止，再到各类具体合同如买卖合同、借款合同、租赁合同等的法律风险防范，涵盖了企业合同管理的各个环节与层面。全书以企业合同生命周期为主线，通过对302个常见法律风险点的精准提炼与深入解读，结合详细的防范措施，以及相关法律法规的链接，为企业提供全方位、多层次的合同法律风险防范解决方案。

无论是企业的管理者、法务人员，还是从事业务经营的工作人员，都能从本书中汲取宝贵的知识与经验，提升自身的合同法律风险防范意识与能力。相信本书的出版发行将助力企业在复杂多变的商业环境中，有效识别、防范合同法律风险，保障合同的顺利履行，维护企业的合法权益，为企业的稳健发展保驾护航。

马新峰

2025年7月

目录 Contents

第一章　合同的订立　　1

风险点1：合同签订前未对合作方进行背景调查　　1
风险点2：合同相对方无主体资格　　2
风险点3：与自然人缔约　　3
风险点4：委托他人签订合同　　6
风险点5：混淆要约与要约邀请　　7
风险点6：要约撤回与撤销不当　　8
风险点7：承诺不当的法律风险　　9
风险点8：口头合同　　10
风险点9：电子合同　　11
风险点10：电子邮件签订合同　　13
风险点11：微信合同　　14
风险点12：传真合同　　17
风险点13：异地签订合同　　18
风险点14：倒签合同　　19
风险点15：预约合同　　20
风险点16：（合同）意向书　　23
风险点17：（合同）备忘录　　24
风险点18：采用格式条款订立合同　　25
风险点19：合同成立时间与地点不明确　　27
风险点20：合同条款约定不明　　29
风险点21：争议解决条款模糊导致维权成本高　　30
风险点22：合同的仲裁机构约定不明　　33
风险点23：合同约定既可诉讼也可仲裁　　34
风险点24：仲裁条款违反"一裁终局"规定　　34

风险点 25：合同约定"回扣"的条款　　36
风险点 26：磋商中泄露商业秘密　　37
风险点 27：缔约过失责任　　39
风险点 28：未签名、盖章但对方已实际履行的合同　　40
风险点 29：合同没盖骑缝章　　41
风险点 30：签订晦涩难懂的合同　　42
风险点 31：要求所有职能部门负责人参与合同会签　　42
风险点 32：约定账户共管条款　　43
风险点 33：不认真审查合同附件　　44
风险点 34：合同双方权利义务错位　　45
风险点 35：投标人无正当理由拒不与招标人签订合同　　46
风险点 36：订立合同被诈骗　　47

第 二 章　合同的效力　　49

风险点 37：无效合同　　49
风险点 38：可撤销合同　　51
风险点 39：效力待定合同　　53
风险点 40：须审批合同的效力　　56
风险点 41：附条件合同　　57
风险点 42：附期限合同　　58
风险点 43：当事人以虚假意思表示签订的合同　　59
风险点 44：恶意串通签订的合同　　60
风险点 45：基于重大误解订立的合同　　61
风险点 46：受欺诈订立的合同　　62
风险点 47：强迫他人签订合同　　64
风险点 48：显失公平的合同　　65
风险点 49：超越经营范围订立合同　　66
风险点 50：法定代表人超越权限订立合同　　67
风险点 51：员工超越职权范围的限制签订合同　　69
风险点 52：表见代理　　71
风险点 53：混淆"签名或盖章"、"签名盖章"与"签名、盖章"　　72
风险点 54：私刻公章签订合同　　73
风险点 55：合同盖章未签字　　76

风险点 56：合同签字但没有加盖公章 … 77
风险点 57：非合同主体在合同上签字或盖章 … 79
风险点 58：加盖部门印章的合同 … 80
风险点 59：合同相对方是自然人，其用私章签订合同 … 81
风险点 60：离职员工以原企业名义签订合同 … 82
风险点 61：盖有公章的空白合同被员工擅自使用 … 83
风险点 62：合同涂改的效力争议 … 84
风险点 63：合同约定造成对方人身损害的"免责条款" … 85
风险点 64：合同约定"不得起诉"的条款 … 85
风险点 65：宣传材料的合同效力 … 87
风险点 66：以被吊销执照公司的名义订立合同 … 88

第 三 章　合同的履行　91

风险点 67：拒绝履行 … 91
风险点 68：迟延履行 … 92
风险点 69：合同的产品质量约定不明 … 93
风险点 70：合同的价款约定不明 … 94
风险点 71：合同的履行地点约定不明 … 96
风险点 72：涉及政府指导价的合同 … 98
风险点 73：约定由债务人向第三人履行债务 … 99
风险点 74：约定由第三人向债权人履行债务 … 100
风险点 75：第三人代为履行 … 101
风险点 76：同时履行抗辩权 … 103
风险点 77：先履行抗辩权 … 104
风险点 78：不当行使不安抗辩权 … 104
风险点 79：合同相对方提前履行 … 106
风险点 80：合同的部分履行 … 106
风险点 81：滥用情势变更 … 107
风险点 82：不可抗力导致合同不能履行 … 109
风险点 83：合同履行条件丧失导致履行不能 … 109
风险点 84：因合同相对方导致的债务履行困难 … 111
风险点 85：没有严格按照合同约定的时间付款 … 112
风险点 86：对方履约人员变动 … 113

第四章　合同的保全 ... 114

风险点 87：债权人代位权 ... 114
风险点 88：债权人撤销权 ... 116

第五章　合同的变更与转让 ... 119

风险点 89：变更合同时当事人未达成一致或没有办理相应手续 ... 119
风险点 90：协商变更合同没有要求对方提供授权委托书 ... 121
风险点 91：口头变更合同 ... 121
风险点 92：合同变更内容约定不明确 ... 122
风险点 93：通过协议补充确定合同内容 ... 123
风险点 94：受让债权未及时通知债务人 ... 123
风险点 95：债务人转移债务 ... 125
风险点 96：合同权利义务的概括移转 ... 126

第六章　合同的权利义务终止 ... 128

风险点 97：未履行后合同义务 ... 128
风险点 98：协商解除合同 ... 129
风险点 99：未及时行使合同解除权 ... 130
风险点 100：违法解除合同 ... 131
风险点 101：合同僵局中的违约方解除权 ... 132
风险点 102：债务相互抵销 ... 133
风险点 103：标的物提存 ... 135
风险点 104：债权人免除债务人的债务 ... 136
风险点 105：没有约定合同解除条件 ... 137

第七章　违约责任 ... 139

风险点 106：合同没有约定违约责任 ... 139
风险点 107：违约责任约定过轻 ... 140
风险点 108：违约责任约定不规范 ... 140
风险点 109：约定"赔偿损失"的违约责任条款 ... 143
风险点 110：约定天价违约金 ... 145

- 风险点111：混淆订金与定金　　146
- 风险点112：违约金与定金同时适用　　147
- 风险点113：因不可抗力导致违约　　148
- 风险点114：对方违约，守约方没有防止损失扩大　　149
- 风险点115：为获得更大利益随意违约　　150
- 风险点116：不履行预约合同的违约责任　　151
- 风险点117：预期违约　　152
- 风险点118：发现对方违约后，也以违约行为回击对方　　153
- 风险点119：没有约定违约方支付律师费　　153
- 风险点120：约定不可控制条款　　155
- 风险点121：合同保管不当导致不能追究对方违约责任　　156
- 风险点122：没有收集与保留对方违约的证据　　157

第八章　买卖合同　　158

- 风险点123：未签订书面的买卖合同　　158
- 风险点124：买卖合同签订后的管理不善　　159
- 风险点125：卖方对合同标的物无处分权　　160
- 风险点126：与无权代理人签订买卖合同　　160
- 风险点127：买方不按时提货导致货物损毁　　161
- 风险点128：购买已抵押的物品　　162
- 风险点129：一物数卖　　164
- 风险点130：卖方逾期交付标的物　　165
- 风险点131：卖方交付标的物不符合约定的质量标准　　166
- 风险点132：买卖合同标的物约定不清晰　　167
- 风险点133：买卖合同的产品包装方式未约定　　168
- 风险点134：买卖合同的价款及结算约定不明　　169
- 风险点135：买卖合同的交付时间和方式未约定或约定不明　　170
- 风险点136：买卖合同的验收标准的约定存在争议　　171
- 风险点137：买卖合同中未约定交付地点　　172
- 风险点138：货物的交付时间或地点约定不明　　173
- 风险点139：买卖合同没有对运输途中货物损毁、灭失风险进行约定　　174
- 风险点140：买方检验货物不及时或未及时通知卖方　　175
- 风险点141：买方没有实际验货就直接在送货单上签字　　176

风险点 142：部分履约骗取信任，大额赊货后下落不明　　177
风险点 143：分期付款买卖合同　　178
风险点 144：试用期限届满视为购买的风险　　179
风险点 145：试用买卖没有预先说明使用费　　179
风险点 146：所有权保留买卖合同　　180

第九章　赠与合同　　182

风险点 147：随意签订赠与合同　　182
风险点 148：赠与财产损毁　　183
风险点 149：赠与财产有瑕疵　　184
风险点 150：企业在赠与后经营状况恶化　　184

第 十 章　借款合同　　186

风险点 151：企业之间口头约定借款合同　　186
风险点 152：在空白借款协议上签字　　187
风险点 153：在本金中预先扣除借款利息　　187
风险点 154：贷款人未按约定将款项交给借款人　　188
风险点 155：擅自改变银行贷款用途　　189
风险点 156：没有约定借款利息　　190
风险点 157：约定借款利率过高　　191
风险点 158：借款合同没有对支付利息的期限作出约定　　192
风险点 159：法定代表人"私贷公用"　　193
风险点 160：还款不让对方出具收据或未收回借条　　194
风险点 161：借款合同因过诉讼时效丧失胜诉权　　195

第十一章　保证合同　　197

风险点 162：保证合同非书面形式　　197
风险点 163：主债权债务合同无效　　198
风险点 164：主合同变更加重保证责任　　200
风险点 165：与分支机构签订保证合同　　200
风险点 166：与政府机构签订保证合同　　201
风险点 167：随便为他人出具保证承诺书　　202

风险点 168：保证合同对保证方式没有约定　　203
风险点 169：最高额保证合同　　204
风险点 170：未约定保证期间　　205
风险点 171：主债权合同内容变动,未通知保证人　　206
风险点 172：债务转让未经保证人同意　　207
风险点 173：企业联保　　208
风险点 174：保证合同约定"禁止债权转让"条款　　208

第十二章　租赁合同　　210

风险点 175：口头约定租赁合同　　210
风险点 176：没有约定租赁期限　　211
风险点 177：租赁合同期限超过 20 年　　211
风险点 178：房屋租赁合同未办理登记备案　　212
风险点 179：出租人没有按时交付租赁物　　213
风险点 180：承租人未经出租人同意转租　　214
风险点 181：承租人未按时支付租金　　215
风险点 182：买卖不破租赁　　216
风险点 183：侵犯房屋承租人的优先购买权　　216
风险点 184：侵犯房屋承租人的优先承租权　　217
风险点 185：出租期限届满没有续签合同　　218
风险点 186：发起人以个人名义签订租赁合同　　219
风险点 187：出租人以承租人违约为由,强行留置其物品　　220

第十三章　融资租赁合同　　222

风险点 188：出租人不具备相应资质　　222
风险点 189：租赁物的质量瑕疵责任　　223
风险点 190：承租人未按约定支付租金　　223
风险点 191：承租人擅自处分租赁物　　224
风险点 192：没有约定租赁物所有权的归属　　225

第十四章　承揽合同　　226

风险点 193：承揽人将承揽工作交由第三人完成　　226

风险点 194：承揽人不按约定选用材料　　227
　　风险点 195：承揽人发现定作人提供的施工图纸不合理　　227
　　风险点 196：定作人中途变更要求　　228
　　风险点 197：定作人不履行协助义务　　228
　　风险点 198：承揽人的工作成果不符合合同约定　　229
　　风险点 199：承揽人在完成工作时受伤　　230
　　风险点 200：定作人解除合同　　230

第十五章　建设工程合同　　232

　　风险点 201：施工合同示范文本使用不当　　232
　　风险点 202：违反招投标规定签订的建设工程施工合同　　234
　　风险点 203：工程竣工后不经验收直接交付使用　　237
　　风险点 204：发包人不按合同约定提供施工场地　　238
　　风险点 205：承包人将全部建设工程转包给第三人　　238
　　风险点 206：承包人将建设工程违法分包　　241
　　风险点 207：发包人不按约定支付工程进度款　　244
　　风险点 208：建设工程合同中约定"背靠背"条款　　245

第十六章　运输合同　　248

　　风险点 209：托运人没有如实申报货物的情况　　248
　　风险点 210：托运人没有按约定履行包装义务　　249
　　风险点 211：运输合同的变更　　249
　　风险点 212：收货人无正当理由拒绝收货　　250
　　风险点 213：货物在运输途中损毁　　251
　　风险点 214：托运人拖欠运费不付　　252

第十七章　技术合同　　254

　　风险点 215：职务技术成果财产权归属　　254
　　风险点 216：委托开发合同未约定开发成果的专利申请权归属　　255
　　风险点 217：技术转让合同没有约定后续改进的技术成果归属　　255
　　风险点 218：技术咨询合同主要条款约定不明　　256
　　风险点 219：技术服务合同主要条款约定不明　　257

　　　　风险点 220：受让侵犯他人技术成果的技术　　　　　　　　　　258

第十八章　保管合同　　　　　　　　　　　　　　　　　　　260

　　　　风险点 221：不按照约定支付保管费　　　　　　　　　　　260
　　　　风险点 222：无偿为他人保管财物　　　　　　　　　　　　260
　　　　风险点 223：保管人将保管物转交第三人保管而造成保管物丢失　　261
　　　　风险点 224：第三人对保管物主张权利　　　　　　　　　　261

第十九章　仓储合同　　　　　　　　　　　　　　　　　　　263

　　　　风险点 225：存货人不按约定时间提货　　　　　　　　　　263
　　　　风险点 226：存货人提取货物时发现物品损坏　　　　　　　264
　　　　风险点 227：危险物品和易变质物品的储存　　　　　　　　265
　　　　风险点 228：存货人转让仓单　　　　　　　　　　　　　　265
　　　　风险点 229：仓储物变质，保管人没有履行通知义务　　　　266
　　　　风险点 230：验收后的仓储物出现问题　　　　　　　　　　266

第二十章　委托合同　　　　　　　　　　　　　　　　　　　268

　　　　风险点 231：受托人处理委托事务垫付费用　　　　　　　　268
　　　　风险点 232：因受托人过错给委托人造成损失　　　　　　　268
　　　　风险点 233：转委托　　　　　　　　　　　　　　　　　　269
　　　　风险点 234：受托人以自己的名义与第三人订立合同　　　　270
　　　　风险点 235：解除委托合同　　　　　　　　　　　　　　　271

第二十一章　物业服务合同　　　　　　　　　　　　　　　　273

　　　　风险点 236：物业服务企业公开作出的有利于业主的服务承诺　273
　　　　风险点 237：业主以前期物业服务合同无效为由拒交物业管理费　274
　　　　风险点 238：物业服务企业与开发商未通过招投标签订的前期
　　　　　　　　　物业服务合同　　　　　　　　　　　　　　　275
　　　　风险点 239：前期物业服务合同期限未满，业主委员会解聘物
　　　　　　　　　业服务企业　　　　　　　　　　　　　　　　276
　　　　风险点 240：业主以房屋没人住为由拒交物业管理费　　　　277

風險點 241：物業服務企業通過斷電、斷水方式催交物業費　　278
風險點 242：物業服務企業上調物業管理費　　279

第二十二章　行紀合同　　281

風險點 243：行紀人處理委託事務的費用承擔　　281
風險點 244：行紀人高於委託人指定的價格賣出產品　　281
風險點 245：行紀人自己購買委託物　　282
風險點 246：第三人不履行義務致使委託人受到損害　　283
風險點 247：委託人不支付報酬　　283

第二十三章　中介合同　　285

風險點 248：中介人違反如實報告義務　　285
風險點 249：中介人未核查第三人的信用情況　　286
風險點 250：買方與賣方繞過中介直接簽訂合同　　286
風險點 251：提供中介服務的費用承擔　　287

第二十四章　合夥合同　　289

風險點 252：未簽訂書面合夥合同　　289
風險點 253：合夥人不按約定履行出資義務　　290
風險點 254：合夥的利潤分配和虧損分擔　　291
風險點 255：合夥債務的連帶責任　　291
風險點 256：合夥人對合夥期限沒有約定　　292
風險點 257：合夥期限屆滿後繼續履行合夥合同　　293
風險點 258：合夥合同的終止　　293

第二十五章　準合同　　295

風險點 259：企業為避免他人利益受損失而管理他人事務　　295
風險點 260：誤向他人轉賬　　296

第二十六章　股权转让合同　298

风险点 261：股权转让未办理登记手续　298

风险点 262：对外转让股权未书面通知其他股东　300

风险点 263：股东之间转让股权　301

风险点 264：股权转让协议没有约定股权转让价格　302

风险点 265：股权转让导致股东人数不符合法律规定　303

风险点 266：股权转让协议中约定"对赌协议"条款　304

第二十七章　劳动合同　306

风险点 267：不与劳动者签订劳动合同　306

风险点 268：以入职登记表、录用审批表等文书替代劳动合同　308

风险点 269：以签订劳务合同、实习协议、非全日制用工合同等方式规避劳动关系　310

风险点 270：劳动者不愿意签订劳动合同　311

风险点 271：代签劳动合同　313

风险点 272：签订劳动合同时只有人事专员签字，未加盖用人单位公章　313

风险点 273：劳动合同没有约定必备条款　314

风险点 274：未与担任公司其他职务的董事、监事签订书面劳动合同　315

风险点 275：劳动合同中有限制女职工结婚、生育的内容　317

风险点 276：在劳动合同中设置排除劳动者权利、免除用人单位责任的内容　319

风险点 277：签订劳动合同时未填写签订日期　321

风险点 278：劳动合同无效或部分无效　322

风险点 279：未将签订后的劳动合同交付劳动者　324

风险点 280：保管不当导致劳动合同原件遗失　325

风险点 281：未与试用期劳动者签订劳动合同或仅签订试用期合同　327

风险点 282：劳动合同约定的试用期违反法律规定　328

风险点 283：续签劳动合同约定试用期　329

风险点 284：超出《劳动合同法》的规定约定违约金　330

风险点285：用人单位威胁劳动者签订合同　331
风险点286：员工伪造资质证件签订劳动合同　332
风险点287：劳动合同到期后没续签，也未终止　333
风险点288：用人单位先提出不愿意续签劳动合同　334
风险点289：劳动者要求加薪导致未续签合同　335
风险点290：不与连续工作满10年的劳动者续签劳动合同　337
风险点291：与连续工作满10年的劳动者签订固定期限劳动合同　338
风险点292：在脱产培训期间未与劳动者约定工资如何支付　339
风险点293：虽与劳动者约定服务期，但约定违约金数额过高　340
风险点294：培训协议条款约定不完善　341
风险点295：不与劳务派遣员工签订无固定期限劳动合同　342
风险点296：劳务派遣协议中约定"用工单位随时退回被派遣劳动者"的条款　343
风险点297：违法解除或终止劳动合同　345
风险点298：劳动合同约定"用人单位可根据需要进行调岗，员工必须服从"的条款　345
风险点299：口头变更劳动合同　347
风险点300：医疗期满解除劳动合同　347
风险点301：以劳动者不能胜任工作为由解除劳动合同　348
风险点302：依《公司法》解除董事、监事职务，但未依《劳动合同法》解除劳动合同　349

第一章

合同的订立

风险点1：合同签订前未对合作方进行背景调查

【风险提示】

公司对外经营，首先要深入了解合作方各项信息。一些公司在与他人签订合同之前，只是随意了解对方的情况并没有深入调查，如谈判时只看了一下对方的办公环境，或者仅仅是了解一下对方公司的注册资本以及曾经做过的业务。实际上，这样做是远远不够的。因为公司属于有限责任制，对于一般民事债权债务，债务人的股东不会对公司债务承担连带责任。现实生活中，有些公司的办公室是租来的，一旦对方违约，很可能会人去楼空。

【防范措施】

对合同主体的资信调查是保证合同有效顺利履行的前提。无论合作规模大小，企业签订合同前都应当对合作方有一个细致的审查，合作涉及金额较大的更要严谨对待、认真处理。对于涉及金额较大的交易，除要了解合作方的公司经营实力外，还可以在市场监督管理部门查询合作方的内档，了解对方的股东情况，看股东是否稳定，也可以在合作谈判中了解或是自行调查合作方有无诉讼、行政处罚案件、抵押贷款等。

【法条链接】

《公司法》**第三条** 公司是企业法人，有独立的法人财产，享有法人财产权。公司以其全部财产对公司的债务承担责任。

公司的合法权益受法律保护，不受侵犯。

第四条 有限责任公司的股东以其认缴的出资额为限对公司承担责任；股份有限公司的股东以其认购的股份为限对公司承担责任。

公司股东对公司依法享有资产收益、参与重大决策和选择管理者等权利。

风险点2：合同相对方无主体资格

【风险提示】

在合同订立前，因为合同当事人都处于磋商、协商阶段，对对方当事人的底细、背景都不是很了解，因此会存在拟签订合同的当事人并没有签约资格的法律风险，主要表现在以下几方面：

1. 对方当事人自始至终不存在，是虚拟的主体，其相关文件、印章等均系伪造的。一旦发生这样的情况，己方将会面临难以核实其真实身份、难以确定其实际经营地等问题；同时，一旦发生纠纷，己方将会面临没有确定的被告的风险，连进入诉讼都是困难的。

2. 对方当事人曾经合法存在，但在订立合同时已因被吊销营业执照或者已经注销而丧失了订立主体的资格。

3. 对方当事人虽然是合法有效存在的，但其没有签订某类合同的交易资质。一般而言，企业超越其经营范围从事活动，其行为一般有效。但在有的行业和领域，政府出于对质量、社会秩序管理的需要，规定了从事该行业须取得行政许可或具备一定的资质条件。未取得行政许可、资质而从事该行为，将导致涉及公共利益的质量安全无法保障，并最终损害社会公共利益；在此种情况下，法院一般会认定未取得许可资质或超越资质范围订立的合同无效。

4. 对方当事人为不具备合同签订资格的企业内部机构、部门等。这些机构不具有独立的主体资格和缔约能力，与之缔约将导致合同无效的法律风险。

【防范措施】

为防止合同相对方无主体资格为企业带来的风险，建议如下：

1. 企业在订立合同时先审查对方的营业执照及相应的资质证明文件。如果对方是分公司，应当让其出示总公司的授权文件；如果对方是企业内部机构、部门，确需与之订立合同，应当让其出示相应授权文件，并且需要注意，合同的签订主体依然是企业，合同当事人名称为企业的全称。

2. 建议在合同盖章或者签字时，核对名称是否与营业执照或公章的名称一致，避免出现合同主体名称、公章名称、营业执照名称不一致的情况。

【法条链接】

《民法典》第五十九条　法人的民事权利能力和民事行为能力，从法人成立时产生，到法人终止时消灭。

第六十八条 有下列原因之一并依法完成清算、注销登记的,法人终止:

(一)法人解散;

(二)法人被宣告破产;

(三)法律规定的其他原因。

法人终止,法律、行政法规规定须经有关机关批准的,依照其规定。

第七十四条 法人可以依法设立分支机构。法律、行政法规规定分支机构应当登记的,依照其规定。

分支机构以自己的名义从事民事活动,产生的民事责任由法人承担;也可以先以该分支机构管理的财产承担,不足以承担的,由法人承担。

第四百六十四条第一款 合同是民事主体之间设立、变更、终止民事法律关系的协议。

第四百六十五条 依法成立的合同,受法律保护。

依法成立的合同,仅对当事人具有法律约束力,但是法律另有规定的除外。

《最高人民法院关于审理建设工程施工合同纠纷案件适用法律问题的解释(一)》第一条 建设工程施工合同具有下列情形之一的,应当依据民法典第一百五十三条第一款的规定,认定无效:

(一)承包人未取得建筑业企业资质或者超越资质等级的;

(二)没有资质的实际施工人借用有资质的建筑施工企业名义的;

(三)建设工程必须进行招标而未招标或者中标无效的。

承包人因转包、违法分包建设工程与他人签订的建设工程施工合同,应当依据民法典第一百五十三条第一款及第七百九十一条第二款、第三款的规定,认定无效。

《公司法》第十三条 公司可以设立子公司。子公司具有法人资格,依法独立承担民事责任。

公司可以设立分公司。分公司不具有法人资格,其民事责任由公司承担。

风险点3:与自然人缔约

【风险提示】

企业与自然人缔约的法律风险,主要存在于相对人不具备完全行为能力或者权利存在瑕疵的场合。自然人的行为能力是自然人从事民事法律行为的能力,是自然人依据自己独立的意思表示享有权利、承担义务的能力。它与自然人的年龄、精神状态密切相关。自然人的权利瑕疵主要包括代理权瑕疵与处分权瑕疵。

自然人不具备完全行为能力或者权利存在瑕疵将导致合同无效或合同效力待

定,如企业与无民事行为能力人订立合同,合同无效;企业与限制民事行为能力人订立合同,合同效力待定,效力待定的合同可能会因其法定代理人拒绝追认而归于无效。自然人权利瑕疵的法律风险主要包括自然人无代理权或无处分权而引发的合同效力待定或第三人可根据善意取得制度获得相关权利的风险。

此外,自然人的履约能力也是订立合同时应当考虑的重要因素,此能力的欠缺往往会导致商业风险转化为合同履行困难的法律风险。

【防范措施】

企业与自然人签订合同时,应当对相对人的年龄、精神状况进行了解。在相对人委托代理人的场合,要对代理人是否真的享有代理权及代理权的范围进行核实。在涉及财产或权利处分的场合,要对相对人是否真的享有处分权进行核实。同时,应当考虑察相对人的履约能力,掌握相对人的自然状况、财产状况、履行能力等。

对自然人姓名,必须以身份证记载的名字为准,且必须将名字写全(切忌在合同中写当事人的花名、化名、小名等);有关地址的记载,可以分别书写身份证地址和常住地址,以常住地址作为文件通知的送达地址。自然人必须书写其身份证号码,并留存其身份证复印件,便于起诉时向法庭提交其身份信息。

【法条链接】

《民法典》第十九条　八周岁以上的未成年人为限制民事行为能力人,实施民事法律行为由其法定代理人代理或者经其法定代理人同意、追认;但是,可以独立实施纯获利益的民事法律行为或者与其年龄、智力相适应的民事法律行为。

第二十条　不满八周岁的未成年人为无民事行为能力人,由其法定代理人代理实施民事法律行为。

第二十一条　不能辨认自己行为的成年人为无民事行为能力人,由其法定代理人代理实施民事法律行为。

八周岁以上的未成年人不能辨认自己行为的,适用前款规定。

第二十二条　不能完全辨认自己行为的成年人为限制民事行为能力人,实施民事法律行为由其法定代理人代理或者经其法定代理人同意、追认;但是,可以独立实施纯获利益的民事法律行为或者与其智力、精神健康状况相适应的民事法律行为。

第一百四十四条　无民事行为能力人实施的民事法律行为无效。

第一百四十五条　限制民事行为能力人实施的纯获利益的民事法律行为或者与其年龄、智力、精神健康状况相适应的民事法律行为有效;实施的其他民事法律行为经法定代理人同意或者追认后有效。

相对人可以催告法定代理人自收到通知之日起三十日内予以追认。法定代理人未作表示的,视为拒绝追认。民事法律行为被追认前,善意相对人有撤销的权利。撤销应当以通知的方式作出。

第一百七十一条 行为人没有代理权、超越代理权或者代理权终止后,仍然实施代理行为,未经被代理人追认的,对被代理人不发生效力。

相对人可以催告被代理人自收到通知之日起三十日内予以追认。被代理人未作表示的,视为拒绝追认。行为人实施的行为被追认前,善意相对人有撤销的权利。撤销应当以通知的方式作出。

行为人实施的行为未被追认的,善意相对人有权请求行为人履行债务或者就其受到的损害请求行为人赔偿。但是,赔偿的范围不得超过被代理人追认时相对人所能获得的利益。

相对人知道或者应当知道行为人无权代理的,相对人和行为人按照各自的过错承担责任。

第三百一十一条 无处分权人将不动产或者动产转让给受让人的,所有权人有权追回;除法律另有规定外,符合下列情形的,受让人取得该不动产或者动产的所有权:

(一)受让人受让该不动产或者动产时是善意;

(二)以合理的价格转让;

(三)转让的不动产或者动产依照法律规定应当登记的已经登记,不需要登记的已经交付给受让人。

受让人依据前款规定取得不动产或者动产的所有权的,原所有权人有权向无处分权人请求损害赔偿。

当事人善意取得其他物权的,参照适用前两款规定。

第五百九十七条 因出卖人未取得处分权致使标的物所有权不能转移的,买受人可以解除合同并请求出卖人承担违约责任。

法律、行政法规禁止或者限制转让的标的物,依照其规定。

《最高人民法院关于适用〈中华人民共和国民法典〉合同编通则若干问题的解释》第十九条 以转让或者设定财产权利为目的订立的合同,当事人或者真正权利人仅以让与人在订立合同时对标的物没有所有权或者处分权为由主张合同无效的,人民法院不予支持;因未取得真正权利人事后同意或者让与人事后未取得处分权导致合同不能履行,受让人主张解除合同并请求让与人承担违反合同的赔偿责任的,人民法院依法予以支持。

前款规定的合同被认定有效,且让与人已经将财产交付或者移转登记至受让人,真正权利人请求认定财产权利未发生变动或者请求返还财产的,人民法院应予支持。但是,受让人依据民法典第三百一十一条等规定善意取得财产权利的除外。

风险点4：委托他人签订合同

【风险提示】

根据《民法典》第一百六十一条的规定，当事人可以委托他人签订合同。他人即成为法律上规定的代理人，更进一步说，代理人就是指依据当事人的授权，以当事人的名义，在当事人的授权范围内，代其办理相关事务的人。在代理关系中，当事人应出具授权委托书，以证明双方之间的授权委托关系，表明授权的事项和范围等。在代理人代替当事人与第三方签订合同时，应出具授权委托合同，告知第三方自己的代理人身份。

实务中，委托他人签订合同会有一定的法律风险，因为代理人可能超越代理权或者代理权终止后，仍然实施代理行为，如果相对人有理由相信行为人有代理权，则构成表见代理，代理行为有效，其法律后果由被代理人承担。

【防范措施】

实务中，大量合同的签订由代理人完成。企业在委托他人签订合同时，一定要在授权委托书中明确授权范围、委托事项等。另一方当事人在签订合同之前，要仔细地审查代理人的授权委托合同，核实是否真实、是否有相应的代理权限，以防受到欺骗。

【法条链接】

《民法典》第一百六十一条 民事主体可以通过代理人实施民事法律行为。

依照法律规定、当事人约定或者民事法律行为的性质，应当由本人亲自实施的民事法律行为，不得代理。

第一百六十二条 代理人在代理权限内，以被代理人名义实施的民事法律行为，对被代理人发生效力。

第一百六十五条 委托代理授权采用书面形式的，授权委托书应当载明代理人的姓名或者名称、代理事项、权限和期限，并由被代理人签名或者盖章。

第一百七十一条 行为人没有代理权、超越代理权或者代理权终止后，仍然实施代理行为，未经被代理人追认的，对被代理人不发生效力。

相对人可以催告被代理人自收到通知之日起三十日内予以追认。被代理人未作表示的，视为拒绝追认。行为人实施的行为被追认前，善意相对人有撤销的权利。撤销应当以通知的方式作出。

行为人实施的行为未被追认的，善意相对人有权请求行为人履行债务或者就其受到的损害请求行为人赔偿。但是，赔偿的范围不得超过被代理人追认时相对人所能获得的利益。

相对人知道或者应当知道行为人无权代理的,相对人和行为人按照各自的过错承担责任。

第一百七十二条　行为人没有代理权、超越代理权或者代理权终止后,仍然实施代理行为,相对人有理由相信行为人有代理权的,代理行为有效。

风险点5:混淆要约与要约邀请

【风险提示】

要约是一方当事人以缔结合同为目的,向对方当事人所作的意思表示。要约的意思表示必须表明经受要约人承诺,要约人即受该意思表示约束。要约在法律上最重要的意义是,要约生效后会发生一经对方当事人的承诺,原则上合同成立的法律效力,当事人就要受到合同约束。

要约邀请是希望他人向自己发出要约的意思表示,如寄送的价目表、拍卖公告、招标公告、招股说明书、商业广告等一般为要约邀请。需要注意的是,商业广告的内容清楚、确定,足以使相对人明确其对待给付义务的,可以构成要约,如在商品房买卖场合,商品房的销售广告、宣传资料为要约邀请,但是开发商就商品房开发规划范围内的房屋及相关设施所作的说明和允诺等具体确定,并对商品房买卖合同的订立以及房屋价格的确定有重大影响的,应当视为要约;上述说明和允诺即使未载入商品房买卖合同,亦应当视为合同内容,当事人违反的,应当承担违约责任。

【防范措施】

企业对外洽谈合作时,应当明确自己是否有意受到自己表示的约束:如果是,那么应当向对方当事人作出明确具体的表示;如果不是,那么发出的意思表示内容不宜过于具体和确定,最好能明确不受约束,希望对方要约等,否则很可能被认定为要约而发生法律效力。

【法条链接】

《民法典》第四百七十一条　当事人订立合同,可以采取要约、承诺方式或者其他方式。

第四百七十二条　要约是希望与他人订立合同的意思表示,该意思表示应当符合下列条件:

(一)内容具体确定;

(二)表明经受要约人承诺,要约人即受该意思表示约束。

第四百七十三条 要约邀请是希望他人向自己发出要约的表示。拍卖公告、招标公告、招股说明书、债券募集办法、基金招募说明书、商业广告和宣传、寄送的价目表等为要约邀请。

商业广告和宣传的内容符合要约条件的,构成要约。

《最高人民法院关于审理商品房买卖合同纠纷案件适用法律若干问题的解释》第三条 商品房的销售广告和宣传资料为要约邀请,但是出卖人就商品房开发规划范围内的房屋及相关设施所作的说明和允诺具体确定,并对商品房买卖合同的订立以及房屋价格的确定有重大影响的,构成要约。该说明和允诺即使未载入商品房买卖合同,亦应当为合同内容,当事人违反的,应当承担违约责任。

风险点6:要约撤回与撤销不当

【风险提示】

要约撤回是指要约人在要约到达受要约人之前,发出取消要约的通知,使该要约不生效。撤回要约的通知与要约同时或先于要约到达受要约人,此时要约可以撤回。如果要约已经到达受要约人,则该要约不可以撤回。要约撤销是指要约到达受要约人后,在受要约人发出承诺之前,将该项要约撤销,使要约内容失效。要约撤销与要约撤回的不同在于:要约撤回发生在要约生效之前,而要约撤销发生在要约生效之后;要约撤回是使一个未发生法律效力的要约不发生法律效力,要约撤销是使一个已经发生法律效力的要约失去法律效力。

撤销要约往往对受要约人产生不利的法律效果,因此符合一定条件才能撤销要约。根据《民法典》第四百七十六条的规定,以下两种情况下,要约不可以撤销:一是要约中明确约定了承诺期限,或者明确约定要约不可撤销;二是受要约人有理由认为要约不可撤销,并为合同的履行做了合理准备工作。

【防范措施】

企业在发出要约时,要注意是否有必要保留要约的撤销权。如果明确认定不会撤销要约,可以在要约中确定承诺期限。如果可能会撤销要约,则应注意不要设定承诺期限以及不要作出可能被认为是不可撤销的保证。如果企业准备撤回或撤销已发出的要约时,应采取最快的方式通知对方,并注意对方收到撤回或撤销通知的可能性。在撤回已经不可能时,应及时通知对方,请求对方不要做履约的准备,并作出撤销要约的意思表示。通知完成后,最好再及时给对方发送一封撤销要约的函件,该函件在产生争议时可作为证据使用。

【法条链接】

　　《民法典》第一百四十一条　　行为人可以撤回意思表示。撤回意思表示的通知应当在意思表示到达相对人前或者与意思表示同时到达相对人。

　　第四百七十五条　　要约可以撤回。要约的撤回适用本法第一百四十一条的规定。

　　第四百七十六条　　要约可以撤销，但是有下列情形之一的除外：

　　（一）要约人以确定承诺期限或者其他形式明示要约不可撤销；

　　（二）受要约人有理由认为要约是不可撤销的，并已经为履行合同做了合理准备工作。

　　第四百七十七条　　撤销要约的意思表示以对话方式作出的，该意思表示的内容应当在受要约人作出承诺之前为受要约人所知道；撤销要约的意思表示以非对话方式作出的，应当在受要约人作出承诺之前到达受要约人。

风险点7：承诺不当的法律风险

【风险提示】

　　承诺是受要约人作出同意要约以成立合同的意思表示。承诺的作出应当符合以下条件：承诺必须由受要约人作出；承诺必须向要约人作出；承诺的内容应当与要约的内容一致；承诺必须在要约存续期间内作出。

　　如果承诺不符合上述条件，那么将导致承诺无效、合同不成立的法律风险。实务中，最可能出现争议的是承诺与要约内容是否一致的认定。如果受要约人在承诺中对要约的内容加以扩张或限制，或者实质性变更，便不能构成承诺，而应当视为对要约的拒绝或者反要约。

【防范措施】

　　企业在作出承诺时，应当在要约设定的存续期间内向要约人作出承诺；如果没有设定期限，应当在合理期限作出承诺。如果承诺人认为期限不足以完成承诺，可以向要约人请求延长承诺期限；在要约人同意时，应当注意留存其同意的证据。在内容上，应当注意是否有必要对要约的内容作出实质性变更，因为这将影响对再作出的意思表示是承诺还是反要约的认定，进而影响合同是否成立的认定。

【法条链接】

《民法典》第四百七十九条　承诺是受要约人同意要约的意思表示。

第四百八十条　承诺应当以通知的方式作出；但是，根据交易习惯或者要约表明可以通过行为作出承诺的除外。

第四百八十一条　承诺应当在要约确定的期限内到达要约人。

要约没有确定承诺期限的，承诺应当依照下列规定到达：

（一）要约以对话方式作出的，应当即时作出承诺；

（二）要约以非对话方式作出的，承诺应当在合理期限内到达。

第四百八十二条　要约以信件或者电报作出的，承诺期限自信件载明的日期或者电报交发之日开始计算。信件未载明日期的，自投寄该信件的邮戳日期开始计算。要约以电话、传真、电子邮件等快速通讯方式作出的，承诺期限自要约到达受要约人时开始计算。

第四百八十三条　承诺生效时合同成立，但是法律另有规定或者当事人另有约定的除外。

第四百八十六条　受要约人超过承诺期限发出承诺，或者在承诺期限内发出承诺，按照通常情形不能及时到达要约人的，为新要约；但是，要约人及时通知受要约人该承诺有效的除外。

第四百八十七条　受要约人在承诺期限内发出承诺，按照通常情形能够及时到达要约人，但是因其他原因致使承诺到达要约人时超过承诺期限的，除要约人及时通知受要约人因承诺超过期限不接受该承诺外，该承诺有效。

第四百八十八条　承诺的内容应当与要约的内容一致。受要约人对要约的内容作出实质性变更的，为新要约。有关合同标的、数量、质量、价款或者报酬、履行期限、履行地点和方式、违约责任和解决争议方法等的变更，是对要约内容的实质性变更。

第四百八十九条　承诺对要约的内容作出非实质性变更的，除要约人及时表示反对或者要约表明承诺不得对要约的内容作出任何变更外，该承诺有效，合同的内容以承诺的内容为准。

风险点8：口头合同

【风险提示】

当事人可以通过书面形式、口头形式或其他形式来订立合同。口头形式，是指当事人面对面地谈话或以通信设备如电话交谈等形式达成协议。以口头形式订立合同的特点是直接、快捷、简便。实务中,数额较小的现款交易通常采用口头合同形式。由于口头形式订立的合同没有凭证,在发生争议后,难以取证,不利于纠纷的解决。

【防范措施】

虽然我国《民法典》等相关法律规定,当事人订立合同可以采取书面形式、口头形式或者其他形式,但是笔者建议对于标的额较大的合同除可及时结清外,尽量采取书面形式订立,以免"口说无凭"。而此处所说的书面形式既包括传统的纸质合同书、信件等,也包括电报、电传、传真等可以有形地表现所载内容的形式,以及电子数据交换、电子邮件等能够有形地表现所载内容,并可以随时调取查用的数据电文。如确实难以以书面形式订立合同,建议以录音、录像等方式将双方的口头约定固定下来,或者至少需要有无利害关系的第三人作为证人。

【法条链接】

《民法典》第四百六十九条　当事人订立合同,可以采用书面形式、口头形式或者其他形式。

书面形式是合同书、信件、电报、电传、传真等可以有形地表现所载内容的形式。

以电子数据交换、电子邮件等方式能够有形地表现所载内容,并可以随时调取查用的数据电文,视为书面形式。

第五百零二条　依法成立的合同,自成立时生效,但是法律另有规定或者当事人另有约定的除外。

依照法律、行政法规的规定,合同应当办理批准等手续的,依照其规定。未办理批准等手续影响合同生效的,不影响合同中履行报批等义务条款以及相关条款的效力。应当办理申请批准等手续的当事人未履行义务的,对方可以请求其承担违反该义务的责任。

依照法律、行政法规的规定,合同的变更、转让、解除等情形应当办理批准等手续的,适用前款规定。

风险点9:电子合同

【风险提示】

电子合同是自然人、法人、其他组织等平等主体之间以数据电文为载体,并利用电子通信手段设立、变更、终止民事权利义务关系的协议。电子合同作为各方当事人的真实意思表示,具有与书面合同同等的法律效力,不能仅因其未采用传统书面形式而否认其法律效力。这一点在《电子签名法》第三条第二款中有明确规定:"当事人约定使用电子签名、数据电文的文书,不得仅因为其采用电子签名、数据电文的形式而否定其法律效力。"

实务中,签订电子合同存在以下风险:

1. 电子合同的法律效力存在不被认可的风险。根据《民法典》第四百六十九条的规定,电子合同被认为是书面合同的一种,其法律效力得到了明确承认。但在实务操作中,电子合同的订立过程、存在形式、证明力等与书面合同仍然有所不同,"与书面合同具有同等法律效力"难以得到相应的保障。

2. 电子格式合同存在被认定为无效的风险。电子格式合同是电子商务中常见的合同类型,由于一方对合同条款只能选择接受与否,可能会存在因缺少双方的合意而被认定为无效的风险。

3. 网上电子合同存在遭遇欺诈行为的风险。鉴于电子合同采用的是非面对面的、在网络上进行交易的模式,电子合同交易的主体具有虚拟性和广泛性的特点,对交易相对方无法完全掌握其真实信息、无法准确核实其身份信息,因此存在被欺诈的风险。

4. 电子合同存在诉讼管辖方面的风险。电子合同的交易主体没有地域上的局限性,一旦要进行诉讼,诉讼法院管辖的确定成为难题。电子合同存在涉外法律适用选择的风险,不同国家和地区对于电子合同的管辖可能存在差异。在跨境交易或涉及多个司法管辖区的情况下,确定合同的法律地位和适用法律面临挑战。

【防范措施】

1. 鉴于目前我国并没有专门的法律对电子合同进行详细规定,并结合前面论述的电子合同的特征及其与传统合同的区别,企业在订立电子合同时,需要注意采取恰当的方式对电子合同进行保存,并尽可能借助第三方电子缔约平台来缔结合同,以降低相关风险。

2. 电子合同提供方应采取积极的技术手段提醒合同相对方注意格式条款,并尽可能保障相对方有充分审阅合同的机会,以降低合同被认定为无效的风险。

3. 电子合同应当约定争议解决方式。如果是涉外电子商务合同,当事人可以选择适用的法律,并在合同中明确约定。需要注意的是,约定的管辖法院和所适用的法律应和合同本身存在一定的联系或者连接点。

【法条链接】

《民法典》第四百六十九条　当事人订立合同,可以采用书面形式、口头形式或者其他形式。

书面形式是合同书、信件、电报、电传、传真等可以有形地表现所载内容的形式。

以电子数据交换、电子邮件等方式能够有形地表现所载内容，并可以随时调取查用的数据电文，视为书面形式。

《电子签名法》第三条　民事活动中的合同或者其他文件、单证等文书，当事人可以约定使用或者不使用电子签名、数据电文。

当事人约定使用电子签名、数据电文的文书，不得仅因为其采用电子签名、数据电文的形式而否定其法律效力。

前款规定不适用下列文书：

（一）涉及婚姻、收养、继承等人身关系的；

（二）涉及停止供水、供热、供气等公用事业服务的；

（三）法律、行政法规规定的不适用电子文书的其他情形。

风险点10：电子邮件签订合同

【风险提示】

基于电子邮件便捷、快速的特点，实务中有的企业利用电子邮件签订交易合同。《民法典》第四百六十九条明确将电子邮件作为合同签订的书面形式的一种，认可其法律上的效力。通过电子邮件签订合同虽然得到法律上的认可，但基于其自身的特点，利用该方法缔约的法律风险要远大于一般的纸质合同。

电子邮件不比个人身份证，因为它仅是一种通信手段而不是身份凭证，一个民事主体可能拥有多个不同的电子邮箱地址。邮件地址与背后主体之间较差的关联性极易导致风险的发生。例如，A公司与B公司通过电子邮件签订合同（A公司未调查B公司提供的邮箱地址之真实所有人，其地址中的用户名为B公司某行政人员中文名汉语全拼）。当A公司按照合同约定交货后，B公司并未如实支付货款。经多次催款无果后，A公司诉至法院要求B公司继续履行合同义务并承担迟延履行的违约责任。此时B公司极有可能针对合同是否成立提出抗辩：因为签约电子邮箱地址非为公司邮箱地址，只是公司的一名普通行政人员的电子邮箱，其无权代表公司与A公司签订任何商业合同，故该合同对B公司不产生法律效力。B公司以此抗辩，A公司若无其他证据，将面临败诉的法律风险。

【防范措施】

一个电子邮箱的地址由"用户名＋@＋邮件服务器地址"组成，判断一个电子邮箱是否为企业邮箱主要是查看邮箱地址的用户名部分，如果该部分为对方企业名汉语全拼或者企业全称首字母,则一般可以认为该邮箱为企业所有,当然更稳妥的办法就是访问对方企业官方网站,将官方网站上列明的企业邮箱地址与对方提供的邮箱地址进行比对确认。如果合同相对方提供的邮箱用户名并非企业名汉语全拼或者企业全称首字母,企业应当提高警惕。需要注意的是,由于电子邮箱无法实名,因此企业即使注意到电子邮箱地址的用户名与企业名称一致,在产生纠纷后对方仍有可能否认签订合同的邮箱是企业邮箱。为进一步规避风险,建议如下:

1. 企业所付款项一定要汇入对方企业公户上。一旦对方否认该合同的主体资格或主张合同无效,企业可以以不当得利为由收回已打入对方公户的钱款。

2. 企业付款前要求对方开具发票。因为发票不仅能作为对方收到价款的凭证,而且发票上记载的内容可以与电子邮件合同的内容相匹配,由此形成的证据链条基本上可以证明双方之间的确存在合同关系,从而达到确定对方企业主体的目的。

【法条链接】

《民法典》第四百六十九条　当事人订立合同,可以采用书面形式、口头形式或者其他形式。

书面形式是合同书、信件、电报、电传、传真等可以有形地表现所载内容的形式。

以电子数据交换、电子邮件等方式能够有形地表现所载内容,并可以随时调取查用的数据电文,视为书面形式。

风险点 11:微信合同

【风险提示】

合同是民事主体之间设立、变更、终止民事法律关系的协议。当事人订立合同可以采用书面形式、口头形式或者其他形式。书面形式是合同书、信件、电报、电传、传真等可以有形地表现所载内容的形式。随着信息技术的发展,越来越多人采用电子邮件或者微信、QQ 等聊天软件方式订立合同。2012 年修正的《民事诉讼法》在案件证据之中明确纳入了电子数据。根据《最高人民法院关于民事诉讼证据的若干规定》的规定,电子数据包括手机短信、电子邮件、即时通信、通讯群组等网络应用服务的通信信息。可见,如果微信聊天记录符合合同构成要件,可以视为书面合同,具有法律效力,如果一方违约,主张权利的一方所举证据能够形成完整的证据链条,微信聊天记录中的约定必须履行,并受法律保护。

通过微信聊天进行约定的合同虽然能够得到法院的认定,但是微信聊天记录属于电子证据,电子证据极易因人为操作更改、系统技术故障等人为或意外的原因而发

生改变,因此,若想让微信聊天记录成为合法的证据,并且具有确定的证明效力并非易事,主要有以下问题:

1. 待证事实证明难。微信证据主要形式为聊天记录、截图、语音,内容琐碎繁杂,通常反映的是生活的某个片段,很难连贯完整的记录整个待证事实。

2. 当事人身份确定难。微信聊天对象不确定,多为昵称和网名,微信头像多为网络图片,很难直观地认定当事人主体身份。司法实践中,对微信账号的身份认证,主要通过以下方式进行:一是当事人自己承认,由当事人在法庭庭审活动中认可自己即为微信聊天的相对方;二是微信头像采用本人自拍照,清晰可分辨;三是网络实名制、电子数据发出人身份资料认证;四是第三方机构辅助核查,提供证据。

3. 微信证据甄别难。微信证据存在于微信平台上,决定了某些音频、图像资料并不存在原件,一般事后很难证明证据内容的真实性。

4. 微信证据保存难。因当事人举证意识淡薄,微信聊天记录、语音、图片等因时间较长,存在被删除和不易保存的风险。

【防范措施】

企业在通过微信进行签订合同时,为规避举证不能的风险,建议如下:

1. 微信聊天记录很容易损毁,如账号丢失、误删等,因此,在平时的聊天中应该将重要的聊天记录妥善保存下来:文字可以通过截屏作为图像保存,语音可以通过收藏功能保存,避免因清理手机内存时不小心删除微信聊天记录导致聊天内容灭失。

2. 注意聊天内容的连续性,假若涉及语音信息,一定要保存原始语音,保障真实性。对微信语言聊天的截图也应当保证内容的连贯性,很多当事者为了快速存储,把相关资料存进U盘等工具中,但是原始的聊天内容却没有保存下来,这是对自己不利的行为,只要对方不承认该内容,那么法院无法认定证据的真实性。

3. 聊天内容方面,文字信息应该意思明确,双方对事件的态度确切,而语音信息则应该清晰。当对方对约定内容表述比较含糊时,可以由己方对约定内容进行详细描述,并征求对方认同,以此来保证微信聊天内容的明确性。

4. 尽可能多收集其他证据作为聊天内容的辅助证据。通过微信聊天构成的合同与口头合同的性质较为相近,且都存在直接证据难以确定或保存的缺陷。而且电子证据很容易被修改或者破坏,较不稳定。因此,为确保证据被法庭采用,进而证明事件的真实过程,如果有必要,可以通过公证方式保存证据。

【法条链接】

《民法典》第一百三十五条 民事法律行为可以采用书面形式、口头形式或者其他形式;法律、行政法规规定或者当事人约定采用特定形式的,应当采用特定形式。

第四百六十四条 合同是民事主体之间设立、变更、终止民事法律关系的协议。

婚姻、收养、监护等有关身份关系的协议,适用有关该身份关系的法律规定;没有规定的,可以根据其性质参照适用本编规定。

第四百六十五条 依法成立的合同,受法律保护。

依法成立的合同,仅对当事人具有法律约束力,但是法律另有规定的除外。

第四百六十九条 当事人订立合同,可以采用书面形式、口头形式或者其他形式。

书面形式是合同书、信件、电报、电传、传真等可以有形地表现所载内容的形式。

以电子数据交换、电子邮件等方式能够有形地表现所载内容,并可以随时调取查用的数据电文,视为书面形式。

第五百零九条 当事人应当按照约定全面履行自己的义务。

当事人应当遵循诚信原则,根据合同的性质、目的和交易习惯履行通知、协助、保密等义务。

当事人在履行合同过程中,应当避免浪费资源、污染环境和破坏生态。

《最高人民法院关于民事诉讼证据的若干规定》第十四条 电子数据包括下列信息、电子文件:

(一)网页、博客、微博客等网络平台发布的信息;

(二)手机短信、电子邮件、即时通信、通讯群组等网络应用服务的通信信息;

(三)用户注册信息、身份认证信息、电子交易记录、通信记录、登录日志等信息;

(四)文档、图片、音频、视频、数字证书、计算机程序等电子文件;

(五)其他以数字化形式存储、处理、传输的能够证明案件事实的信息。

第十五条 当事人以视听资料作为证据的,应当提供存储该视听资料的原始载体。

当事人以电子数据作为证据的,应当提供原件。电子数据的制作者制作的与原件一致的副本,或者直接来源于电子数据的打印件或其他可以显示、识别的输出介质,视为电子数据的原件。

《最高人民法院关于适用〈中华人民共和国民事诉讼法〉的解释》第九十条 当事人对自己提出的诉讼请求所依据的事实或者反驳对方诉讼请求所依据的事实,应当提供证据加以证明,但法律另有规定的除外。

在作出判决前,当事人未能提供证据或者证据不足以证明其事实主张的,由负有举证证明责任的当事人承担不利的后果。

风险点12：传真合同

【风险提示】

为提高交易效率、降低交易成本，有的企业喜欢利用传真签订合同。但是，用传真方式签订合同存在一些特殊的法律风险。实务中，有通过传真方式签订合同造成败诉的案例，因此应当引起注意。

文书原件是原始证据和直接证据，是可以单独、直接证明争议事实的证据，法院一般都予以直接采信。文书的传真件与盖鲜章的原件存在区别，由于其存在变造可能，传真件在作为原件时虽具有证据效力，但一般仍需要通过其他证据佐证案件事实。另外，有的企业使用的传真纸为热敏感应纸，该纸张上的字迹会随着时间的推移逐渐模糊和消失，将来发生纠纷时，无法证明当时所签订的合同内容。

【防范措施】

为避免传真签订合同的相应法律风险，建议如下：

1. 传真件是否由传真人发出，是产生纠纷后首先要认定的问题。司法实践中，法院会根据传真的号码、时间加以确认。因此，企业应当在合同中注明双方的传真号码，以便在对方否认时能依此进行抗辩。

2. 订合同用的传真纸切勿使用容易褪色的热敏纸，且要确保传真件字迹、印章清晰，内容明确。如双方未来会进行多次交易，可以事先共同签订书面的业务合作框架协议，并在协议中约定今后一段时间内双方传真签订子合同的具体方式。需要注意的是，框架协议中应当注明双方的传真号码。

3. 企业应当保留送货单、提货单等证据，以备不时之需。同时也要留存好能印证合同内容的其他文件，如电子邮件、微信与QQ聊天记录、电话录音、往来函件、付款凭证等。

4. 重大合同如采用传真件签订合同，在紧急事项消除后，应当及时补签双方签字盖章的书面合同，并保存好合同原件。

【法条链接】

《民法典》第一百三十五条　民事法律行为可以采用书面形式、口头形式或者其他形式；法律、行政法规规定或者当事人约定采用特定形式的，应当采用特定形式。

第四百六十九条　当事人订立合同，可以采用书面形式、口头形式或者其他形式。

书面形式是合同书、信件、电报、电传、传真等可以有形地表现所载内容的形式。

以电子数据交换、电子邮件等方式能够有形地表现所载内容,并可以随时调取查用的数据电文,视为书面形式。

风险点 13:异地签订合同

【风险提示】

由于互联网的发展,当今商事交易市场的范围十分广阔,一家企业通过互联网可以同全国各地的任何一家企业进行交易,合同双方不在同一地区的情况十分常见。合同双方距离较远时,往往通过异地邮件方式进行合同签订,具体做法为一方将已经拟定好的两份合同文本签字、盖章后,通过邮寄的方式送达给另一方,待另一方签字、盖章完成后保留其中一份合同文本于本企业,再将另一份合同寄回原先签字、盖章的一方。

异地邮件方式签订合同最大风险是合同内容可能会被另一方篡改,以营造修改内容是双方协议结果的假象。实务中,若两份合同上均有双方的签字、盖章,而对于合同上修改的痕迹,一方如果不能举证说明修改仅为另一方单方所为,法官可能会判定该合同所有条款的订立系出自双方真实意思表示,对双方具有法律约束力。

【防范措施】

为规避相应法律风险,企业通过异地邮件方式签订合同时,应当注意以下事项:

1. 为了防止对方在收到邮寄合同后私自篡改内容,建议在合同邮寄前通过电子邮件与对方就合同文本内容进行沟通,从而事先固定文本内容。需要注意的是,如果合同内容较少,建议直接将合同的全部内容粘贴在邮件正文部分,此种方式比以附件形式传输合同的效果更好;如果合同文本页数较多,则配合电子邮件以附件的形式发送给对方。

2. 对方若想篡改合同内容,有两种方式:一是直接通过手写的方式增加或者删除条款内容;二是在合同文本的空白处机器打印补充条款。因此,企业在撰写合同内容时,建议加上"本合同内容全为机器打印,手写无效"的条款。另外,为防止对方滥加补充条款,可在合同内容的最后(一般为签字盖章部分以下)添加一句:"以下空白处无合同正文。"

3. 对于重大合同,建议办理邮寄公证。企业申请邮寄公证后,公证人员会随企业员工前往邮局进行现场公证,此时企业员工会当着公证人员的面将两份已签字盖章的合同放入信封,封口后交由邮局寄出。公证处随后会给申请公证的企业出具一份公证书,其中会写明寄件方名称、收件方名称、具体寄件的邮局以及寄件内容等,并将两份已签字盖章的合同文本附在公证书之后。当双方产生争议时,公证书将成为企业证明合同内容真实性的最重要证据。

【法条链接】

《民法典》第一百三十五条 民事法律行为可以采用书面形式、口头形式或者其他形式;法律、行政法规规定或者当事人约定采用特定形式的,应当采用特定形式。

第四百六十九条 当事人订立合同,可以采用书面形式、口头形式或者其他形式。

书面形式是合同书、信件、电报、电传、传真等可以有形地表现所载内容的形式。

以电子数据交换、电子邮件等方式能够有形地表现所载内容,并可以随时调取查用的数据电文,视为书面形式。

风险点14:倒签合同

【风险提示】

倒签合同也称为事后合同,是指合作双方在合同签订生效之前已经开始实际履行合同,而在合同履行过程中或在合同履行完毕后补签合同的现象,是一种特殊的合同成立的方式。通俗地说,倒签合同是指在具体的业务履行过程中或者履行完毕后,双方才签订合同并且合同标明的签订日期早于合同实际签订日期。此时存在合同业务开展时间、合同标明的签订时间和合同实际签订时间三个不同的时间点,但形式上仍然是两个时间点(合同业务开展时间和合同标明的签订时间,合同文本本身是无法体现合同实际签订时间的)。倒签合同最大的问题是日期失真,如倒签合同使合同的生效时间迟于合同履行,但其他条款内容与正常签订的合同一致,导致合同的生效日期、履行期限及有效期限等有关期限规定产生逻辑上的冲突和混乱,可能出现甲方或乙方的违约,如果按实际的时间约束可能就不存在违约,这样对于某一方并不公平。实务中,倒签合同大部分产生于与企业日常经营密切相关的项目。合同承办部门对合同管理的认识存在误区、企业内部管理疏漏、合同审批时限延迟等是发生倒签合同的主要原因。

司法实践中,仅以倒签日期为由主张合同无效难以获得法院的支持,除非倒签日期的合同不是真实意思表示或者违反法律、行政法规的效力性强制性规定。虽然合同不会仅因日期倒签而无效,但倒签会导致个案中对于合同实际生效时间的认定存在不确定性,进一步产生相应的法律风险。由于在正式签订合同之前实际上并不存在书面合同,双方权利、义务没有通过书面形式确定下来,双方对于履行细节极易产生争议。

【防范措施】

倒签合同不仅与企业内控制度关于风险防范的目标相悖,也不符合企业管理制度的要求,同时还存在较大的法律风险。为防范倒签合同的风险发生,建议如下:

1. 严格执行内控制度和合同管理制度。内控制度能够规范企业经营管理过程中的诸多环节,是规范管理防范风险的重要手段,而合同管理制度是合同管理操作环节中应遵循的基本制度,两者是相互支撑的制度体系,缺一不可。同时,应当定期对业务部门进行检查考核,对合同管理工作中易出现纰漏失误的环节进行监督和指导,对随意补签合同的行为进行通报并给予一定的处罚,对规避监督管理的行为进行严肃处理。

2. 适当简化应急性项目合同的审批流程。在实践中,不可避免地会出现一些特殊情况,无法等待完成完整的合同审批流程,那么可以将合同项目划分为常规性项目和应急性项目。常规性项目必须严格按照公司内控制度和合同管理制度执行审批。对应急性项目可根据急需情况,适当简化合同审批手续,确保应急项目能在项目实际履行前合法有效地签订合同,既保证合同项目的按期履行,又为其提供法律保障。

3. 加强对倒签合同内容的审核和规范。特殊原因导致合同项目先于合同签订履行或交易的,业务部门在补签合同时不能简单地以常规合同模板修订合同内容,而应在合同文本中对合同项目进展情况、项目已履行部分双方的权利义务等进行明确约定,同时对未履行部分作进一步的约定和规范,确保实际履行部分和未履行部分都有书面合同条款进行约束和规范。

【法条链接】

《民法典》第一百四十三条　具备下列条件的民事法律行为有效:

(一)行为人具有相应的民事行为能力;

(二)意思表示真实;

(三)不违反法律、行政法规的强制性规定,不违背公序良俗。

风险点15:预约合同

【风险提示】

预约合同是相对于本约合同而言的一种特殊合同,系指当事人约定为了将来在确定期限内订立合同而达成的协议,是当事人在本约内容达成一致前作出的有约束力的意思表示。预约合同签订后,当事人负有在一定期限内缔结本约之义务。在实践中,预约合同的适用范围非常宽泛,租赁、承揽、商品房买卖、民间借贷、买卖合同等领域均存在,还存在意向书、允诺书、定金收据、原则性协议、框架性协议、临时协议等。预约合同在社会生活中大量存在,为了市场经济及社会的需要,我国《民法典》以立法形式在合同编通则部分首次确定预约合同:预约合同正式成为一项法律制度。《民法典》第四百九十五条规定,当事人约定在将来一定期限内订立合同的认购书、订购书、预订书等,构成预约合同。当事人一方不履行预约合同约定的订立合同义务的,对方可以请求其承担预约合同的违约责任。根据《最高人民法院关于适用〈中华人民共和国民法典〉合同编通则若干问题的解释》第六条第一款的规定,当事人为担保在将来一定期限内订立合同交付了定金,能够确定将来所要订立合同的主体、标的等内容的,也应认为当事人之间已经成立了预约合同。该解释第三条第三款规定,当事人订立的认购书、订购书、预订书等已就合同标的、数量、价款或者报酬等主要内容达成合意,符合本解释第三条第一款规定的合同成立条件,未明确约定在将来一定期限内另行订立合同,或者虽然有约定但是当事人一方已实施履行行为且对方接受的,人民法院应当认定本约合同成立。可见,如果当事人订立的认购书、订购书、预订书等如果具备本约合同的构成要件,且当事人未明确约定将来一定期限内另行订立本约合同,则上述各种形式的协议应被理解为本约合同。

预约合同与本约合同之间既相互独立,又相互关联,签订预约合同的目的在于订立本约合同,预约合同的标的须是在一定期限内签订本约合同,履行预约合同的结果即为订立本约合同。在司法实践中,判断当事人之间系预约合同关系还是本约合同关系,不能仅根据协议名称或者单凭一份协议予以简单认定,而应当综合审查协议的内容以及当事人后续为签订新合同进行的磋商乃至履行行为等客观事实,从中分析与探寻当事人是否有将来另行签订新合同的意思表示,并据此对双方当事人之间的法律关系作出准确界定。

【防范措施】

预约合同的使用在实践中长期存在,《民法典》合同编则明确了其性质和法律后果。为规避相应法律风险,建议如下:

1. 企业应当充分认识到预约合同也是独立合同,考虑清楚后再决定是否签订,不要一时冲动,否则可能要承担违约责任。

2. 如果认为己方有可能不愿意订立本约合同,则应当在预约合同中明确己方(或任何一方)有权在某个时点之前要求解除预约合同。

3. 对于有些需要达到某些前置条件才可作为本约标的的商品或者服务,如不想订立本约,则可考察这些前置条件是否成就,而不要贸然以自身原因拒绝订立本约。

【法条链接】

《民法典》第四百九十五条　当事人约定在将来一定期限内订立合同的认购书、订购书、预订书等,构成预约合同。

当事人一方不履行预约合同约定的订立合同义务的,对方可以请求其承担预约合同的违约责任。

《最高人民法院关于适用〈中华人民共和国民法典〉合同编通则若干问题的解释》第三条第一款　当事人对合同是否成立存在争议,人民法院能够确定当事人姓名或者名称、标的和数量的,一般应当认定合同成立。但是,法律另有规定或者当事人另有约定的除外。

第六条　当事人以认购书、订购书、预订书等形式约定在将来一定期限内订立合同,或者为担保在将来一定期限内订立合同交付了定金,能够确定将来所要订立合同的主体、标的等内容的,人民法院应当认定预约合同成立。

当事人通过签订意向书或者备忘录等方式,仅表达交易的意向,未约定在将来一定期限内订立合同,或者虽然有约定但是难以确定将来所要订立合同的主体、标的等内容,一方主张预约合同成立的,人民法院不予支持。

当事人订立的认购书、订购书、预订书等已就合同标的、数量、价款或者报酬等主要内容达成合意,符合本解释第三条第一款规定的合同成立条件,未明确约定在将来一定期限内另行订立合同,或者虽然有约定但是当事人一方已实施履行行为且对方接受的,人民法院应当认定本约合同成立。

第七条　预约合同生效后,当事人一方拒绝订立本约合同或者在磋商订立本约合同时违背诚信原则导致未能订立本约合同的,人民法院应当认定该当事人不履行预约合同约定的义务。

人民法院认定当事人一方在磋商订立本约合同时是否违背诚信原则,应当综合考虑该当事人在磋商时提出的条件是否明显背离预约合同约定的内容以及是否已尽合理努力进行协商等因素。

第八条　预约合同生效后,当事人一方不履行订立本约合同的义务,对方请求其赔偿因此造成的损失的,人民法院依法予以支持。

前款规定的损失赔偿,当事人有约定的,按照约定;没有约定的,人民法院应当综合考虑预约合同在内容上的完备程度以及订立本约合同的条件的成就程度等因素酌定。

风险点16:(合同)意向书

【风险提示】

（合同）意向书，是指当事人双方或多方之间，在对某项事务正式签订合同之前，表达初步设想的意向性文书。意向书并不是严格意义上的法律概念，意向书的法律含义并不明确，法律性质也呈多样化，可能是磋商性文件、预约合同或者本约合同等。如果只是磋商性文件，则一般无法律约束力；如果构成预约合同，若违反则应承担预约合同违约责任或者损害赔偿责任；如果构成本约合同，则应按有关规定承担违约责任。对于意向书的法律性质及效力不能一概而论，应当从约定形式是否典型、内容是否确定以及是否有受约束的意思表示等方面考察，根据有关法律和司法解释的规定具体审查认定。传统的意向书通常以书信的形式作出，是一种单方意思表示。在市场经济的交易中，大多数意向书是指双方当事人深入接触并在诸多问题上达成一致后，一方以这些一致意见为基础向另一方发出的要求接受者"确认"或"接受"的法律文件。

需要注意的是，如果意向书具备合同基本要素，当事人没有明确排除其约束力，且一方已经履行了该意向书项下的部分义务，他方也接受的，通常应认为该意向书的条款具有法律效力。另外，根据《最高人民法院关于适用〈中华人民共和国民法典〉合同编通则若干问题的解释》第六条的规定，如果意向书约定在将来一定期限内订立合同，并非仅表达交易意向，能确定合同主体和标的等主要内容，对方主张预约合同成立的，可能会得到法院支持。

【防范措施】

对于意向书风险的防控，关键是要把握好意向书的内容，不要贸然作出实质性承诺。实践中有的协议尽管名称为意向书，但是如果其内容具体约定了签约主体之间权利义务关系，那么对合同各方是具备法律约束力的，实际上已经是合同了。所以不能片面地认为意向书绝对不具备法律效力，避免盲目签署意向书带来的法律风险。建议在意向书中加上限制性或丧失其约束力的条款，比如"此意向仅为双方初步意向，如果条件成就，双方将进一步协商签订正式的合同"或者"本意向书对双方的权利义务不具有任何约束力"等。

【法条链接】

《民法典》第四百九十条　当事人采用合同书形式订立合同的，自当事人均签名、盖章或者按指印时合同成立。在签名、盖章或者按指印之前，当事人一方已经履行主要义务,对方接受时,该合同成立。

法律、行政法规规定或者当事人约定合同应当采用书面形式订立,当事人未采用书面形式但是一方已经履行主要义务,对方接受时,该合同成立。

第四百九十五条 当事人约定在将来一定期限内订立合同的认购书、订购书、预订书等,构成预约合同。

当事人一方不履行预约合同约定的订立合同义务的,对方可以请求其承担预约合同的违约责任。

《最高人民法院关于适用〈中华人民共和国民法典〉合同编通则若干问题的解释》**第六条** 当事人以认购书、订购书、预订书等形式约定在将来一定期限内订立合同,或者为担保在将来一定期限内订立合同交付了定金,能够确定将来所要订立合同的主体、标的等内容的,人民法院应当认定预约合同成立。

当事人通过签订意向书或者备忘录等方式,仅表达交易的意向,未约定在将来一定期限内订立合同,或者虽然有约定但是难以确定将来所要订立合同的主体、标的等内容,一方主张预约合同成立的,人民法院不予支持。

当事人订立的认购书、订购书、预订书等已就合同标的、数量、价款或者报酬等主要内容达成合意,符合本解释第三条第一款规定的合同成立条件,未明确约定在将来一定期限内另行订立合同,或者虽然有约定但是当事人一方已实施履行行为且对方接受的,人民法院应当认定本约合同成立。

风险点17:(合同)备忘录

【风险提示】

(合同)备忘录,是指合同双方在磋商过程中,对某些事项达成一定程度的理解与谅解及一致意见,将这种理解、谅解、一致意见以备忘录的形式记录下来,作为今后进一步磋商、达成最终协议的参考,并作为今后双方交易与合作的依据。

目前备忘录在企业中广泛应用,用于记录双方的协商和交易成果、确定合同签订前的某些已经达成共识的约定或共同确认的事实、确定对合同的补充事项或共同确认的履约事实、合同履行争议的谅解处理方案等。在这些情况下,双方签署的备忘录实际上是确认双方协商一致事项的书面文件。司法实践中,如果备忘录体现了签署多方合意的意思表示,且各方明确表示受该意思表示约束,同意创设法律上的权利义务关系,同时,在前述基础上也符合合同的生效条件,那么双方所签订的备忘录有可能被认为是合同。如果备忘录约定在将来一定期内订立合同,并非仅表达交易意向的,能确定合同主体和标的等主要内容,对方主张预约合同成立的,可能会得到法院支持。如果一方单方面向另一方出具包括承诺内容并签署的备忘录,如涉及备忘录记载的签署方确认的相关事实,接受方往往可以将其当成对出具方不利的证据使用。

【防范措施】

签订备忘录时,首先要弄清对方签署备忘录的意图。有的企业可能为了诉讼时效或取得相关的事实证据;有的企业可能为了明确合同履行中的部分内容而签订,以避免因客观事实不清导致的风险。因备忘录内容确定的事实、证据将成为认定合同双方权利义务的重要辅助证据,故企业在签订备忘录时,应审慎对待,避免备忘录脱离事实,表述对己方不利的内容。如果是单方出具承诺,则应考虑该备忘录是否将成为对自己不利的证据,且单方出具备忘录后,应保留有效的送达凭证。

【法条链接】

《民法典》第四百九十五条 当事人约定在将来一定期限内订立合同的认购书、订购书、预订书等,构成预约合同。

当事人一方不履行预约合同约定的订立合同义务的,对方可以请求其承担预约合同的违约责任。

《最高人民法院关于适用〈中华人民共和国民法典〉合同编通则若干问题的解释》第六条 当事人以认购书、订购书、预订书等形式约定在将来一定期限内订立合同,或者为担保在将来一定期限内订立合同交付了定金,能够确定将来所要订立合同的主体、标的等内容的,人民法院应当认定预约合同成立。

当事人通过签订意向书或者备忘录等方式,仅表达交易的意向,未约定在将来一定期限内订立合同,或者虽然有约定但是难以确定将来所要订立合同的主体、标的等内容,一方主张预约合同成立的,人民法院不予支持。

当事人订立的认购书、订购书、预订书等已就合同标的、数量、价款或者报酬等主要内容达成合意,符合本解释第三条第一款规定的合同成立条件,未明确约定在将来一定期限内另行订立合同,或者虽然有约定但是当事人一方已实施履行行为且对方接受的,人民法院应当认定本约合同成立。

风险点18:采用格式条款订立合同

【风险提示】

许多公司因合同相对人较多而采用标准化的合同样本,即格式合同。格式合同是交易便捷的产物,格式合同中又不乏免责条款等格式条款。免责条款即当事人约定的用以免除或限制其未来合同责任的条款。免责条款被一方当事人运用在格式合同当中,作为明确或隐含的意思要约,以获得另一方当事人的承诺,使其发生法律效力。但是,免责条款最后是否有效,未必按照合同文本的外观确定。格式条款的提供方若拟定格式条款不当或未履行提示、说明义务,可能会导致该合同条款无效。

实务中,格式条款的表现形式多种多样,运用的场合亦相当普遍,虽难以周延列举,但以下类型的合同可能包含较多格式条款:与房产有关的合同,具体包括商品房预售/出售合同、房屋买卖/租赁合同、居间合同等;与消费有关的买卖及服务合同,如"一经售出,概不退换"之类的店堂公告、注册 App 及平台网站的服务协议等;运输合同;供用水、电、气、热力合同;保险合同;贷款合同等。

【防范措施】

对于格式条款提供方而言,在制定格式条款时应当注意以下事项:

1. 拟定具备合理性与公平性的格式条款,避免内容不当致使格式条款无效。拟定格式条款时应语义明晰,避免可能产生歧义的表述,以防产生两种以上解释。

2. 在提供格式条款时,要采用包括特殊字体字号、符号、内容加粗等显著方式,将需要提示、说明的条款予以重点标注,采取合理方式提示对方注意。

对于被动接受格式条款一方而言,建议应当仔细阅读条款,对其中显失公平的部分要求修改。如确实因格式条款发生争议,则应勇敢地站出来维护自己的合法权益。

【法条链接】

《民法典》第四百九十六条　格式条款是当事人为了重复使用而预先拟定,并在订立合同时未与对方协商的条款。

采用格式条款订立合同的,提供格式条款的一方应当遵循公平原则确定当事人之间的权利和义务,并采取合理的方式提示对方注意免除或者减轻其责任等与对方有重大利害关系的条款,按照对方的要求,对该条款予以说明。提供格式条款的一方未履行提示或者说明义务,致使对方没有注意或者理解与其有重大利害关系的条款的,对方可以主张该条款不成为合同的内容。

第四百九十七条　有下列情形之一的,该格式条款无效:

(一)具有本法第一编第六章第三节和本法第五百零六条规定的无效情形;

(二)提供格式条款一方不合理地免除或者减轻其责任、加重对方责任、限制对方主要权利;

(三)提供格式条款一方排除对方主要权利。

第四百九十八条　对格式条款的理解发生争议的,应当按照通常理解予以解释。对格式条款有两种以上解释的,应当作出不利于提供格式条款一方的解释。格式条款和非格式条款不一致的,应当采用非格式条款。

《最高人民法院关于适用〈中华人民共和国民法典〉合同编通则若干问题的解释》第九条 合同条款符合民法典第四百九十六条第一款规定的情形,当事人仅以合同系依据合同示范文本制作或者双方已经明确约定合同条款不属于格式条款为由主张该条款不是格式条款的,人民法院不予支持。

从事经营活动的当事人一方仅以未实际重复使用为由主张其预先拟定且未与对方协商的合同条款不是格式条款的,人民法院不予支持。但是,有证据证明该条款不是为了重复使用而预先拟定的除外。

第十条 提供格式条款的一方在合同订立时采用通常足以引起对方注意的文字、符号、字体等明显标识,提示对方注意免除或者减轻其责任、排除或者限制对方权利等与对方有重大利害关系的异常条款的,人民法院可以认定其已经履行民法典第四百九十六条第二款规定的提示义务。

提供格式条款的一方按照对方的要求,就与对方有重大利害关系的异常条款的概念、内容及其法律后果以书面或者口头形式向对方作出通常能够理解的解释说明的,人民法院可以认定其已经履行民法典第四百九十六条第二款规定的说明义务。

提供格式条款的一方对其已经尽到提示义务或者说明义务承担举证责任。对于通过互联网等信息网络订立的电子合同,提供格式条款的一方仅以采取了设置勾选、弹窗等方式为由主张其已经履行提示义务或者说明义务的,人民法院不予支持,但是其举证符合前两款规定的除外。

风险点19:合同成立时间与地点不明确

【风险提示】

合同的成立,是指合同双方当事人对合同内主要条款协商一致,达成合意。一份合同的基本内容包括合同的成立时间、成立地点等。合同成立的时间与地点关系合同履行、合同解除、违约金支付等一系列事项。若合同成立的时间与地点不明确,可能会影响合同履行、解除等事项的正常进行。

合同成立时间关系合同双方当事人在何时受到合同法律关系的拘束,何时开始遵守合同约定的权利及义务。我国《民法典》第四百八十三条规定,承诺生效时合同成立,但是法律另有规定或者当事人另有约定的除外。第四百九十条规定,当事人采用合同书形式订立合同的,自当事人均签名、盖章或者按指印时合同成立。在签名、盖章或者按指印之前,当事人一方已经履行主要义务,对方接受时,该合同成立。法律、行政法规规定或者当事人约定合同应当采用书面形式订立,当事人未采用书面形式但是一方已经履行主要义务,对方接受时,该合同成立。第四百九十一条规定,当事人采用信件、数据电文等形式订立合同要求签订确认书的,签订确认书时合同成立。当事人一方通过互联网等信息网络发布的商品或者服务信息符合要约条件的,对方选择该商品或者服务并提交订单成功时合同成立,但是当事人另有约定的除外。

合同成立地点关系合同当事人发生争议时的管辖法院和适用法律等,尤其是在国际合同中,合同成立地点对适用哪国法律影响很大。我国《民法典》第四百九十二条规定,承诺生效的地点为合同成立的地点。采用数据电文形式订立合同的,收件人的主营业地为合同成立的地点;没有主营业地的,其住所地为合同成立的地点。当事人另有约定的,按照其约定。第四百九十三条规定,当事人采用合同书形式订立合同的,最后签名、盖章或者按指印的地点为合同成立的地点,但是当事人另有约定的除外。

【防范措施】

合同成立时间对双方当事人来说十分重要,然而,采用不同形式订立的合同,其合同生效时间是不同的,了解以不同形式订立的合同生效时间,有助于企业避免发生不必要的合同纠纷。另外,由于合同成立地点关系合同争议的管辖法院,因此企业在签订书面合同时,一定要本着对双方公平的原则,谨慎地对待和选择合同的签订地。

【法条链接】

《民法典》第四百八十三条　承诺生效时合同成立,但是法律另有规定或者当事人另有约定的除外。

第四百九十条　当事人采用合同书形式订立合同的,自当事人均签名、盖章或者按指印时合同成立。在签名、盖章或者按指印之前,当事人一方已经履行主要义务,对方接受时,该合同成立。

法律、行政法规规定或者当事人约定合同应当采用书面形式订立,当事人未采用书面形式但是一方已经履行主要义务,对方接受时,该合同成立。

第四百九十一条　当事人采用信件、数据电文等形式订立合同要求签订确认书的,签订确认书时合同成立。

当事人一方通过互联网等信息网络发布的商品或者服务信息符合要约条件的,对方选择该商品或者服务并提交订单成功时合同成立,但是当事人另有约定的除外。

第四百九十二条　承诺生效的地点为合同成立的地点。

采用数据电文形式订立合同的,收件人的主营业地为合同成立的地点;没有主营业地的,其住所地为合同成立的地点。当事人另有约定的,按照其约定。

第四百九十三条　当事人采用合同书形式订立合同的,最后签名、盖章或者按指印的地点为合同成立的地点,但是当事人另有约定的除外。

风险点20:合同条款约定不明

【风险提示】

在订立合同时,当事人若对涉及质量、价款或者报酬、履行地点等内容的条款没有约定或者约定不明确,会影响合同的后续履行,增加合同履行成本,甚至可能会导致合同不能履行。

对于已签订的合同,如果双方当事人都严格按照合同约定履行义务,双方没有发生纠纷,那么合同就如同废纸一张。但合同履行过程中双方产生争议时,合同将是解决争议的重要证据材料。因此,笔者认为合同不仅是写给自己与合同相对方看的,更是写给法官看的,自己理解的意思不代表法官能读懂合同条款的具体意思,发生纠纷时,可能会因为合同条款约定不清而败诉。

【防范措施】

为规避合同条款约定不明的法律风险,建议合同条款站在法官角度考虑,尽量约定清晰以便法官能理解,具体如下:

1. 标的物的名称要用规范的全称,避免用俗名、习惯名及该类产品的统称进行约定。同时,标的物的厂家、品牌、规格和型号也要明确约定。在签订合同时还应注意因地域不同所导致同名异物、同物异名的情况发生,必要时在合同中附带产品图片,可以避免各方当事人因为对产品的误解而产生纠纷。

2. 标的物的数量一定要明确,同时合同中应避免采用笼统或不明确的计量单位。

3. 涉及供应方的产品有多种型号规格等问题的,合同中一定要明确标的物的厂家、品牌、规格和型号等信息。

4. 目前对于产品的质量,有行业标准和国家标准的区别,合同中应当明确约定标的物的质量是采用行业标准还是国家标准,以及当合同当事人对产品质量存在争议时如何进行鉴定。

【法条链接】

《民法典》第五百一十条 合同生效后,当事人就质量、价款或者报酬、履行地点等内容没有约定或者约定不明确的,可以协议补充;不能达成补充协议的,按照合同相关条款或者交易习惯确定。

第五百一十一条 当事人就有关合同内容约定不明确,依据前条规定仍不能确

定的,适用下列规定:

（一）质量要求不明确的,按照强制性国家标准履行;没有强制性国家标准的,按照推荐性国家标准履行;没有推荐性国家标准的,按照行业标准履行;没有国家标准、行业标准的,按照通常标准或者符合合同目的的特定标准履行。

（二）价款或者报酬不明确的,按照订立合同时履行地的市场价格履行;依法应当执行政府定价或者政府指导价的,依照规定履行。

（三）履行地点不明确,给付货币的,在接受货币一方所在地履行;交付不动产的,在不动产所在地履行;其他标的,在履行义务一方所在地履行。

（四）履行期限不明确的,债务人可以随时履行,债权人也可以随时请求履行,但是应当给对方必要的准备时间。

（五）履行方式不明确的,按照有利于实现合同目的的方式履行。

（六）履行费用的负担不明确的,由履行义务一方负担;因债权人原因增加的履行费用,由债权人负担。

风险点21:争议解决条款模糊导致维权成本高

【风险提示】

合同纠纷发生前,交易双方通过合同约定争议解决方式已成为一种交易习惯。正确约定合同争议解决条款,可以降低合同纠纷解决成本,最大限度地保障和维护己方利益。在实践中,对争议解决条款的约定主要存在以下问题。

一、同时约定仲裁和诉讼

1. 约定既可选择仲裁,也可选择诉讼。例如,约定"若因本合同产生纠纷,当事人双方可以选择仲裁或者诉讼方式解决争议",或者在签订格式合同文本时同时勾选仲裁、诉讼两种方式。根据我国法律规定,在合同中约定"可裁可诉"条款,一旦发生合同纠纷,当事人一方想申请仲裁,而另一方提出异议,会导致仲裁协议无效,只能采取诉讼方式解决纠纷。

2. 约定先裁后诉。例如,约定:"若双方因为合同发生争议,可提交仲裁机构仲裁;若仲裁无果,可向法院提起诉讼。"在实践中,各地法院对该条款是否有效的认定并不一致,有的观点认为"先裁后诉"条款不符合《仲裁法》第九条关于"一裁终局"的规定,仲裁条款无效。

二、仲裁条款约定不明确

与诉讼方式不同,《仲裁法》规定当事人采用仲裁方式解决纠纷,必须自愿达成仲裁协议。没有仲裁协议,一方申请仲裁的,仲裁委员会不予受理。在实践中,仲裁条款的约定存在以下两个问题:一是未约定仲裁机构或仲裁机构约定不明确;二是仲裁事项不属于仲裁委员会受理范围。

三、诉讼管辖约定不恰当

1. 约定不符合地域管辖的规定。根据《民事诉讼法》第三十五条的规定,合同纠纷可由当事人协议约定管辖法院,当事人可以书面协议选择被告住所地、合同履行地、合同签订地、原告住所地、标的物所在地等与争议有实际联系的地点的人民法院管辖。该条法律规定赋予了合同当事人通过书面协议选择与争议有实际联系地点的人民法院管辖的权利。在与争议有实际联系地点的必要限制下,赋予了合同当事人更多的选择,充分尊重当事人选择管辖法院的合意,体现当事人的意思自治。若当事人协议选择了与争议没有实际联系的地点的法院管辖,因超出法律规定范围,一般应当认定其约定无效,只能按照法律关于管辖的其他一般规定选择诉讼法院。

2. 约定违反级别管辖和专属管辖。我国法律对于级别管辖、地域管辖、专属管辖作了具体详细的规定。因此,在约定具体管辖法院时不应违背法律强制性规定,否则约定无效。

【防范措施】

为规避争议解决方式条款模糊导致的法律风险,建议如下:

1. 仲裁和诉讼只能二选一。仲裁与诉讼作为两种法定的纠纷解决方式,各有优势。简单来说,仲裁实行"一裁终局"模式,程序简单灵活、保密性强、仲裁员选拔条件高、专业性强;诉讼程序公正严谨,受理范围广泛,受国家公权力保护。在选择争议解决方式时,应综合考虑业务实际情况、对时限要求是否紧迫、交易复杂程度、争议解决费用等因素,选择恰当的纠纷解决方式。

2. 仲裁协议约定要明确具体。仲裁协议应当包括下列内容:请求仲裁的意思表示、仲裁事项、选定的仲裁委员会。仲裁不实行级别管辖和地域管辖,因此仲裁机构的选择范围相当宽泛。但即便如此,也应综合考虑成本、仲裁机构实力等方面的因素,选择合适的仲裁机构。在合同中约定仲裁可采用如下示范条款:"因本合同引起的或与本合同有关的任何争议,均提请某某仲裁委员会按照该仲裁委员会仲裁规则进行仲裁。"

3. 合理选择诉讼管辖法院。本着争取自身利益最大化、节约诉讼成本的原则,不违反法律法规的前提下,在合同中约定管辖法院时,应尽量选择由己方所在地法院管辖。在起草合同时可采用如下示范条款:"因合同发生的任何争议,双方同意向×方所在地法院提起诉讼。"当然,在开展业务合作时,己方并不总是处于谈判优势地位,若有协商空间,应考虑诉讼成本、权利实现难度、司法环境等因素,尽量选择对自己最有利的法院管辖。此外,在合同中约定管辖法院时,如果要明确具体的法院名称,如某市某区人民法院,应首先明确该法院对合同争议是否有管辖权。在实际操作中,如果业务双方属于不同区县但属于同一地级市,管辖法院应当具体某区县的法院。

【法条链接】

《民事诉讼法》第三十五条　合同或者其他财产权益纠纷的当事人可以书面协议选择被告住所地、合同履行地、合同签订地、原告住所地、标的物所在地等与争议有实际联系的地点的人民法院管辖,但不得违反本法对级别管辖和专属管辖的规定。

第一百二十七条　人民法院对下列起诉,分别情形,予以处理:

(一)依照行政诉讼法的规定,属于行政诉讼受案范围的,告知原告提起行政诉讼;

(二)依照法律规定,双方当事人达成书面仲裁协议申请仲裁、不得向人民法院起诉的,告知原告向仲裁机构申请仲裁;

(三)依照法律规定,应当由其他机关处理的争议,告知原告向有关机关申请解决;

(四)对不属于本院管辖的案件,告知原告向有管辖权的人民法院起诉;

(五)对判决、裁定、调解书已经发生法律效力的案件,当事人又起诉的,告知原告申请再审,但人民法院准许撤诉的裁定除外;

(六)依照法律规定,在一定期限内不得起诉的案件,在不得起诉的期限内起诉的,不予受理;

(七)判决不准离婚和调解和好的离婚案件,判决、调解维持收养关系的案件,没有新情况、新理由,原告在六个月内又起诉的,不予受理。

《仲裁法》第四条　当事人采用仲裁方式解决纠纷,应当双方自愿,达成仲裁协议。没有仲裁协议,一方申请仲裁的,仲裁委员会不予受理。

第九条　仲裁实行一裁终局的制度。裁决作出后,当事人就同一纠纷再申请仲裁或者向人民法院起诉的,仲裁委员会或者人民法院不予受理。

裁决被人民法院依法裁定撤销或者不予执行的,当事人就该纠纷可以根据双方重新达成的仲裁协议申请仲裁,也可以向人民法院起诉。

第十六条　仲裁协议包括合同中订立的仲裁条款和以其他书面方式在纠纷发生前或者纠纷发生后达成的请求仲裁的协议。

仲裁协议应当具有下列内容:

(一)请求仲裁的意思表示;

(二)仲裁事项;

(三)选定的仲裁委员会。

第十八条　仲裁协议对仲裁事项或者仲裁委员会没有约定或者约定不明确的,

当事人可以补充协议；达不成补充协议的，仲裁协议无效。

第二十条 当事人对仲裁协议的效力有异议的，可以请求仲裁委员会作出决定或者请求人民法院作出裁定。一方请求仲裁委员会作出决定，另一方请求人民法院作出裁定的，由人民法院裁定。

当事人对仲裁协议的效力有异议，应当在仲裁庭首次开庭前提出。

《最高人民法院关于适用〈中华人民共和国仲裁法〉若干问题的解释》**第七条** 当事人约定争议可以向仲裁机构申请仲裁也可以向人民法院起诉的，仲裁协议无效。但一方向仲裁机构申请仲裁，另一方未在仲裁法第二十条第二款规定期间内提出异议的除外。

风险点22：合同的仲裁机构约定不明

【风险提示】

仲裁机构因名称表述不准确而无法确定的，将因约定不明而面临仲裁协议无效的风险。例如，仲裁协议中约定"当地仲裁委员会"或"辖区仲裁委员会"的，可能会因为无法认定仲裁机构的唯一性而导致仲裁协议无效；仲裁协议中约定"某某市仲裁委员会"的，除非在特殊情形下可以推断出具体的仲裁机构，否则仲裁协议将被认定为无效；仲裁协议中仅约定"发生争议时适用仲裁规则"而没有补充约定具体仲裁机构的，也会导致仲裁协议无效。

【防范措施】

企业在仲裁协议中约定仲裁机构时，约定的仲裁机构应当明确且唯一。建议先查找该仲裁机构的具体注册名称，确认无误后再写入合同中。

【法条链接】

《最高人民法院关于适用〈中华人民共和国仲裁法〉若干问题的解释》**第三条** 仲裁协议约定的仲裁机构名称不准确，但能够确定具体的仲裁机构的，应当认定选定了仲裁机构。

第四条 仲裁协议仅约定纠纷适用的仲裁规则的，视为未约定仲裁机构，但当事人达成补充协议或者按照约定的仲裁规则能够确定仲裁机构的除外。

第五条 仲裁协议约定两个以上仲裁机构的，当事人可以协议选择其中的一个仲裁机构申请仲裁；当事人不能就仲裁机构选择达成一致的，仲裁协议无效。

第六条 仲裁协议约定由某地的仲裁机构仲裁且该地仅有一个仲裁机构的，该仲裁机构视为约定的仲裁机构。该地有两个以上仲裁机构的,当事人可以协议选择其中的一个仲裁机构申请仲裁;当事人不能就仲裁机构选择达成一致的,仲裁协议无效。

风险点 23:合同约定既可诉讼也可仲裁

【风险提示】

合同约定争议可以向仲裁机构申请仲裁也可以向人民法院起诉的,仲裁协议无效,仲裁机构一般不予受理,只能到有管辖权的人民法院提起诉讼解决。但如果一方向仲裁机构申请仲裁,另一方未在仲裁庭首次开庭前提出异议,则仲裁委员会就可以对案件进行审理。

【防范措施】

企业在合同中进行管辖约定时需注意,不得约定既可向仲裁机构申请仲裁也可以向人民法院起诉,必须作出特定的、单一的选择。

【法条链接】

《最高人民法院关于适用〈中华人民共和国仲裁法〉若干问题的解释》第七条　当事人约定争议可以向仲裁机构申请仲裁也可以向人民法院起诉的,仲裁协议无效。但一方向仲裁机构申请仲裁,另一方未在仲裁法第二十条第二款规定期间内提出异议的除外。

风险点 24:仲裁条款违反"一裁终局"规定

【风险提示】

一裁终局制度,是指仲裁机构对申请仲裁的纠纷进行仲裁后,裁决立即发生法律效力,当事人不得就同一纠纷再申请仲裁或向人民法院起诉的制度。可见,当事人在协议中约定"将争议提交仲裁,并可对仲裁结果再申请仲裁或向法院起诉、上诉"的条款违反了一裁终局制度,很大可能被法院认定为无效条款。

需要注意的是,如果当事人认为仲裁裁决存在错误,可以向法院申请撤销仲裁的裁决或申请不予执行仲裁裁决。裁决被人民法院依法裁定撤销或不予执行的,当事人可以根据双方重新达成的仲裁协议申请仲裁,也可以向人民法院起诉。

【防范措施】

企业在合同中约定仲裁条款时需注意,不能违反法律强制性规定。仲裁程序虽然比诉讼简单并且耗时较少,但必须遵守一裁终局的制度(劳动争议仲裁除外)。

【法条链接】

《仲裁法》第九条 仲裁实行一裁终局的制度。裁决作出后,当事人就同一纠纷再申请仲裁或者向人民法院起诉的,仲裁委员会或者人民法院不予受理。

裁决被人民法院依法裁定撤销或者不予执行的,当事人就该纠纷可以根据双方重新达成的仲裁协议申请仲裁,也可以向人民法院起诉。

第五十八条 当事人提出证据证明裁决有下列情形之一的,可以向仲裁委员会所在地的中级人民法院申请撤销裁决:

(一)没有仲裁协议的;

(二)裁决的事项不属于仲裁协议的范围或者仲裁委员会无权仲裁的;

(三)仲裁庭的组成或者仲裁的程序违反法定程序的;

(四)裁决所根据的证据是伪造的;

(五)对方当事人隐瞒了足以影响公正裁决的证据的;

(六)仲裁员在仲裁该案时有索贿受贿,徇私舞弊,枉法裁决行为的。

人民法院经组成合议庭审查核实裁决有前款规定情形之一的,应当裁定撤销。

人民法院认定该裁决违背社会公共利益的,应当裁定撤销。

第五十九条 当事人申请撤销裁决的,应当自收到裁决书之日起六个月内提出。

《民事诉讼法》第二百四十八条 对依法设立的仲裁机构的裁决,一方当事人不履行的,对方当事人可以向有管辖权的人民法院申请执行。受申请的人民法院应当执行。

被申请人提出证据证明仲裁裁决有下列情形之一的,经人民法院组成合议庭审查核实,裁定不予执行:

(一)当事人在合同中没有订有仲裁条款或者事后没有达成书面仲裁协议的;

(二)裁决的事项不属于仲裁协议的范围或者仲裁机构无权仲裁的;

(三)仲裁庭的组成或者仲裁的程序违反法定程序的;

(四)裁决所根据的证据是伪造的;

(五)对方当事人向仲裁机构隐瞒了足以影响公正裁决的证据的;

(六)仲裁员在仲裁该案时有贪污受贿,徇私舞弊,枉法裁决行为的。

人民法院认定执行该裁决违背社会公共利益的,裁定不予执行。

裁定书应当送达双方当事人和仲裁机构。

仲裁裁决被人民法院裁定不予执行的,当事人可以根据双方达成的书面仲裁协议重新申请仲裁,也可以向人民法院起诉。

风险点 25：合同约定"回扣"的条款

【风险提示】

回扣,是指在商品或者劳务买卖中,卖方从买方支付的价款中退回给买方或者买方经办人的款项。根据我国法律规定,收受回扣是违法的。实务中,约定回扣似乎被很多企业所认可,有的企业选择掩盖回扣,让回扣消失于无形。有的企业将其写入合同条款,因为有人认为其光明正大、无须掩盖,写入合同可以约束对方。

【防范措施】

企业在设置合同条款时,不可约定回扣条款,交易中,也不能收受回扣,该不法收入一旦被发现不仅应予收回,严重的还要承担刑事法律责任。需要说明的是,企业在交易活动中,可以以明示方式向交易相对方支付折扣,或者向中间人支付佣金。经营者向交易相对方支付折扣、向中间人支付佣金的,应当如实入账。

【法条链接】

《刑法》第一百六十三条　公司、企业或者其他单位的工作人员,利用职务上的便利,索取他人财物或者非法收受他人财物,为他人谋取利益,数额较大的,处三年以下有期徒刑或者拘役,并处罚金;数额巨大或者有其他严重情节的,处三年以上十年以下有期徒刑,并处罚金;数额特别巨大或者有其他特别严重情节的,处十年以上有期徒刑或者无期徒刑,并处罚金。

公司、企业或者其他单位的工作人员在经济往来中,利用职务上的便利,违反国家规定,收受各种名义的回扣、手续费,归个人所有的,依照前款的规定处罚。

国有公司、企业或者其他国有单位中从事公务的人员和国有公司、企业或者其他国有单位委派到非国有公司、企业以及其他单位从事公务的人员有前两款行为的,依照本法第三百八十五条、第三百八十六条的规定定罪处罚。

第一百六十四条　为谋取不正当利益,给予公司、企业或者其他单位的工作人员以财物,数额较大的,处三年以下有期徒刑或者拘役,并处罚金;数额巨大的,处三年以上十年以下有期徒刑,并处罚金。

为谋取不正当商业利益,给予外国公职人员或者国际公共组织官员以财物的,依照前款的规定处罚。

单位犯前两款罪的,对单位判处罚金,并对其直接负责的主管人员和其他直接责任人员,依照第一款的规定处罚。

行贿人在被追诉前主动交待行贿行为的,可以减轻处罚或者免除处罚。

《反不正当竞争法》第七条　经营者不得采用财物或者其他手段贿赂下列单位或者个人,以谋取交易机会或者竞争优势:

(一)交易相对方的工作人员;

(二)受交易相对方委托办理相关事务的单位或者个人;

(三)利用职权或者影响力影响交易的单位或者个人。

经营者在交易活动中,可以以明示方式向交易相对方支付折扣,或者向中间人支付佣金。经营者向交易相对方支付折扣、向中间人支付佣金的,应当如实入账。接受折扣、佣金的经营者也应当如实入账。

经营者的工作人员进行贿赂的,应当认定为经营者的行为;但是,经营者有证据证明该工作人员的行为与为经营者谋取交易机会或者竞争优势无关的除外。

风险点26:磋商中泄露商业秘密

【风险提示】

商业秘密,是指不为公众所知悉、具有商业价值并经权利人采取相应保密措施的技术信息、经营信息等商业信息。双方当事人在订立合同过程中有时会知悉对方的商业秘密,无论合同是否成立,双方都应依照诚实信用原则严格保守商业秘密,否则需为因此造成的损失承担损害赔偿责任。

【防范措施】

为了防止商业秘密被泄露,企业可以在以下方面进行防范:

1. 提前调查合同相对方的情况,看其有无泄露合作对象商业秘密的前科。

2. 与合同相对方开始磋商合同条款前,先签订独立的保密协议,约定将来无论是否合作,双方应当对磋商过程中知悉的商业秘密或者其他应当保密的信息承担保密责任,不得泄露或者不正当地使用。

3. 与合同相对方进行初步接触时,可以只提供商业计划框架。在最终确定合作前,不要将商业秘密内容全盘托出。

4. 如果发现合作方、正在洽谈或者曾经洽谈过的拟合作方有侵犯自己商业秘密或者其他应当保密的信息的情况,可以立即向对方发送停止侵权的通知或者律师函,必要时可以向人民法院起诉。

【法条链接】

《反不正当竞争法》第九条　经营者不得实施下列侵犯商业秘密的行为：

（一）以盗窃、贿赂、欺诈、胁迫、电子侵入或者其他不正当手段获取权利人的商业秘密；

（二）披露、使用或者允许他人使用以前项手段获取的权利人的商业秘密；

（三）违反保密义务或者违反权利人有关保守商业秘密的要求，披露、使用或者允许他人使用其所掌握的商业秘密；

（四）教唆、引诱、帮助他人违反保密义务或者违反权利人有关保守商业秘密的要求，获取、披露、使用或者允许他人使用权利人的商业秘密。

经营者以外的其他自然人、法人和非法人组织实施前款所列违法行为的，视为侵犯商业秘密。

第三人明知或者应知商业秘密权利人的员工、前员工或者其他单位、个人实施本条第一款所列违法行为，仍获取、披露、使用或者允许他人使用该商业秘密的，视为侵犯商业秘密。

本法所称的商业秘密，是指不为公众所知悉、具有商业价值并经权利人采取相应保密措施的技术信息、经营信息等商业信息。

《民法典》第五百零一条　当事人在订立合同过程中知悉的商业秘密或者其他应当保密的信息，无论合同是否成立，不得泄露或者不正当地使用；泄露、不正当地使用该商业秘密或者信息，造成对方损失的，应当承担赔偿责任。

《刑法》第二百一十九条　有下列侵犯商业秘密行为之一，情节严重的，处三年以下有期徒刑，并处或者单处罚金；情节特别严重的，处三年以上十年以下有期徒刑，并处罚金：

（一）以盗窃、贿赂、欺诈、胁迫、电子侵入或者其他不正当手段获取权利人的商业秘密的；

（二）披露、使用或者允许他人使用以前项手段获取的权利人的商业秘密的；

（三）违反保密义务或者违反权利人有关保守商业秘密的要求，披露、使用或者允许他人使用其所掌握的商业秘密的。

明知前款所列行为，获取、披露、使用或者允许他人使用该商业秘密的，以侵犯商业秘密论。

本条所称权利人，是指商业秘密的所有人和经商业秘密所有人许可的商业秘密使用人。

风险点 27：缔约过失责任

【风险提示】

缔约过失是合同当事方在合同订立、磋商过程中,已经建立起的一种信任、依赖的关系,因合同一方违反诚实信用原则导致合同不成立,而给另一方信赖利益造成损失的行为。合同当事方因缔约过失给合同另一方信赖利益造成损失的,应当承担相应的损害赔偿责任。实务中,较多企业发现对方"假借订立合同,恶意进行磋商"的行为时,考虑到该行为发生在合同订立前,便自认倒霉,不积极维权,造成不必要的损失。

【防范措施】

在日常交易中,双方为签订合同而进行相互磋商,直至合同有效成立。在此期间双方应秉持诚实守信、互利互惠的原则,进行信息交换,利益平衡。但实务中总存在一些缔约初期的不诚信行为。为有效规避相应的法律风险,应当注意以下事项:

1. 在订立合同之前要仔细审查对方的真实背景,明确对方的真实目的,防止因竞争对手的不正当手段遭受不必要的损失。

2. 在合同的磋商阶段,不宜只拘泥于一个潜在的合同对方。如果对方要求"独家"磋商,则应先签署意向书,将"独家"磋商的期限限定在一个合理范围。签署意向书后,尽量收取一定数量的定金,作为立约定金,以保证正式合同的订立。通过这种方式也能够较好地甄别对方是否有订立合同的诚意,是不是假借磋商合同"截获"交易机会套取商业秘密等。

3. 企业若遭遇此类损失,应主动寻求帮助,诉请法院维护自己的合法权益。

【法条链接】

《民法典》第七条 民事主体从事民事活动,应当遵循诚信原则,秉持诚实,恪守承诺。

第五百条 当事人在订立合同过程中有下列情形之一,造成对方损失的,应当承担赔偿责任:

(一)假借订立合同,恶意进行磋商;

(二)故意隐瞒与订立合同有关的重要事实或者提供虚假情况;

(三)有其他违背诚信原则的行为。

风险点28：未签名、盖章但对方已实际履行的合同

【风险提示】

我国《民法典》第四百九十条规定："当事人采用合同书形式订立合同的，自当事人均签名、盖章或者按指印时合同成立。在签名、盖章或者按指印之前，当事人一方已经履行主要义务，对方接受时，该合同成立。法律、行政法规规定或者当事人约定合同应当采用书面形式订立，当事人未采用书面形式但是一方已经履行主要义务，对方接受时，该合同成立。"可见，当事人采用合同书这一书面形式订立合同，合同应当自各方当事人签名盖章后才成立。但是现实中确实存在由于种种原因，一方还没来得及在书面合同上签名盖章，对方已经按照合同约定的内容开始履行合同，甚至已经履行完毕。在这种情况下，根据《民法典》第四百九十条的规定，合同明确成立的时间是一方当事人接受另一方当事人履行主要义务的时间。

【防范措施】

来不及在合同书上签名、盖章就履行了合同的情况易与口头合同混淆。然而，前者仍然属于以书面形式订立合同，合同书中有完备的合同条款，如质量要求、违约责任、争议解决方式等，而且只要对方当事人已经接受了本方履行的主要合同义务，根据《民法典》第四百九十条的规定，合同就已经成立，当事人就可以依照合同书所约定的违约责任等主张权利，而口头合同由于"口说无凭"，往往很难有具体的违约责任，所能主张的违约赔偿也往往不足以弥补实际损失。一方面，建议当事人尽量约定采取合同书的方式订立合同，以便在发生争议时有据可依，当然如能在合同签字、盖章后再开始实际履行，则更为稳妥。另一方面，如果还没有想清楚是否要与对方订立合同，切不可随意接受对方履行的合同主要义务，以免"木已成舟"，造成合同已经成立的法律事实，而不得不在被迫履行合同或者承担违约责任之间作出艰难选择。

【法条链接】

《民法典》第四百九十条　当事人采用合同书形式订立合同的，自当事人均签名、盖章或者按指印时合同成立。在签名、盖章或者按指印之前，当事人一方已经履行主要义务，对方接受时，该合同成立。

法律、行政法规规定或者当事人约定合同应当采用书面形式订立，当事人未采用书面形式但是一方已经履行主要义务，对方接受时，该合同成立。

风险点29：合同没盖骑缝章

【风险提示】

合同骑缝章，就是盖章时要压到边缝，即章要均匀盖压在两页可折叠纸的中缝上。此种盖章方式在合同文件为两页或者两页以上时使用，有利于防止有人篡改合同内容，从而给合同履行造成障碍。实务中，有的企业利用合同没盖骑缝章的漏洞，偷换第一页或其他页以达到篡改合同内容的目的，造成合同内容混乱。需要注意的是，如果因合同没盖骑缝章，一方篡改了合同内容引起争议，另一方虽然可向法院申请对合同纸张、喷墨进行鉴定，但实务中较多鉴定机构没有鉴定纸张、喷墨的能力，送检后很大可能得不到想要的鉴定结果。

【防范措施】

根据我国法律的规定，只要双方当事人依法签订的书面合同有签字或者盖章，该合同就算成立，不受是否盖骑缝章的影响。但为规避篡改合同内容的法律风险，对两页或者两页以上的合同，企业应当加盖骑缝章。若交易相对方是自然人可以让其签署骑缝式签名，即在合同书的中缝上全覆盖地签下自然人的名字，这样可达到与骑缝章相同的效果。如果不加盖骑缝章，也可以在合同每一页上加盖双方合同章，以起到原件不可替换的作用。

【法条链接】

《民法典》第四百九十条　当事人采用合同书形式订立合同的，自当事人均签名、盖章或者按指印时合同成立。在签名、盖章或者按指印之前，当事人一方已经履行主要义务，对方接受时，该合同成立。

法律、行政法规规定或者当事人约定合同应当采用书面形式订立，当事人未采用书面形式但是一方已经履行主要义务，对方接受时，该合同成立。

第五百零二条　依法成立的合同，自成立时生效，但是法律另有规定或者当事人另有约定的除外。

依照法律、行政法规的规定，合同应当办理批准等手续的，依照其规定。未办理批准等手续影响合同生效的，不影响合同中履行报批等义务条款以及相关条款的效力。应当办理申请批准等手续的当事人未履行义务的，对方可以请求其承担违反该义务的责任。

依照法律、行政法规的规定，合同的变更、转让、解除等情形应当办理批准等手续的，适用前款规定。

风险点 30：签订晦涩难懂的合同

【风险提示】

实务中,有时合同一方提供的合同条款晦涩难懂,语言表达前言不搭后语,难以理解。这种合同如果只是表意不明,修改后还可使用,若醉翁之意不在酒,埋伏着圈套,轻易签订就有可能上当受骗,最终导致一方承担违约责任的结果。

【防范措施】

对于晦涩难懂的合同,建议请对方对合同原意进行解释,争取己方能够听懂、看明白。对方不予解释或解释后仍然心存疑虑的,建议暂停签订合同,在聘请合同专业律师审核把关后再签订。

【法条链接】

《民法典》第四百七十条　合同的内容由当事人约定,一般包括下列条款：
（一）当事人的姓名或者名称和住所；
（二）标的；
（三）数量；
（四）质量；
（五）价款或者报酬；
（六）履行期限、地点和方式；
（七）违约责任；
（八）解决争议的方法。
当事人可以参照各类合同的示范文本订立合同。

第五百七十七条　当事人一方不履行合同义务或者履行合同义务不符合约定的,应当承担继续履行、采取补救措施或者赔偿损失等违约责任。

风险点 31：要求所有职能部门负责人参与合同会签

【风险提示】

有的企业为防控合同风险,制定了合同会签制度,即由生产经营管理部门、法务部门、财务部门、审计部门等从各个部门角度出发,逐一审查待签的合同,无异议后由各部门负责人签字确认,最后加盖企业公章的合同管理制度。该制度对防控法律风险以及增强部门间合作具有一定的意义。但需要注意的是,人多容易形成依赖心理,会造成会签人仅是看到前面签字的人签字或者依赖后签的人的审查而草率签字。一旦合同在履行过程中出现违约责任或赔偿损失等问题时,签字人往往会以集体合意为由推脱责任。

【防范措施】

合同会签的流程应当科学合理,由与合同有紧密关系的部门参与会签,责任到人,避免出现让所有部门参与会签的"全部负责",最终却落得"全不负责"的局面。

【法条链接】

《民法典》第五百七十七条　当事人一方不履行合同义务或者履行合同义务不符合约定的,应当承担继续履行、采取补救措施或者赔偿损失等违约责任。

第五百八十三条　当事人一方不履行合同义务或者履行合同义务不符合约定的,在履行义务或者采取补救措施后,对方还有其他损失的,应当赔偿损失。

第五百八十四条　当事人一方不履行合同义务或者履行合同义务不符合约定,造成对方损失的,损失赔偿额应当相当于因违约所造成的损失,包括合同履行后可以获得的利益;但是,不得超过违约一方订立合同时预见到或者应当预见到的因违约可能造成的损失。

风险点 32:约定账户共管条款

【风险提示】

共管账户的方式一般有两种,一种方式是由交易双方与银行签订有关账户监管的合同,通过合同约定共管账户如何设立账户名称、款项提取需要办理的手续、共管账户的解除等。此种方式最重要的特点在于银行是作为共管账户合同的一方。另一种方式则是,交易双方通过直接向银行预留印鉴、分别保管网银 U 盾的方式实现共管。实务中,当事人约定共管账户主要存在以下风险:

1. 无法有效规避账户被冻结的风险。共管账户一般都是以收款方的名义开设的,一旦收款方与其他第三方存在债权债务纠纷,第三方就有可能申请冻结该共管账户,直接导致共管账户内资金无法使用,并导致双方合同无法继续履行。

2. 双方发生争议时,即便达到了双方约定的解除账户共管的条件,但如果一方不配合办理账户共管解除手续,则只能通过诉讼方式解除账户共管,因为银行作为中间方,在双方发生争议时,无法凭借一方或双方提供的证据材料直接认定是否达到解除账户共管的条件。

【防范措施】

　　有关共管账户的合同条款,应当明确约定共管账户的名称开户行、账号等。考虑到资金实行共管,必然导致收款方支配共管资金的权利受到限制——不能单独使用共管资金,因此,有必要约定:其一,资金所有权归属于收款方;其二,即便资金共管导致收款方未能单独使用共管资金,仍视为支付方履行了支付义务。另外,在设立共管账户时,作为收款的一方,一定要考虑发生争议时,拟解除账户共管进而使用共管账户的资金,一般需要通过诉讼或仲裁的方式解决。

【法条链接】

　　《民事诉讼法》第二百五十三条　　被执行人未按执行通知履行法律文书确定的义务,人民法院有权向有关单位查询被执行人的存款、债券、股票、基金份额等财产情况。人民法院有权根据不同情形扣押、冻结、划拨、变价被执行人的财产。人民法院查询、扣押、冻结、划拨、变价的财产不得超出被执行人应当履行义务的范围。

　　人民法院决定扣押、冻结、划拨、变价财产,应当作出裁定,并发出协助执行通知书,有关单位必须办理。

风险点33:不认真审查合同附件

【风险提示】

　　合同附件属于合同的组成部分,对于合同附件的约定,双方当事人都应予履行。实务中,有的合同附件较为复杂,主要表现为各种清单、说明或图表等。在正常情况下,签订合同的双方当事人往往注意的是合同主文,认为主文没有问题就可以,而对合同附件有所忽略。正是因为合同附件容易被忽略,有的企业利用合同附件设计陷阱,把应该在合同中约定的条款故意放在附件中,在附件里隐藏陷阱,趁对方不注意将对方套在合同里。许多附件在设置陷阱时,约定附件是合同的组成部分,当合同主文与附件不一致时,以附件为准。而附件则约定许多加重对方违约责任的条款。

【防范措施】

　　企业若不是提供合同文本一方,不但要认真审查合同主文,对合同附件也要认真阅读:如果附件没有问题,可以不加修改;如果附件有问题,则应修改有关内容。

【法条链接】

　　《民法典》第一百四十三条　　具备下列条件的民事法律行为有效:

（一）行为人具有相应的民事行为能力；
（二）意思表示真实；
（三）不违反法律、行政法规的强制性规定，不违背公序良俗。

第四百六十九条 当事人订立合同，可以采用书面形式、口头形式或者其他形式。

书面形式是合同书、信件、电报、电传、传真等可以有形地表现所载内容的形式。

以电子数据交换、电子邮件等方式能够有形地表现所载内容，并可以随时调取查用的数据电文，视为书面形式。

第五百七十七条 当事人一方不履行合同义务或者履行合同义务不符合约定的，应当承担继续履行、采取补救措施或者赔偿损失等违约责任。

风险点34：合同双方权利义务错位

【风险提示】

合同双方权利义务错位，是指在签订合同过程中，由于双方的疏忽，把应该由甲方和乙方享有的权利、承担的义务写反了。合同双方权利义务错位，是合同签订中比较低级的错误，它是由双方疏忽造成的。在一方违约的情况下，错位条款很可能被违约方所利用，强词夺理为自己开脱责任，用错误记载说明自己没有过错。

【防范措施】

为防止合同双方权利义务错位，企业在审核合同时应当尽到审慎注意义务，对于重大合同，应当安排多人进行把关以确保无误。发现合同双方权利义务错位后，当事人可以重新签订合同或签订补充协议。如果重新签订合同，应当先行将原来的合同解除，使之不再发生效力。如果签订补充协议，应将错位的内容调整过来，让各自的权利义务重新归到各方名下。

【法条链接】

《民法典》第一百四十三条 具备下列条件的民事法律行为有效：
（一）行为人具有相应的民事行为能力；
（二）意思表示真实；
（三）不违反法律、行政法规的强制性规定，不违背公序良俗。

风险点35：投标人无正当理由拒不与招标人签订合同

【风险提示】

司法实践中，因招标投标引发的纠纷并不鲜见，比较常见的问题是中标通知书发出后，投标人没有正当理由拒不与招标人签订合同。此时双方之间的合同是否成立生效？这往往涉及认定投标人悔标的责任承担问题。《最高人民法院关于适用〈中华人民共和国民法典〉合同编通则若干问题的解释》第四条第一款规定，采取招标方式订立合同，当事人请求确认合同自中标通知书到达中标人时成立的，人民法院应予支持。合同成立后，当事人拒绝签订书面合同的，人民法院应当依据招标文件、投标文件和中标通知书等确定合同内容。可见，中标通知书到达中标人时成立，双方形成合同法律关系，若投标人无正当理由拒不与招标人签订合同，要承担的法律责任在性质上属于违约责任，而非缔约过失责任。

【防范措施】

违约责任与缔约过失责任的法律后果有本质区别：对于缔约过失责任，相对人仅可以主张信赖利益损失赔偿，如投标人撤销投标的，招标人可以不退还其投标保证金；而对于违约责任，除直接损失外，守约方还可以主张合同的履行利益损失赔偿。因此，投标人应当重视中标通知书的法律效力，不要轻易悔标。

【法条链接】

《民法典》第四百八十三条　承诺生效时合同成立，但是法律另有规定或者当事人另有约定的除外。

第五百条　当事人在订立合同过程中有下列情形之一，造成对方损失的，应当承担赔偿责任：

（一）假借订立合同，恶意进行磋商；

（二）故意隐瞒与订立合同有关的重要事实或者提供虚假情况；

（三）有其他违背诚信原则的行为。

《招标投标法》第四十五条　中标人确定后，招标人应当向中标人发出中标通知书，并同时将中标结果通知所有未中标的投标人。

中标通知书对招标人和中标人具有法律效力。中标通知书发出后，招标人改变中标结果的，或者中标人放弃中标项目的，应当依法承担法律责任。

《最高人民法院关于适用〈中华人民共和国民法典〉合同编通则若干问题的解释》第四条　采取招标方式订立合同，当事人请求确认合同自中标通知书到达中标人时成立的,人民法院应予支持。合同成立后,当事人拒绝签订书面合同的,人民法院应当依据招标文件、投标文件和中标通知书等确定合同内容。

采取现场拍卖、网络拍卖等公开竞价方式订立合同,当事人请求确认合同自拍卖师落槌、电子交易系统确认成交时成立的,人民法院应予支持。合同成立后,当事人拒绝签订成交确认书的,人民法院应当依据拍卖公告、竞买人的报价等确定合同内容。

产权交易所等机构主持拍卖、挂牌交易,其公布的拍卖公告、交易规则等文件公开确定了合同成立需要具备的条件,当事人请求确认合同自该条件具备时成立的,人民法院应予支持。

风险点36:订立合同被诈骗

【风险提示】

合同签订是企业日常商业活动的重要环节,该环节也是风险的高发地带。在合同诈骗手法纷繁复杂的今天,企业的风控与法务部门尽管在合同签订前已做严格审查,也难免会存在疏忽。实务中,有的"皮包公司"只办理注册登记而不真正营业,依靠从事非法活动获取利益。这些公司没有实际履约能力,往往会在签订合同后携款逃跑,致使合同相对人遭受难以挽回的巨大损失。

【防范措施】

1.加强合同订立前的审查工作。现实生活中,不法分子为获取被害人的信任,惯常采用的套路就是虚构身份或者冒用他人名义进行合同诈骗,有的企业防范意识不强,轻信对方的花言巧语以及制造的假象,最终惨遭诈骗。因此,企业在与对方签订合同前,有必要利用网上公开的工商信息以及自己掌握的各类社会关系,全方位获取对方的经济状况、信用状况等基本信息,做好背景调查工作。如果合同相对方是个人的,应当核实对方的身份信息是否真实、其任职的单位名称、其是否具有履行能力、此前是否有涉诉判决以及是否被列为失信被执行人等情况。如果合同相对方是企业的,则要核实企业是否真实存在、企业实际经营情况、企业涉诉情况、对接人员是否获得单位的有效授权、对方提供的文件是否真实等。当对方提供的信息与经过调查所获得的信息存在差异时,应当慎重签订合同。

2.在合同签订期间遇到的反常行为,应保持高度警觉。例如,对方提供的合同非常不规范、签约程序设置不合常理、对合同内容明显不在意、合同条款明显有利于我方等。面对这些反常现象,企业要慎重考虑对方签约的意图。又如,在合同签订前高调吹捧自己,大肆承诺项目的盈利,但又迟迟不提供资质文件等资料进行佐证,此时企业要慎重考虑合作对象的履约能力。另外,面对未涉足过的领域、特殊时期的经济项目、异地业务、主动找上门的陌生大客户,也应当保持高度警觉。

3. 建立合同订立的监督审查机制,由专人全程监督审查合同订立情况。定期对合同订立人员进行法律培训,增强其风险意识。也可以购买相应的合同管理软件,自动实时地跟踪对方当事人的动态信息,监测对方风险。

4. 为防止争议的发生,企业应当注意保留在合同订立、履行过程中产生的各种证据。

【法条链接】

《刑法》第二百二十四条 有下列情形之一,以非法占有为目的,在签订、履行合同过程中,骗取对方当事人财物,数额较大的,处三年以下有期徒刑或者拘役,并处或者单处罚金;数额巨大或者有其他严重情节的,处三年以上十年以下有期徒刑,并处罚金;数额特别巨大或者有其他特别严重情节的,处十年以上有期徒刑或者无期徒刑,并处罚金或者没收财产:

(一)以虚构的单位或者冒用他人名义签订合同的;

(二)以伪造、变造、作废的票据或者其他虚假的产权证明作担保的;

(三)没有实际履行能力,以先履行小额合同或者部分履行合同的方法,诱骗对方当事人继续签订和履行合同的;

(四)收受对方当事人给付的货物、货款、预付款或者担保财产后逃匿的;

(五)以其他方法骗取对方当事人财物的。

第二章

合同的效力

风险点37：无效合同

【风险提示】

合同无效，是指虽经缔约当事人协商订立，但因其不满足合同有效要件或违反法定条件导致合同虽成立但仍属无效的情形。我国《民法典》第一百四十四条规定："无民事行为能力人实施的民事法律行为无效。"第一百四十六条规定："行为人与相对人以虚假的意思表示实施的民事法律行为无效。以虚假的意思表示隐藏的民事法律行为的效力，依照有关法律规定处理。"第一百五十三条规定："违反法律、行政法规的强制性规定的民事法律行为无效。但是，该强制性规定不导致该民事法律行为无效的除外。违背公序良俗的民事法律行为无效。"第一百五十四条规定："行为人与相对人恶意串通，损害他人合法权益的民事法律行为无效。"当合同存在上述几种情形时，就会使合同全部或者部分无效，即使合同已经履行完毕或正在履行，也需要将缔约双方或多方已投资的人力、物力和财力等归于原始状态，譬如通过返还原物、折价赔偿等措施予以恢复。

【防范措施】

企业在订立合同时需要事前做好合同交易内容的核查，保证合同合法有效，避免签订合同过程中出现上述法律规定的情况，进而导致合同无效的法律风险发生。

【法条链接】

《民法典》第一百四十四条　无民事行为能力人实施的民事法律行为无效。

第一百四十六条　行为人与相对人以虚假的意思表示实施的民事法律行为无效。

以虚假的意思表示隐藏的民事法律行为的效力，依照有关法律规定处理。

第一百五十三条 违反法律、行政法规的强制性规定的民事法律行为无效。但是,该强制性规定不导致该民事法律行为无效的除外。

违背公序良俗的民事法律行为无效。

第一百五十四条 行为人与相对人恶意串通,损害他人合法权益的民事法律行为无效。

第一百五十五条 无效的或者被撤销的民事法律行为自始没有法律约束力。

第一百五十七条 民事法律行为无效、被撤销或者确定不发生效力后,行为人因该行为取得的财产,应当予以返还;不能返还或者没有必要返还的,应当折价补偿。有过错的一方应当赔偿对方由此所受到的损失;各方都有过错的,应当各自承担相应的责任。法律另有规定的,依照其规定。

第五百零二条 依法成立的合同,自成立时生效,但是法律另有规定或者当事人另有约定的除外。

依照法律、行政法规的规定,合同应当办理批准等手续的,依照其规定。未办理批准等手续影响合同生效的,不影响合同中履行报批等义务条款以及相关条款的效力。应当办理申请批准等手续的当事人未履行义务的,对方可以请求其承担违反该义务的责任。

依照法律、行政法规的规定,合同的变更、转让、解除等情形应当办理批准等手续的,适用前款规定。

《最高人民法院关于适用〈中华人民共和国民法典〉合同编通则若干问题的解释》第二十四条 合同不成立、无效、被撤销或者确定不发生效力,当事人请求返还财产,经审查财产能够返还的,人民法院应当根据案件具体情况,单独或者合并适用返还占有的标的物、更正登记簿册记载等方式;经审查财产不能返还或者没有必要返还的,人民法院应当以认定合同不成立、无效、被撤销或者确定不发生效力之日该财产的市场价值或者以其他合理方式计算的价值为基准判决折价补偿。

除前款规定的情形外,当事人还请求赔偿损失的,人民法院应当结合财产返还或者折价补偿的情况,综合考虑财产增值收益和贬值损失、交易成本的支出等事实,按照双方当事人的过错程度及原因力大小,根据诚信原则和公平原则,合理确定损失赔偿额。

合同不成立、无效、被撤销或者确定不发生效力,当事人的行为涉嫌违法且未经处理,可能导致一方或者双方通过违法行为获得不当利益的,人民法院应当向有关行政管理部门提出司法建议。当事人的行为涉嫌犯罪的,应当将案件线索移送刑事侦查机关;属于刑事自诉案件的,应当告知当事人可以向有管辖权的人民法院另行提起诉讼。

第二十五条 合同不成立、无效、被撤销或者确定不发生效力,有权请求返还价款或者报酬的当事人一方请求对方支付资金占用费的,人民法院应当在当事人请求的范围内按照中国人民银行授权全国银行间同业拆借中心公布的一年期贷款市场报价利率(LPR)计算。但是,占用资金的当事人对于合同不成立、无效、被撤销或者确定不发生效力没有过错的,应当以中国人民银行公布的同期同类存款基准利率计算。

双方互负返还义务,当事人主张同时履行的,人民法院应予支持;占有标的物的一方对标的物存在使用或者依法可以使用的情形,对方请求将其应支付的资金占用费与应收取的标的物使用费相互抵销的,人民法院应予支持,但是法律另有规定的除外。

风险点38:可撤销合同

【风险提示】

可撤销合同,是指因欠缺一定的生效要件,其有效与否,取决于有撤销权的一方当事人是否行使撤销权的合同。可撤销合同是一种相对有效的合同,在有撤销权的一方行使撤销权前,合同对双方当事人都是有效的。若可撤销方不行使撤销权则合同属于有效合同;若可撤销方行使撤销权,合同就存在无效的可能。根据《民法典》的规定,当事人在以下情况下可以行使撤销权:(1)重大误解。它是指行为人对于合同的重要内容产生错误认识,并且基于错误认识而订立合同。多体现为因自己的过错,对行为性质、对方当事人、标的物品种、质量、规格和数量等合同的内容发生错误认识,从而导致行为后果与自己的意思相悖。(2)欺诈。它是指一方当事人故意实施某种欺骗他人的行为,并使他人陷入错误认识而订立合同。(3)胁迫。它是指一方当事人直接以物质性强制或精神性强制迫使对方与己方订立合同,也就是行为人以给公民或其亲友的生命健康、荣誉、名誉、财产等造成损害,或者以给法人的荣誉、名誉、财产等造成损害为要挟,迫使对方作出违背真实意思表示的行为。(4)乘人之危导致的显失公平。它是指行为人利用他人的危难处境或紧迫需要,强迫对方接受某种明显不公平的条件并作出违背其真实意思的表示。

【防范措施】

企业在签订合同过程中,应当认真审核合同条款及依法签订合同,避免因存在重大误解、欺诈、胁迫、乘人之危、显失公平等情况导致合同被撤销。另外,对于享有撤销权的一方而言,应当注意有下列情形之一的,撤销权消灭:(1)当事人自知道或者应当知道撤销事由之日起1年内、重大误解的当事人自知道或者应当知道撤销事由之日起90日内没有行使撤销权;(2)当事人受胁迫,自胁迫行为终止之日起1年内没有行使撤销权;(3)当事人知道撤销事由后明确表示或者以自己的行为表明放弃撤销权。当事人自民事法律行为发生之日起5年内没有行使撤销权的,撤销权消灭。

【法条链接】

《民法典》第一百四十七条　基于重大误解实施的民事法律行为,行为人有权请求人民法院或者仲裁机构予以撤销。

第一百四十八条　一方以欺诈手段,使对方在违背真实意思的情况下实施的民事法律行为,受欺诈方有权请求人民法院或者仲裁机构予以撤销。

第一百四十九条　第三人实施欺诈行为,使一方在违背真实意思的情况下实施的民事法律行为,对方知道或者应当知道该欺诈行为的,受欺诈方有权请求人民法院或者仲裁机构予以撤销。

第一百五十条　一方或者第三人以胁迫手段,使对方在违背真实意思的情况下实施的民事法律行为,受胁迫方有权请求人民法院或者仲裁机构予以撤销。

第一百五十一条　一方利用对方处于危困状态、缺乏判断能力等情形,致使民事法律行为成立时显失公平的,受损害方有权请求人民法院或者仲裁机构予以撤销。

第一百五十二条　有下列情形之一的,撤销权消灭:

(一)当事人自知道或者应当知道撤销事由之日起一年内、重大误解的当事人自知道或者应当知道撤销事由之日起九十日内没有行使撤销权;

(二)当事人受胁迫,自胁迫行为终止之日起一年内没有行使撤销权;

(三)当事人知道撤销事由后明确表示或者以自己的行为表明放弃撤销权。

当事人自民事法律行为发生之日起五年内没有行使撤销权的,撤销权消灭。

第一百五十七条　民事法律行为无效、被撤销或者确定不发生效力后,行为人因该行为取得的财产,应当予以返还;不能返还或者没有必要返还的,应当折价补偿。有过错的一方应当赔偿对方由此所受到的损失;各方都有过错的,应当各自承担相应的责任。法律另有规定的,依照其规定。

《全国法院贯彻实施民法典工作会议纪要》

2.行为人因对行为的性质、对方当事人、标的物的品种、质量、规格和数量等的错误认识,使行为的后果与自己的意思相悖,并造成较大损失的,人民法院可以认定为民法典第一百四十七条、第一百五十二条规定的重大误解。

《最高人民法院关于适用〈中华人民共和国民法典〉合同编通则若干问题的解释》第十一条　当事人一方是自然人,根据该当事人的年龄、智力、知识、经验并结合交易的复杂程度,能够认定其对合同的性质、合同订立的法律后果或者交易中存在的特定风险缺乏应有的认知能力的,人民法院可以认定该情形构成民法典第一百五十一条规定的"缺乏判断能力"。

第二十四条 合同不成立、无效、被撤销或者确定不发生效力,当事人请求返还财产,经审查财产能够返还的,人民法院应当根据案件具体情况,单独或者合并适用返还占有的标的物、更正登记簿册记载等方式;经审查财产不能返还或者没有必要返还的,人民法院应当以认定合同不成立、无效、被撤销或者确定不发生效力之日该财产的市场价值或者以其他合理方式计算的价值为基准判决折价补偿。

除前款规定的情形外,当事人还请求赔偿损失的,人民法院应当结合财产返还或者折价补偿的情况,综合考虑财产增值收益和贬值损失、交易成本的支出等事实,按照双方当事人的过错程度及原因力大小,根据诚信原则和公平原则,合理确定损失赔偿额。

合同不成立、无效、被撤销或者确定不发生效力,当事人的行为涉嫌违法且未经处理,可能导致一方或者双方通过违法行为获得不当利益的,人民法院应当向有关行政管理部门提出司法建议。当事人的行为涉嫌犯罪的,应当将案件线索移送刑事侦查机关;属于刑事自诉案件的,应当告知当事人可以向有管辖权的人民法院另行提起诉讼。

第二十五条 合同不成立、无效、被撤销或者确定不发生效力,有权请求返还价款或者报酬的当事人一方请求对方支付资金占用费的,人民法院应当在当事人请求的范围内按照中国人民银行授权全国银行间同业拆借中心公布的一年期贷款市场报价利率(LPR)计算。但是,占用资金的当事人对于合同不成立、无效、被撤销或者确定不发生效力没有过错的,应当以中国人民银行公布的同期同类存款基准利率计算。

双方互负返还义务,当事人主张同时履行的,人民法院应予支持;占有标的物的一方对标的物存在使用或者依法可以使用的情形,对方请求将其应支付的资金占用费与应收取的标的物使用费相互抵销的,人民法院应予支持,但是法律另有规定的除外。

风险点39:效力待定合同

【风险提示】

效力待定合同,是指当事人签订的合同虽已成立,但是依旧不符合部分合同生效要件的合同,其效力是否发生具有不确定性,会严重影响交易结果的可预见性、妨碍交易利益的及时、合法取得。效力待定合同主要包括:

1. 与限制行为能力人订立的合同。与限制民事行为能力人订立的合同,经法定代理人追认后,应被认定有效,但纯获利益的合同或者与其年龄、智力、精神健康状况相适应的合同不必经法定代理人追认。相对人可以催告法定代理人自收到通知之日起30日内予以追认,法定代理人未作表示的,视为拒绝追认。合同被追认之前,善意相对人有撤销的权利。撤销应当以通知的方式作出。

2. 与无权代理人订立的合同。行为人没有代理权、超越代理权或者代理权终止后以被代理人名义订立的合同,未经被代理人追认,对被代理人不发生效力,由行为人承担责任。相对人可以催告被代理人自收到通知之日起30日内予以追认。被代理人未作表示的,视为拒绝追认。合同被追认之前,善意相对人有撤销的权利,撤销应当以通知的方式作出。

效力待定合同的法律风险在于其不确定性,当合同权利人放弃追认合同,则合同自始无效,当事人一方或双方基于合同内容产生的给付内容,相对方应当将其返还,无法返还的折价赔偿。

【防范措施】

应对效力待定合同,主要采用加强交易主体行为能力审查、代理权限审查等方式。如果这些审查都未能避免效力待定合同的出现,可以充分运用法律赋予的催告权和撤销权,避免合同效力长期无法确定而导致损失扩大,也避免被视为存在恶意而导致无法得到有效救济。

【法条链接】

《民法典》第一百四十五条 限制民事行为能力人实施的纯获利益的民事法律行为或者与其年龄、智力、精神健康状况相适应的民事法律行为有效;实施的其他民事法律行为经法定代理人同意或者追认后有效。

相对人可以催告法定代理人自收到通知之日起三十日内予以追认。法定代理人未作表示的,视为拒绝追认。民事法律行为被追认前,善意相对人有撤销的权利。撤销应当以通知的方式作出。

第一百五十七条 民事法律行为无效、被撤销或者确定不发生效力后,行为人因该行为取得的财产,应当予以返还;不能返还或者没有必要返还的,应当折价补偿。有过错的一方应当赔偿对方由此所受到的损失;各方都有过错的,应当各自承担相应的责任。法律另有规定的,依照其规定。

第一百七十一条 行为人没有代理权、超越代理权或者代理权终止后,仍然实施代理行为,未经被代理人追认的,对被代理人不发生效力。

相对人可以催告被代理人自收到通知之日起三十日内予以追认。被代理人未作表示的,视为拒绝追认。行为人实施的行为被追认前,善意相对人有撤销的权利。撤销应当以通知的方式作出。

行为人实施的行为未被追认的,善意相对人有权请求行为人履行债务或者就其受到的损害请求行为人赔偿。但是,赔偿的范围不得超过被代理人追认时相对人所能获得的利益。

相对人知道或者应当知道行为人无权代理的,相对人和行为人按照各自的过错承担责任。

第五百零三条 无权代理人以被代理人的名义订立合同,被代理人已经开始履行合同义务或者接受相对人履行的,视为对合同的追认。

《最高人民法院关于适用〈中华人民共和国民法典〉合同编通则若干问题的解释》第十一条 当事人一方是自然人,根据该当事人的年龄、智力、知识、经验并结合交易的复杂程度,能够认定其对合同的性质、合同订立的法律后果或者交易中存在的特定风险缺乏应有的认知能力的,人民法院可以认定该情形构成民法典第一百五十一条规定的"缺乏判断能力"。

第二十四条 合同不成立、无效、被撤销或者确定不发生效力,当事人请求返还财产,经审查财产能够返还的,人民法院应当根据案件具体情况,单独或者合并适用返还占有的标的物、更正登记簿册记载等方式;经审查财产不能返还或者没有必要返还的,人民法院应当以认定合同不成立、无效、被撤销或者确定不发生效力之日该财产的市场价值或者以其他合理方式计算的价值为基准判决折价补偿。

除前款规定的情形外,当事人还请求赔偿损失的,人民法院应当结合财产返还或者折价补偿的情况,综合考虑财产增值收益和贬值损失、交易成本的支出等事实,按照双方当事人的过错程度及原因力大小,根据诚信原则和公平原则,合理确定损失赔偿额。

合同不成立、无效、被撤销或者确定不发生效力,当事人的行为涉嫌违法且未经处理,可能导致一方或者双方通过违法行为获得不当利益的,人民法院应当向有关行政管理部门提出司法建议。当事人的行为涉嫌犯罪的,应当将案件线索移送刑事侦查机关;属于刑事自诉案件的,应当告知当事人可以向有管辖权的人民法院另行提起诉讼。

第二十五条 合同不成立、无效、被撤销或者确定不发生效力,有权请求返还价款或者报酬的当事人一方请求对方支付资金占用费的,人民法院应当在当事人请求的范围内按照中国人民银行授权全国银行间同业拆借中心公布的一年期贷款市场报价利率(LPR)计算。但是,占用资金的当事人对于合同不成立、无效、被撤销或者确定不发生效力没有过错的,应当以中国人民银行公布的同期同类存款基准利率计算。

双方互负返还义务,当事人主张同时履行的,人民法院应予支持;占有标的物的一方对标的物存在使用或者依法可以使用的情形,对方请求将其应支付的资金占用费与应收取的标的物使用费相互抵销的,人民法院应予支持,但是法律另有规定的除外。

风险点40：须审批合同的效力

【风险提示】

法律、行政法规规定某类合同应当办理批准手续生效的(如《商业银行法》《证券法》《保险法》等法律规定购买商业银行、证券公司、保险公司5%以上股权须经相关主管部门批准)，在获得批准之前，合同尚未发生效力；在获得批准后，合同生效。也就是说，如果未办理批准手续，合同将处于未生效的状态。需要注意的是，待批准合同约定一方当事人负有报批义务的，该条款独立发生效力，负有报批义务的一方应履行向有关部门申请批准的手续。负有报批义务的当事人不履行报批义务或者履行报批义务不符合合同的约定或者法律、行政法规的规定，对方请求其继续履行报批义务的，人民法院应予支持；对方主张解除合同并请求其承担违反报批义务的赔偿责任的，人民法院应予支持。人民法院判决当事人一方履行报批义务后，其仍不履行，对方主张解除合同并参照违反合同的违约责任请求其承担赔偿责任的，人民法院应予支持。

【防范措施】

企业在签订一些交易标的比较特殊的合同时，应当确认合同是否必须经过办理批准等手续才能生效。如果合同属于必须经批准才能生效的，为保证合同相对方按约定去办理报批手续，应当在合同中就报批手续的办理约定单独的违约责任。

【法条链接】

《民法典》第五百零二条第二款　依照法律、行政法规的规定，合同应当办理批准等手续的，依照其规定。未办理批准等手续影响合同生效的，不影响合同中履行报批等义务条款以及相关条款的效力。应当办理申请批准等手续的当事人未履行义务的，对方可以请求其承担违反该义务的责任。

《最高人民法院关于适用〈中华人民共和国民法典〉合同编通则若干问题的解释》第十二条　合同依法成立后，负有报批义务的当事人不履行报批义务或者履行报批义务不符合合同的约定或者法律、行政法规的规定，对方请求其继续履行报批义务的，人民法院应予支持；对方主张解除合同并请求其承担违反报批义务的赔偿责任的，人民法院应予支持。

人民法院判决当事人一方履行报批义务后，其仍不履行，对方主张解除合同并参照违反合同的违约责任请求其承担赔偿责任的，人民法院应予支持。

合同获得批准前，当事人一方起诉请求对方履行合同约定的主要义务，经释明后拒绝变更诉讼请求的，人民法院应当判决驳回其诉讼请求，但是不影响其另行提起诉讼。

负有报批义务的当事人已经办理申请批准等手续或者已经履行生效判决确定的报批义务，批准机关决定不予批准，对方请求其承担赔偿责任的，人民法院不予支持。但是，因迟延履行报批义务等可归责于当事人的原因导致合同未获批准，对方请求赔偿因此受到的损失的，人民法院应当依据民法典第一百五十七条的规定处理。

风险点41：附条件合同

【风险提示】

一般而言，合同签订即生效，但有的情况下，当事人出于各种考虑，需要对合同效力（效力发生和效力消失）作出限制性的约定，此即附生效条件和解除条件的合同。根据《民法典》第一百五十八条的规定，当事人可以签订附生效条件的合同，合同自条件成就时合同生效；当事人也可以签订附解除条件的合同，合同自条件成就时合同失效。可见，当事人有权为合同设立生效条件，在当事人所约定的条件成就之前，合同不发生法律效力，可以把生效条件当作当事人为合同生效设立延缓条件，从而使合同成立后并不马上生效。例如，甲与乙签订房屋买卖合同，甲同意把房屋卖给乙，但条件是甲调到外地工作。这个条件一旦触发，卖房的合同即生效。解除条件又称消灭条件，是指具有效力的合同，当合同约定的条件出现时，合同的效力归于消灭；若该条件不出现（或者说条件不成就），则该合同仍确保其效力。需要注意的是，在所附条件成就前，当事人享有期待权，即对因条件成就而享有权利或利益有期待。为保护善意当事人的利益，所附条件因为当事人为自己的利益不正当阻止条件成就的，视为条件已经成就，合同发生效力；当事人为自己的利益不正当促进条件成就的，视为条件不成就，合同并不发生效力。

【防范措施】

企业签订附条件合同后，不得为自己的利益不正当地阻止条件成就。另外，附条件合同的条件必须是不确定的事实，如果以将来肯定要发生的事实作为条件，实则是附期限的合同；如果以将来不可能发生的事实作为条件，应认定该合同无效。

【法条链接】

《民法典》第一百五十八条　民事法律行为可以附条件，但是根据其性质不得附条件的除外。附生效条件的民事法律行为，自条件成就时生效。附解除条件的民事法律行为,自条件成就时失效。

第一百五十九条　附条件的民事法律行为,当事人为自己的利益不正当地阻止条件成就的,视为条件已经成就;不正当地促成条件成就的,视为条件不成就。

风险点42:附期限合同

【风险提示】

附期限的合同,是指附有将来确定到来的期限作为合同的条款,在该期限到来时合同效力发生或者终止的合同。根据《民法典》第一百六十条的规定,合同可以附期限,附生效期限的合同自期限届至时生效;附终止期限的合同,自期限届满时失效。可见,附期限合同中的附期限可分为生效期限和终止期限。生效期限指以其到来使合同发生效力的期限,该期限的作用是延缓合同效力的发生;终止期限是指以其到来使合同效力消灭的期限。附期限合同中的期限可以是一个具体的日期,如某年某月某日;也可以是一个期间,如"合同成立之日起6个月"。

附期限与附条件都是当事人对于法律行为效果的发生或消灭所加的限制。但是两者有区别:期限是必然到来的事实,这与附条件的法律行为所附的条件不同。法律行为所附期限可以是明确的期限,也可以是不确定的期限,但都必须是定会发生的。

需要注意的是,附期限合同中的附期限与合同履行期限是完全不同的两个概念。合同的履行期限仅仅是规定债务人必须履行其义务的时间,法律并没有绝对禁止债务人提前履行。但是在附生效期限的合同中所附生效期限到来之前,当事人根本没有债务,只有期限到来后合同的债务才产生。

【防范措施】

附期限合同的风险防范主要涉及明确合同条款、合理设定期限以及确保合同内容的合法性,具体如下:

1.明确合同条款。在签订附期限合同时,应确保合同条款清晰明确,避免使用模糊或含混不清的语言。合同双方应就合同生效期限和终止期限达成一致,并明确规定在这些期限到来时合同将如何生效或终止。这有助于减少条款不明确引起的争议。

2.合理设定期限。在设定合同期限时,应考虑到各种可能的情况,确保期限的合理性。期限可以是具体的日期,也可以是某个事件的发生,但应确保期限是双方都能预见并能接受的。此外,应避免设定过于宽松或过于严格的期限,以免影响合同的正常履行。

3.确保合同内容的合法性。附期限合同的条款应符合相关法律法规的规定。期限的设定不应违反法律规定,且合同内容应合法有效。在签订合同前,应对合同内容进行法律审查,确保其合法性,避免因违反法律规定而导致合同无效或被撤销的风险。

【法条链接】

《民法典》第一百六十条　民事法律行为可以附期限,但是根据其性质不得附期限的除外。附生效期限的民事法律行为,自期限届至时生效。附终止期限的民事法律行为,自期限届满时失效。

风险点43:当事人以虚假意思表示签订的合同

【风险提示】

我国《民法典》第一百四十六条第一款规定:"行为人与相对人以虚假的意思表示实施的民事法律行为无效。"可见,对于以虚假意思表示订立的合同,效力上一律认定无效。在以虚假意思表示订立的合同中,合同双方都知道自己所表示的意思并非真意,通谋作出与真意不一致的意思表示,合同双方均不希望合同能够真正发生法律上的效力,均不愿意按照该合同确定双方的权利义务关系。例如,对于一所房屋,当事人订立了名为赠与合同、实为买卖合同的合同,就是一个典型事例。其中的赠与合同,就是以虚假意思表示订立的合同,应当认定无效;对于被隐藏的买卖合同,由于体现了双方当事人的真实意思表示,其效力最终如何,应当根据该合同自身的效力要件予以判断。因此,《民法典》第一百四十六条第二款规定:"以虚假的意思表示隐藏的民事法律行为的效力,依照有关法律规定处理。"可见,隐藏合同的效力应当依据有关法律的规定处理。如果隐藏合同本身有效,那么按有效处理;如果隐藏合同本身无效,那么按照无效处理;如果隐藏合同本身为可撤销的合同,那么按照可撤销的合同处理。

【防范措施】

合同最重要的就是合同的效力,企业签订合同时都希望自己所签合同合法有效,只有有效的合同才完全受法律保护。如果当事人订立的合同,因违反法律法规不能生效,不仅无法实现双方的交易目的,还要因合同效力存在瑕疵承担相应的法律责任。因此,企业在签订合同时,应当坚持诚实信用原则,根据双方的意愿和需求签订合同,这样才能够保证合同的法律效力。

【法条链接】

《民法典》第一百四十六条　行为人与相对人以虚假的意思表示实施的民事法律行为无效。

以虚假的意思表示隐藏的民事法律行为的效力,依照有关法律规定处理。

《最高人民法院关于适用〈中华人民共和国民法典〉合同编通则若干问题的解释》第十四条　当事人之间就同一交易订立多份合同,人民法院应当认定其中以虚假意思表示订立的合同无效。当事人为规避法律、行政法规的强制性规定,以虚假意思表示隐藏真实意思表示的,人民法院应当依据民法典第一百五十三条第一款的规定认定被隐藏合同的效力;当事人为规避法律、行政法规关于合同应当办理批准等手续的规定,以虚假意思表示隐藏真实意思表示的,人民法院应当依据民法典第五百零二条第二款的规定认定被隐藏合同的效力。

依据前款规定认定被隐藏合同无效或者确定不发生效力的,人民法院应当以被隐藏合同为事实基础,依据民法典第一百五十七条的规定确定当事人的民事责任。但是,法律另有规定的除外。

当事人就同一交易订立的多份合同均系真实意思表示,且不存在其他影响合同效力情形的,人民法院应当在查明各合同成立先后顺序和实际履行情况的基础上,认定合同内容是否发生变更。法律、行政法规禁止变更合同内容的,人民法院应当认定合同的相应变更无效。

风险点44:恶意串通签订的合同

【风险提示】

恶意串通行为又被称作恶意通谋行为,是指行为人与相对人互相勾结,为谋取私利而实施的损害他人合法权益的民事法律行为。司法实践中,债务人为规避强制执行,而与相对方订立虚伪的买卖合同、虚伪抵押合同或虚伪赠与合同等;代理人与第三人勾结订立合同,损害被代理人利益的行为,均为典型的恶意串通行为。根据《民法典》第一百五十四条的规定,恶意串通损害他人合法权益的合同无效,其原理在于双方相互勾结损害他人合法权益的行为,具有明显的不法性,应当给予否定性评价,从而保护受到侵害的第三人的合法权益,维持正常的市场经济秩序。

【防范措施】

企业与他人签订合同时,应当本着诚信原则。企业与他人恶意串通签订合同,损害他人利益的,该合同是无效的。在发生此种情形时,受到损害的第三人可以向法院请求确认双方当事人之间的合同无效,以维护自身的合法权益。

【法条链接】

《民法典》第一百五十四条　行为人与相对人恶意串通,损害他人合法权益的民事法律行为无效。

《最高人民法院关于适用〈中华人民共和国民法典〉合同编通则若干问题的解释》第二十三条　法定代表人、负责人或者代理人与相对人恶意串通,以法人、非法人组织的名义订立合同,损害法人、非法人组织的合法权益,法人、非法人组织主张不承担民事责任的,人民法院应予支持。法人、非法人组织请求法定代表人、负责人或者代理人与相对人对因此受到的损失承担连带赔偿责任的,人民法院应予支持。

根据法人、非法人组织的举证,综合考虑当事人之间的交易习惯、合同在订立时是否显失公平、相关人员是否获取了不正当利益、合同的履行情况等因素,人民法院能够认定法定代表人、负责人或者代理人与相对人存在恶意串通的高度可能性的,可以要求前述人员就合同订立、履行的过程等相关事实作出陈述或者提供相应的证据。其无正当理由拒绝作出陈述,或者所作陈述不具合理性又不能提供相应证据的,人民法院可以认定恶意串通的事实成立。

风险点45：基于重大误解订立的合同

【风险提示】

所谓重大误解,是指当事人因自己的过错对合同的内容等发生误解,导致了合同订立的结果,并且该误解直接影响当事人所应享受的权利和承担的义务。实务中,企业在订立合同的过程中,既可能是单方发生误解,也可能是双方发生了误解。根据《民法典》第一百四十七条的规定,基于重大误解签订的合同,行为人有权请求人民法院或者仲裁机构予以撤销。根据《全国法院贯彻实施民法典工作会议纪要》的规定,行为人因对行为的性质、对方当事人、标的物的品种、质量、规格和数量等的错误认识,使行为后果与自己的意思相悖,并造成较大损失的,人民法院可以认定为《民法典》第一百四十七条、第一百五十二条规定的重大误解。

【防范措施】

企业在签订合同时,应当对合同的标的物进行全面了解,不能只看到标的物的某一方面能满足自身需求,就草草签订合同,而忽视了影响标的物的其他因素。

如果因重大误解与他人订立了合同,企业可根据《民法典》第一百四十七条的规定对合同进行撤销,避免因合同的继续履行使企业的合法权益受到更大的损害,导致不公平的现象发生。需要注意的是,通常情况下,若重大误解的当事人自知道或者应当知道撤销事由之日起 90 日内没有行使撤销权,撤销权消灭。

【法条链接】

《民法典》第一百四十七条 基于重大误解实施的民事法律行为,行为人有权请求人民法院或者仲裁机构予以撤销。

第一百五十二条 有下列情形之一的,撤销权消灭:

(一)当事人自知道或者应当知道撤销事由之日起一年内、重大误解的当事人自知道或者应当知道撤销事由之日起九十日内没有行使撤销权;

(二)当事人受胁迫,自胁迫行为终止之日起一年内没有行使撤销权;

(三)当事人知道撤销事由后明确表示或者以自己的行为表明放弃撤销权。

当事人自民事法律行为发生之日起五年内没有行使撤销权的,撤销权消灭。

《全国法院贯彻实施民法典工作会议纪要》

2. 行为人因对行为的性质、对方当事人、标的物的品种、质量、规格和数量等的错误认识,使行为的后果与自己的意思相悖,并造成较大损失的,人民法院可以认定为民法典第一百四十七条、第一百五十二条规定的重大误解。

风险点 46:受欺诈订立的合同

【风险提示】

所谓合同民事欺诈,是指一方当事人故意告知对方虚假情况,或者故意隐瞒真实情况,诱使对方当事人作出错误的意思表示,而实现签订合同目的的民事欺诈行为。在经济往来中,合同民事欺诈比较常见,表现手法多种多样,令人防不胜防。

以下是比较常见的合同欺诈行为:

1. 虚假合同主体的欺诈行为。这种欺诈行为的主要表现是欺诈方利用有些企业领导法治观念淡薄,在签订合同时不认真审查对方身份,而出示虚假的公章或合同专用章骗取对方与之签订合同。虚假单位有的是行骗者通过非法途径盗取其他单位的公章、合同专用章或空白合同书进行欺诈,有的则是"皮包公司"(这种单位没有固定资产投入、没有固定经营场地及稳定雇员的企业,主要依赖印章与合约来开展商务运作,通常没有真正的业务活动或实体存在)。

2. 虚假的质量欺诈行为。这种欺诈行为一般是在合同中明确规定了标的物的质量条款,而履行时却以次品或残品代替;还有些欺诈方是出示合同标的的质量标识,使对方相信产品质量合格,而与之订立合同,事后受欺诈方才发现所谓的质量标识是伪造的。另外,一些行骗者利用对方信任名牌产品或名优企业,而谎称自己的产品是名牌产品或专利产品,使对方与之签订合同,推销自己的伪劣产品。

3. 虚假的价格行为。这种欺诈行为是欺诈方在价格方面想方设法使被欺诈方相信自己的产品价格是优惠而与之订立合同,而被欺诈方在履行时才发现所谓的优惠价格要比同类产品的市场价格高得多。

4. 不履行或不完全履行欺诈行为。这种行为是当事人一方在自身无履约能力或虽有一定履约能力的情况下,自订立合同起,就根本没有履行合同的诚意,只是想通过欺诈手段使对方履行合同,在骗取对方履行合同之后,非法占有对方履行的钱或产品,而自己却不再履行合同,使对方造成重大损失。

5. "放长线钓大鱼"的欺诈行为。这种欺诈行为具有很强的隐蔽性。欺诈方在实施欺诈行为之前已先与被欺诈方签订履行了几份小额合同,付小额定金,且履约积极、顺利,制造本身履行能力强、重合同守信誉的假象,骗取对方的信任。然后谎称因生产经营需要,签订大额买卖合同骗取大量货物或大额货款之后销声匿迹。

【防范措施】

企业应当实行客户资信管理制度,签订合同前要对客户的资信信息、资信档案、信用状况、信用等级进行调查了解,最大限度地控制客户信用和违约风险。签订合同时要审查对方的信誉和履约能力,包括对合同承办人的资格进行审查,必要时应查看对方的营业执照和企业年检资料,确定对方是否为依法注册并有效存续的法律主体。另外,要对合同经办人尤其是签字代表进行审查,查看对方开具的授权委托书,包括该授权委托书签字盖章是否真实、授权范围是否明确,有无存在涂改之处,以确定对方签约人的合法身份和权限范围,确保合同的合法性和有效性。对于标的额大的交易或需长期履行的合同,还应到市场监督管理部门、税务部门、银行等单位调查对方当事人的资信能力。

【法条链接】

《民法典》第一百四十八条 一方以欺诈手段,使对方在违背真实意思的情况下实施的民事法律行为,受欺诈方有权请求人民法院或者仲裁机构予以撤销。

第一百四十九条 第三人实施欺诈行为,使一方在违背真实意思的情况下实施的民事法律行为,对方知道或者应当知道该欺诈行为的,受欺诈方有权请求人民法院或者仲裁机构予以撤销。

《最高人民法院关于适用〈中华人民共和国民法典〉合同编通则若干问题的解释》第五条　第三人实施欺诈、胁迫行为,使当事人在违背真实意思的情况下订立合同,受到损失的当事人请求第三人承担赔偿责任的,人民法院依法予以支持;当事人亦有违背诚信原则的行为的,人民法院应当根据各自的过错确定相应的责任。但是,法律、司法解释对当事人与第三人的民事责任另有规定的,依照其规定。

风险点47:强迫他人签订合同

【风险提示】

合同最本质的特点就是意思自治,即当事人订立合同自由,可以根据自己的意愿自由选择合同相对人。我国法律充分尊重当事人的意愿,将自主选择权赋予交易主体,任何人都不能强迫他人订立合同。根据《民法典》第一百五十条的规定,当事人如果被胁迫订立合同,可以选择撤销合同。

【防范措施】

企业与他人签订合同时,应当本着诚信原则,不得强迫他人签订合同。企业若被胁迫签订合同,可通过请求人民法院或仲裁机构撤销合同。需要注意的是,当事人受胁迫订立的合同,自胁迫行为终止之日起1年内没有行使撤销权的,撤销权消灭。

【法条链接】

《民法典》第五条　民事主体从事民事活动,应当遵循自愿原则,按照自己的意思设立、变更、终止民事法律关系。

第一百五十条　一方或者第三人以胁迫手段,使对方在违背真实意思的情况下实施的民事法律行为,受胁迫方有权请求人民法院或者仲裁机构予以撤销。

第一百五十二条　有下列情形之一的,撤销权消灭:

(一)当事人自知道或者应当知道撤销事由之日起一年内、重大误解的当事人自知道或者应当知道撤销事由之日起九十日内没有行使撤销权的;

(二)当事人受胁迫,自胁迫行为终止之日起一年内没有行使撤销权的;

(三)当事人知道撤销事由后明确表示或者以自己的行为表明放弃撤销权。

当事人自民事法律行为发生之日起五年内没有行使撤销权的,撤销权消灭。

风险点48：显失公平的合同

【风险提示】

公平原则是民事领域中一个非常重要的原则。在当事人订立合同的过程中,当然也要遵循公平原则。在合同领域中,公平原则是为了维护市场中的交易安全,规范市场秩序。公平是指在订立合同的过程中,双方当事人的权利和义务是对等的,要将合同内容在双方之间进行平衡,不能向任何一方倾斜。但是,在交易过程中,有的企业由于缺乏经验等原因导致合同显失公平的现象比较常见。为了保护交易安全,根据《民法典》第一百五十一条的规定,如果合同显失公平,则可以被撤销。所谓的"显失公平",是指一方当事人凭借自己优越的地位、职权或者利用另一方当事人没有经验、意志力薄弱、缺乏判断能力等弱点与其订立合同的行为。根据《最高人民法院关于适用〈中华人民共和国民法典〉合同编通则若干问题的解释》第十一条的规定,当事人一方是自然人,根据该当事人的年龄、智力、知识、经验并结合交易的复杂程度,能够认定其对合同的性质、合同订立的法律后果或者交易中存在的特定风险缺乏应有的认知能力的,人民法院可以认定该情形构成《民法典》第一百五十一条规定的"缺乏判断能力"。

【防范措施】

企业在进行交易、订立合同的过程中,应注意增强自己的判断能力,经过理性判断和仔细辨别再作出决定,以防止显失公平的情况发生。另外,要懂得在显失公平的合同中,明显不利的一方是有权撤销的,其可以通过法律手段来维护自己的权益。

【法条链接】

《民法典》第六条　民事主体从事民事活动,应当遵循公平原则,合理确定各方的权利和义务。

第一百五十一条　一方利用对方处于危困状态、缺乏判断能力等情形,致使民事法律行为成立时显失公平的,受损害方有权请求人民法院或者仲裁机构予以撤销。

《最高人民法院关于适用〈中华人民共和国民法典〉合同编通则若干问题的解释》第十一条　当事人一方是自然人,根据该当事人的年龄、智力、知识、经验并结合交易的复杂程度,能够认定其对合同的性质、合同订立的法律后果或者交易中存在的特定风险缺乏应有的认知能力的,人民法院可以认定该情形构成民法典第一百五十一条规定的"缺乏判断能力"。

风险点49：超越经营范围订立合同

【风险提示】

经营范围是国家允许企业生产和经营商品或服务的类别，是企业经营活动的边界，但是并不意味着超越经营范围的行为一定是无效的行为，尤其是随着商事登记制度的改革，企业的经营范围往往是自选且可以随时变更登记的，过于严苛地审查经营行为是否超出经营范围，不利于保障交易安全，不利于促进市场交易和激发市场主体活力。但是法律、行政法规对某些行业或商事主体（如商业银行、保险）具有效力性强制规定或者禁止经营的（如军火买卖），当事人超越这些经营范围订立的合同则会因违反法律、行政法规的强制性规定而无效。

【防范措施】

企业超越经营范围订立合同的情况在实践中时有发生，为避免争议和风险，建议如下：

1. 尽量不要超越经营范围订立合同。在签订合同前，可以先通过市场监督管理部门的官方网站查询了解交易对方的经营范围，或者请对方主动提供，必要时请对方先变更经营范围再订立合同。

2. 不确定拟交易的商品或服务是否属于国家特许经营，或者必须由获得特殊资质的市场主体才能提供的，则应当先向市场监督部门咨询，或者咨询律师等专业人士。

3. 一些行业存在不同等级的资质（如建筑领域），签订合同前需充分了解对方的资质等级是否满足合同所需的要求，以免与低等级资质的主体签订了需高等级资质才能订立的合同，导致合同无效。

【法条链接】

《民法典》第一百四十三条 具备下列条件的民事法律行为有效：
（一）行为人具有相应的民事行为能力；
（二）意思表示真实；
（三）不违反法律、行政法规的强制性规定，不违背公序良俗。

第一百五十三条 违反法律、行政法规的强制性规定的民事法律行为无效。但是，该强制性规定不导致该民事法律行为无效的除外。

违背公序良俗的民事法律行为无效。

第五百零五条 当事人超越经营范围订立的合同的效力，应当依照本法第一编

第六章第三节和本编的有关规定确定,不得仅以超越经营范围确认合同无效。

风险点50：法定代表人超越权限订立合同

【风险提示】

　　法人为社会组织,不具有自然人的特性,其民事行为客观上需要由自然人代而为之,因此法定代表人应运而生。法定代表人以法人名义从事民事活动时,其后果应当由法人承担。实务中,公司章程或股东会常常会对法定代表人的权限作出一定限制,例如,限制法定代表人签订借款合同的数额,或者规定法定代表人不得以公司财产为他人提供担保。如果公司章程或者股东会对法定代表人的权限设有限制,而法定代表人以法人名义实施的法律行为超越了其权限,该法律行为是否有效,取决于该法律行为相对人属于善意还是恶意。如果相对人于实施法律行为之时,不知道或者不应当知道法定代表人的行为超越了该公司章程或者股东会对其授权,即属于善意相对人；反之,知道或者应当知道法定代表人的行为超越了该公司章程或者股东会对其代表权的限制,即属于恶意相对人。如果相对人属于善意,则该法定代表人的越权行为有效。

　　需要注意的是,根据《最高人民法院关于适用〈中华人民共和国民法典〉合同编通则若干问题的解释》第二十条第一款的规定,法律、行政法规为限制法人的法定代表人的代表权,规定合同所涉事项应当由法人的权力机构或者决策机构决议,或者应当由法人的执行机构决定,法定代表人未取得授权而以法人的名义订立合同,未尽到合理审查义务的相对人主张该合同对法人发生效力并由其承担违约责任的,人民法院不予支持,但是法人有过错的,可以参照《民法典》第一百五十七条的规定判决其承担相应的赔偿责任。相对人已尽到合理审查义务,构成表见代表的,人民法院应当依据《民法典》第五百零四条的规定处理。

【防范措施】

　　1.企业应重点关注对其法定代表人的选任工作。如果对法定代表人的权利没有任何限制,在表见代表制度下,公司章程对其设置的权利限制对外部善意相对人不具有对抗效力。为避免企业的法定代表人为了自己的私利而损害企业的利益,企业应从源头入手,将法定代表人的选任作为重中之重的工作。

　　2.企业应当建立内部权力制衡机制,完善法人治理机构,避免权力集中在法定代表人一人手中。另外,企业应当重视合同管理工作,建立签订合同权利的制衡机制,尽量减少法定代表人越权签订合同的事项,也可在合同条款中约定合同生效条件为签字和盖章,法定代表人签字完毕后,由企业印章保管专人根据部门经理、财务经理、法务经理、总经理等人的签字情况用印。尽量通过多人、多部门监督防范法定代表人越权订立合同。

3. 合同所涉事项需要由对方权力机构或者决策机构决议的,应当要求对方提供股东会或董事会同意签订合同的决议。

【法条链接】

《民法典》第一百五十七条　民事法律行为无效、被撤销或者确定不发生效力后,行为人因该行为取得的财产,应当予以返还;不能返还或者没有必要返还的,应当折价补偿。有过错的一方应当赔偿对方由此所受到的损失;各方都有过错的,应当各自承担相应的责任。法律另有规定的,依照其规定。

第五百零四条　法人的法定代表人或者非法人组织的负责人超越权限订立的合同,除相对人知道或者应当知道其超越权限外,该代表行为有效,订立的合同对法人或者非法人组织发生效力。

《最高人民法院关于适用〈中华人民共和国民法典〉合同编通则若干问题的解释》第二十条　法律、行政法规为限制法人的法定代表人或者非法人组织的负责人的代表权,规定合同所涉事项应当由法人、非法人组织的权力机构或者决策机构决议,或者应当由法人、非法人组织的执行机构决定,法定代表人、负责人未取得授权而以法人、非法人组织的名义订立合同,未尽到合理审查义务的相对人主张该合同对法人、非法人组织发生效力并由其承担违约责任的,人民法院不予支持,但是法人、非法人组织有过错的,可以参照民法典第一百五十七条的规定判决其承担相应的赔偿责任。相对人已尽到合理审查义务,构成表见代表的,人民法院应当依据民法典第五百零四条的规定处理。

合同所涉事项未超越法律、行政法规规定的法定代表人或者负责人的代表权限,但是超越法人、非法人组织的章程或者权力机构等对代表权的限制,相对人主张该合同对法人、非法人组织发生效力并由其承担违约责任的,人民法院依法予以支持。但是,法人、非法人组织举证证明相对人知道或者应当知道该限制的除外。

法人、非法人组织承担民事责任后,向有过错的法定代表人、负责人追偿因越权代表行为造成的损失的,人民法院依法予以支持。法律、司法解释对法定代表人、负责人的民事责任另有规定的,依照其规定。

第二十三条　法定代表人、负责人或者代理人与相对人恶意串通,以法人、非法人组织的名义订立合同,损害法人、非法人组织的合法权益,法人、非法人组织主张不承担民事责任的,人民法院应予支持。法人、非法人组织请求法定代表人、负责人或者代理人与相对人对因此受到的损失承担连带赔偿责任的,人民法院应予支持。

根据法人、非法人组织的举证,综合考虑当事人之间的交易习惯、合同在订立时是否显失公平、相关人员是否获取了不正当利益、合同的履行情况等因素,人民法院能够认定法定代表人、负责人或者代理人与相对人存在恶意串通的高度可能性的,可以要求前述人员就合同订立、履行的过程等相关事实作出陈述或者提供相应的证据。其无正当理由拒绝作出陈述,或者所作陈述不具合理性又不能提供相应证据的,人民法院可以认定恶意串通的事实成立。

风险点51:员工超越职权范围的限制签订合同

【风险提示】

企业实施具体的活动需要相应的自然人代为实施,职务代理行为由此产生。职务代理行为是企业对外交易时的常见行为,其存在便利了企业的交易活动,但也会产生诸多的纠纷。实务中,企业对外签订合同,不可能每次由法定代表人亲自去,许多时候需要授权项目负责人或业务员等员工去办理。根据《最高人民法院关于适用〈中华人民共和国民法典〉合同编通则若干问题的解释》第二十一条第一款的规定,企业的工作人员就超越其职权范围的事项以法人的名义订立合同,相对人主张该合同对企业发生效力并由其承担违约责任的,人民法院不予支持。但是,企业有过错的,人民法院可以参照《民法典》第一百五十七条的规定判决其承担相应的赔偿责任。前述情形构成表见代理的,人民法院应当依据《民法典》第一百七十二条的规定处理。该解释第三款规定,合同所涉事项未超越依据前款确定的职权范围,但是超越企业对工作人员职权范围的限制,相对人主张该合同对企业发生效力并由其承担违约责任的,人民法院应予支持。但是,企业举证证明相对人知道或者应当知道该限制的除外。可见,如果员工超越职权范围签订合同,可能会构成无权代理或表见代理,给公司带来损失或麻烦。

【防范措施】

员工超越职权范围限制对外签订合同的事例时有发生,为规避相应法律风险,建议如下:

1.给员工出具授权委托书时,应明确限定代理事项,明确授权范围及期限。

2.日常的工作培训教育中,应当向员工尤其是业务人员强调单位的规章制度,未经公司授权,不得擅自代表公司或以公司名义对外签订合同、发表言论等。

3.对于员工超越代理权限已经签订了合同等情况,企业应仔细甄别、考虑,根据该行为的后果决定是否"将错就错"履行该合同。

4. 如果员工超越委托权限签订的合同对企业不利,应当及时、主动告知合同相对方,以免造成双方损失的扩大。

5. 合同相对方派员工签订合同的,应严格把关签约人员身份及职权范围,以免因该等人员越权缔约或是虚假缔约造成的不利后果和损失。

【法条链接】

《民法典》第一百六十五条　委托代理授权采用书面形式的,授权委托书应当载明代理人的姓名或者名称、代理事项、权限和期限,并由被代理人签名或者盖章。

第一百七十一条　行为人没有代理权、超越代理权或者代理权终止后,仍然实施代理行为,未经被代理人追认的,对被代理人不发生效力。

相对人可以催告被代理人自收到通知之日起三十日内予以追认。被代理人未作表示的,视为拒绝追认。行为人实施的行为被追认前,善意相对人有撤销的权利。撤销应当以通知的方式作出。

行为人实施的行为未被追认的,善意相对人有权请求行为人履行债务或者就其受到的损害请求行为人赔偿。但是,赔偿的范围不得超过被代理人追认时相对人所能获得的利益。

相对人知道或者应当知道行为人无权代理的,相对人和行为人按照各自的过错承担责任。

第一百七十二条　行为人没有代理权、超越代理权或者代理权终止后,仍然实施代理行为,相对人有理由相信行为人有代理权的,代理行为有效。

第五百零三条　无权代理人以被代理人的名义订立合同,被代理人已经开始履行合同义务或者接受相对人履行的,视为对合同的追认。

《最高人民法院关于适用〈中华人民共和国民法典〉合同编通则若干问题的解释》第二十一条　法人、非法人组织的工作人员就超越其职权范围的事项以法人、非法人组织的名义订立合同,相对人主张该合同对法人、非法人组织发生效力并由其承担违约责任的,人民法院不予支持。但是,法人、非法人组织有过错的,人民法院可以参照民法典第一百五十七条的规定判决其承担相应的赔偿责任。前述情形,构成表见代理的,人民法院应当依据民法典第一百七十二条的规定处理。

合同所涉事项有下列情形之一的,人民法院应当认定法人、非法人组织的工作人员在订立合同时超越其职权范围:

(一)依法应当由法人、非法人组织的权力机构或者决策机构决议的事项;

(二)依法应当由法人、非法人组织的执行机构决定的事项;

(三)依法应当由法定代表人、负责人代表法人、非法人组织实施的事项;

(四)不属于通常情形下依其职权可以处理的事项。

合同所涉事项未超越依据前款确定的职权范围,但是超越法人、非法人组织对工作人员职权范围的限制,相对人主张该合同对法人、非法人组织发生效力并由其承担违约责任的,人民法院应予支持。但是,法人、非法人组织举证证明相对人知道或者应当知道该限制的除外。

法人、非法人组织承担民事责任后,向故意或者有重大过失的工作人员追偿的,人民法院依法予以支持。

风险点 52:表见代理

【风险提示】

签订合同不仅是商事交易中的常见现象,也是一种重要的民事法律行为。从法律实践来看,因为合同签订引起的纠纷数不胜数,其中包括因为表见代理而引起的诉讼和争议。表见代理是指行为人没有代理权、超越代理权或者代理权终止后,仍然实施代理行为,相对人有理由相信行为人有代理权的,代理行为有效。该制度的目的在于保护合同相对人的利益,维护交易安全。司法实践中,法院对表见代理的认定通常会结合各方当事人的交易习惯、合同性质、合同履行方式、交易规模大小、相对人与被代理人之间的熟识程度等因素综合判定。

【防范措施】

为避免商事活动的表见代理风险,建议如下:

1. 企业的公章至关重要,对外代表公司的意志。因此,企业应当建立严格完善的公章管理制度,谨防出现公章丢失,被盗用、滥用等情形。

2. 能接触到客户的员工离职后,企业应当书面告知客户负责其业务的员工已经离职,并回收该员工手上加盖有公司公章的空白合同等,并引荐新员工接替工作。

【法条链接】

《民法典》第一百六十一条第一款　民事主体可以通过代理人实施民事法律行为。

第一百六十二条　代理人在代理权限内,以被代理人名义实施的民事法律行为,对被代理人发生效力。

第一百六十三条　代理包括委托代理和法定代理。

委托代理人按照被代理人的委托行使代理权。法定代理人依照法律的规定行使代理权。

第一百六十五条　委托代理授权采用书面形式的,授权委托书应当载明代理人的姓名或者名称、代理事项、权限和期限,并由被代理人签名或者盖章。

第一百七十二条　行为人没有代理权、超越代理权或者代理权终止后,仍然实施代理行为,相对人有理由相信行为人有代理权的,代理行为有效。

风险点53：混淆"签名或盖章"、"签名盖章"与"签名、盖章"

【风险提示】

"签名"和"盖章"作为合同生效条件是合同条款的常见方式,但较多企业在签订合同时并不理解其真正含义,因此产生很大法律风险。"签名"和"盖章"在不同表述中,存在以下不同含义:

1. 合同条款对于生效条件未作约定时,依照《民法典》第四百九十条第一款"当事人采用合同书形式订立合同的,自当事人均签名、盖章或者按指印时合同成立"的规定,合同自签名或盖章时成立并生效。

2. 根据最高人民法院的相关判例,"签名盖章"一般指合同签字或盖章时生效。

3. "签名、盖章"表示签名和盖章之间是并列关系,只有在签名和盖章同时具备的情形下,合同才生效。

【防范措施】

企业应根据实际情况和目的设定合同生效条件。同时,建议直接使用"签名或盖章"或"签名并盖章"的表述,以免合同当事人对合同生效条件有不同理解,产生不必要的风险。

【法条链接】

《民法典》第四百九十条　当事人采用合同书形式订立合同的,自当事人均签名、盖章或者按指印时合同成立。在签名、盖章或者按指印之前,当事人一方已经履行主要义务,对方接受时,该合同成立。

法律、行政法规规定或者当事人约定合同应当采用书面形式订立,当事人未采用书面形式但是一方已经履行主要义务,对方接受时,该合同成立。

第五百零二条　依法成立的合同,自成立时生效,但是法律另有规定或者当事人另有约定的除外。

依照法律、行政法规的规定,合同应当办理批准等手续的,依照其规定。未办理批准等手续影响合同生效的,不影响合同中履行报批等义务条款以及相关条款的效力。应当办理申请批准等手续的当事人未履行义务的,对方可以请求其承担违反该义务的责任。

依照法律、行政法规的规定,合同的变更、转让、解除等情形应当办理批准等手续的,适用前款规定。

风险点54:私刻公章签订合同

【风险提示】

现实生活中,有的企业会使用私刻的公章,而在发生纠纷时,又想耍"小聪明"以案涉公章为非备案公章为由推卸责任。根据《国务院关于国家行政机关和企业事业单位社会团体印章管理的规定》的规定,印章应到当地公安机关指定的刻章单位刻制。根据《最高人民法院关于适用〈中华人民共和国民法典〉合同编通则若干问题的解释》第二十二条的规定,法定代表人以企业的名义订立合同且未超越权限,企业仅以合同加盖的印章不是备案印章或者系伪造的印章为由主张该合同对其不发生效力的,人民法院不予支持。根据《全国法院民商事审判工作会议纪要》的规定,在判断加盖假公章民事行为的效力时,应以签约人于盖章之时有无代表权或者代理权为准,签约人有权签订合同,则不论公章真假,合同都应该有效成立,即"认人不认章"的裁判规则。司法实践中,对于私刻印章的行为,人民法院在审理案件时,主要审查签约人于盖章时有无代表权或者代理权,从而根据代表或者代理的相关规则来确定合同的效力。法定代表人或者其授权之人在合同上加盖法人公章的行为,表明其是以企业名义签订合同,除《公司法》等法律对其职权有特别规定的情形外,应当由企业承担相应的法律后果。

【防范措施】

对于重要合同,为规避交易相对方私刻公章签订合同的风险,建议如下:

1.确定签约人的身份、职位及企业对签约人的授权范围。在磋商过程中,可要求对方出示身份证证明其身份,工作证件、名片等证明其职位。如果是非法定代表人签署合同,应当要求签约人提供授权委托书,以证明其是具有代理权的授权签约人。尽管授权委托书也可能是伪造的,但此行为可以用作证明己方善意没有过失。

2.对签约过程及环境拍照、录像,以证明对方人员是在履行工作职责时使用印章的。如果在对方单位签署合同,也可以对环境进行拍摄,这在一定程度上也可以证明己方尽到了审慎义务。

3.除加盖公章外,尽量让法定代表人签字。因为法定代表人具有双重身份,他是法人单位实际控制人意志的体现,在以单位名义签订合同这一行为中,法定代表人在法律意义上并非仅仅是一个自然人,其代表法人行使职权,体现法人的意思,以法人名义对外作出的行为应当由法人承担责任。

【法条链接】

《民法典》第一百六十一条第一款　民事主体可以通过代理人实施民事法律行为。

第一百六十二条　代理人在代理权限内,以被代理人名义实施的民事法律行为,对被代理人发生效力。

第一百六十三条　代理包括委托代理和法定代理。

委托代理人按照被代理人的委托行使代理权。法定代理人依照法律的规定行使代理权。

第一百六十五条　委托代理授权采用书面形式的,授权委托书应当载明代理人的姓名或者名称、代理事项、权限和期限,并由被代理人签名或者盖章。

第一百七十一条　行为人没有代理权、超越代理权或者代理权终止后,仍然实施代理行为,未经被代理人追认的,对被代理人不发生效力。

相对人可以催告被代理人自收到通知之日起三十日内予以追认。被代理人未作表示的,视为拒绝追认。行为人实施的行为被追认前,善意相对人有撤销的权利。撤销应当以通知的方式作出。

行为人实施的行为未被追认的,善意相对人有权请求行为人履行债务或者就其受到的损害请求行为人赔偿。但是,赔偿的范围不得超过被代理人追认时相对人所能获得的利益。

相对人知道或者应当知道行为人无权代理的,相对人和行为人按照各自的过错承担责任。

第一百七十二条　行为人没有代理权、超越代理权或者代理权终止后,仍然实施代理行为,相对人有理由相信行为人有代理权的,代理行为有效。

《最高人民法院关于适用〈中华人民共和国民法典〉合同编通则若干问题的解释》第二十二条　法定代表人、负责人或者工作人员以法人、非法人组织的名义订立合同且未超越权限,法人、非法人组织仅以合同加盖的印章不是备案印章或者系伪造的印章为由主张该合同对其不发生效力的,人民法院不予支持。

合同系以法人、非法人组织的名义订立,但是仅有法定代表人、负责人或者工作人员签名或者按指印而未加盖法人、非法人组织的印章,相对人能够证明法定代表人、负责人或者工作人员在订立合同时未超越权限的,人民法院应当认定合同对法人、非法人组织发生效力。但是,当事人约定以加盖印章作为合同成立条件的除外。

合同仅加盖法人、非法人组织的印章而无人员签名或者按指印,相对人能够证明合同系法定代表人、负责人或者工作人员在其权限范围内订立的,人民法院应当认定该合同对法人、非法人组织发生效力。

在前三款规定的情形下,法定代表人、负责人或者工作人员在订立合同时虽然超越代表或者代理权限,但是依据民法典第五百零四条的规定构成表见代表,或者依据民法典第一百七十二条的规定构成表见代理的,人民法院应当认定合同对法人、非法人组织发生效力。

《全国法院民商事审判工作会议纪要》

41. 司法实践中,有些公司有意刻制两套甚至多套公章,有的法定代表人或者代理人甚至私刻公章,订立合同时恶意加盖非备案的公章或者假公章,发生纠纷后法人以加盖的是假公章为由否定合同效力的情形并不鲜见。人民法院在审理案件时,应当主要审查签约人于盖章之时有无代表权或者代理权,从而根据代表或者代理的相关规则来确定合同的效力。

法定代表人或者其授权之人在合同上加盖法人公章的行为,表明其是以法人名义签订合同,除《公司法》第 16 条 [①]等法律对其职权有特别规定的情形外,应当由法人承担相应的法律后果。法人以法定代表人事后已无代表权、加盖的是假章、所盖之章与备案公章不一致等为由否定合同效力的,人民法院不予支持。

代理人以被代理人名义签订合同,要取得合法授权。代理人取得合法授权后,以被代理人名义签订的合同,应当由被代理人承担责任。被代理人以代理人事后已无代理权、加盖的是假章、所盖之章与备案公章不一致等为由否定合同效力的,人民法院不予支持。

《公司法》第十五条 公司向其他企业投资或者为他人提供担保,按照公司章程的规定,由董事会或者股东会决议;公司章程对投资或者担保的总额及单项投资或者担保的数额有限额规定的,不得超过规定的限额。

公司为公司股东或者实际控制人提供担保的,应当经股东会决议。

前款规定的股东或者受前款规定的实际控制人支配的股东,不得参加前款规定事项的表决。该项表决由出席会议的其他股东所持表决权的过半数通过。

《国务院关于国家行政机关和企业事业单位社会团体印章管理的规定》

二十三、印章制发机关应规范和加强印章制发的管理,严格办理程序和审批手续。国家行政机关和企业事业单位、社会团体刻制印章,应到当地公安机关指定的刻章单位刻制。

二十五、国家行政机关和企业事业单位、社会团体必须建立健全印章管理制度,

---

① 该条内容对应《公司法》(2023 年)第十五条。

加强用印管理,严格审批手续。未经本单位领导批准,不得擅自使用单位印章。

二十六、对伪造印章或使用伪造印章者,要依照国家有关法规查处。如发现伪造印章或使用伪造印章者,应及时向公安机关或印章所刊名称单位举报。具体的印章社会治安管理办法,由公安部会同有关部门制定。

风险点 55:合同盖章未签字

【风险提示】

合同有盖章但未签字是一种常见的情况,可能是因为疏忽或者其他原因导致的。司法实践中,合同约定"双方签字盖章后生效"或"双方签字或盖章后生效",一般认为此种约定并非并列词组关系,签字与盖章二选其一即可,双方仅签字或仅盖章的,合同生效。但是,如果合同约定"双方签字、盖章后生效"或"双方签字和盖章后生效",一般会认为是并列关系,应当视为约定"签字并盖章",仅有签字或盖章合同不生效。

【防范措施】

对于合同约定"双方签字、盖章后生效"或"双方签字和盖章后生效"的,双方应当在合同上签字并加盖公章。如果双方都同意合同内容,只是因为疏忽未签字,应当与对方协商沟通,尽量让对方补充签名。

【法条链接】

《民法典》第四百九十条　当事人采用合同书形式订立合同的,自当事人均签名、盖章或者按指印时合同成立。在签名、盖章或者按指印之前,当事人一方已经履行主要义务,对方接受时,该合同成立。

法律、行政法规规定或者当事人约定合同应当采用书面形式订立,当事人未采用书面形式但是一方已经履行主要义务,对方接受时,该合同成立。

《最高人民法院关于适用〈中华人民共和国民法典〉合同编通则若干问题的解释》第二十二条　法定代表人、负责人或者工作人员以法人、非法人组织的名义订立合同且未超越权限,法人、非法人组织仅以合同加盖的印章不是备案印章或者系伪造的印章为由主张该合同对其不发生效力的,人民法院不予支持。

合同系以法人、非法人组织的名义订立,但是仅有法定代表人、负责人或者工作人员签名或者按指印而未加盖法人、非法人组织的印章,相对人能够证明法定代表人、负责人或者工作人员在订立合同时未超越权限的,人民法院应当认定合同对法人、非法人组织发生效力。但是,当事人约定以加盖印章作为合同成立条件的除外。

合同仅加盖法人、非法人组织的印章而无人员签名或者按指印,相对人能够证明合同系法定代表人、负责人或者工作人员在其权限范围内订立的,人民法院应当认定该合同对法人、非法人组织发生效力。

在前三款规定的情形下,法定代表人、负责人或者工作人员在订立合同时虽然超越代表或者代理权限,但是依据民法典第五百零四条的规定构成表见代表,或者依据民法典第一百七十二条的规定构成表见代理的,人民法院应当认定合同对法人、非法人组织发生效力。

风险点56:合同签字但没有加盖公章

【风险提示】

根据《最高人民法院关于适用〈中华人民共和国民法典〉合同编通则若干问题的解释》第二十二条第二款的规定,合同系以企业的名义订立,但是仅有法定代表人或者工作人员签名或者按指印而未加盖企业的印章,相对人能够证明法定代表人或者工作人员在订立合同时未超越权限的,人民法院应当认定合同对法人、非法人组织发生效力。但是,当事人约定以加盖印章作为合同成立条件的除外。可见,若合同没有加盖公章,只有对方签字确认生效,则签字主体必须是对方公司的法定代表人,或者由对方具有合法授权委托书的代理人签名,否则合同有可能被认定无效。

【防范措施】

原则上签订合同应当加盖公章,只有签名不加盖公章的风险很大。但是在商业实践中,出于对促进交易的考虑,某些合同中也存在只签名的情形。在此情形下,对签字主体资格的确认是重中之重。对于合同相对方的签字主体,应当注意以下事项:

1. 法定代表人签名。法定代表人的签名是签字主体中最主要也是最优先的一类,实践中能够由法定代表人签名则无须考虑其他主体,企业也需要尽可能地促进由法定代表人签字,因为法定代表人具有公示效力。

2. 具有合法授权委托书的代理人签名。若交易相对方的法定代表人因故无法亲自签名,代替其签名的代理人必须出具加盖公章的授权委托书,且委托书明确表明其有签订合同的权限。若交易相对方为自然人,代表该自然人签名的代理人也同样必须出具该自然人签名的授权委托书,且明确其代理事项、权限、期限等。另外,应把授权委托书、合同书及个人的身份证明放在一起保管,以保证签订合同的有效性。

需要注意的是,根据《最高人民法院关于适用〈中华人民共和国民法典〉合同编通则若干问题的解释》第二十条的规定,对于重大合同,即使是对方法定代表人签名,也应要求对方提供股东会或董事会批准及授权的决议。如《公司法》第十五条规定,公司向其他企业投资或者为他人提供担保,按照公司章程的规定,由董事会或者股东会决议;公司章程对投资或者担保的总额及单项投资或者担保的数额有限额规定的,不得超过规定的限额。公司为公司股东或者实际控制人提供担保的,应当经股东会决议。

【法条链接】

《民法典》第四百九十条 当事人采用合同书形式订立合同的,自当事人均签名、盖章或者按指印时合同成立。在签名、盖章或者按指印之前,当事人一方已经履行主要义务,对方接受时,该合同成立。

法律、行政法规规定或者当事人约定合同应当采用书面形式订立,当事人未采用书面形式但是一方已经履行主要义务,对方接受时,该合同成立。

《最高人民法院关于适用〈中华人民共和国民法典〉合同编通则若干问题的解释》第二十条 法律、行政法规为限制法人的法定代表人或者非法人组织的负责人的代表权,规定合同所涉事项应当由法人、非法人组织的权力机构或者决策机构决议,或者应当由法人、非法人组织的执行机构决定,法定代表人、负责人未取得授权而以法人、非法人组织的名义订立合同,未尽到合理审查义务的相对人主张该合同对法人、非法人组织发生效力并由其承担违约责任的,人民法院不予支持,但是法人、非法人组织有过错的,可以参照民法典第一百五十七条的规定判决其承担相应的赔偿责任。相对人已尽到合理审查义务,构成表见代表的,人民法院应当依据民法典第五百零四条的规定处理。

合同所涉事项未超越法律、行政法规规定的法定代表人或者负责人的代表权限,但是超越法人、非法人组织的章程或者权力机构等对代表权的限制,相对人主张该合同对法人、非法人组织发生效力并由其承担违约责任的,人民法院依法予以支持。但是,法人、非法人组织举证证明相对人知道或者应当知道该限制的除外。

法人、非法人组织承担民事责任后,向有过错的法定代表人、负责人追偿因越权代表行为造成的损失的,人民法院依法予以支持。法律、司法解释对法定代表人、负责人的民事责任另有规定的,依照其规定。

第二十二条 法定代表人、负责人或者工作人员以法人、非法人组织的名义订立合同且未超越权限,法人、非法人组织仅以合同加盖的印章不是备案印章或者系伪造的印章为由主张该合同对其不发生效力的,人民法院不予支持。

合同系以法人、非法人组织的名义订立,但是仅有法定代表人、负责人或者工作人员签名或者按指印而未加盖法人、非法人组织的印章,相对人能够证明法定代表人、负责人或者工作人员在订立合同时未超越权限的,人民法院应当认定合同对法人、非法人组织发生效力。但是,当事人约定以加盖印章作为合同成立条件的除外。

合同仅加盖法人、非法人组织的印章而无人员签名或者按指印,相对人能够证明合同系法定代表人、负责人或者工作人员在其权限范围内订立的,人民法院应当认定该合同对法人、非法人组织发生效力。

在前三款规定的情形下,法定代表人、负责人或者工作人员在订立合同时虽然超越代表或者代理权限,但是依据民法典第五百零四条的规定构成表见代表,或者依据民法典第一百七十二条的规定构成表见代理的,人民法院应当认定合同对法人、非法人组织发生效力。

《公司法》第十五条　公司向其他企业投资或者为他人提供担保,按照公司章程的规定,由董事会或者股东会决议;公司章程对投资或者担保的总额及单项投资或者担保的数额有限额规定的,不得超过规定的限额。

公司为公司股东或者实际控制人提供担保的,应当经股东会决议。

前款规定的股东或者受前款规定的实际控制人支配的股东,不得参加前款规定事项的表决。该项表决由出席会议的其他股东所持表决权的过半数通过。

风险点57:非合同主体在合同上签字或盖章

【风险提示】

我国《民法典》第四百九十条第一款规定:"当事人采用合同书形式订立合同的,自当事人均签名、盖章或者按指印时合同成立。在签名、盖章或者按指印之前,当事人一方已经履行主要义务,对方接受时,该合同成立。"可见,合同对签字或盖章的主体具有约束力,即便合同上记载了一方当事人的名称,但该方并未在合同上签字或盖章,合同对其不具有约束力,而是对实际签字或盖章的人员具有约束力。当然这里需要考虑一种情况:实际签字或盖章主体的行为属于职务行为或代理行为的,其行为对企业或委托人有效。

【防范措施】

为避免争议,企业在签订合同时应仔细核对合同上记载的当事人名称与实际签字或盖章的主体名称是否一致,以防笔误或者对方故意"李代桃僵",如果不一致,应当要求对方修改。

【法条链接】

《民法典》第六十一条　依照法律或者法人章程的规定,代表法人从事民事活动的负责人,为法人的法定代表人。

法定代表人以法人名义从事的民事活动,其法律后果由法人承受。

法人章程或者法人权力机构对法定代表人代表权的限制,不得对抗善意相对人。

第一百六十二条 代理人在代理权限内,以被代理人名义实施的民事法律行为,对被代理人发生效力。

第一百七十条 执行法人或者非法人组织工作任务的人员,就其职权范围内的事项,以法人或者非法人组织的名义实施的民事法律行为,对法人或者非法人组织发生效力。

法人或者非法人组织对执行其工作任务的人员职权范围的限制,不得对抗善意相对人。

第一百七十二条 行为人没有代理权、超越代理权或者代理权终止后,仍然实施代理行为,相对人有理由相信行为人有代理权的,代理行为有效。

第四百九十条 当事人采用合同书形式订立合同的,自当事人均签名、盖章或者按指印时合同成立。在签名、盖章或者按指印之前,当事人一方已经履行主要义务,对方接受时,该合同成立。

法律、行政法规规定或者当事人约定合同应当采用书面形式订立,当事人未采用书面形式但是一方已经履行主要义务,对方接受时,该合同成立。

风险点58:加盖部门印章的合同

【风险提示】

合同管理尚不成熟的企业,由于对印章管理不规范,员工有可能违规使用企业内部部门印章对外签订合同,此类合同风险较大。部门为法人内设职能部门,不具有民事法律主体资格,其印章仅代表该部门,因此该部门印章不具有签订合同的资格,其对外签订的合同原则上应该无效,但特殊情况除外。

一、若事先取得法人授权则合同有效

我国《民法典》第一百六十一条第一款规定:"民事主体可以通过代理人实施民事法律行为。"因此法人可以委托部门对外签订合同,此时,用部门印章对外签署的合同,其效力等同于法人对外签订合同,其效力及于法人,该合同有效。

二、构成表见代理则合同有效

法人没有授权部门对外签订合同的情况下,部门对外签订合同属于无权代理,无权代理对被代理人无效。但是,若构成表见代理则对被代理人有效。无权代理行为构成表见代理有两个关键点:一是客观上存在无权代理人具有代理权的客观表象,诸如被代理人知道无权代理人以本人的名义订立合同而不做否认表示,无权代理人持有单位的业务介绍信、印章印鉴或盖有公章的空白合同书等;二是相对人主观上善意且无过失,表见代理本应由无权代理人自行承担后果,但由于被代理人的作为和不作为,造成了代理权存在的假象,并且得到了善意相对人的信赖,后者的利益关系到市场交易安全问题,故相对人可以基于表见代理对被代理人主张代理的结果。

【防范措施】

为避免合同被认定无效的风险,对方如果用部门印章签订合同的,应当拒绝并要求对方用公章或合同专用章。另外,企业应当谨慎制作部门印章,若无特别需要,尽量不要制作部门印章。若因实际需要确实需要制作部门印章,印章应由专人保管,且建议设立合同审核人。同时,应明确部门印章的使用职责,若是员工不当使用印章给公司造成损失,企业可以根据内部印章管理规范追究其责任。

【法条链接】

《民法典》第一百六十一条　民事主体可以通过代理人实施民事法律行为。

依照法律规定、当事人约定或者民事法律行为的性质,应当由本人亲自实施的民事法律行为,不得代理。

第一百七十条　执行法人或者非法人组织工作任务的人员,就其职权范围内的事项,以法人或者非法人组织的名义实施的民事法律行为,对法人或者非法人组织发生效力。

法人或者非法人组织对执行其工作任务的人员职权范围的限制,不得对抗善意相对人。

第一百七十二条　行为人没有代理权、超越代理权或者代理权终止后,仍然实施代理行为,相对人有理由相信行为人有代理权的,代理行为有效。

风险点59:合同相对方是自然人,其用私章签订合同

【风险提示】

现实生活中,有的自然人在签订合同时,存在不使用签名而只加盖私章的情况。根据我国法律规定,法人经过备案的公章具有对外公示效力,而自然人的私章由于无法登记备案,不具有公示效力,因此自然人的私章不当然具有签名的法律效力。产生纠纷时,自然人否认私章真实性,或否认私章由其使用的,主张合同成立的一方对上述事项负有举证责任,不能证明的应当承担不利后果。

【防范措施】

交易相对方是自然人的,企业签订合同时应要求对方必须亲自签名并捺手印,否则出现争议时,若对方否认私章的真实性,将极大增加公司的举证责任和举证难度。

【法条链接】

《民法典》第四百六十五条 依法成立的合同,受法律保护。

依法成立的合同,仅对当事人具有法律约束力,但是法律另有规定的除外。

第四百九十条 当事人采用合同书形式订立合同的,自当事人均签名、盖章或者按指印时合同成立。在签名、盖章或者按指印之前,当事人一方已经履行主要义务,对方接受时,该合同成立。

法律、行政法规规定或者当事人约定合同应当采用书面形式订立,当事人未采用书面形式但是一方已经履行主要义务,对方接受时,该合同成立。

《民事诉讼法》第六十七条 当事人对自己提出的主张,有责任提供证据。

当事人及其诉讼代理人因客观原因不能自行收集的证据,或者人民法院认为审理案件需要的证据,人民法院应当调查收集。

人民法院应当按照法定程序,全面地、客观地审查核实证据。

风险点60:离职员工以原企业名义签订合同

【风险提示】

表见代理,是指行为人没有代理权、超越代理权或者代理权终止后,仍然实施代理行为,相对人有理由相信行为人有代理权的,代理行为有效。现实生活中,存在离职人员在离职以后仍然利用其在职期间获得的权利外观迷惑交易相对方,对外签订合同的行为很可能构成表见代理,给原就职企业造成损失。

【防范措施】

1. 员工离职或被辞退的,为避免该员工继续以原工作人员身份与客户或其他第三方往来,企业应当要求该员工办好交接流程,及时在企业网站或公告栏进行公示。另外,要通过书面方式向该离职员工日常对接的供应商或客户进行通报。

2. 尽量不给员工出具加盖公章的空白合同书,做到"一事一开"。给员工出具加盖公章的空白合同要做好登记管理,在员工办理离职手续时要全部收回。

【法条链接】

《民法典》第一百七十一条 行为人没有代理权、超越代理权或者代理权终止后,仍然实施代理行为,未经被代理人追认的,对被代理人不发生效力。

相对人可以催告被代理人自收到通知之日起三十日内予以追认。被代理人未作表示的,视为拒绝追认。行为人实施的行为被追认前,善意相对人有撤销的权利。撤销应当以通知的方式作出。

行为人实施的行为未被追认的,善意相对人有权请求行为人履行债务或者就其受到的损害请求行为人赔偿。但是,赔偿的范围不得超过被代理人追认时相对人所能获得的利益。

相对人知道或者应当知道行为人无权代理的,相对人和行为人按照各自的过错承担责任。

第一百七十二条 行为人没有代理权、超越代理权或者代理权终止后,仍然实施代理行为,相对人有理由相信行为人有代理权的,代理行为有效。

风险点61:盖有公章的空白合同被员工擅自使用

【风险提示】

实务中,员工利用盖有企业公章的空白合同对外签订合同谋取私利的,该行为很可能构成表见代理,将会给企业造成损失。

【防范措施】

对于已经加盖公章的空白合同必须格外注意妥善保管,因为盖章行为就是法人主体对外表达意思表示的方式,一般而言,只要是加盖了公章的合同,都是单位行为,对单位具有约束力。因此,尽量不给员工出具加盖公章的空白合同书,做到"一事一开"。给员工出具加盖公章的空白合同要做好登记管理,在员工办理离职手续时要全部收回。

【法条链接】

《民法典》第一百七十一条 行为人没有代理权、超越代理权或者代理权终止后,仍然实施代理行为,未经被代理人追认的,对被代理人不发生效力。

相对人可以催告被代理人自收到通知之日起三十日内予以追认。被代理人未作表示的,视为拒绝追认。行为人实施的行为被追认前,善意相对人有撤销的权利。撤销应当以通知的方式作出。

行为人实施的行为未被追认的,善意相对人有权请求行为人履行债务或者就其受到的损害请求行为人赔偿。但是,赔偿的范围不得超过被代理人追认时相对人所能获得的利益。

相对人知道或者应当知道行为人无权代理的,相对人和行为人按照各自的过错承担责任。

第一百七十二条　行为人没有代理权、超越代理权或者代理权终止后,仍然实施代理行为,相对人有理由相信行为人有代理权的,代理行为有效。

风险点62:合同涂改的效力争议

【风险提示】

合同签订后,若有个别条款或个别字句修改,为节约时间,当事人可能直接在原合同处修改。虽然当时双方均予认可,但事后却极有可能发生争议。常见的合同尾部,一般都会约定"本合同一式两份,甲乙双方各执一份,具有同等法律效力"。这样约定是为了保证合同各方当事人手上所持有的合同内容一致,避免因涂改、修改而引发法律纠纷。一方当事人的合同单方面存在涂改条款内容的,法院会认定另一方当事人手上没有涂改的合同条款有效。如果要认定涂改的合同条款有效,各份合同都应该统一修改,并在修改处签名或者盖章。进入诉讼后,一方若认为对方提交的合同存在单方涂改添加,只需拿出己方持有的合同便一清二楚。需要注意的是,如果合同因丢失等原因无法向法庭提供作为证据,法院则会推断修改内容有效。

【防范措施】

1. 合同内容应尽量不要涂改;确实需要涂改修正的,需要各方持有的合同在内容上保持一致,并在修改地方加盖双方公章或签名(尽量让签名人捺手印)。

2. 对于合同中常见的横线或者手写栏,填写的内容也应该保持一致。

3. 发现自己保存的合同丢失的,应当找对方重新签订补充合同。

【法条链接】

《民法典》第五百四十三条　当事人协商一致,可以变更合同。

《民事诉讼法》第六十七条　当事人对自己提出的主张,有责任提供证据。

当事人及其诉讼代理人因客观原因不能自行收集的证据,或者人民法院认为审理案件需要的证据,人民法院应当调查收集。

人民法院应当按照法定程序,全面地、客观地审查核实证据。

风险点 63:合同约定造成对方人身损害的"免责条款"

【风险提示】

根据《民法典》第五百零六条的规定,合同中造成对方人身损害的免责条款无效。所谓免责条款,是指当事人在合同中约定,用以免除或限制一方或双方当事人未来合同责任的条款,它通常是格式条款,但也有非格式条款的情况。并非所有的免责条款都无效,法律允许合同当事人意思自治,双方经平等协商,一方取得豁免己方未来合同责任的权利。但是对于某些合同责任,如造成对方人身损害,以及因故意或者重大过失造成对方财产损失的,则不允许当事人以意思自治的方式放弃。法律规定造成对方人身损害的条款无效,原因是人的生命权和健康权受到法律的特殊保护,这不仅是民法的基本原则也是宪法的重要内容,因此不能允许一方当事人利用强势地位免除己方对另一方当事人造成人身伤害时应承担的责任。

【防范措施】

企业拟定合同涉及免责条款时,应当注意以下事项:

1. 拟定合同时,不能利用己方的强势地位加入法律明确规定无效的免责条款,即使加入也是无效条款,不会得到法律的支持。

2. 对于法律法规并不禁止的免责条款,当事人可以依据意思自治的原则在合同中自行约定免责的内容和范围。

3. 对于法律法规并不禁止的免责条款,应当以明示的方式作出,并以加黑加粗的方式提醒对方注意。

【法条链接】

《民法典》第五百零六条　合同中的下列免责条款无效:
(一)造成对方人身损害的;
(二)因故意或者重大过失造成对方财产损失的。

风险点 64:合同约定"不得起诉"的条款

【风险提示】

目前法律没有明确规定"不得起诉"的约定是否有效,法院裁判观点对该问题的认识亦不统一。司法实践中,各法院裁判观点通常如下:(1)合同中约定在"特定期限内不得提起诉讼"的条款,并非排斥当事人的基本诉讼权利,而是限制其在一定期限内的起诉权,该约定合法有效。(2)诉讼是国家赋予公民获得司法救济的基本权利,应当受到法律保护。当事人虽有处分权,可选择诉或不诉,但不能通过事先约定的方式完全排除司法救济,关于不得起诉的约定条款无效。

【防范措施】

为防范在合同中放弃诉权的约定被法院认定为无效,建议如下:

1. 根据实际需要设置限定行使诉权的期限或推迟行使诉权的时间,避免事先约定彻底剥夺对方诉权的条款,因为法院一般倾向于认定该等条款无效。需要注意的是,如果双方在争议已得到妥善解决的情况下签订和解协议,和解协议中关于一方不得再提起诉讼的约定通常会被认定为合法有效。

2. 限制、放弃诉权的约定尽量不要使用格式条款,在条件允许的情况下,尽量采取要求对方单独出具承诺函的方式,以避免对方以格式条款为由主张放弃诉权无效的法律风险。如果对方不同意出具承诺函,在约定此类条款时,建议将此类条款的字体加黑、加粗、加着重号,这样可以起到对特殊条款提醒注意的作用。

【法条链接】

《民事诉讼法》第十三条 民事诉讼应当遵循诚信原则。

当事人有权在法律规定的范围内处分自己的民事权利和诉讼权利。

《民法典》第一百四十八条 一方以欺诈手段,使对方在违背真实意思的情况下实施的民事法律行为,受欺诈方有权请求人民法院或者仲裁机构予以撤销。

第一百五十条 一方或者第三人以胁迫手段,使对方在违背真实意思的情况下实施的民事法律行为,受胁迫方有权请求人民法院或者仲裁机构予以撤销。

第一百五十一条 一方利用对方处于危困状态、缺乏判断能力等情形,致使民事法律行为成立时显失公平的,受损害方有权请求人民法院或者仲裁机构予以撤销。

第一百五十三条第一款 违反法律、行政法规的强制性规定的民事法律行为无效。但是,该强制性规定不导致该民事法律行为无效的除外。

第四百九十六条 格式条款是当事人为了重复使用而预先拟定,并在订立合同时未与对方协商的条款。

采用格式条款订立合同的,提供格式条款的一方应当遵循公平原则确定当事人之间的权利和义务,并采取合理的方式提示对方注意免除或者减轻其责任等与对方有重大利害关系的条款,按照对方的要求,对该条款予以说明。提供格式条款的一方未履行提示或者说明义务,致使对方没有注意或者理解与其有重大利害关系的条款的,对方可以主张该条款不成为合同的内容。

《全国法院贯彻实施民法典工作会议纪要》

7.提供格式条款的一方对格式条款中免除或者减轻其责任等与对方有重大利害关系的内容,在合同订立时采用足以引起对方注意的文字、符号、字体等特别标识,并按照对方的要求以常人能够理解的方式对该格式条款予以说明的,人民法院应当认定符合民法典第四百九十六条所称"采取合理的方式"。提供格式条款一方对已尽合理提示及说明义务承担举证责任。

《最高人民法院关于适用〈中华人民共和国民法典〉合同编通则若干问题的解释》第十条 提供格式条款的一方在合同订立时采用通常足以引起对方注意的文字、符号、字体等明显标识,提示对方注意免除或者减轻其责任、排除或者限制对方权利等与对方有重大利害关系的异常条款的,人民法院可以认定其已经履行民法典第四百九十六条第二款规定的提示义务。

提供格式条款的一方按照对方的要求,就与对方有重大利害关系的异常条款的概念、内容及其法律后果以书面或者口头形式向对方作出通常能够理解的解释说明的,人民法院可以认定其已经履行民法典第四百九十六条第二款规定的说明义务。

提供格式条款的一方对其已经尽到提示义务或者说明义务承担举证责任。对于通过互联网等信息网络订立的电子合同,提供格式条款的一方仅以采取了设置勾选、弹窗等方式为由主张其已经履行提示义务或者说明义务的,人民法院不予支持,但是其举证符合前两款规定的除外。

风险点65:宣传材料的合同效力

【风险提示】

根据《民法典》第四百七十一条的规定,当事人订立合同,可以采取要约、承诺方式或者其他方式。要约是特定人的意思表示,向要约人希望与之订立合同的受要约人作出,具有订立合同的目的,并表明一经受要约人承诺,要约人即受该意思表示约束的意思,并且该要约内容具体确定。要约邀请是指希望他人向自己发出要约的意思表示,是当事人在订立合同过程中的一种预备行为,但不是订立合同的必经程序。要约邀请仅仅在于促成对方发出要约。要约邀请在相对人发出要约以后,再经过自己的承诺,才能使合同有效成立。

宣传材料是企业日常经营中经常会用到的,一般情况下属于要约邀请。实务中,宣传材料被视为要约而成为合同一部分是有条件的,即宣传广告内容必须确定,否则将被视为要约邀请而不作为要约的一部分。如《最高人民法院关于审理商品房买卖合同纠纷案件适用法律若干问题的解释》第三条规定,商品房的销售广告和宣传资料为要约邀请,但是出卖人就商品房开发规划范围内的房屋及相关设施所作的说明和允诺具体确定,并对商品房买卖合同的订立以及房屋价格的确定有重大影响的,构成要约。该说明和允诺即使未载入商品房买卖合同,亦应当为合同内容,当事人违反的,应当承担违约责任。

【防范措施】

宣传材料是否属于要约主要取决于其是否满足要约的条件,关键点为其中的内容是否具体而确定。所谓"确定",是指内容明确,而非含混不清;所谓"具体",是指包含合同的主要条款。因此,企业在使用宣传材料时若无意向不特定人群发出要约,则需要注意宣传材料中的内容不能具体。

【法条链接】

《民法典》第四百七十一条　当事人订立合同,可以采取要约、承诺方式或者其他方式。

第四百七十三条第一款　要约邀请是希望他人向自己发出要约的表示。拍卖公告、招标公告、招股说明书、债券募集办法、基金招募说明书、商业广告和宣传、寄送的价目表等为要约邀请。

《最高人民法院关于审理商品房买卖合同纠纷案件适用法律若干问题的解释》第三条　商品房的销售广告和宣传资料为要约邀请,但是出卖人就商品房开发规划范围内的房屋及相关设施所作的说明和允诺具体确定,并对商品房买卖合同的订立以及房屋价格的确定有重大影响的,构成要约。该说明和允诺即使未载入商品房买卖合同,亦应当为合同内容,当事人违反的,应当承担违约责任。

风险点66:以被吊销执照公司的名义订立合同

【风险提示】

每年有很多中小企业经营失败,但是由于正常的注销程序烦琐、成本高昂,较多经营者选择将公司"闲置",不按要求报送年度经营报告,也不报税,使其成为"僵尸"企业。若存在吊销营业执照的法定情形,市场监督管理部门将依法吊销该类公司的营业执照。

吊销营业执照,是市场监督管理部门依法对违法公司作出的一种行政处罚。公司营业执照被吊销后,应停止除清算范围外的一切经营活动。被吊销营业执照后,公司应当根据《公司法》的规定解散,并在解散事由出现之日起 15 日内成立清算组开始清算,清算程序结束并办理注销登记后,该企业法人才归于消灭。公司在营业执照被吊销后、公司注销前,不得以被吊销营业执照的公司名义对外经营、订立合同,否则一方面可能会被认定为欺诈行为,受欺诈方有权请求法院或者仲裁机构予以撤销;另一方面,极易被牵扯进合同诈骗罪的刑事风险之中。

【防范措施】

公司若已被市场监督管理部门吊销营业执照,应当依法及时申请清算,处理完毕债权债务关系,并尽早办理注销登记。

企业的合同相对人为公司的,签订合同时应当仔细审查、核对交易对方的营业执照、公章是否与登记信息相符,避免上当受骗。

【法条链接】

《公司法》第二百二十九条 公司因下列原因解散:
(一)公司章程规定的营业期限届满或者公司章程规定的其他解散事由出现;
(二)股东会决议解散;
(三)因公司合并或者分立需要解散;
(四)依法被吊销营业执照、责令关闭或者被撤销;
(五)人民法院依照本法第二百三十一条的规定予以解散。

公司出现前款规定的解散事由,应当在十日内将解散事由通过国家企业信用信息公示系统予以公示。

第二百三十二条 公司因本法第二百二十九条第一款第一项、第二项、第四项、第五项规定而解散的,应当清算。董事为公司清算义务人,应当在解散事由出现之日起十五日内组成清算组进行清算。

清算组由董事组成,但是公司章程另有规定或者股东会决议另选他人的除外。

清算义务人未及时履行清算义务,给公司或者债权人造成损失的,应当承担赔偿责任。

第二百三十三条 公司依照前条第一款的规定应当清算,逾期不成立清算组进行清算或者成立清算组后不清算的,利害关系人可以申请人民法院指定有关人员组成清算组进行清算。人民法院应当受理该申请,并及时组织清算组进行清算。

公司因本法第二百二十九条第一款第四项的规定而解散的,作出吊销营业执照、责令关闭或者撤销决定的部门或者公司登记机关,可以申请人民法院指定有关人员组成清算组进行清算。

第二百四十一条 公司被吊销营业执照、责令关闭或者被撤销,满三年未向公司登记机关申请注销公司登记的,公司登记机关可以通过国家企业信用信息公示系统予以公告,公告期限不少于六十日。公告期限届满后,未有异议的,公司登记机关可以注销公司登记。

依照前款规定注销公司登记的,原公司股东、清算义务人的责任不受影响。

第二百六十条　公司成立后无正当理由超过六个月未开业的,或者开业后自行停业连续六个月以上的,公司登记机关可以吊销营业执照,但公司依法办理歇业的除外。

公司登记事项发生变更时,未依照本法规定办理有关变更登记的,由公司登记机关责令限期登记;逾期不登记的,处以一万元以上十万元以下的罚款。

《民法典》第一百四十八条　一方以欺诈手段,使对方在违背真实意思的情况下实施的民事法律行为,受欺诈方有权请求人民法院或者仲裁机构予以撤销。

第一百五十七条　民事法律行为无效、被撤销或者确定不发生效力后,行为人因该行为取得的财产,应当予以返还;不能返还或者没有必要返还的,应当折价补偿。有过错的一方应当赔偿对方由此所受到的损失;各方都有过错的,应当各自承担相应的责任。法律另有规定的,依照其规定。

《刑法》第二百二十四条　有下列情形之一,以非法占有为目的,在签订、履行合同过程中,骗取对方当事人财物,数额较大的,处三年以下有期徒刑或者拘役,并处或者单处罚金;数额巨大或者有其他严重情节的,处三年以上十年以下有期徒刑,并处罚金;数额特别巨大或者有其他特别严重情节的,处十年以上有期徒刑或者无期徒刑,并处罚金或者没收财产:

(一)以虚构的单位或者冒用他人名义签订合同的;

(二)以伪造、变造、作废的票据或者其他虚假的产权证明作担保的;

(三)没有实际履行能力,以先履行小额合同或者部分履行合同的方法,诱骗对方当事人继续签订和履行合同的;

(四)收受对方当事人给付的货物、货款、预付款或者担保财产后逃匿的;

(五)以其他方法骗取对方当事人财物的。

第三章

合同的履行

风险点67：拒绝履行

【风险提示】

违约责任，是指当事人一方不履行合同义务或者履行合同义务不符合约定，应当承担继续履行、采取补救措施或者赔偿损失的责任。每份具有法律效力的合同对双方当事人都有一定的约束，当事人如果不履行或未全面履行合同，将面临承担违约责任的风险。所谓拒绝履行，是指当事人一方明确表示或者以自己的行为表明不履行合同义务的行为。现实生活中，有的企业在签订合同后，因生产问题、市场价格变更或其他原因认为履行合同会对己方造成损失，故而选择不再履行合同，这是一种典型的违约行为，不仅对企业信誉造成影响，还需要向对方承担违约责任。

【防范措施】

公司在签订合同后，应当按照约定全面履行义务，不可随意拒绝履行、仅部分履行合同义务。

【法条链接】

《民法典》第五百七十七条　当事人一方不履行合同义务或者履行合同义务不符合约定的，应当承担继续履行、采取补救措施或者赔偿损失等违约责任。

第五百七十八条　当事人一方明确表示或者以自己的行为表明不履行合同义务的，对方可以在履行期限届满前请求其承担违约责任。

风险点68：迟延履行

【风险提示】

迟延履行又称逾期履行，是指债务人有能力履行但未在合同约定的期限内履行合同义务的行为。根据《民法典》第五百六十三条与第五百七十七条的规定，迟延履行的一方往往要面临解除合同及承担违约责任的法律风险。

需要注意的是，迟延履行一定构成违约，但并不是所有的迟延履行一定导致合同解除。根据《民法典》第五百六十三条第三款、第四款的规定，当事人一方迟延履行主要债务且经催告后仍未履行时，或当事人一方迟延履行导致不能实现合同目的时，当事人可以解除合同。现实生活中，存在签订合同一方在经济利益的驱使下，以另一方迟延履行、瑕疵履行为由随意提出解除合同的情况，而其解除合同的行为并非为了使合同目的无法实现，而是为了追求更大的商业利益，这显然与《民法典》第七条规定的诚实信用原则相悖。司法实践中，为促成交易达成，维护市场经济秩序，法院不会轻易判决支持合同解除，仍然会严格审查违约方迟延履行程度是否满足上述法定条件。

法律对法定解除权的行使要求比较严格，需要符合规定的条件才能够行使。在现实生活中，合同义务履行期限对合同当事人有重要意义。一方当事人迟延履行合同主要义务，可能给对方造成重大损失或者使该义务的履行没有任何意义。在此种情况下，对方当事人可以不经催告就行使法定解除权。但是如果合同履行期限对合同双方无关紧要，一方迟延履行，对方并不因此享有法定解除权，此时该方要做的事情就是催告对方在合理期限内履行合同义务，只有违约方在合理期限内仍然没有履行合同义务，非违约方才享有法定解除权。因此，我们在日常交易过程中也需要加以注意，对违约行为作出谨慎判断，避免因对方违约损害自己的合法权利。

【防范措施】

合同双方应积极履行合同，以确保实现合同目的，防止双方因迟延履行受到损失。一旦因一方迟延履行合同目的无法实现，迟延方会因此要承担相应的法律责任，守约方则面临维权增加成本的风险。另外，守约方选择适用《民法典》第五百六十三条第三款解除合同时，要特别注意履行催告程序，否则可能会导致违约的法律风险。

【法条链接】

《民法典》第七条　民事主体从事民事活动，应当遵循诚信原则，秉持诚实，恪守承诺。

第五百六十三条 有下列情形之一的,当事人可以解除合同:
(一)因不可抗力致使不能实现合同目的;
(二)在履行期限届满前,当事人一方明确表示或者以自己的行为表明不履行主要债务;
(三)当事人一方迟延履行主要债务,经催告后在合理期限内仍未履行;
(四)当事人一方迟延履行债务或者有其他违约行为致使不能实现合同目的;
(五)法律规定的其他情形。
以持续履行的债务为内容的不定期合同,当事人可以随时解除合同,但是应当在合理期限之前通知对方。

第五百七十七条 当事人一方不履行合同义务或者履行合同义务不符合约定的,应当承担继续履行、采取补救措施或者赔偿损失等违约责任。

风险点 69:合同的产品质量约定不明

【风险提示】

我国《民法典》第五百一十条规定,合同生效后,当事人就质量、价款或者报酬、履行地点等内容没有约定或者约定不明确的,可以协议补充;不能达成补充协议的,按照合同相关条款或者交易习惯确定。第五百一十一条第一项规定,当事人就有关合同内容约定不明确,依据前条规定仍不能确定的,适用下列规定:质量要求不明确的,按照强制性国家标准履行;没有强制性国家标准的,按照推荐性国家标准履行;没有推荐性国家标准的,按照行业标准履行;没有国家标准、行业标准的,按照通常标准或者符合合同目的的特定标准履行。由此可见,合同关于产品质量的条款约定不明的,极易产生纠纷。

【防范措施】

企业在签订合同时,不仅要明确约定产品的品类、数量、规格,还应当明确质量标准。对于标的为标准商品,有技术标准的,合同中应明确适用的技术标准或产品品质。对于标的为非标准商品,或者以样品成交的合同,建议双方共同封存样品作为验收标准。

【法条链接】

《民法典》**第四百七十条** 合同的内容由当事人约定,一般包括下列条款:
(一)当事人的姓名或者名称和住所;

（二）标的；

（三）数量；

（四）质量；

（五）价款或者报酬；

（六）履行期限、地点和方式；

（七）违约责任；

（八）解决争议的方法。

当事人可以参照各类合同的示范文本订立合同。

第五百一十条 合同生效后，当事人就质量、价款或者报酬、履行地点等内容没有约定或者约定不明确的，可以协议补充；不能达成补充协议的，按照合同相关条款或者交易习惯确定。

第五百一十一条 当事人就有关合同内容约定不明确，依据前条规定仍不能确定的，适用下列规定：

（一）质量要求不明确的，按照强制性国家标准履行；没有强制性国家标准的，按照推荐性国家标准履行；没有推荐性国家标准的，按照行业标准履行；没有国家标准、行业标准的，按照通常标准或者符合合同目的的特定标准履行。

（二）价款或者报酬不明确的，按照订立合同时履行地的市场价格履行；依法应当执行政府定价或者政府指导价的，依照规定履行。

（三）履行地点不明确，给付货币的，在接受货币一方所在地履行；交付不动产的，在不动产所在地履行；其他标的，在履行义务一方所在地履行。

（四）履行期限不明确的，债务人可以随时履行，债权人也可以随时请求履行，但是应当给对方必要的准备时间。

（五）履行方式不明确的，按照有利于实现合同目的的方式履行。

（六）履行费用的负担不明确的，由履行义务一方负担；因债权人原因增加的履行费用，由债权人负担。

风险点70：合同的价款约定不明

【风险提示】

价款是合同的核心条款，就提供产品或服务的一方而言，其签订并履行合同的目的在于取得价款，而就接受产品或服务的另一方而言，只有支付价款才能取得相应的产品和服务，而取得产品和服务亦是其订立合同的目的。实务中，有些事实合同或书面合同由于各种原因未约定价款以及价款的支付方式，由此极易引发款项结算和支付的纠纷。

根据《民法典》第五百一十一条的规定，双方未约定价款或报酬或约定不明的，按照订立合同时履行地的市场价格履行，依法应当执行政府定价或政府指导价的，依照规定履行。就实务而言，在双方未约定或未明确约定价款的情况下，对于要求支付价款的一方往往需要通过鉴定来确定价款。就结果而言，法院委托的鉴定机构在鉴定时使用的价款标准一般会参照市场或行业标准，此等标准一般由政府或有资质的机构颁布，或者由鉴定机构通过向市场询价的方式确定。

【防范措施】

合同中价款条款作为合同的基本和重要条款，应当进行明确约定，以避免日后因价款问题发生纠纷。为此，应注意以下几点：

1. 合同当事人双方在订立合同时，合同最基本的条款必须齐全，基本条款应包括：当事人的名称和住所；标的物；数量；质量；价款或者报酬；履行期限、地点和方式；违约责任；解决争议的方法。除此之外，双方可以根据合同的性质和交易目的约定其他条款。

2. 在合同中应当明确约定货物的价格，或者明确标的物的价格确定方式，价格是否包含运输成本和税费等，以及因货物原材料价格上涨导致价格变动的处理方式，均应当作出明确约定。

3. 合同中应明确货款支付条件及支付方式：支付货款的前提条件、支付期限、支付方式（转账、汇票、支票、托收、现金等支付方式）、双方账户信息等。付款涉及现金收款的，还应明确指定收款人。

4. 为避免日后因付款产生争议，出现拖欠货款的情形，合同还应明确约定逾期付款的违约责任。若已签订的合同中未约定价款或约定不明确的，应当尽快与对方协商签订补充协议，对付款金额、时间和方式进行补充约定。

【法条链接】

《民法典》第五百一十条　合同生效后，当事人就质量、价款或者报酬、履行地点等内容没有约定或者约定不明确的，可以协议补充；不能达成补充协议的，按照合同相关条款或者交易习惯确定。

第五百一十一条　当事人就有关合同内容约定不明确，依据前条规定仍不能确定的，适用下列规定：

（一）质量要求不明确的，按照强制性国家标准履行；没有强制性国家标准的，按照推荐性国家标准履行；没有推荐性国家标准的，按照行业标准履行；没有国家标准、行业标准的，按照通常标准或者符合合同目的的特定标准履行。

(二)价款或者报酬不明确的,按照订立合同时履行地的市场价格履行;依法应当执行政府定价或者政府指导价的,依照规定履行。

(三)履行地点不明确,给付货币的,在接受货币一方所在地履行;交付不动产的,在不动产所在地履行;其他标的,在履行义务一方所在地履行。

(四)履行期限不明确的,债务人可以随时履行,债权人也可以随时请求履行,但是应当给对方必要的准备时间。

(五)履行方式不明确的,按照有利于实现合同目的的方式履行。

(六)履行费用的负担不明确的,由履行义务一方负担;因债权人原因增加的履行费用,由债权人负担。

风险点71:合同的履行地点约定不明

【风险提示】

合同履行地是确定合同诉讼管辖法院的要素之一,对当事人的诉讼利益有重大影响。只有确定了合同履行地,才能正确确定合同纠纷管辖法院。因此,合同当事人应当重视合同履行地问题,在合同中应当明确约定。如果当事人在合同中没有约定合同履行地,可以通过补充协议或交易习惯确定。通过补充协议或者交易习惯仍无法确定合同履行地的,可以根据《民法典》第五百一十一条的规定确定合同履行地。需要注意的是,该条适用是有条件的,只能在没有约定并且采用其他方式都不能明确合同履行地时才可以适用,也就是说,它是确定合同履行地的最后一道救济途径。

【防范措施】

为避免合同签订后才发现遗漏合同履行地等重要条款导致争议,建议如下:

1.对照《民法典》第四百七十条,检查草拟的合同是否具备该条列出的所有条款。

2.合同签订后才发现遗漏重要条款的,尽量与对方当事人协商一致,签订补充协议加以明确。

【法条链接】

《民法典》第四百七十条 合同的内容由当事人约定,一般包括下列条款:

(一)当事人的姓名或者名称和住所;

(二)标的;

(三)数量;

(四)质量;

（五）价款或者报酬；

（六）履行期限、地点和方式；

（七）违约责任；

（八）解决争议的方法。

当事人可以参照各类合同的示范文本订立合同。

第五百一十条 合同生效后，当事人就质量、价款或者报酬、履行地点等内容没有约定或者约定不明确的，可以协议补充；不能达成补充协议的，按照合同相关条款或者交易习惯确定。

第五百一十一条 当事人就有关合同内容约定不明确，依据前条规定仍不能确定的，适用下列规定：

（一）质量要求不明确的，按照强制性国家标准履行；没有强制性国家标准的，按照推荐性国家标准履行；没有推荐性国家标准的，按照行业标准履行；没有国家标准、行业标准的，按照通常标准或者符合合同目的的特定标准履行。

（二）价款或者报酬不明确的，按照订立合同时履行地的市场价格履行；依法应当执行政府定价或者政府指导价的，依照规定履行。

（三）履行地点不明确，给付货币的，在接受货币一方所在地履行；交付不动产的，在不动产所在地履行；其他标的，在履行义务一方所在地履行。

（四）履行期限不明确的，债务人可以随时履行，债权人也可以随时请求履行，但是应当给对方必要的准备时间。

（五）履行方式不明确的，按照有利于实现合同目的的方式履行。

（六）履行费用的负担不明确的，由履行义务一方负担；因债权人原因增加的履行费用，由债权人负担。

《民事诉讼法》**第二十四条** 因合同纠纷提起的诉讼，由被告住所地或者合同履行地人民法院管辖。

第三十五条 合同或者其他财产权益纠纷的当事人可以书面协议选择被告住所地、合同履行地、合同签订地、原告住所地、标的物所在地等与争议有实际联系的地点的人民法院管辖，但不得违反本法对级别管辖和专属管辖的规定。

《最高人民法院关于适用〈中华人民共和国民事诉讼法〉的解释》**第十八条** 合同约定履行地点的，以约定的履行地点为合同履行地。

合同对履行地点没有约定或者约定不明确，争议标的为给付货币的，接收货币一方所在地为合同履行地；交付不动产的，不动产所在地为合同履行地；其他标的，履行义务一方所在地为合同履行地。即时结清的合同，交易行为地为合同履行地。

合同没有实际履行，当事人双方住所地都不在合同约定的履行地的，由被告住所地人民法院管辖。

第十九条 财产租赁合同、融资租赁合同以租赁物使用地为合同履行地。合同对履行地有约定的,从其约定。

第二十条 以信息网络方式订立的买卖合同,通过信息网络交付标的的,以买受人住所地为合同履行地;通过其他方式交付标的的,收货地为合同履行地。合同对履行地有约定的,从其约定。

风险点72:涉及政府指导价的合同

【风险提示】

政府指导价,是指政府依其职权和市场状况,通过规定基准价和价格幅度,指导有关行业部门制定商品价格。根据《民法典》第五百一十一条的规定,当事人关于价款或者报酬不明确,依法应当执行政府定价或者政府指导价的,按照规定履行。第五百一十三条规定,执行政府定价或者政府指导价的,在合同约定的交付期限内政府价格调整时,按照交付时的价格计价。逾期交付标的物的,遇价格上涨时,按照原价格执行;价格下降时,按照新价格执行。逾期提取标的物或者逾期付款的,遇价格上涨时,按照新价格执行;价格下降时,按照原价格执行。

【防范措施】

买卖标的的价格通常按照市场调节价格由当事人约定,但在执行政府定价或政府指导价的合同中,当事人就必须按照政府定价或政府指导价确定价格,一般不能另外约定价格。合同在履行过程中,遇到政府定价或政府指导价进行调整时,合同履行的总原则就是:保护按约履行合同的一方,惩罚违约方。因此,对于依法或依约应当执行政府指导价的商品和服务,合同当事人在订立合同时应当遵从政府指导价。为了最大限度地避免可能产生的不利后果,执行政府定价或者政府指导价的合同当事人应当按约定履行合同义务。

【法条链接】

《民法典》第五百一十一条 当事人就有关合同内容约定不明确,依据前条规定仍不能确定的,适用下列规定:

(一)质量要求不明确的,按照强制性国家标准履行;没有强制性国家标准的,按照推荐性国家标准履行;没有推荐性国家标准的,按照行业标准履行;没有国家标准、行业标准的,按照通常标准或者符合合同目的的特定标准履行。

(二)价款或者报酬不明确的,按照订立合同时履行地的市场价格履行;依法应当执行政府定价或者政府指导价的,依照规定履行。

(三)履行地点不明确,给付货币的,在接受货币一方所在地履行;交付不动产的,在不动产所在地履行;其他标的,在履行义务一方所在地履行。

(四)履行期限不明确的,债务人可以随时履行,债权人也可以随时请求履行,但是应当给对方必要的准备时间。

(五)履行方式不明确的,按照有利于实现合同目的的方式履行。

(六)履行费用的负担不明确的,由履行义务一方负担;因债权人原因增加的履行费用,由债权人负担。

第五百一十三条 执行政府定价或者政府指导价的,在合同约定的交付期限内政府价格调整时,按照交付时的价格计价。逾期交付标的物的,遇价格上涨时,按照原价格执行;价格下降时,按照新价格执行。逾期提取标的物或者逾期付款的,遇价格上涨时,按照新价格执行;价格下降时,按照原价格执行。

风险点73:约定由债务人向第三人履行债务

【风险提示】

向第三人履行债务,是指债权人与债务人约定,由债务人向第三人履行债务,第三人因此对债务人直接取得债的请求权的一种债务履行方式。在此类合同中,第三人独立取得债权,可以直接向债务人请求履行义务,但是这并不意味着债权发生了转让。由债务人向第三人履行合同义务和债权转让是有区别的。债权转让是债权人通过与第三人订立合同将债权转让给第三人,使第三人成为新的债权人,而这里的向第三人履行的合同,第三人只是债权的接受人,不是合同的当事人。当债务人瑕疵履行时,根据合同相对性的原则,债务人仍然要向合同的债权人承担违约责任,而不必向不是合同当事人的第三人承担。但是,根据《民法典》第五百二十二条第二款的规定,法律规定或者当事人约定第三人可以直接请求债务人向其履行债务,第三人未在合理期限内明确拒绝,债务人未向第三人履行债务或者履行债务不符合约定的,第三人可以请求债务人承担违约责任;债务人对债权人的抗辩,可以向第三人主张。另外,根据《最高人民法院关于适用〈中华人民共和国民法典〉合同编通则若干问题的解释》第二十九条的规定,《民法典》第五百二十二条第二款规定的第三人请求债务人向自己履行债务的,人民法院应予支持;请求行使撤销权、解除权等民事权利的,人民法院不予支持,但是法律另有规定的除外。债务人按照约定向第三人履行债务,第三人拒绝受领,债权人请求债务人向自己履行债务的,人民法院应予支持,但是债务人已经采取提存等方式消灭债务的除外。第三人拒绝受领或者受领迟延,债务人请求债权人赔偿因此造成的损失的,人民法院依法予以支持。

【防范措施】

就第三人而言,要正确看待自己的权利,如果没有法律规定或者当事人约定第三人可以直接请求债务人向其履行债务的,第三人只享有请求履行的权利,并不享有主张违约责任的权利;对于债务人的违约行为,只有作为合同当事人的债权人才有权向对方主张违约责任。另外,如法律没有特别规定,第三人不得主张行使撤销权、解除权等民事权利,否则不会得到法院支持。

就债权人而言,债务人按照约定向第三人履行债务,如第三人拒绝受领,债权人应当及时请求债务人向自己履行债务。

【法条链接】

《民法典》第五百二十二条 当事人约定由债务人向第三人履行债务,债务人未向第三人履行债务或者履行债务不符合约定的,应当向债权人承担违约责任。

法律规定或者当事人约定第三人可以直接请求债务人向其履行债务,第三人未在合理期限内明确拒绝,债务人未向第三人履行债务或者履行债务不符合约定的,第三人可以请求债务人承担违约责任;债务人对债权人的抗辩,可以向第三人主张。

《最高人民法院关于适用〈中华人民共和国民法典〉合同编通则若干问题的解释》第二十九条 民法典第五百二十二条第二款规定的第三人请求债务人向自己履行债务的,人民法院应予支持;请求行使撤销权、解除权等民事权利的,人民法院不予支持,但是法律另有规定的除外。

合同依法被撤销或者被解除,债务人请求债权人返还财产的,人民法院应予支持。

债务人按照约定向第三人履行债务,第三人拒绝受领,债权人请求债务人向自己履行债务的,人民法院应予支持,但是债务人已经采取提存等方式消灭债务的除外。第三人拒绝受领或者受领迟延,债务人请求债权人赔偿因此造成的损失的,人民法院依法予以支持。

风险点74:约定由第三人向债权人履行债务

【风险提示】

由第三人代替债务人向债权人履行债务的合同中,第三人不履行或瑕疵履行合同,根据《民法典》第五百二十三条的规定,违约责任应当由债务人向债权人承担。需要注意的是,在第三人向债权人履行的合同中,第三人只是合同的履行主体,而不是合同当事人。与第三人履行债务与通过协议把合同的债务转移给第三人的债务承担不同,前者的合同关系不发生改变,而后者通过协议将债务全部或部分转移给第三人承担,在债务全部移转的情况下,原债务人退出原合同关系,第三人取代原债务人,债权人丧失对原债务人的债权请求权,不能向原债务人主张违约责任。在债务部分移转时,就被转移部分原债务人不再承担履行义务,转由第三人承担,债权人不能就该被移转部分向原债务人主张违约责任。

【防范措施】

合同中涉及第三人履行的问题比较普遍,由此产生的"三角债"也不少。为了避免债务人和第三人相互推诿,确保债权人的合法权益,法律规定了第三人向债权人履行合同中出现瑕疵履行的,应当由债务人向债权人承担违约责任。因此,如果第三人不适当履行合同,债权人不得向第三人主张违约责任,只能向债务人主张。

【法条链接】

《民法典》第五百二十三条　当事人约定由第三人向债权人履行债务,第三人不履行债务或者履行债务不符合约定的,债务人应当向债权人承担违约责任。

风险点 75:第三人代为履行

【风险提示】

第三人代为履行,本质上是债权债务关系之外的第三人介入债权债务关系中,通过其履行行为产生债务清偿的效果。债权具有相对性,履行债务的主体应当是债务人,债务的履行取决于债务人的意思和能力,通常与第三人无关。但是,特定情况下第三人参与债权债务关系促进债务履行,既有利于债权债务的结清,进而兑现债权人、债务人在合同中的利益,也有利于实现第三人利益。

第三人代为履行后,债权债务关系相对消灭,即债务人对债权人的债务在双方间相应消灭,该债权债务关系按照法律规定直接移转到债务人与第三人间,债务人对第三人负有原债务,第三人享有对债务人的债权。需要注意的是,债务人不履行债务,第三人对履行该债务具有合法利益的,第三人才有权向债权人代为履行。根据《最高人民法院关于适用〈中华人民共和国民法典〉合同编通则若干问题的解释》第三十条第一款的规定:"下列民事主体,人民法院可以认定为民法典第五百二十四条第一款规定的对履行债务具有合法利益的第三人:(一)保证人或者提供物的担保的第三人;(二)担保财产的受让人、用益物权人、合法占有人;(三)担保财产上的后顺位担保权人;(四)对债务人的财产享有合法权益且该权益将因财产被强制执行而丧失的第三人;(五)债务人为法人或者非法人组织的,其出资人或者设立人;(六)债务人为自然人的,其近亲属;(七)其他对履行债务具有合法利益的第三人。"另需要注意的是,《民法典》第五百二十四条第一款的规定"根据债务性质""或者依照法律规定""只能由债务人履行的除外",将专属于债务人之债务排除在第三人代为履行范围之外。与此同时,《民法典》第五百二十四条第一款规定的"按照当事人约定""只能由债务人履行的除外",表明要阻却第三人的代为履行,必须由债务人和债权人双方达成阻却第三人代为履行之约定。没有双方的约定,只有债权人或只有债务人阻却代为履行之意思,均不影响第三人代为履行。

【防范措施】

就第三人而言,债务人不履行债务,第三人对履行该债务具有合法利益的,其有权向债权人代为履行。就债权人而言,代为履行中第三人由于对债之履行具有合法权利,所以享有"履行权",债权人不得拒绝接受履行;但是,专属于债务人之债务,以及债务人和债权人双方达成阻却第三人代为履行之约定的除外。

【法条链接】

《民法典》第五百二十四条　债务人不履行债务,第三人对履行该债务具有合法利益的,第三人有权向债权人代为履行;但是,根据债务性质、按照当事人约定或者依照法律规定只能由债务人履行的除外。

债权人接受第三人履行后,其对债务人的债权转让给第三人,但是债务人和第三人另有约定的除外。

《最高人民法院关于适用〈中华人民共和国民法典〉合同编通则若干问题的解释》第三十条　下列民事主体,人民法院可以认定为民法典第五百二十四条第一款规定的对履行债务具有合法利益的第三人:

(一)保证人或者提供物的担保的第三人;

(二)担保财产的受让人、用益物权人、合法占有人;

(三)担保财产上的后顺位担保权人;

(四)对债务人的财产享有合法权益且该权益将因财产被强制执行而丧失的第三人;

(五)债务人为法人或者非法人组织的,其出资人或者设立人;

(六)债务人为自然人的,其近亲属;

(七)其他对履行债务具有合法利益的第三人。

第三人在其已经代为履行的范围内取得对债务人的债权,但是不得损害债权人的利益。

担保人代为履行债务取得债权后,向其他担保人主张担保权利的,依据《最高人民法院关于适用〈中华人民共和国民法典〉有关担保制度的解释》第十三条、第十四条、第十八条第二款等规定处理。

风险点76:同时履行抗辩权

【风险提示】

同时履行抗辩权,是指双务合同的一方当事人在另一方当事人履行合同义务之前,可以拒绝履行己方义务。根据《民法典》第五百二十五条的规定,当事人互负义务且没有先后履行顺序的情况下,应当同时履行义务。当一方不履行义务或者履行义务不符合约定时,另一方为了避免自己的利益受损,可以拒绝履行自己相应的义务。

同时履行抗辩权有下列构成要件:第一,合同必须是双务合同。双方当事人基于合同互负债务,同时履行抗辩权不适用于单务合同。第二,合同双方的债务履行期限已届满。同时履行抗辩权的目的是使双方当事人同时履行合同义务,若履行期限未届满,被请求履行义务的一方当事人只需提出履行期限未届满的抗辩。第三,双方当事人履行没有先后顺序,且要求对方履行合同的当事人自己没有履行或没有提出履行。第四,对方当事人的义务有履行的可能。需要注意的是,若对方当事人的义务已经无法履行或即使履行也不能实现合同目的,就没有提起同时履行的必要,而可以提起解除合同。

【防范措施】

若双务合同的双方当事人没有约定合同履行顺序,合同到期后双方都没有履行并且都没有履行的意思时,可以进行协商,约定由谁先履行。若一方当事人不经过协商,直接请求另一方当事人履行合同,另一方当事人认为先履行合同有损自己利益,或者担心自己履行义务后对方当事人不会履行相应义务的,可以行使同时履行抗辩权,主张同时履行。

【法条链接】

《民法典》第五百二十五条 当事人互负债务,没有先后履行顺序的,应当同时履行。一方在对方履行之前有权拒绝其履行请求。一方在对方履行债务不符合约定时,有权拒绝其相应的履行请求。

风险点77：先履行抗辩权

【风险提示】

先履行抗辩权,是指合同双方当事人互负债务并有先后履行顺序,依照合同约定或者法律规定负有后履行义务的当事人在负有先履行义务的一方当事人届期未履行义务或者履行义务有重大瑕疵的情况下,可以为了保护自己的合同利益,而拒绝履行己方相应义务。先履行抗辩权从本质上讲是对违约的抗辩权,所以从这个意义上讲,先履行抗辩权也可以称为违约救济权。先履行抗辩权有以下四个构成要件：第一,必须是在双务合同中；第二,双方债务有先后履行顺序；第三,应当先履行的一方没有履行或履行不适当；第四,在先履行方当事人应当履行的债务是可以履行的。

实务中,较多合同的履行有先有后,这种先后顺序是当事人自己根据交易习惯约定,负有先履行义务的一方应当先履行合同义务。但有的当事人混淆了先后顺序,一味要求后履行的一方先履行,致使产生合同纠纷。

【防范措施】

合同双方当事人可以在合同中约定履行顺序,约定的履行顺序对双方当事人均具有约束力。双方当事人应当严格按照合同的履行顺序履行义务,先履行一方未履行的,后履行的一方在任何时候都能基于先履行抗辩权来拒绝对方的履行要求。

【法条链接】

《民法典》第五百二十六条　当事人互负债务,有先后履行顺序,应当先履行债务一方未履行的,后履行一方有权拒绝其履行请求。先履行一方履行债务不符合约定的,后履行一方有权拒绝其相应的履行请求。

风险点78：不当行使不安抗辩权

【风险提示】

双务合同中,时常会发生后履行债务一方不履行债务的风险,若明知后履行债务一方有不履行债务的可能性,还让先履行一方当事人履行合同,而非为其提供相应的帮助,不仅不利于保护合同当事人合法权益,还会降低合同履行的效率。故而《民法典》第五百二十七条规定了先履行债务人的"不安抗辩权"。不安抗辩权,也被称为先履行抗辩权,是指在异时履行的合同中,应当先履行的一方有确切证据证明对方在履行期限到来后,将不能或不会履行债务,则在对方没有履行或提供担保以前,有权暂时中止债务的履行。

不当行使不安抗辩权的情形主要有：(1)不存在行使不安抗辩权的法定情形；(2)没有充分的证据证明对方不能履行合同或者有不能履行合同的可能性；(3)行使不安抗辩权未通知对方当事人；(4)不安抗辩权消灭后，未及时履行合同。不安抗辩权属延期抗辩权，当事人仅是中止合同的履行。倘若对方当事人提供了担保或者作出了对待给付，不安抗辩权消灭，当事人应当履行合同。

企业在行使不安抗辩权时应注意符合法律法规的要求，不当行使不安抗辩权可能需要承担违约责任，且会阻碍合同的履行，影响合同目的的达成。

【防范措施】

为了有效行使不安抗辩权，应注意以下几方面：

1. 注意行使不安抗辩权需满足法定情形：基于双务合同，当后履行债务的一方出现经营状况严重恶化、转移财产、抽逃资金以逃避债务、丧失商业信誉以及有丧失或者可能丧失履行债务能力的其他情形，即不履行债务有风险时，才可行使不安抗辩权。

2. 在订立、履行合同时，注意收集相关证据。在行使不安抗辩权时，举证责任在先履行合同义务的当事人一方，其应当有证据证明对方不能履行合同或者有不能履行合同的可能性。

3. 当事人行使不安抗辩权后，应当立即通知对方当事人。

4. 若应当先履行的当事人行使了不安抗辩权，对方当事人在合理期限内既未提供担保，也不能证明自己的履行能力，行使不安抗辩权的当事人有权解除合同。但若对方在合理期限内提供了担保或者证明了自己的履行能力，当事人应当按照约定履行合同。

【法条链接】

《民法典》第五百二十七条　应当先履行债务的当事人，有确切证据证明对方有下列情形之一的，可以中止履行：

(一)经营状况严重恶化；

(二)转移财产、抽逃资金，以逃避债务；

(三)丧失商业信誉；

(四)有丧失或者可能丧失履行债务能力的其他情形。

当事人没有确切证据中止履行的，应当承担违约责任。

第五百二十八条　当事人依据前条规定中止履行的，应当及时通知对方。对方提供适当担保的，应当恢复履行。中止履行后，对方在合理期限内未恢复履行能力且未提供适当担保的,视为以自己的行为表明不履行主要债务,中止履行的一方可以解除合同并可以请求对方承担违约责任。

风险点79:合同相对方提前履行

【风险提示】

实务中,有的债务人出于种种原因会向债权人提前履行或部分履行债务。通常情况下,债务人提前履行对债权人来说并无坏处,但有时债务人提前履行会对债权人利益造成损失,此时债权人为保护己方利益,可以根据《民法典》第五百三十条、第五百三十一条的规定拒绝债务人的提前履行或部分履行;即使接受,债权人因债务人提前履行或部分履行所额外支出的费用,也应当由债务人承担。

【防范措施】

为防止债务人提前履行、部分履行债务损害债权人利益,应当注意以下事项:

1. 为避免债务人提前履行,债权人可在合同中约定"不得提前履行义务"条款,此时若债务人提前履行义务,需承担违约责任。

2. 债务人提前履行或部分履行债务损害债权人利益的,债权人可以拒绝债务人的履行。如果债权人同意债务人提前履行,对于债务人提前履行或部分履行债务给债权人增加负担的,该费用由债务人承担。

【法条链接】

《民法典》第五百三十条　债权人可以拒绝债务人提前履行债务,但是提前履行不损害债权人利益的除外。

债务人提前履行债务给债权人增加的费用,由债务人负担。

第五百三十一条　债权人可以拒绝债务人部分履行债务,但是部分履行不损害债权人利益的除外。

债务人部分履行债务给债权人增加的费用,由债务人负担。

风险点80:合同的部分履行

【风险提示】

合同的部分履行违反了全面履行原则,因此债权人有权拒绝部分履行。若部分履行使债权人的合同目的无法实现,即使只是很少的部分没有履行,债务人也要承担违约责任。债权人拒绝受领债务人部分履行的权利是法律赋予债权人的一种特别保障措施。但是债权人拒绝受领也有一定的限制。部分履行只要不构成重大违约,不损害债权人利益并能够实现相应的合同目的,债权人就不能拒绝受领。因为在这种情况下债务人只要履行剩下的部分就能实现全部的合同目的。

【防范措施】

合同履行以全面履行为原则,但债务人在履行合同过程中常常会出现一些问题使其不能全面履行而采取部分履行的方式。债权人虽有权拒绝受领,但是不能在任何情况下,不分事由地拒绝,这不利于交易的正常进行,也不利于经济的发展。因此,对于不可避免的部分履行,在部分履行不损害债权人利益的情况下,债权人应当根据诚信和促进交易的原则接受履行。

【法条链接】

《民法典》第五百三十一条 债权人可以拒绝债务人部分履行债务,但是部分履行不损害债权人利益的除外。

债务人部分履行债务给债权人增加的费用,由债务人负担。

风险点 81:滥用情势变更

【风险提示】

情势变更,指的是合同成立生效后消灭前,合同赖以存在的客观环境发生了当事人订立合同时不可预见的变动,导致合同基础丧失,若继续维持合同的原有效力则显失公平,受不利影响的一方当事人有权请求法院或仲裁机构变更或解除合同的法律制度。情势变更的适用需具备以下几项要素:第一,应有情势变更的事实,即合同的基础条件发生了当事人在订立合同时无法预见的、不属于商业风险的重大变化。第二,情势变更必须不可归责于双方当事人,由除不可抗力以外的其他意外事故所引起。第三,情势变更的事实发生于合同成立之后,履行完毕之前。第四,情势变更使履行原合同显失公平或者不能实现合同目的。

合同成立以后客观情况发生了当事人在订立合同时无法预见的、非不可抗力造成的不属于商业风险的重大变化,继续履行合同对于一方当事人明显不公平或者不能实现合同目的,当事人请求人民法院变更或者解除合同的,人民法院应当根据公平原则,并结合案件的实际情况确定是否变更或者解除。司法实践中,法院对此特别慎重,不会轻易将正常的商业风险认定为情势变更的情况而赋予当事人合同解除权。

当事人若滥用情势变更原则单方面停止履行合同义务，非但得不到法院支持，反而会构成违约，承担不利后果。

【防范措施】

外部环境发生重大变化时，利用情势变更原则来保护自己的正当权益十分必要。但司法审判实践中，情势变更原则的适用受到比较严格的审查。因此，如果遇到尚未达到异常变动程度的供求关系变化、价格涨跌等商业活动固有风险，是当事人本身应当承担的商业风险，在该种情况下，企业不能援引情势变更原则主张权利。需要注意的是，根据《最高人民法院关于适用〈中华人民共和国民法典〉合同编通则若干问题的解释》第三十二条第四款的规定，当事人事先约定排除《民法典》第五百三十三条适用的，人民法院应当认定该约定无效。

【法条链接】

《民法典》第五百三十三条　合同成立后，合同的基础条件发生了当事人在订立合同时无法预见的、不属于商业风险的重大变化，继续履行合同对于当事人一方明显不公平的，受不利影响的当事人可以与对方重新协商；在合理期限内协商不成的，当事人可以请求人民法院或者仲裁机构变更或者解除合同。

人民法院或者仲裁机构应当结合案件的实际情况，根据公平原则变更或者解除合同。

《最高人民法院关于适用〈中华人民共和国民法典〉合同编通则若干问题的解释》第三十二条　合同成立后，因政策调整或者市场供求关系异常变动等原因导致价格发生当事人在订立合同时无法预见的、不属于商业风险的涨跌，继续履行合同对于当事人一方明显不公平的，人民法院应当认定合同的基础条件发生了民法典第五百三十三条第一款规定的"重大变化"。但是，合同涉及市场属性活跃、长期以来价格波动较大的大宗商品以及股票、期货等风险投资型金融产品的除外。

合同的基础条件发生了民法典第五百三十三条第一款规定的重大变化，当事人请求变更合同的，人民法院不得解除合同；当事人一方请求变更合同，对方请求解除合同的，或者当事人一方请求解除合同，对方请求变更合同的，人民法院应当结合案件的实际情况，根据公平原则判决变更或者解除合同。

人民法院依据民法典第五百三十三条的规定判决变更或者解除合同的，应当综合考虑合同基础条件发生重大变化的时间、当事人重新协商的情况以及因合同变更或者解除给当事人造成的损失等因素，在判项中明确合同变更或者解除的时间。

当事人事先约定排除民法典第五百三十三条适用的，人民法院应当认定该约定无效。

风险点82：不可抗力导致合同不能履行

【风险提示】

不可抗力是合同履行中非常重要的风险，常常会导致义务人无法正常履约。不可抗力，指的是不能预见、不能避免且是不能克服的客观情况。不可抗力，是《民法典》规定的一种法定免责事由，由于不可抗力造成合同不能履行的，当事人无须承担民事责任。不可抗力主要有以下几种情形：首先是自然灾害，如洪水、海啸等。其次是社会异常事件，如武装冲突、罢工罢课等。最后，政府的某些行为也会促成不可抗力的成立，如禁运、制裁等。不可抗力一旦形成之后，会对合同的后续履行带来一系列影响，有的可能会导致合同全部或者部分不能履行，还有的可能会导致合同一时不能履行。

尽管在不可抗力情形下导致不能履行民事义务的当事人不承担民事责任，但是这并不意味着当事人可以听之任之。在不可抗力情形中，当事人仍须承担及时通知对方，并及时提供相应证明的义务，如果未及时通知或者没有及时提供证明而造成对方损失，则有可能需要承担赔偿责任。

【防范措施】

不可抗力导致当事人无法履行合同的，不属于违约情形。但是，为了规避相应法律风险，应当做好以下两点：一是在合理时间内向对方出具不可抗力证明；二是应当及时通知对方，以减轻可能给对方造成的损失。

【法条链接】

《民法典》第一百八十条　因不可抗力不能履行民事义务的，不承担民事责任。法律另有规定的，依照其规定。

不可抗力是不能预见、不能避免且不能克服的客观情况。

第五百九十条　当事人一方因不可抗力不能履行合同的，根据不可抗力的影响，部分或者全部免除责任，但是法律另有规定的除外。因不可抗力不能履行合同的，应当及时通知对方，以减轻可能给对方造成的损失，并应当在合理期限内提供证明。

当事人迟延履行后发生不可抗力的，不免除其违约责任。

风险点83：合同履行条件丧失导致履行不能

【风险提示】

继续履行，是指在合同订立之后，如果一方当事人没有履行合同中约定的义务或者履行的义务有瑕疵、不符合合同约定，另一方有权请求违约方继续按照合同约定的内容履行其应该承担的义务。继续履行包括金钱债务的履行与非金钱债务的履行。实务中，当一方违约后，对方要求违约方继续履行合同义务时，原则上违约方应该依法承担违约责任，按照对方的要求继续履行合同。如果是金钱债务，其应当继续履行支付金钱的债务，基本上不存在履行不能的情况。但是，如果是非金钱债务，有些情况下违约方是无法继续履行的（如合同中特定的标的物不复存在；履行的费用过高，已经超过了合同的标的额等），那么此时，其就无须再继续履行合同义务，而对方也只能要求违约方通过其他方式承担违约责任。

【防范措施】

现实生活中，虽然订立合同是双方当事人协商一致的结果，但在合同履行过程中可能会发生导致合同履行条件丧失的情况，此时就会出现履行不能。法律不强人所难，一旦失去合同履行的条件，非违约方就不能再要求违约方继续履行合同。但为了保护非违约方的权利，非违约方可以要求另一方承担其他形式的违约责任，通过如主张损害赔偿、支付违约金等方式来弥补所遭受的损失。

【法条链接】

《民法典》第五百八十条　当事人一方不履行非金钱债务或者履行非金钱债务不符合约定的，对方可以请求履行，但是有下列情形之一的除外：

（一）法律上或者事实上不能履行；

（二）债务的标的不适于强制履行或者履行费用过高；

（三）债权人在合理期限内未请求履行。

有前款规定的除外情形之一，致使不能实现合同目的的，人民法院或者仲裁机构可以根据当事人的请求终止合同权利义务关系，但是不影响违约责任的承担。

《最高人民法院关于适用〈中华人民共和国民法典〉合同编通则若干问题的解释》第五十九条　当事人一方依据民法典第五百八十条第二款的规定请求终止合同权利义务关系的，人民法院一般应当以起诉状副本送达对方的时间作为合同权利义务关系终止的时间。根据案件的具体情况，以其他时间作为合同权利义务关系终止的时间更加符合公平原则和诚信原则的，人民法院可以以该时间作为合同权利义务关系终止的时间，但是应当在裁判文书中充分说明理由。

风险点 84：因合同相对方导致的债务履行困难

【风险提示】

合同签订后，有时候存在债务人难以联系到债权人或债权人在短时间内无法接受履行的情况。在这种情况下，债务人可以与对方当事人协商变更合同的履行时间，在无法协商或协商难以达成一致时，根据《民法典》第五百二十九条的规定，债务人可以将标的物提存。《民法典》第五百七十条明确规定了出现以下四种情形时，债务人可以将标的物提存：债权人无正当理由拒绝受领；债权人下落不明；债权人死亡未确定继承人、遗产管理人或者丧失民事行为能力未确定监护人；法律规定的其他情形。

对于提存机关的选择，我国目前没有详细规定，也就是说，哪些机关可以成为提存机关，现行法律没有明确规定。在实务操作中，一般均认可公证机构可以成为提存机关，《公证法》和《提存公证规则》也明确规定了关于提存的具体操作事项。关于提存费用的承担，债权人作为标的物的所有人，应当支付提存费用，提存费用包括公证费、公告费、邮电费、保管费、评估鉴定费、代管费、拍卖变卖费、保险费，以及为保管、处理、运输提存标的物所支出的其他费用。提存制度的建立和完善，有利于债务纠纷及时解决，更好地平衡债权人和债务人双方的利益冲突，保证市场机制正常运行。

【防范措施】

在债务人难以联系到债权人或债权人在短时间内无法接受履行时，为避免因不履行义务而承担违约责任，债务人应当将标的物提存。

【法条链接】

《民法典》第五百二十九条　债权人分立、合并或者变更住所没有通知债务人，致使履行债务发生困难的，债务人可以中止履行或者将标的物提存。

第五百七十条　有下列情形之一，难以履行债务的，债务人可以将标的物提存：

（一）债权人无正当理由拒绝受领；

（二）债权人下落不明；

（三）债权人死亡未确定继承人、遗产管理人，或者丧失民事行为能力未确定监护人；

（四）法律规定的其他情形。

标的物不适于提存或者提存费用过高的，债务人依法可以拍卖或者变卖标的物，提存所得的价款。

风险点85：没有严格按照合同约定的时间付款

【风险提示】

很多企业经营者认为，付款是一件很简单也很平常的事情，给别人交钱难不成还怕对方不收？其实，付款这一看似简单，法律关系清楚明确，但仍然会产生一定的法律后果，并且极易产生纠纷。在很多情况下，由于付款的时间与合同有一点点出入，就可能构成违约，置己方于不利地位。通常来说，付款方希望能尽量晚一点付款，但不会晚于合同约定的日期，大多数情况下都会在合同约定日期的前一天或者当日付款。这样存在的风险是：若收款方账户异常或收款方临时更换收款方式等，导致付款方无法按照合同约定期限付款，由于双方没有对此类特殊情形进行明确约定，而付款方没有充足时间去提存公证或临时更换付款方式，极易产生纠纷。

【防范措施】

为了保险起见，企业应当在合同中明确约定付款的方式，并在付款前提前与对方进行确认。收款方原因导致无法按照合同约定付款的，建议双方重新协商确定付款时间及付款方式，以便付款方有足够的时间通过其他方式履行合同。当对方拒绝接受款项时，要及时去公证处办理提存公证并通知对方。需要注意的是，提存公证过程需要花费一定时间，从提存之日起，视为债务人履行了给付义务，提存物及风险责任转归债权人。

【法条链接】

《民法典》第五百零九条　当事人应当按照约定全面履行自己的义务。

当事人应当遵循诚信原则，根据合同的性质、目的和交易习惯履行通知、协助、保密等义务。

当事人在履行合同过程中，应当避免浪费资源、污染环境和破坏生态。

第五百七十条　有下列情形之一，难以履行债务的，债务人可以将标的物提存：

（一）债权人无正当理由拒绝受领；

（二）债权人下落不明；

（三）债权人死亡未确定继承人、遗产管理人，或者丧失民事行为能力未确定监护人；

（四）法律规定的其他情形。

标的物不适于提存或者提存费用过高的，债务人依法可以拍卖或者变卖标的物，提存所得的价款。

第五百七十七条 当事人一方不履行合同义务或者履行合同义务不符合约定的,应当承担继续履行、采取补救措施或者赔偿损失等违约责任。

风险点86:对方履约人员变动

【风险提示】

企业在防范合同风险时,不能只紧盯着合同书,还应当重视"合同履行",与合同履行相关的因素都可能成为合同履行风险点之一,比如"人员"。在合同履行中,并非所有的"确认"都需要对方法定代表人签字、公司盖章。在合同履行中,更多的是由对方工作人员对供货情况、工程量、合同变更等进行签字确认。因此,一旦对方人员发生变动,即意味着"确认"发生变更,当产生纠纷时,企业如无法提供对方人员变更的通知或其他能够证明对方人员变更的证据,对方可能会对部分"合同确认"不予认可。

【防范措施】

在合同履行过程中,一旦对方履约人员发生变动,企业必须要取得对方人员变更的通知或其他能够证明对方人员变更的证据。

【法条链接】

《民法典》第五百四十三条 当事人协商一致,可以变更合同。

《民事诉讼法》第六十六条 证据包括:

(一)当事人的陈述;

(二)书证;

(三)物证;

(四)视听资料;

(五)电子数据;

(六)证人证言;

(七)鉴定意见;

(八)勘验笔录。

证据必须查证属实,才能作为认定事实的根据。

第六十七条 当事人对自己提出的主张,有责任提供证据。

当事人及其诉讼代理人因客观原因不能自行收集的证据,或者人民法院认为审理案件需要的证据,人民法院应当调查收集。

人民法院应当按照法定程序,全面地、客观地审查核实证据。

第四章

合同的保全

风险点87：债权人代位权

【风险提示】

根据合同的相对性,债权人只能向债务人主张债权,原则上不能要求第三人还钱。但为更好地保护债权人,我国《民法典》规定了代位权制度。简单来说,代位权是指当债务人怠于行使其对第三人享有的权利,以至于影响了债权人债权的实现时,债权人为了保全自己的债权,可以自己的名义代位行使债务人对第三人的权利。代位权作为一种法定的权利,具有如下特点：

1. 代位权针对的是债务人消极地不行使权利的行为。代位权的行使是为了保持债务人的财产,即旨在对责任财产采取法律措施予以保持。债权人行使代位权,一般都是在债权人与债务人之间的债务已经到期的情况下,因此,债权人行使代位权以后,如果没有其他人向债务人主张权利,债权人可以直接获得该财产。

2. 代位权是债权人向人民法院请求以自己的名义代位行使债务人的债权,是债权人向次债务人而不是向债务人提出请求,不同于债权人向债务人以及债务人向次债务人提出的请求。

3. 债权人代位权是一种权利而不是义务。也就是说,债权人可以行使代位权,也可以不行使代位权。如果债权人不行使代位权,债权人仍然可以向债务人及其担保人提出请求,任何时候都不能因债权人没有行使代位权而认为其具有过错。

【防范措施】

债权人在行使代位权时需要注意,债权人必须以诉讼方式行使此项权利,不得径行行使,这在实践中是被很多人所忽略的。另外,债权人请求法院行使代位权时,其请求的数额不得超过债务人所负债务金额或者是次债务人所欠债务金额;超过的部分,即使提出也无法得到法院的支持。

【法条链接】

《民法典》第五百三十五条　因债务人怠于行使其债权或者与该债权有关的从权利,影响债权人的到期债权实现的,债权人可以向人民法院请求以自己的名义代位行使债务人对相对人的权利,但是该权利专属于债务人自身的除外。

代位权的行使范围以债权人的到期债权为限。债权人行使代位权的必要费用,由债务人负担。

相对人对债务人的抗辩,可以向债权人主张。

第五百三十六条　债权人的债权到期前,债务人的债权或者与该债权有关的从权利存在诉讼时效期间即将届满或者未及时申报破产债权等情形,影响债权人的债权实现的,债权人可以代位向债务人的相对人请求其向债务人履行、向破产管理人申报或者作出其他必要的行为。

第五百三十七条　人民法院认定代位权成立的,由债务人的相对人向债权人履行义务,债权人接受履行后,债权人与债务人、债务人与相对人之间相应的权利义务终止。债务人对相对人的债权或者与该债权有关的从权利被采取保全、执行措施,或者债务人破产的,依照相关法律的规定处理。

《最高人民法院关于适用〈中华人民共和国民法典〉合同编通则若干问题的解释》第三十三条　债务人不履行其对债权人的到期债务,又不以诉讼或者仲裁方式向相对人主张其享有的债权或者与该债权有关的从权利,致使债权人的到期债权未能实现的,人民法院可以认定为民法典第五百三十五条规定的"债务人怠于行使其债权或者与该债权有关的从权利,影响债权人的到期债权实现"。

第三十四条　下列权利,人民法院可以认定为民法典第五百三十五条第一款规定的专属于债务人自身的权利:

(一)抚养费、赡养费或者扶养费请求权;

(二)人身损害赔偿请求权;

(三)劳动报酬请求权,但是超过债务人及其所扶养家属的生活必需费用的部分除外;

(四)请求支付基本养老保险金、失业保险金、最低生活保障金等保障当事人基本生活的权利;

(五)其他专属于债务人自身的权利。

第三十五条　债权人依据民法典第五百三十五条的规定对债务人的相对人提起代位权诉讼的,由被告住所地人民法院管辖,但是依法应当适用专属管辖规定的除外。

债务人或者相对人以双方之间的债权债务关系订有管辖协议为由提出异议的,

人民法院不予支持。

第三十六条　债权人提起代位权诉讼后，债务人或者相对人以双方之间的债权债务关系订有仲裁协议为由对法院主管提出异议的，人民法院不予支持。但是，债务人或者相对人在首次开庭前就债务人与相对人之间的债权债务关系申请仲裁的，人民法院可以依法中止代位权诉讼。

第三十七条　债权人以债务人的相对人为被告向人民法院提起代位权诉讼，未将债务人列为第三人的，人民法院应当追加债务人为第三人。

两个以上债权人以债务人的同一相对人为被告提起代位权诉讼的，人民法院可以合并审理。债务人对相对人享有的债权不足以清偿其对两个以上债权人负担的债务的，人民法院应当按照债权人享有的债权比例确定相对人的履行份额，但是法律另有规定的除外。

第三十八条　债权人向人民法院起诉债务人后，又向同一人民法院对债务人的相对人提起代位权诉讼，属于该人民法院管辖的，可以合并审理。不属于该人民法院管辖的，应当告知其向有管辖权的人民法院另行起诉；在起诉债务人的诉讼终结前，代位权诉讼应当中止。

第三十九条　在代位权诉讼中，债务人对超过债权人代位请求数额的债权部分起诉相对人，属于同一人民法院管辖的，可以合并审理。不属于同一人民法院管辖的，应当告知其向有管辖权的人民法院另行起诉；在代位权诉讼终结前，债务人对相对人的诉讼应当中止。

第四十条　代位权诉讼中，人民法院经审理认为债权人的主张不符合代位权行使条件的，应当驳回诉讼请求，但是不影响债权人根据新的事实再次起诉。

债务人的相对人仅以债权人提起代位权诉讼时债权人与债务人之间的债权债务关系未经生效法律文书确认为由，主张债权人提起的诉讼不符合代位权行使条件的，人民法院不予支持。

第四十一条　债权人提起代位权诉讼后，债务人无正当理由减免相对人的债务或者延长相对人的履行期限，相对人以此向债权人抗辩的，人民法院不予支持。

风险点88：债权人撤销权

【风险提示】

撤销权，是指因为债务人实施了减少其财产的行为而导致债权人的债权不能实现时，债权人为保全自己的债权而通过诉讼程序申请法院撤销债务人行为的一种权利。

债权人撤销权的成立与行使需要符合法律规定。撤销权的成立需要同时具备主观要件与客观要件。主观要件,是指债务人与第三人为法律行为时,具有主观恶意,即明知该行为对债权人的债权有害仍然为之。客观要件,是指债务人在债权成立之后实施了使其财产减少的法律行为,并且债务人的行为危及债权人的债权。

而撤销权的行使则需要满足以下四个方面的要求:(1)债权人的撤销权由债权人行使。(2)撤销权的行使必须通过诉讼方式。(3)债权人撤销权的行使范围以保全债权人的债权为必要。(4)债权人的撤销权必须在法定期限内行使。根据《民法典》第五百四十一条的规定,撤销权自债权人知道或者应当知道撤销事由之日起1年内行使。自债务人的行为发生之日起5年内没有行使撤销权的,该撤销权消灭。

【防范措施】

实务中,债权人在提起撤销权诉讼时,不仅要符合法律规定的情形,还需要满足债务人具有恶意的条件,并且此种情形的出现必须要危及债权人债权实现。所谓危及债权实现,是指债务人的行为使其责任财产减少而导致债权人的债权不能完全实现;反之,如果没有影响债务人的清偿能力,则债权人不能行使撤销权。另外,债权人应当在知道或者应当知道撤销事由之日起1年内行使撤销权。

【法条链接】

《民法典》第五百三十八条　债务人以放弃其债权、放弃债权担保、无偿转让财产等方式无偿处分财产权益,或者恶意延长其到期债权的履行期限,影响债权人的债权实现的,债权人可以请求人民法院撤销债务人的行为。

第五百三十九条　债务人以明显不合理的低价转让财产、以明显不合理的高价受让他人财产或者为他人的债务提供担保,影响债权人的债权实现,债务人的相对人知道或者应当知道该情形的,债权人可以请求人民法院撤销债务人的行为。

第五百四十条　撤销权的行使范围以债权人的债权为限。债权人行使撤销权的必要费用,由债务人负担。

第五百四十一条　撤销权自债权人知道或者应当知道撤销事由之日起一年内行使。自债务人的行为发生之日起五年内没有行使撤销权的,该撤销权消灭。

第五百四十二条　债务人影响债权人的债权实现的行为被撤销的,自始没有法律约束力。

《最高人民法院关于适用〈中华人民共和国民法典〉合同编通则若干问题的解释》第四十二条　对于民法典第五百三十九条规定的"明显不合理"的低价或者高价,人民法院应当按照交易当地一般经营者的判断,并参考交易时交易地的市场交易价或者物价部门指导价予以认定。

转让价格未达到交易时交易地的市场交易价或者指导价百分之七十的,一般可以认定为"明显不合理的低价";受让价格高于交易时交易地的市场交易价或者指导价百分之三十的,一般可以认定为"明显不合理的高价"。

债务人与相对人存在亲属关系、关联关系的,不受前款规定的百分之七十、百分之三十的限制。

第四十三条 债务人以明显不合理的价格,实施互易财产、以物抵债、出租或者承租财产、知识产权许可使用等行为,影响债权人的债权实现,债务人的相对人知道或者应当知道该情形,债权人请求撤销债务人的行为的,人民法院应当依据民法典第五百三十九条的规定予以支持。

第四十四条 债权人依据民法典第五百三十八条、第五百三十九条的规定提起撤销权诉讼的,应当以债务人和债务人的相对人为共同被告,由债务人或者相对人的住所地人民法院管辖,但是依法应当适用专属管辖规定的除外。

两个以上债权人就债务人的同一行为提起撤销权诉讼的,人民法院可以合并审理。

第四十五条 在债权人撤销权诉讼中,被撤销行为的标的可分,当事人主张在受影响的债权范围内撤销债务人的行为的,人民法院应予支持;被撤销行为的标的不可分,债权人主张将债务人的行为全部撤销的,人民法院应予支持。

债权人行使撤销权所支付的合理的律师代理费、差旅费等费用,可以认定为民法典第五百四十条规定的"必要费用"。

第四十六条 债权人在撤销权诉讼中同时请求债务人的相对人向债务人承担返还财产、折价补偿、履行到期债务等法律后果的,人民法院依法予以支持。

债权人请求受理撤销权诉讼的人民法院一并审理其与债务人之间的债权债务关系,属于该人民法院管辖的,可以合并审理。不属于该人民法院管辖的,应当告知其向有管辖权的人民法院另行起诉。

债权人依据其与债务人的诉讼、撤销权诉讼产生的生效法律文书申请强制执行的,人民法院可以就债务人对相对人享有的权利采取强制执行措施以实现债权人的债权。债权人在撤销权诉讼中,申请对相对人的财产采取保全措施的,人民法院依法予以准许。

第五章

合同的变更与转让

风险点89：变更合同时当事人未达成一致或没有办理相应手续

【风险提示】

合同变更，是指当事人对已经发生法律效力，但尚未履行或者尚未完全履行的合同，进行修改或补充所达成的协议。合同变更，可以分为合同主体变更和合同内容变更。根据《民法典》的相关规定，对于合同变更的方式主要有两种，即当事人协商一致变更和依据法律法规变更。协商一致变更，是指合同生效后，因合同履行的主客观环境发生变化或者因合同实际履行需要等原因，合同当事人经协商对原有合同约定内容进行变更。我国《民法典》第五百四十三条规定："当事人协商一致，可以变更合同。"合同是合同当事方真实意思表示的体现，合同内容体现了当事人对于权利、义务达成一致意见，体现了合同当事方的意思自治，因此，合同变更也应该经当事人协商后确定。依据法律法规变更，是指合同当事人在特定的法定情形下享有的变更合同的法定权利。此种变更并不以另一方合同当事人的意思表示为准，而是法律赋予合同当事人的一种变更权利，用于对合同履行不能或者显失公平的调整。实务中，依据法律法规变更主要是指情势变更。情势变更，指的是合同成立生效后消灭前，合同赖以存在的客观环境发生了当事人订立合同时不可预见的变动，导致合同基础丧失，若继续维持合同原有效力则显失公平，受不利影响的一方当事人有权请求法院或仲裁机构变更或解除合同的法律制度。

为了维护国家、社会和当事人自身的利益，预防和减少不必要的纠纷，我国法律对某一些合同变更进行一定程度的限制。根据《民法典》第五百零二条第二款、第三款的规定："依照法律、行政法规的规定，合同应当办理批准等手续的，依照其规定。未办理批准等手续影响合同生效的，不影响合同中履行报批等义务条款以及相关条款的效力。应当办理申请批准等手续的当事人未履行义务的，对方可以请求其承担违反该义务的责任。依照法律、行政法规的规定，合同的变更、转让、解除等情形应当办理批准等手续的,适用前款规定。"可见,某些特殊合同的变更,必须遵循法定程序和方式,办理相应的批准手续才能生效。

【防范措施】

为防止变更合同给双方带来不必要的风险,应注意以下事项:

1. 在变更合同内容时,须与对方当事人协商一致,变更合同主要内容最好以书面形式进行,这样有利于明确双方的权利和义务。

2. 应当留存变更合同过程中产生的各种证据,作为发生纠纷时解决争议的依据。

3. 对于某些特殊合同的变更,应当依法办理合同变更手续,否则变更的内容不发生法律效力。

【法条链接】

《民法典》第五百零二条　依法成立的合同,自成立时生效,但是法律另有规定或者当事人另有约定的除外。

依照法律、行政法规的规定,合同应当办理批准等手续的,依照其规定。未办理批准等手续影响合同生效的,不影响合同中履行报批等义务条款以及相关条款的效力。应当办理申请批准等手续的当事人未履行义务的,对方可以请求其承担违反该义务的责任。

依照法律、行政法规的规定,合同的变更、转让、解除等情形应当办理批准等手续的,适用前款规定。

第五百三十三条　合同成立后,合同的基础条件发生了当事人在订立合同时无法预见的、不属于商业风险的重大变化,继续履行合同对于当事人一方明显不公平的,受不利影响的当事人可以与对方重新协商;在合理期限内协商不成的,当事人可以请求人民法院或者仲裁机构变更或者解除合同。

人民法院或者仲裁机构应当结合案件的实际情况,根据公平原则变更或者解除合同。

第五百四十三条　当事人协商一致,可以变更合同。

第五百四十四条　当事人对合同变更的内容约定不明确的,推定为未变更。

第五百七十七条　当事人一方不履行合同义务或者履行合同义务不符合约定的,应当承担继续履行、采取补救措施或者赔偿损失等违约责任。

风险点90：协商变更合同没有要求对方提供授权委托书

【风险提示】

在合同履行过程中，如果市场发生了变化或者合同约定的内容发生了变化，应当及时签订书面的补充协议或者变更协议。法律、行政法规规定变更合同应当办理批准、登记等手续的，依照其规定。在协商变更时，有的企业没有要求对方提供完整的授权委托书，导致变更后的协议被对方以没有授权为由否认，从而给企业带来相应的法律风险。

【防范措施】

协商变更合同时，如果对方由非法定代表人签订，企业务必要对合同另一方的自然人代表进行审查，尤其是审查是否有授权委托书，以及双方之间的行为有没有违反代理制度。

【法条链接】

《民法典》第一百六十一条 民事主体可以通过代理人实施民事法律行为。

依照法律规定、当事人约定或者民事法律行为的性质，应当由本人亲自实施的民事法律行为，不得代理。

第一百六十二条 代理人在代理权限内，以被代理人名义实施的民事法律行为，对被代理人发生效力。

第一百六十五条 委托代理授权采用书面形式的，授权委托书应当载明代理人的姓名或者名称、代理事项、权限和期限，并由被代理人签名或者盖章。

风险点91：口头变更合同

【风险提示】

实务中，有的企业在合同履行期间通过口头方式变更合同，但若市场情况发生变化后，对方有可能以没有签订书面合同为由否认变更合同，从而给企业带来相应的法律风险。

【防范措施】

变更合同应采用书面形式。因为口头形式变更合同举证困难，确定变更事实有一定难度，容易产生纠纷，交易安全系数不如书面形式。从安全角度出发，企业变更合同时，应采用书面形式，并保管好各种证据。

【法条链接】

《民法典》第四百六十九条　当事人订立合同，可以采用书面形式、口头形式或者其他形式。

书面形式是合同书、信件、电报、电传、传真等可以有形地表现所载内容的形式。

以电子数据交换、电子邮件等方式能够有形地表现所载内容，并可以随时调取查用的数据电文，视为书面形式。

《民事诉讼法》第六十七条　当事人对自己提出的主张，有责任提供证据。

当事人及其诉讼代理人因客观原因不能自行收集的证据，或者人民法院认为审理案件需要的证据，人民法院应当调查收集。

人民法院应当按照法定程序，全面地、客观地审查核实证据。

风险点92：合同变更内容约定不明确

【风险提示】

在变更合同的过程中，可能会出现当事人对需要变更的内容约定不明确的情况。《民法典》第五百四十四条规定："当事人对合同变更的内容约定不明确的，推定为未变更。"可见，合同当事人在变更合同时，若变更的内容不明确，可能面临变更行为无效的后果。此时，如果合同当事人继续按照自己理解的变更意思去履行合同的话，极易造成违约的结果。

【防范措施】

在变更合同时，当事人除了需要注意协商一致变更外，还需要注意明确约定变更的内容，以防变更无效的情况出现。另外，企业应当保留合同变更相关的证据，以防纠纷的发生。

【法条链接】

《民法典》第五百四十四条　当事人对合同变更的内容约定不明确的，推定为未变更。

风险点 93：通过协议补充确定合同内容

【风险提示】

原合同规定的事项不完善时，双方当事人不需要订立新的合同，只需对原合同进行协议补充即可。只要双方当事人在不违反法律禁止性规定并且遵循平等、自愿、公平、诚信原则的基础上达成补充协议，其效力与主合同的效力相同，且对双方当事人都具有与主合同一样的约束力。但是补充协议以主合同的成立和有效为前提，并且补充协议应当是对一些细节问题的约定，不能对主合同的实质内容进行修改。对实质内容进行修改应当看作订立了新的合同而不是签订了补充协议。

【防范措施】

合同双方当事人在订立合同时有时因考虑不周或在履行合同中出现始料不及的情况，使当事人在履行原合同时遇到一定的困难。为了鼓励交易，方便合同当事人实现合同目的，合同当事人只需要签订合同补充协议，而不必重新订立合同。但是补充协议也不是随随便便签订后就能发生法律效力，当事人在签订补充协议时应当注意以下事项：(1) 合同当事人不得变更；(2) 应遵循平等、自愿、公平、诚信的原则；(3) 补充协议的内容不得对主合同进行实质性修改；(4) 补充协议是从合同，不得独立于主合同而存在；(5) 补充协议的内容与主合同不一致时，应看作对主合同的修改，应当按照补充协议履行合同。

【法条链接】

《民法典》第五百一十条　合同生效后，当事人就质量、价款或者报酬、履行地点等内容没有约定或者约定不明确的，可以协议补充；不能达成补充协议的，按照合同相关条款或者交易习惯确定。

风险点 94：受让债权未及时通知债务人

【风险提示】

债权转让即指在不改变债权内容的前提下，将债权转让给他人。债权转让在企业日常交易中非常常见。企业之间相互欠债，又相互享有债权，它们常常通过债权让与的方式来消灭债务。《民法典》第五百四十六条第一款规定："债权人转让债权，未通知债务人的，该转让对债务人不发生效力。"按照法律条文的理解，通知债务人的义务主体应该是债权人，至于受让人进行债权转让的通知是否有效，司法实践中存在争议,一般有两种观点:一种观点认为要坚持文义解释方法,认为债权让与通知主体只能是原债权人,如果允许让与人之外的第三人代为通知,则容易让债务人的利益陷入风险中。况且,债务人也难以辨别通知内容的真伪,债权让与真实性无法有效保障。另一种观点则认为,即便是让与人、受让人之外的第三人,也可以进行债权让与的通知。

【防范措施】

债权受让人为保护自己利益,防止债务人向原债权人履行债务,而自己又已经为受让债权支付了对价的,应当积极主动代为通知或督促债权人通知债务人。当然这样做,代为通知的效力可能存疑,故建议在债权转让合同中约定转让人的通知义务和违约责任。

【法条链接】

《民法典》第五百四十五条 债权人可以将债权的全部或者部分转让给第三人,但是有下列情形之一的除外:

(一)根据债权性质不得转让;

(二)按照当事人约定不得转让;

(三)依照法律规定不得转让。

当事人约定非金钱债权不得转让的,不得对抗善意第三人。当事人约定金钱债权不得转让的,不得对抗第三人。

第五百四十六条 债权人转让债权,未通知债务人的,该转让对债务人不发生效力。

债权转让的通知不得撤销,但是经受让人同意的除外。

《最高人民法院关于适用〈中华人民共和国民法典〉合同编通则若干问题的解释》第四十七条 债权转让后,债务人向受让人主张其对让与人的抗辩的,人民法院可以追加让与人为第三人。

债务转移后,新债务人主张原债务人对债权人的抗辩的,人民法院可以追加原债务人为第三人。

当事人一方将合同权利义务一并转让后,对方就合同权利义务向受让人主张抗辩或者受让人就合同权利义务向对方主张抗辩的,人民法院可以追加让与人为第三人。

第四十八条 债务人在接到债权转让通知前已经向让与人履行,受让人请求债务人履行的,人民法院不予支持;债务人接到债权转让通知后仍然向让与人履行,受让人请求债务人履行的,人民法院应予支持。

让与人未通知债务人,受让人直接起诉债务人请求履行债务,人民法院经审理确认债权转让事实的,应当认定债权转让自起诉状副本送达时对债务人发生效力。债务人主张因未通知而给其增加的费用或者造成的损失从认定的债权数额中扣除的,人民法院依法予以支持。

第四十九条 债务人接到债权转让通知后,让与人以债权转让合同不成立、无效、被撤销或者确定不发生效力为由请求债务人向其履行的,人民法院不予支持。但是,该债权转让通知被依法撤销的除外。

受让人基于债务人对债权真实存在的确认受让债权后,债务人又以该债权不存在为由拒绝向受让人履行的,人民法院不予支持。但是,受让人知道或者应当知道该债权不存在的除外。

第五十条 让与人将同一债权转让给两个以上受让人,债务人以已经向最先通知的受让人履行为由主张其不再履行债务的,人民法院应予支持。债务人明知接受履行的受让人不是最先通知的受让人,最先通知的受让人请求债务人继续履行债务或者依据债权转让协议请求让与人承担违约责任的,人民法院应予支持;最先通知的受让人请求接受履行的受让人返还其接受的财产的,人民法院不予支持,但是接受履行的受让人明知该债权在其受让前已经转让给其他受让人的除外。

前款所称最先通知的受让人,是指最先到达债务人的转让通知中载明的受让人。当事人之间对通知到达时间有争议的,人民法院应当结合通知的方式等因素综合判断,而不能仅根据债务人认可的通知时间或者通知记载的时间予以认定。当事人采用邮寄、通讯电子系统等方式发出通知的,人民法院应当以邮戳时间或者通讯电子系统记载的时间等作为认定通知到达时间的依据。

风险点95:债务人转移债务

【风险提示】

债务转移,是指债务人将债务的全部或者部分转移给第三人,因为每个人的偿还能力不同,如果未经债权人同意债务人就能随意转让债务,会对债权的实现产生巨大的影响,因此法律对债务转让的要求更为严格,采用同意主义原则,债务人转让债务必须取得债权人同意。

【防范措施】

就债务人而言,转移债务时应当征得债权人的同意,建议以书面方式征求债权人的意见,并请债权人明确回复,以便确定债权人的意思表示。只有债权人明确表示了同意,才能产生债务转移的效果,不能因债权人默不作声,就以为债权人"默许"了。

就受让债务的第三人而言,建议在取得债权人明确同意后,再向债权人履行债务,以免错误履行。

就债权人而言,在债务人转让债务征询意见时,应根据自己的意愿决定是否接受,若同意债务转让,新债务人会代替原债务人的角色,由新债务人承担还款的法律责任。

【法条链接】

《民法典》第五百五十一条 债务人将债务的全部或者部分转移给第三人的,应当经债权人同意。

债务人或者第三人可以催告债权人在合理期限内予以同意,债权人未作表示的,视为不同意。

第五百五十三条 债务人转移债务的,新债务人可以主张原债务人对债权人的抗辩;原债务人对债权人享有债权的,新债务人不得向债权人主张抵销。

第五百五十四条 债务人转移债务的,新债务人应当承担与主债务有关的从债务,但是该从债务专属于原债务人自身的除外。

风险点96:合同权利义务的概括移转

【风险提示】

我国《民法典》第五百五十五条规定:"当事人一方经对方同意,可以将自己在合同中的权利和义务一并转让给第三人。"这是对合同权利和义务概括移转的规定。合同权利和义务的概括移转称为合同权利和义务一并转让,即指合同一方当事人将其权利和义务一并转移给第三人,由第三人全部地承受这些权利和义务。权利和义务一并转让不同于权利转让和义务转让,它是合同一方当事人对合同权利和义务的全面处分,其转让内容实际上包括权利转让和义务转移两部分内容。权利和义务一并转让导致原合同关系消灭,第三人取代转让方的地位,形成新的合同关系。根据《民法典》有关权利转让和义务转移的规定,债权人转让权利应当通知债务人;债务人转移义务必须经债权人同意。权利和义务一并转让既包括了权利转让,又包括义务转移,所以,合同一方当事人在进行转让前应当听取对方的意见,使对方能根据受让方的具体情况来判断这种转让行为是否对自己的权利造成损害。只有经对方当事人同意,才能够将合同的权利和义务一并转让。如果未经对方同意,一方当事人擅自一并转让权利和义务,那么其转让行为无效,对方当事人有权就转让行为对自己造成的损害,追究转让方的违约责任。

【防范措施】

为了保险起见,合同权利义务转让尽量签订三方书面协议,由转让方、受让方和合同相对方三方共同签署书面协议。需要注意的是,有些合同的权利义务是不能转让的,比如抚养请求权、委托人对于代理人的债权等,此类债权即使签订了转让合同也是无效的。

【法条链接】

《民法典》第五百四十五条 债权人可以将债权的全部或者部分转让给第三人,但是有下列情形之一的除外:

(一)根据债权性质不得转让;

(二)按照当事人约定不得转让;

(三)依照法律规定不得转让。

当事人约定非金钱债权不得转让的,不得对抗善意第三人。当事人约定金钱债权不得转让的,不得对抗第三人。

第五百四十六条 债权人转让债权,未通知债务人的,该转让对债务人不发生效力。

债权转让的通知不得撤销,但是经受让人同意的除外。

第五百五十一条 债务人将债务的全部或者部分转移给第三人的,应当经债权人同意。

债务人或者第三人可以催告债权人在合理期限内予以同意,债权人未作表示的,视为不同意。

第五百五十五条 当事人一方经对方同意,可以将自己在合同中的权利和义务一并转让给第三人。

第五百五十六条 合同的权利和义务一并转让的,适用债权转让、债务转移的有关规定。

第六章

合同的权利义务终止

风险点97：未履行后合同义务

【风险提示】

在合同解除后，合同中约定的权利义务终止，但是，当事人仍须履行后合同义务。后合同义务，是指合同权利义务终止后，当事人依照法律规定，遵循诚实信用原则，根据交易习惯履行的义务。后合同义务是合同权利义务终止后产生的义务。后合同义务主要是法定义务，违反后合同义务的当事人须承担损害赔偿责任。

【防范措施】

企业应当依照法律规定，遵循诚实信用原则，履行其应尽的后合同义务。需要注意的是，合同内容不同，后合同义务也不同。但按照交易习惯，某类合同终止后，当事人通常的行为准则，应作为后合同义务。所谓交易习惯，一方面指一般民商事活动应遵循的习惯，另一方面指当事人双方长期交易关系中形成的习惯。后合同义务主要有通知义务、协助义务、保密义务等。

【法条链接】

《民法典》第五百五十八条　债权债务终止后，当事人应当遵循诚信等原则，根据交易习惯履行通知、协助、保密、旧物回收等义务。

《全国法院贯彻实施民法典工作会议纪要》

10.当事人一方违反民法典第五百五十八条规定的通知、协助、保密、旧物回收等义务，给对方当事人造成损失，对方当事人请求赔偿实际损失的，人民法院应当支持。

风险点98：协商解除合同

【风险提示】

合同解除分为协商解除和单方解除。协商解除是指合同生效后，未履行或未完全履行之前，当事人双方通过协商解除合同，使合同效力消灭的行为。因协商解除是在合同生效后，而非在合同订立时约定解除，故又称为事后协商解除。

根据合同自由原则，当事人不仅享有自愿订立合同的权利，同时也享有协商解除合同的权利。协商解除的条件是当事人双方协商一致，解除原合同，也就是在双方之间重新成立了一个合同，其主要内容是放弃原来的合同，使基于原合同产生的债权债务关系归于消灭。需要注意的是，协商解除的内容不得违反法律、行政法规的强制性规定，不违背公序良俗，否则解除合同的行为无效，当事人仍要按原合同履行义务。如果根据法律规定必须经过有关部门批准才能解除的合同，当事人不得通过约定擅自解除。

【防范措施】

实践中，协商解除合同的发生，往往是一方存在违约行为或者不能继续履行合同而提出解除合同的请求。在此情况下，守约方应权衡好利弊得失，在公平合理的条件下，作出有利的选择。另外，并不像有些企业想象的那样，合同一经解除就万事大吉了，通常合同解除后还有很多善后事项需要约定明确。完全未履行的合同解除起来较为简单；若合同当事人已经做了准备活动或者合同已经部分履行，双方须一并处理合同已履行情况和合同解除。

【法条链接】

《民法典》第五百六十二条　当事人协商一致，可以解除合同。

当事人可以约定一方解除合同的事由。解除合同的事由发生时，解除权人可以解除合同。

《最高人民法院关于适用〈中华人民共和国民法典〉合同编通则若干问题的解释》第五十二条　当事人就解除合同协商一致时未对合同解除后的违约责任、结算和清理等问题作出处理，一方主张合同已经解除的，人民法院应予支持。但是，当事人另有约定的除外。

有下列情形之一的，除当事人一方另有意思表示外，人民法院可以认定合同解除：

（一）当事人一方主张行使法律规定或者合同约定的解除权，经审理认为不符合解除权行使条件但是对方同意解除；

（二）双方当事人均不符合解除权行使的条件但是均主张解除合同。

前两款情形下的违约责任、结算和清理等问题，人民法院应当依据民法典第五百六十六条、第五百六十七条和有关违约责任的规定处理。

风险点99：未及时行使合同解除权

【风险提示】

解除权的行使是法律赋予当事人保护自己合法权益的手段，但该权利的行使不是毫无限制的。行使解除权会引起合同关系的重大变化，如果享有解除权的当事人长期不行使解除的权利，就会使合同关系处于不确定状态，影响当事人权利的享有和义务的履行。根据《民法典》第五百六十四条的规定，法律规定或者当事人约定解除权行使期限，期限届满当事人不行使的，该权利消灭。法律没有规定或者当事人没有约定解除权行使期限，自解除权人知道或者应当知道解除事由之日起1年内不行使，或者经对方催告后在合理期限内不行使的，该权利消灭。

【防范措施】

1. 解除权期限是除斥期间，不因任何事由而中止、中断或者延长。因此当事人必须注意，一定要在合同约定或者法定期限内行使，以免"过期无效"。

2. 由于法定的解除权期限是固定的，如果当事人希望更长或更短的期限，则应当在合同中明确约定解除权的期限，并写入合同中。

3. 法律、行政法规规定解除合同应办理有关批准、登记手续的，企业应当及时办理相关批准、登记手续。

【法条链接】

《民法典》第一百九十九条　法律规定或者当事人约定的撤销权、解除权等权利的存续期间，除法律另有规定外，自权利人知道或者应当知道权利产生之日起计算，不适用有关诉讼时效中止、中断和延长的规定。存续期间届满，撤销权、解除权等权利消灭。

第五百六十四条　法律规定或者当事人约定解除权行使期限，期限届满当事人不行使的，该权利消灭。

法律没有规定或者当事人没有约定解除权行使期限，自解除权人知道或者应当知道解除事由之日起一年内不行使，或者经对方催告后在合理期限内不行使的，该权利消灭。

风险点100：违法解除合同

【风险提示】

当事人在履行合同时，常常会遭遇诸如不可抗力致使无法实现合同目的的、对方当事人预期违约、对方当事人迟延履行主要债务且经催告后在合理期间内仍未履行、对方当事人迟延履行债务致使不能实现合同目的的情况，此时若继续履行合同，其利益会遭受更大的损失。此时，法律赋予了合同当事人解除合同的权利，即合同的法定解除权。法定解除权，是指合同生效后、没有履行或者履行完毕前，当事人在法律规定的解除条件出现时，行使解除权而使合同关系消灭的权利。该权利需要按照法律规定来行使；违法解除合同的，当事人需要承担违约责任。

【防范措施】

为防止合同解除不当造成不必要的法律责任，应注意以下事项：

1.企业须明确在满足以下这些情形时，才能行使法定解除权：(1)因不可抗力致使不能实现合同目的；(2)因预期违约解除合同；(3)当事人一方迟延履行主要债务，经催告后在合理期限内仍未履行；(4)因迟延履行或者有其他违约行为不能实现合同目的；(5)除了上述四种法定解除情形，《民法典》还规定了其他解除合同的情形。比如，因行使不安抗辩权而中止履行合同，对方在合理期限内未恢复履行能力，也未提供适当担保的，中止履行的一方可以请求解除合同。

需要说明的是，法律规定解除的条件并不意味着具备这些条件，当事人就必须解除合同，是否行使解除的权利，应由当事人决定。

2.解除合同时应当及时通知对方当事人，避免出现未及时通知使对方当事人遭受损失而须承担赔偿责任的后果。

【法条链接】

《民法典》第五百六十三条　有下列情形之一的，当事人可以解除合同：

（一）因不可抗力致使不能实现合同目的的；

（二）在履行期限届满前，当事人一方明确表示或者以自己的行为表明不履行主要债务；

（三）当事人一方迟延履行主要债务，经催告后在合理期限内仍未履行；

（四）当事人一方迟延履行债务或者有其他违约行为致使不能实现合同目的的；

（五）法律规定的其他情形。

以持续履行的债务为内容的不定期合同，当事人可以随时解除合同，但是应当在合理期限之前通知对方。

第五百六十五条 当事人一方依法主张解除合同的，应当通知对方。合同自通知到达对方时解除；通知载明债务人在一定期限内不履行债务则合同自动解除，债务人在该期限内未履行债务的，合同自通知载明的期限届满时解除。对方对解除合同有异议的，任何一方当事人均可以请求人民法院或者仲裁机构确认解除行为的效力。

当事人一方未通知对方，直接以提起诉讼或者申请仲裁的方式依法主张解除合同，人民法院或者仲裁机构确认该主张的，合同自起诉状副本或者仲裁申请书副本送达对方时解除。

风险点101：合同僵局中的违约方解除权

【风险提示】

合同僵局是商业交往中经常碰到的情形，是指在合同履行过程中，合同一方当事人违约的，违约方不享有法定解除权，也不存在情势变更等情况，非违约一方当事人不同意解除合同，又请求违约方继续履行合同义务，但该请求会造成显失公平的情形。

合同陷入僵局时，对于守约方来说，此时是要求继续履行，还是解除合同？对于违约方来说，是继续僵持等待守约方诉讼，还是主动要求解除合同，同时是否要承担赔偿责任？《民法典》颁布实施之前，该问题在司法实践中被关注，《民法典》正式确定这项制度。《民法典》制定过程中，合同僵局中的违约方解除权，经过了跌宕起伏的立法过程，其中产生了极大的争议，但是最终《民法典》还是确立了这种制度。根据《民法典》第五百八十条的规定，在履行非金钱债务过程当中，如果合同存在法律上或事实上不能履行、债务的标的不适于强制履行或者履行费用过高、债权人在合理期限内未请求履行等情形，当事人一方不得请求对方履行；存在前述情形且致使合同目的不能实现的，人民法院或者仲裁机构可以依据当事人的请求终止合同的权利义务关系。需要注意的是，虽然人民法院或者仲裁机构可以根据当事人的请求终止合同权利义务关系，但是不影响违约责任的承担。

【防范措施】

1.尽量避免陷入合同僵局。在合同磋商过程中应当考虑合同履行陷入僵局的可能性，对于合同目的实现路径做好预判，虽然我国法律规定了合同僵局的破解制度——违约方解除请求之提起。但是僵局之中，必定两败俱伤。

2. 如果合同存在法律上或事实上不能履行,债务的标的不适于强制履行或者履行费用过高等情形,导致不能实现合同目的,违约方应当及时提出解除合同以止损。因为时间拖得越久,守约方损失越大,违约方要承担的违约责任和赔偿责任越重。

【法条链接】

《民法典》第五百八十条　当事人一方不履行非金钱债务或者履行非金钱债务不符合约定的,对方可以请求履行,但是有下列情形之一的除外:

(一)法律上或者事实上不能履行;

(二)债务的标的不适于强制履行或者履行费用过高;

(三)债权人在合理期限内未请求履行。

有前款规定的除外情形之一,致使不能实现合同目的的,人民法院或者仲裁机构可以根据当事人的请求终止合同权利义务关系,但是不影响违约责任的承担。

风险点102:债务相互抵销

【风险提示】

债务相互抵销,是指当事人互负到期债务,又互享债权,以己方债权冲抵对方的债权,使己方债务与对方债务在等额内消灭。比如,甲应该支付给乙1万元货款,但乙也同时欠甲1万元,且到了偿还期限,这时候,甲可以向乙表明,双方都不必偿还各自的债务,两人债务相互抵销,互不相欠。

债务相互抵销应当符合下列条件才可以实现:(1)必须是当事人双方互负债务,互享债权。(2)当事人双方互负的债权债务须均合法,其中一个债不合法时,不得主张抵销。(3)按照合同的性质或者依照法律规定不得抵销的债权不得抵销。

抵销必须以有抵销权的当事人的意思表示为之,无论是口头还是书面通知,都是到达对方时发生抵销的法律效力。

【防范措施】

一方当事人主张抵销债务的,应当通知对方当事人;如果没有通知对方当事人,则不能构成抵销。另外,抵销不能附条件或者附期限,因为附条件或附期限都会使得抵销具有不确定性,不符合设立抵销制度的目的,并有可能损害当事人的权利。

【法条链接】

《民法典》第五百五十七条　有下列情形之一的,债权债务终止:

(一)债务已经履行；
(二)债务相互抵销；
(三)债务人依法将标的物提存；
(四)债权人免除债务；
(五)债权债务同归于一人；
(六)法律规定或者当事人约定终止的其他情形。

合同解除的,该合同的权利义务关系终止。

第五百六十八条 当事人互负债务,该债务的标的物种类、品质相同的,任何一方可以将自己的债务与对方的到期债务抵销；但是,根据债务性质、按照当事人约定或者依照法律规定不得抵销的除外。

当事人主张抵销的,应当通知对方。通知自到达对方时生效。抵销不得附条件或者附期限。

第五百六十九条 当事人互负债务,标的物种类、品质不相同的,经协商一致,也可以抵销。

《最高人民法院关于适用〈中华人民共和国民法典〉合同编通则若干问题的解释》第五十五条 当事人一方依据民法典第五百六十八条的规定主张抵销,人民法院经审理认为抵销权成立的,应当认定通知到达对方时双方互负的主债务、利息、违约金或者损害赔偿金等债务在同等数额内消灭。

第五十六条 行使抵销权的一方负担的数项债务种类相同,但是享有的债权不足以抵销全部债务,当事人因抵销的顺序发生争议的,人民法院可以参照民法典第五百六十条的规定处理。

行使抵销权的一方享有的债权不足以抵销其负担的包括主债务、利息、实现债权的有关费用在内的全部债务,当事人因抵销的顺序发生争议的,人民法院可以参照民法典第五百六十一条的规定处理。

第五十七条 因侵害自然人人身权益,或者故意、重大过失侵害他人财产权益产生的损害赔偿债务,侵权人主张抵销的,人民法院不予支持。

第五十八条 当事人互负债务,一方以其诉讼时效期间已经届满的债权通知对方主张抵销,对方提出诉讼时效抗辩的,人民法院对该抗辩应予支持。一方的债权诉讼时效期间已经届满,对方主张抵销的,人民法院应予支持。

风险点 103：标的物提存

【风险提示】

提存是债务人在特定情形下消灭自己债务的一种形式。债务人并不是在任何情况下都可以将标的物提存，因为债务人提存后，提存费用由债权人承担，标的物毁损灭失的风险也由债权人承担，这对债权人来说是不利的。《民法典》第五百七十条明确规定，有下列情形之一，难以履行债务的，债务人可以将标的物提存：(1)债权人无正当理由拒绝受领；(2)债权人下落不明；(3)债权人死亡未确定继承人、遗产管理人，或者丧失民事行为能力未确定监护人；(4)法律规定的其他情形。出现上述情况时，债务人可以将标的物交由提存机关，从而使自己的债务得以消灭。此外，如果标的物不适合提存或者提存费用过高，债务人依法可以拍卖或者变卖标的物，提存所得价款。

【防范措施】

当非因债务人的原因不能履行债务时，债务人可以将标的物提存。但是，并不是所有的标的物都适合提存，像鲜活易坏的产品、成套的大型设备等无法提存或者提存费用比较高的，债务人可以将标的物进行拍卖或者变卖，从而将价款提存。

就债权人而言，履行合同时应当依法履行附随义务，如在自己的住址等信息发生变更时及时通知债务人，避免因提存而承担不必要的提存费用。

【法条链接】

《民法典》第五百五十七条　有下列情形之一的，债权债务终止：

（一）债务已经履行；

（二）债务相互抵销；

（三）债务人依法将标的物提存；

（四）债权人免除债务；

（五）债权债务同归于一人；

（六）法律规定或者当事人约定终止的其他情形。

合同解除的，该合同的权利义务关系终止。

第五百七十条　有下列情形之一，难以履行债务的，债务人可以将标的物提存：

（一）债权人无正当理由拒绝受领；

（二）债权人下落不明；

（三）债权人死亡未确定继承人、遗产管理人，或者丧失民事行为能力未确定监护人；

（四）法律规定的其他情形。

标的物不适于提存或者提存费用过高的，债务人依法可以拍卖或者变卖标的物，提存所得的价款。

第五百七十一条 债务人将标的物或者将标的物依法拍卖、变卖所得价款交付提存部门时，提存成立。

提存成立的，视为债务人在其提存范围内已经交付标的物。

第五百七十二条 标的物提存后，债务人应当及时通知债权人或者债权人的继承人、遗产管理人、监护人、财产代管人。

第五百七十三条 标的物提存后，毁损、灭失的风险由债权人承担。提存期间，标的物的孳息归债权人所有。提存费用由债权人负担。

第五百七十四条 债权人可以随时领取提存物。但是，债权人对债务人负有到期债务的，在债权人未履行债务或者提供担保之前，提存部门根据债务人的要求应当拒绝其领取提存物。

债权人领取提存物的权利，自提存之日起五年内不行使而消灭，提存物扣除提存费用后归国家所有。但是，债权人未履行对债务人的到期债务，或者债权人向提存部门书面表示放弃领取提存物权利的，债务人负担提存费用后有权取回提存物。

风险点104：债权人免除债务人的债务

【风险提示】

债务免除，简单说就是指债权人放弃自己的债权，从而消灭合同关系及其他债的关系。因此，债务免除也是合同终止的一种方式。从法律上来说，债务免除属于单方法律行为。也就是说，这种行为本身无须债务人同意，只要有债权人一方的意思表示，不违反法律规定，即可产生法律效力。债务免除也称为有相对人的单方行为。因此，债权人如果想免除债务人的债务，只有将意思表示通知债务人或者债务人的代理人，才能产生免除的法律效果。除此以外，向第三人作出免除债务的意思表示并不发生免除的法律效力。

对债权人来说，免除本身属于放弃债权的行为，向债务人或者其代理人作出该意思表示后，即可产生债务消灭的法律效果，债权人作出免除的意思表示不得撤回。

【防范措施】

现实中经常发生这样的情况，当初债权人免除了债务人的债务，然而此后双方关系发生变化,债权人便出尔反尔,打算收回免除债务的决定,但从法律上来讲,免除已经生效,不能够被撤回。因此,债权人应理解法律的规定,对于免除债务的财产处分行为,应当谨慎行之。

另外,债务免除不得损害第三人的利益。如果债务的免除损害第三人的利益,债权人的免除行为就不能发生相应的法律效果。

【法条链接】

《民法典》第五百五十七条　有下列情形之一的,债权债务终止:
(一)债务已经履行;
(二)债务相互抵销;
(三)债务人依法将标的物提存;
(四)债权人免除债务;
(五)债权债务同归于一人;
(六)法律规定或者当事人约定终止的其他情形。
合同解除的,该合同的权利义务关系终止。

第五百七十五条　债权人免除债务人部分或者全部债务的,债权债务部分或者全部终止,但是债务人在合理期限内拒绝的除外。

风险点105:没有约定合同解除条件

【风险提示】

法律在赋予当事人法定解除权的同时,还允许双方约定合同解除的条件,一旦符合约定的条件,当事人有权根据合同约定的条件解除合同。根据《民法典》的规定,当事人可以约定在一定条件下解除合同的权利。就法律规定而言,即便双方没有约定解除合同的条件,对方违约行为达到一定程度时,守约方也可以根据《民法典》的规定解除合同,但根据法律规定解除合同,存在争议大、举证难等困难,这些因素对当事人来说意味着巨大的诉讼风险。如约定解除条件,即便不能完全避免法官的自由裁量权,也可以在一定程度上限制其裁量权,且举证较为容易。

【防范措施】

企业在制定合同条款时,应尽可能约定合同解除的条件。合同解除条件,应采取列举和兜底相结合的方式,列举的解除条件一般可以包括违反法律法规的行为、违反合同主要义务的行为、迟延履行达到一定程度的行为、其他违约行为导致合同目的无法实现的情形。

【法条链接】

《民法典》第五百六十二条 当事人协商一致,可以解除合同。

当事人可以约定一方解除合同的事由。解除合同的事由发生时,解除权人可以解除合同。

第七章

违 约 责 任

风险点106：合同没有约定违约责任

【风险提示】

违约责任，也称为违反合同的民事责任，是指合同当事人因违反合同义务承担的民事法律责任。违约责任的产生以合同的有效存在为前提。合同一旦生效，将在合同当事人之间产生法律约束力，各方当事人应按照合同的约定全面地、严格地履行合同义务，任何一方当事人因违反有效合同所约定的义务均应承担违约责任，所以违约责任是违反有效合同约定义务和法律规定义务的法律责任。

违约责任条款不是法律明文规定的合同必备条款，双方当事人有自由选择权，可以协商确定是否在合同中约定违约责任。如果合同中没有违约责任条款，也不影响合同成立。实务中，合同如果不约定违约责任，一旦合同履行过程中发生争议，当事人就不能依照违约责任条款维护自身的合法权益。

【防范措施】

为了避免以后发生纠纷，双方当事人在签订合同时，应尽可能在协商一致的基础上，将违约责任条款写入合同中。违约责任条款能够帮助当事人在争议发生时迅速辨别违约方的责任，减轻守约方的举证责任，也能更好地约束双方当事人履行合同。另外，违约责任的约定，最好不要写"依法承担违约责任""依法承担赔偿责任"等，如此约定会增加守约方的举证责任，增加其维权难度。建议明确约定守约方维权程序、违约金数额或计算方法（最简便明了的方式就是直接约定违约方支付违约金××元）。

【法条链接】

《民法典》第五百七十七条　当事人一方不履行合同义务或者履行合同义务不

符合约定的,应当承担继续履行、采取补救措施或者赔偿损失等违约责任。

第五百八十二条 履行不符合约定的,应当按照当事人的约定承担违约责任。对违约责任没有约定或者约定不明确,依据本法第五百一十条的规定仍不能确定的,受损害方根据标的的性质以及损失的大小,可以合理选择请求对方承担修理、重作、更换、退货、减少价款或者报酬等违约责任。

第五百八十四条 当事人一方不履行合同义务或者履行合同义务不符合约定,造成对方损失的,损失赔偿额应当相当于因违约所造成的损失,包括合同履行后可以获得的利益;但是,不得超过违约一方订立合同时预见到或者应当预见到的因违约可能造成的损失。

风险点 107:违约责任约定过轻

【风险提示】

许多违约行为都与违约成本有关。当违约成本足够低甚至没有时,企业间的违约现象就会增多甚至成为一种常态。当违约成本足够高,更多企业会对合同的全面履行高度重视。但当违约收益远大于违约成本时,违约人将会对违约毫不在意,有些企业甚至会选择通过违约谋利。

【防范措施】

在合同中往往会有违约条款的存在,这些条款是为了约束合同方彼此的行为,让合同方都能够遵循自己所签订的合同办事。企业在合同签订前应对双方违约可能性进行评估,然后遵循一个原则:若己方违约可能性大,则尽可能在合同中约定较轻的违约责任;若己方违约可能性小,对方违约可能性大,则违约责任尽可能约定较重。

【法条链接】

《民法典》**第五百七十七条** 当事人一方不履行合同义务或者履行合同义务不符合约定的,应当承担继续履行、采取补救措施或者赔偿损失等违约责任。

风险点 108:违约责任约定不规范

【风险提示】

违约责任是合同违约方不履行义务或履行义务不符合约定时,对相对方承担的民事责任。其责任承担的形式多样,有要求继续履行、采取补救措施、支付违约金、定金罚则、赔偿损失等,总体呈现互补关系。需要注意的是,违约责任并非可以随意组合约定,有些违约责任无法并行适用,如违约金和定金。又如,继续履行和定金也不可并用,因为定金的功能在于对债务的担保,其适用前提是不履行合同,而主债务履行后,定金应当抵作价款或者收回。债务人根本违约时,债权人可以选择要求债务人继续履行主债务,或要求适用定金罚则,即实现定金的担保功能。如选择适用定金罚则,就相当于债权人接受合同目的不能实现的事实,放弃要求债务继续履行的权利。因此,违约责任的约定虽然有任意性,但完全随意地选择约定也并不会得到支持。就企业而言,应了解一个有关违约责任的主要原则,即违约责任的承担"以补偿为主,以惩罚为辅",法律并不会使合同一方从对方的违约行为中获得过高的利益,而会作出必要的限制。

【防范措施】

违约责任条款虽然不是订立合同的目的所在,但由于合同履行过程中的不确定性,该条款既是合同条款中的重要内容,也是守约方的重要的权利救济手段之一。为规避相应法律风险,合同中的违约责任条款约定应注意以下几个方面:

1. 违约责任条款约定应当合法、可行、全面、具体。合同当事人在签订合同时往往都会约定一方当事人应该做什么,不应该做什么,即权利义务条款,但往往会遗漏违反权利义务条款后的责任承担问题。在司法实践中,如果没有约定违约责任,追究一方的违约责任是非常困难的。另外,虽然很多合同当事人在合同中约定了违约责任,但由于约定不明确、太笼统,实际上对于追究违约责任也起不到积极作用。比如合同中将违约责任约定为"合同双方应共同遵守合同约定,任何一方违约,将按照法律规定执行。"该约定太笼统,缺乏明确的责任承担方式。如果守约方想要索赔,首先需要证明受到损失,其次要证明损失是违约方的违约行为导致的,最后还要证明损失的具体数额。这样约定违约责任,显然增加了守约方权利救济的难度。因此,合同当事人在约定违约责任时,一定要将违约责任条款约定合法、可行、全面、具体,这样不仅可以保护守约方的权益,还能减少因约定不明而产生的争执,从而提高追责效率。

2. 违约金金额、比例应当与违约造成的损失程度适当。我国《民法典》第五百八十五条规定:"当事人可以约定一方违约时应当根据违约情况向对方支付一定数额的违约金,也可以约定因违约产生的损失赔偿额的计算方法。约定的违约金低于造成的损失的,人民法院或者仲裁机构可以根据当事人的请求予以增加;约定的违约金过分高于造成的损失的,人民法院或者仲裁机构可以根据当事人的请求予以适当减少。当事人就迟延履行约定违约金的,违约方支付违约金后,还应当履行债务。"至于什么是过分高于造成的损失,司法实践中一般认为是高于造成损失的30%。如果当事人在合同违约责任条款中约定"一方违约,每日按原日租金的3倍承担违约责任",违约金比例已经远远超过前述标准,通常难以得到支持。

3.违约责任条款通常采用散见加集中的方式约定,须保持一致。在常见的合同中,有的合同是在权利义务条款中有针对性地分散设置了相应的违约责任,有的合同是专门在违约责任条款中设置违约责任。无论采取何种条款设置方式,都应当保证违约责任条款之间的内容不存在矛盾或者冲突,否则已约定的违约责任条款会产生无法适用的风险。

4.违约责任条款可根据不同类型的合同风险点预设条款。根据不同类型的合同特征及可能发生的法律风险点、可能出现的违约责任情形,分别设置相应的违约责任承担形式,防患于未然。

【法条链接】

《民法典》第五百七十七条　当事人一方不履行合同义务或者履行合同义务不符合约定的,应当承担继续履行、采取补救措施或者赔偿损失等违约责任。

第五百八十三条　当事人一方不履行合同义务或者履行合同义务不符合约定的,在履行义务或者采取补救措施后,对方还有其他损失的,应当赔偿损失。

第五百八十四条　当事人一方不履行合同义务或者履行合同义务不符合约定,造成对方损失的,损失赔偿额应当相当于因违约所造成的损失,包括合同履行后可以获得的利益;但是,不得超过违约一方订立合同时预见到或者应当预见到的因违约可能造成的损失。

第五百八十五条　当事人可以约定一方违约时应当根据违约情况向对方支付一定数额的违约金,也可以约定因违约产生的损失赔偿额的计算方法。

约定的违约金低于造成的损失的,人民法院或者仲裁机构可以根据当事人的请求予以增加;约定的违约金过分高于造成的损失的,人民法院或者仲裁机构可以根据当事人的请求予以适当减少。

当事人就迟延履行约定违约金的,违约方支付违约金后,还应当履行债务。

第五百八十六条　当事人可以约定一方向对方给付定金作为债权的担保。定金合同自实际交付定金时成立。

定金的数额由当事人约定;但是,不得超过主合同标的额的百分之二十,超过部分不产生定金的效力。实际交付的定金数额多于或者少于约定数额的,视为变更约定的定金数额。

第五百八十七条　债务人履行债务的,定金应当抵作价款或者收回。给付定金的一方不履行债务或者履行债务不符合约定,致使不能实现合同目的的,无权请求返还定金;收受定金的一方不履行债务或者履行债务不符合约定,致使不能实现合同目的的,应当双倍返还定金。

第五百八十八条 当事人既约定违约金,又约定定金的,一方违约时,对方可以选择适用违约金或者定金条款。

定金不足以弥补一方违约造成的损失的,对方可以请求赔偿超过定金数额的损失。

《全国法院贯彻实施民法典工作会议纪要》

11. 民法典第五百八十五条第二款规定的损失范围应当按照民法典第五百八十四条规定确定,包括合同履行后可以获得的利益,但不得超过违约一方订立合同时预见到或者应当预见到的因违约可能造成的损失。

当事人请求人民法院增加违约金的,增加后的违约金数额以不超过民法典第五百八十四条规定的损失为限。增加违约金以后,当事人又请求对方赔偿损失的,人民法院不予支持。

当事人请求人民法院减少违约金的,人民法院应当以民法典第五百八十四条规定的损失为基础,兼顾合同的履行情况、当事人的过错程度等综合因素,根据公平原则和诚信原则予以衡量,并作出裁判。约定的违约金超过根据民法典第五百八十四条规定确定的损失的百分之三十的,一般可以认定为民法典第五百八十五条第二款规定的"过分高于造成的损失"。当事人主张约定的违约金过高请求予以适当减少的,应当承担举证责任;相对人主张违约金约定合理的,也应提供相应的证据。

风险点 109:约定"赔偿损失"的违约责任条款

【风险提示】

在合同履行过程中,一方如果违约,应当向另一方承担违约责任,承担违约责任的主要方式有继续履行、采取补救措施、赔偿损失等,其中最常见的是赔偿损失。有的企业认为,只要合同中约定了"赔偿损失",就能够要到违约赔偿,这种观点是错误的。即使合同中没有"赔偿损失"的约定,违约方也应当向守约方"赔偿损失",这是法律的明确规定,在合同中是否约定并不重要。合同中仅约定"赔偿损失",守约方想要拿到违约方的赔偿,可并非易事。因为主张违约赔偿,守约方需要证明三个基本事实:第一,对方违约;第二,我方有损失;第三,对方违约与我方损失之间有直接因果关系。上述三个事实中,守约方的损失、违约与损失之间的因果关系往往很难证明。因为守约方的损失在大多数情况下是间接损失和可期待利益,而司法实践中法院一般只支持直接损失。虽然理论上间接损失和可期待利益损失可以主张,但这两类损失相对难确定,实践中也很难得到支持。

由于主张"赔偿损失"需要证明"违约"、"损失"和"因果关系"三个事实,实践中可操作性不强。因此,法律规定当事人可以约定"违约金",守约方可以据此维护自己的合法权益。"违约金"与"赔偿损失"最大的区别是:主张"违约金",守约方只需要证明对方"违约"即可。如买卖合同中约定出卖方交付逾期,每逾期一日按300元标准向买方支付违约金。买方维权时就会非常便利,只需要证明出卖人交付逾期,用逾期天数乘以300元就可以计算出违约金。

【防范措施】

在签订合同时,为能够顺利追究违约一方的违约责任,建议如下:

1. 在合同中约定专门的违约责任条款,合同的主要内容可以概括为合同各方的权利、义务以及违反这些义务应承担的责任。拟定合同的违约责任条款时,要根据基础交易的具体情况去拟定,不能一味地复制粘贴。书面合同都是经过双方当事人同意并签名确认的,合同中拟定的违约条款能够在争议发生时迅速辨别出违约方及其违约责任,减轻守约方的举证责任,也能进一步约束双方当事人履行合同。

2. 违约责任的约定,最好不要写"赔偿损失""依法承担违约责任""依法承担赔偿责任"等,如此约定,守约方必须承担举证责任,增加其维权难度。建议可以明确约定守约方维权程序、违约金数额或计算方法(最简便明了的方式就是直接约定违约方支付违约金××元)。

【法条链接】

《民法典》第五百七十七条　当事人一方不履行合同义务或者履行合同义务不符合约定的,应当承担继续履行、采取补救措施或者赔偿损失等违约责任。

第五百八十二条　履行不符合约定的,应当按照当事人的约定承担违约责任。对违约责任没有约定或者约定不明确,依据本法第五百一十条的规定仍不能确定的,受损害方根据标的的性质以及损失的大小,可以合理选择请求对方承担修理、重作、更换、退货、减少价款或者报酬等违约责任。

第五百八十三条　当事人一方不履行合同义务或者履行合同义务不符合约定的,在履行义务或者采取补救措施后,对方还有其他损失的,应当赔偿损失。

第五百八十四条　当事人一方不履行合同义务或者履行合同义务不符合约定,造成对方损失的,损失赔偿额应当相当于因违约所造成的损失,包括合同履行后可以获得的利益;但是,不得超过违约一方订立合同时预见到或者应当预见到的因违约可能造成的损失。

第五百八十五条　当事人可以约定一方违约时应当根据违约情况向对方支付一定数额的违约金,也可以约定因违约产生的损失赔偿额的计算方法。

约定的违约金低于造成的损失的,人民法院或者仲裁机构可以根据当事人的请求予以增加;约定的违约金过分高于造成的损失的,人民法院或者仲裁机构可以根据当事人的请求予以适当减少。

当事人就迟延履行约定违约金的,违约方支付违约金后,还应当履行债务。

风险点110:约定天价违约金

【风险提示】

违约金由于具有保障债务履行、补偿无过错方、惩罚违约方等功能,在合同签订过程中被广泛使用。因此,企业对合同中的违约金条款应该并不陌生。但是商事实践过程中,出于对交易相对方地位以及商业机会获取等因素的考量,企业在业务开展过程中,可能会被动接受不合理的违约金条款,进而掉进天价违约金的陷阱。

【防范措施】

企业在签订合同时,要对违约金的金额有所估算,以防陷入圈套。在约定违约条款时,尽量约定清楚一方违约后向另一方赔偿损失的计算方法,以避免双方无法确定具体违约金。

根据《全国法院贯彻实施民法典工作会议纪要》的规定,一般超过损失30%的,可以被认定为"过分高于造成的损失"。虽然违约金过高的认定标准一般为超过损失30%,但法院在适用过程中并非一律机械地适用,其会根据合同已经履行的情况、双方的过错、相对方履行合同可获得的利益等实际情况,判定酌情减少违约金的数额也会有所不同。可见,如果企业在签订合同时不小心掉入违约金陷阱,应及时向法院主张对违约金数额进行调整。司法实践中,如果不主动主张,法院极有可能不会主动调整,如此便造成难以挽回的损失,只能按照合同约定的高额违约金计算。

【法条链接】

《民法典》第五百八十五条 当事人可以约定一方违约时应当根据违约情况向对方支付一定数额的违约金,也可以约定因违约产生的损失赔偿额的计算方法。

约定的违约金低于造成的损失的,人民法院或者仲裁机构可以根据当事人的请求予以增加;约定的违约金过分高于造成的损失的,人民法院或者仲裁机构可以根据当事人的请求予以适当减少。

当事人就迟延履行约定违约金的,违约方支付违约金后,还应当履行债务。

《全国法院贯彻实施民法典工作会议纪要》

11.民法典第五百八十五条第二款规定的损失范围应当按照民法典第五百八十

四条规定确定,包括合同履行后可以获得的利益,但不得超过违约一方订立合同时预见到或者应当预见到的因违约可能造成的损失。

当事人请求人民法院增加违约金的,增加后的违约金数额以不超过民法典第五百八十四条规定的损失为限。增加违约金以后,当事人又请求对方赔偿损失的,人民法院不予支持。

当事人请求人民法院减少违约金的,人民法院应当以民法典第五百八十四条规定的损失为基础,兼顾合同的履行情况、当事人的过错程度等综合因素,根据公平原则和诚信原则予以衡量,并作出裁判。约定的违约金超过根据民法典第五百八十四条规定确定的损失的百分之三十的,一般可以认定为民法典第五百八十五条第二款规定的"过分高于造成的损失"。当事人主张约定的违约金过高请求予以适当减少的,应当承担举证责任;相对人主张违约金约定合理的,也应提供相应的证据。

风险点111:混淆订金与定金

【风险提示】

根据《民法典》第五百八十六条的规定,当事人可以约定一方向对方给付定金作为债权的担保。定金合同自实际交付定金时成立。定金的数额由当事人约定;但是,不得超过主合同标的额的20%,超过部分不产生定金的效力。实际交付的定金数额多于或者少于约定数额的,视为变更约定的定金数额。根据该法第五百八十七条的规定,债务人履行债务的,定金应当抵作价款或者收回。给付定金的一方不履行债务或者履行债务不符合约定,致使不能实现合同目的的,无权请求返还定金;收受定金的一方不履行债务或者履行债务不符合约定,致使不能实现合同目的的,应当双倍返还定金。

订金严格来讲并非法律概念,它只是一个不具有担保功能的交易习惯用语。一般来讲,订金视为预付款,交易成功时,订金直接充当货款;交易失败时,订金应当全额返还。

【防范措施】

企业在合同中约定定金条款时,应当注意以下事项:

1. 审查合同的效力。若签订的合同本身无效,合同中的定金条款也会随之丧失法律效力。

2. 在合同中约定清楚合同签订之日起一定期限内交付定金及交付定金的方式,比如是现金支付,还是通过银行转账支付。因定金合同自实际交付定金时成立,故要及时督促当事人按合同约定交付定金。

【法条链接】

《民法典》第五百八十六条　当事人可以约定一方向对方给付定金作为债权的担保。定金合同自实际交付定金时成立。

定金的数额由当事人约定；但是，不得超过主合同标的额的百分之二十，超过部分不产生定金的效力。实际交付的定金数额多于或者少于约定数额的，视为变更约定的定金数额。

第五百八十七条　债务人履行债务的，定金应当抵作价款或者收回。给付定金的一方不履行债务或者履行债务不符合约定，致使不能实现合同目的的，无权请求返还定金；收受定金的一方不履行债务或者履行债务不符合约定，致使不能实现合同目的的，应当双倍返还定金。

风险点 112：违约金与定金同时适用

【风险提示】

违约金，是指合同当事人在合同订立时预先约定或法律规定的，当一方违约时向对方支付的一定数量的金钱。定金，是指当事人双方为了保证债务的履行，约定由当事人一方先支付给对方一定数额的货币作为担保。定金与违约金的区别在于，前者为担保方式，后者为违约责任。在我国，定金和违约金都是补偿性的，而定金与违约金在目的、性质、功能等方面都比较相似，如果同时适用，不仅会给违约方强加过重的责任，而且责任后果与违约所实际造成的损失相比相差很大，也是不合理的。若当事人既约定了违约金又约定了定金，一方违约时，对方只可以选择适用违约金或者定金条款。

【防范措施】

当合同中同时约定违约金和定金条款时，守约方产生选择权，可以选择适用违约金或者定金条款，请求违约方承担这两种责任中的一种，或者给付违约金，或者执行定金条款，不能要求对方都承担。如果守约方选择适用定金条款，而约定的定金不足以弥补违约方违约给守约方造成的损失，守约方可以请求违约方赔偿超过定金数额的损失。

【法条链接】

《民法典》第五百八十五条　当事人可以约定一方违约时应当根据违约情况向

对方支付一定数额的违约金,也可以约定因违约产生的损失赔偿额的计算方法。

约定的违约金低于造成的损失的,人民法院或者仲裁机构可以根据当事人的请求予以增加;约定的违约金过分高于造成的损失的,人民法院或者仲裁机构可以根据当事人的请求予以适当减少。

当事人就迟延履行约定违约金的,违约方支付违约金后,还应当履行债务。

第五百八十七条　债务人履行债务的,定金应当抵作价款或者收回。给付定金的一方不履行债务或者履行债务不符合约定,致使不能实现合同目的的,无权请求返还定金;收受定金的一方不履行债务或者履行债务不符合约定,致使不能实现合同目的的,应当双倍返还定金。

第五百八十八条　当事人既约定违约金,又约定定金的,一方违约时,对方可以选择适用违约金或者定金条款。

定金不足以弥补一方违约造成的损失的,对方可以请求赔偿超过定金数额的损失。

风险点113:因不可抗力导致违约

【风险提示】

不可抗力,是指在合同订立之后,当事人依据现有的知识与经验,没有办法提前预见损害结果发生的可能性,而且即使尽了最大努力仍然无法避免损害结果出现的一种客观情况。不可抗力具有客观性、偶然性、不可控制性、不可预见性等特征。在司法实践中,不可抗力的判断标准比较严格,需要当事人进行专业的判断。这里需要注意以下两点:第一,并不是一旦出现自然灾害、社会异常事件等现象就是不可抗力,还要根据实际情况判断其是否对履行合同造成重大影响。如果没有影响或影响较小,也不能将其作为免责事由。第二,如果是当事人迟延履行之后发生不可抗力导致合同无法履行,则不能免责。

需要注意的是,不能履行合同的一方不能对损失的发生听之任之,而应及时通知对方,并且在合理的期间内提供证明。若不依法履行相应的通知义务,导致对方损失扩大的,不能就该部分损失免责。

【防范措施】

因不可抗力不能履行合同的,不能履行合同的一方应当及时通知对方,以减小可能给对方造成的损失,并应当在合理期限内提供证明。

【法条链接】

《民法典》第一百八十条　因不可抗力不能履行民事义务的,不承担民事责任。法律另有规定的,依照其规定。

不可抗力是不能预见、不能避免且不能克服的客观情况。

第五百九十条　当事人一方因不可抗力不能履行合同的,根据不可抗力的影响,部分或者全部免除责任,但是法律另有规定的除外。因不可抗力不能履行合同的,应当及时通知对方,以减轻可能给对方造成的损失,并应当在合理期限内提供证明。

当事人迟延履行后发生不可抗力的,不免除其违约责任。

风险点114：对方违约,守约方没有防止损失扩大

【风险提示】

企业在合同履行期间,难免会碰到相对方违约造成自身损失的情况。此时,企业作为守约方,应当主动向违约方主张权利,并采取措施控制损害结果的扩大。但有的企业可能会认为,反正损失可以要求违约方赔偿,没有必要浪费时间、精力去替违约方减少损失。这种想法是错误的,因为一方违约后,另一方没有采取适当措施致使损失扩大的,不得就扩大的损失请求赔偿。

【防范措施】

"减损义务"目的在于遏制守约方的恶意扩大损失行为。在市场交易中,守约方在对方违约后应当采取积极措施防止或避免损失的发生或扩大,否则其无权针对扩大的损失向违约方主张权利。实践中,守约方常见的减少损失措施主要有发送书面通知、中止履行合同、解除合同、及时消除扩大损失的源头等。

对于防止损失扩大而支出的费用,守约方要保存好相关票据、证据以及与违约方沟通往来的记录,以便向违约方主张因防止损失扩大而支出的合理费用。

【法条链接】

《民法典》第五百九十一条　当事人一方违约后,对方应当采取适当措施防止损失的扩大;没有采取适当措施致使损失扩大的,不得就扩大的损失请求赔偿。

当事人因防止损失扩大而支出的合理费用,由违约方负担。

风险点115：为获得更大利益随意违约

【风险提示】

较多企业有个疑问：自愿按合同约定支付违约金是不是就可以任意解除合同？答案是否定的。我国《民法典》第一百一十九条规定："依法成立的合同，对当事人具有法律约束力。"可见，当事人应当按照约定履行义务，不得擅自变更或者解除合同。该法第四百六十五条第一款规定："依法成立的合同，受法律保护。"可见，法律保护守约方的利益，保护交易安全和稳定性，不轻易否定合同效力。

司法实践中，法律不允许违约方通过违约行为获得高额收益。法院在处理违约获益的情况时，会考虑多种因素，包括违约方的过错程度、违约行为的性质以及守约方的损失等。如在房屋买卖关系中，合同约定的违约金不足以弥补守约方的损失，守约方一般可要求违约方赔偿其房屋差价损失。房屋差价损失计算方法，可比照起诉时最相似商品房的市场成交价格与买卖合同成交价之差计算。没有最相似商品房比照的，可委托专业机构评估确定房屋涨跌损失。

【防范措施】

企业在签订合同后，应当按照约定全面履行义务，不能为获得更大利益而随意违约，否则违约不成还要赔偿对方损失，得不偿失。

【法条链接】

《民法典》第一百一十九条　依法成立的合同，对当事人具有法律约束力。

第四百六十五条　依法成立的合同，受法律保护。

依法成立的合同，仅对当事人具有法律约束力，但是法律另有规定的除外。

第五百八十条　当事人一方不履行非金钱债务或者履行非金钱债务不符合约定的，对方可以请求履行，但是有下列情形之一的除外：

（一）法律上或者事实上不能履行；

（二）债务的标的不适于强制履行或者履行费用过高；

（三）债权人在合理期限内未请求履行。

有前款规定的除外情形之一，致使不能实现合同目的的，人民法院或者仲裁机构可以根据当事人的请求终止合同权利义务关系，但是不影响违约责任的承担。

第五百八十四条　当事人一方不履行合同义务或者履行合同义务不符合约定，造成对方损失的，损失赔偿额应当相当于因违约所造成的损失，包括合同履行后可以获得的利益；但是，不得超过违约一方订立合同时预见到或者应当预见到的因违约可能造成的损失。

第五百八十五条 当事人可以约定一方违约时应当根据违约情况向对方支付一定数额的违约金,也可以约定因违约产生的损失赔偿额的计算方法。

约定的违约金低于造成的损失的,人民法院或者仲裁机构可以根据当事人的请求予以增加;约定的违约金过分高于造成的损失的,人民法院或者仲裁机构可以根据当事人的请求予以适当减少。

当事人就迟延履行约定违约金的,违约方支付违约金后,还应当履行债务。

风险点116:不履行预约合同的违约责任

【风险提示】

预约合同,是指约定将来要订立合同的合同,预约合同成立之后当事人负有履行签订本约合同的义务。其合同目的就在于成立本约合同,若本约合同没有签订,就属于没有履行预约合同。当事人之所以不直接订立本约合同,原因在于法律或事实上存在致使本约合同不满足订立的条件,所以先订立预约合同,使相对方受到约束,以保证后期本约合同的订立。

预约合同是《民法典》合同编中新规定的一种合同形式,在此之前的《合同法》(已失效)并未对预约合同作出规定,但在司法解释中有所体现。预约合同一般在本约合同订立前使用,其合同标的是"当事人各方为将来订立本约合同而谈判,并最终订立本约合同"。因此预约合同也是一个独立的合同,只不过合同目的比较特殊而已。根据《民法典》第四百九十五条第二款的规定,违反预约合同,不履行订立(本约)合同义务的,应当承担预约合同的违约责任。如果预约合同约定了违约责任,则按照约定处理;如果预约合同没有约定违约责任,则根据违约给守约方带来的损失为标准主张违约责任。关于损失赔偿,主要以直接损失为计算标准,如果守约方无法证明损失与违约行为的关联性,其请求可能不能得到法院的支持。

【防范措施】

我国民事赔偿中的损失,多数指因为违约行为直接给守约方带来的损害。签订预约合同之后,因为对相对人的信任,当事人可能放弃其他合同机会,一旦对方违约,守约方期待利益落空,该期待利益和放弃的机会利益均难以根据法律规定获得赔偿。就企业而言,为避免合同相对方违约给自己造成损失,应当在预约合同中明确约定违约责任。

【法条链接】

《民法典》第四百九十五条　当事人约定在将来一定期限内订立合同的认购书、订购书、预订书等,构成预约合同。

当事人一方不履行预约合同约定的订立合同义务的,对方可以请求其承担预约合同的违约责任。

《最高人民法院关于适用〈中华人民共和国民法典〉合同编通则若干问题的解释》第七条　预约合同生效后,当事人一方拒绝订立本约合同或者在磋商订立本约合同时违背诚信原则导致未能订立本约合同的,人民法院应当认定该当事人不履行预约合同约定的义务。

人民法院认定当事人一方在磋商订立本约合同时是否违背诚信原则,应当综合考虑该当事人在磋商时提出的条件是否明显背离预约合同约定的内容以及是否已尽合理努力进行协商等因素。

第八条　预约合同生效后,当事人一方不履行订立本约合同的义务,对方请求其赔偿因此造成的损失的,人民法院依法予以支持。

前款规定的损失赔偿,当事人有约定的,按照约定;没有约定的,人民法院应当综合考虑预约合同在内容上的完备程度以及订立本约合同的条件的成就程度等因素酌定。

风险点117:预期违约

【风险提示】

预期违约又称先期违约,是指在合同履行期限到来之前,债务人虽无正当理由但明确表示其在履行期到来后将不履行合同,或者其行为表明在履行期到来后将不履行合同。我国关于预期违约的法律规定主要表现为《民法典》第五百七十八条"当事人一方明确表示或者以自己的行为表明不履行合同义务的,对方可以在履行期限届满前请求其承担违约责任"的规定。

预期违约分为明示预期违约和默示预期违约。实务中,明示违约这种预期违约类型显而易见,不易产生争议。但是对于默示违约,我国法律并未明确规定何种程度的行为可以被认定为"以自己的行为表明不履行合同义务",遇到该类情形时,债权人必须在作出预见的同时进行准确的判断。

【防范措施】

债权人应结合已到期部分的违约情况、债务人经营状况、双方之间的约定、交易习惯等因素综合考虑默示违约是否发生。实务界和学术界有人提出,债权人应当在一定的合理期限内要求债务人提供担保,只有在对方无法在合理期限内提供充分担保的情形下,才构成默示预期违约。在诉讼活动中,法官对确定是否构成默示违约有一定的自由裁量权,因此当事人不宜随意以默示预期违约提起诉讼。

【法条链接】

《民法典》第五百七十八条 当事人一方明确表示或者以自己的行为表明不履行合同义务的,对方可以在履行期限届满前请求其承担违约责任。

风险点118:发现对方违约后,也以违约行为回击对方

【风险提示】

"以非制非",是指以一种不正确的行为对抗另一种不正确的行为。"以非制非"简单理解就是以错制错。在合同履行中,有的当事人发现对方违约后,出于气愤,也以违约行为来回击对方,其结果是双方违约。如果不采取"以非制非"手段,只是一方违约,守约方无须承担违约责任。出现双方违约的情况后,双方都要承担违约责任。

【防范措施】

企业应当遵循诚实信用原则严格履行合同。当对方违约时,不能以违约回击对方,而应当依法对违约行为进行制止,如要求对方支付违约金。如果违约金不足以弥补所造成的损失,还可以向违约方主张赔偿。如果违约方拒绝承担违约金,可以向人民法院提起诉讼。

【法条链接】

《民法典》第五百九十二条 当事人都违反合同的,应当各自承担相应的责任。

当事人一方违约造成对方损失,对方对损失的发生有过错的,可以减少相应的损失赔偿额。

风险点119:没有约定违约方支付律师费

【风险提示】

律师费与向法院缴纳的诉讼费不同。诉讼费在起诉时先由原告预交,在判决后法院根据原告、被告双方的责任再进行分摊,而律师费则是"自己请的律师自己付

钱",但是如果合同约定了律师费的承担方式,就按照合同约定履行。如果合同中没有明确约定律师费的承担方式,当出现纠纷时,法院一般不会判违约方向守约方支付已支付的律师费。除合同约定由违约方支付律师费外,守约方在起诉时还应提供与律师签订的委托合同以及发票,证明自己已经实际支付律师费用,且律师费有依据,可以计算得出,方便法院作出判决。不能提供委托合同和律师费发票的,或者没有实际支付律师费的,法院有可能会认为费用并没有产生、没有出现损失,从而不会判决由败诉方支付律师费。

司法实践中,律师费通常会被视为为了防止损失而产生的"合理费用"的一部分,在打官司时,可以尝试以合理费用作为主张依据。在知识产权相关案件以及侵权案件中,法院一般会支持合理费用的支付。而在合同纠纷条件中,如果合同中没有明确约定律师费的承担方式,除非是当事人为了减少损失而支出的费用,否则较难得到法院支持。需要说明的是,律师收费标准各个地方不一样,均有物价部门规定的收费幅度,超出部分的收费不会被法院认可。

【防范措施】

企业在签订合同时,可在合同中约定由败诉方承担律师费,如可约定:"违约方应当承担另一方所支出的,包括但不限于律师费、诉讼费、保全费、担保费、差旅费、公证费等费用。"这样一来,不仅可以促进合同双方如约履行合同义务,还能最大限度地保障守约方的合法权益。从司法实践来看,绝大部分案例中,如果当事人双方有事先约定,只要律师费在合理范围内,法院基本上都会支持。合理范围,就是指各地制定的律师法律服务收费行业指导标准范围。超出部分一般得不到法院支持,但需要注意的是,即使是在法律范畴内,法院也可能对律师费进行调整。

【法条链接】

《民法典》第五百八十四条　当事人一方不履行合同义务或者履行合同义务不符合约定,造成对方损失的,损失赔偿额应当相当于因违约所造成的损失,包括合同履行后可以获得的利益;但是,不得超过违约一方订立合同时预见到或者应当预见到的因违约可能造成的损失。

第五百九十一条　当事人一方违约后,对方应当采取适当措施防止损失的扩大;没有采取适当措施致使损失扩大的,不得就扩大的损失请求赔偿。

当事人因防止损失扩大而支出的合理费用,由违约方负担。

《最高人民法院关于审理著作权民事纠纷案件适用法律若干问题的解释》第二十六条　著作权法第四十九条第一款规定的制止侵权行为所支付的合理开支,包括权利人或者委托代理人对侵权行为进行调查、取证的合理费用。

人民法院根据当事人的诉讼请求和具体案情,可以将符合国家有关部门规定的律师费用计算在赔偿范围内。

《最高人民法院关于审理商标民事纠纷案件适用法律若干问题的解释》第十七条 商标法第六十三条第一款规定的制止侵权行为所支付的合理开支,包括权利人或者委托代理人对侵权行为进行调查、取证的合理费用。

人民法院根据当事人的诉讼请求和案件具体情况,可以将符合国家有关部门规定的律师费用计算在赔偿范围内。

《最高人民法院关于审理利用信息网络侵害人身权益民事纠纷案件适用法律若干问题的规定》第十二条 被侵权人为制止侵权行为所支付的合理开支,可以认定为民法典第一千一百八十二条规定的财产损失。合理开支包括被侵权人或者委托代理人对侵权行为进行调查、取证的合理费用。人民法院根据当事人的请求和具体案情,可以将符合国家有关部门规定的律师费用计算在赔偿范围内。

被侵权人因人身权益受侵害造成的财产损失以及侵权人因此获得的利益难以确定的,人民法院可以根据具体案情在50万元以下的范围内确定赔偿数额。

《最高人民法院关于审理生态环境损害赔偿案件的若干规定(试行)》第十四条 原告请求被告承担下列费用的,人民法院根据具体案情予以判决:

(一)实施应急方案、清除污染以及为防止损害的发生和扩大所支出的合理费用;

(二)为生态环境损害赔偿磋商和诉讼支出的调查、检验、鉴定、评估等费用;

(三)合理的律师费以及其他为诉讼支出的合理费用。

风险点120:约定不可控制条款

【风险提示】

不可控制条款,是指在合同中设定的,非当事人努力所能做到的条款。这种条款的实现不取决于当事人的努力,而是由外部力量决定的。合同中设定不可控制条款,比较容易出现违约情况,而对这种违约的发生,违约方又是不可控制的。

【防范措施】

对于合同的内容,应该是企业能做到什么就写什么,做不到的千万不要硬写,写了就容易导致违约。对于不可控制的合同条款,承担义务的一方一定要考虑自己是否能如期完成,如果经过努力也很难完成或未来是否能完成是个未知数,最好不要写在合同中。如果对方强烈要求写入合同,可考虑附加对自己有利的条件,尽量避免违约,否则承担义务的一方极可能会违约。

【法条链接】

《民法典》第五百七十七条　当事人一方不履行合同义务或者履行合同义务不符合约定的,应当承担继续履行、采取补救措施或者赔偿损失等违约责任。

风险点121:合同保管不当导致不能追究对方违约责任

【风险提示】

妥善保管合同是企业合同管理的重要内容,如果企业对合同保管不当,会引起许多法律风险,导致企业利益受损。妥善保管合同,是企业控制合同法律风险的方法之一。当发生诉讼纠纷时,合同是核心证据之一,有了合同就可以证明与对方的法律关系存在,证明合同中的权利和义务,进而分析违约与否,是否应承担合同责任等。如果没有合同,这些都无从谈起。

【防范措施】

企业要妥善保管合同,应做好以下几方面的工作:

1.将合同装订成册,妥善存档并保管。合同保管可以分为长期、中期和短期三种。对重要合同应当长期保管,对一般合同可以短期保管。

2.合同无论是否履行完毕,都不要随意删除合同的电子版,电子版是保存合同的主要方式之一。合同的电子版有时有好几个版本,应以最后盖章的为准。

3.合同应当由专人保管。保管合同看似简单,但频繁换人会给保管合同带来许多不确定因素。保管人员发生变动时,要做好合同档案的交接工作。

4.实行借阅制度。合同借阅要经过领导审批,借阅人员不能将合同带出档案室,更不能带到公司外。在有工作需要时,可以对合同进行复印,但原件不能出借。

5.防火防盗,在任何情况下都要时刻提防合同的安全性,不要忽视合同被盗的可能性和其他风险。

【法条链接】

《民法典》第五百七十七条　当事人一方不履行合同义务或者履行合同义务不符合约定的,应当承担继续履行、采取补救措施或者赔偿损失等违约责任。

《民事诉讼法》第六十七条　当事人对自己提出的主张,有责任提供证据。

当事人及其诉讼代理人因客观原因不能自行收集的证据,或者人民法院认为审理案件需要的证据,人民法院应当调查收集。

人民法院应当按照法定程序,全面地、客观地审查核实证据。

风险点122:没有收集与保留对方违约的证据

【风险提示】

在合同履行过程中,一旦发生纠纷引起诉讼,除了法律依据,双方履行权利义务的证据就是决定案件胜负的关键因素。收集和保留对方违约证据的目的,就是在双方关系破裂的情况下,通过诉讼等法律手段解决问题时,有凭有据。证据是获得法院支持的关键所在,企业若只有理而没有证据,不会获得法院的支持。

【防范措施】

企业在合同签订及履行过程中,应当注意收集与保留各种证据。在收集与保留证据时,应当注意以下事项:

1. 证据应当尽量收集原件、原物,并妥善保管。实务中,收集的证据包括:合同相对方主体证照、合同正本、合同副本及附件、告客户书、对方开户行及银行账号资料、合同文本的签收记录、签证资料、合同当事人的往来邮件、交货送货单据、检验验收资料、结算付款资料、变更及解除合同的协议以及其他签订和履行合同的相关资料。

2. 除需要保留往来中形成的原始书证外,还需要保留履行通知义务、协助义务等事实或行为证据,必要时可对某些证据进行录音录像或进行公证。

3. 通过传真方式签订合同的须注意传真件效果,对原件及复印件均须妥善保管。

4. 对于双方口头达成的协议事项,尽量以书面形式固定下来。

【法条链接】

《民法典》第五百七十七条　当事人一方不履行合同义务或者履行合同义务不符合约定的,应当承担继续履行、采取补救措施或者赔偿损失等违约责任。

《民事诉讼法》第六十七条　当事人对自己提出的主张,有责任提供证据。

当事人及其诉讼代理人因客观原因不能自行收集的证据,或者人民法院认为审理案件需要的证据,人民法院应当调查收集。

人民法院应当按照法定程序,全面地、客观地审查核实证据。

第八章

买 卖 合 同

风险点123：未签订书面的买卖合同

【风险提示】

我国《民法典》规定当事人可采用书面形式、口头形式和其他形式订立合同，但因为非书面形式的买卖合同在发生纠纷时不好确定责任，也容易被人利用进行欺诈，所以订立买卖合同应尽量采用书面形式。实务中，有的买卖双方因各种原因没有事先签订买卖合同，买方直接向卖方发订单，这些订单中往往有一些不合理条款，如果卖方按订单交货则必须受订单的约束，卖方交货的行为就表示承诺，买方所发的订单实质成为合同。

【防范措施】

实践中因便捷交易、长期合作等原因，不签订书面买卖合同直接供货的情况大量存在，在未签订买卖合同的情况下，出卖人仅凭送货单证明存续买卖关系的风险较大。为降低交易风险，应注意以下几点：

1. 出卖人要增强风险意识，制作、填写送货单要规范，送货时注意对签收人身份、授权进行审查。企业作为收货方，应要求对方在送货单上加盖企业备案印章。

2. 保存债权凭证，如对账确认函、债权确认书等。一般情况下，一方以债权凭证证明双方买卖合同关系，另一方又没有相反证据推翻的，可以认定双方存在买卖合同关系。

3. 送货单上务必清晰记载货物的名称、型号、规格、单价、数量、质量等级、交易标的物的具体属性等内容，特别是在双方没有书面合同的情况下，送货单上的单价将会成为认定价格的直接证据。

【法条链接】

《民法典》第四百六十九条 当事人订立合同，可以采用书面形式、口头形式或者其他形式。

书面形式是合同书、信件、电报、电传、传真等可以有形地表现所载内容的形式。

以电子数据交换、电子邮件等方式能够有形地表现所载内容,并可以随时调取查用的数据电文,视为书面形式。

第四百七十一条 当事人订立合同,可以采取要约、承诺方式或者其他方式。

《最高人民法院关于审理买卖合同纠纷案件适用法律问题的解释》第一条 当事人之间没有书面合同,一方以送货单、收货单、结算单、发票等主张存在买卖合同关系的,人民法院应当结合当事人之间的交易方式、交易习惯以及其他相关证据,对买卖合同是否成立作出认定。

对账确认函、债权确认书等函件、凭证没有记载债权人名称,买卖合同当事人一方以此证明存在买卖合同关系的,人民法院应予支持,但有相反证据足以推翻的除外。

风险点124:买卖合同签订后的管理不善

【风险提示】

签订了一份内容齐备、详尽完善的合同并不代表没有任何风险,在实际履行中还有可能出现对方恶意履行的情况,如借口产品质量差而拒付货款、产品有质量问题而故意不告知、在发生多交货时不予通知、在对方履行不符合约定时不及时采取措施避免或减少损失的发生等。因此,签订一个好的合同只是一个良好的开端,合同的履行才是真正重要的环节。在实际买卖活动中,合同履行过程往往较长,其间需要合同双方或者多方的配合,这固然需要在合同中详细约定相关细节,但更需要合同当事人根据实际情况以及合同的约定作出补充或者修改。

【防范措施】

为保证买卖合同能够顺利履行,合同当事人应当在合同签订后即指定专人负责履约管理,包括妥善保管合同以及履行过程中形成的所有文件。对合同履行过程中出现的问题,应当及时与对方协商解决方案并形成补充协议或者备忘录,签收对方送达的函件或者其他书面文件并作出相应回应等。这样不仅能及时处理合同履行过程中出现的问题,而且能保障合同如期、顺利履行,实现当事人签订买卖合同的目的。

【法条链接】

《民法典》第五百七十七条 当事人一方不履行合同义务或者履行合同义务不

符合约定的,应当承担继续履行、采取补救措施或者赔偿损失等违约责任。

风险点 125：卖方对合同标的物无处分权

【风险提示】

在商业交易中,若卖方为无处分权人,通常只有卖方与该物所有权人知道。若卖方对合同标的物没有完全合法的处分权,在标的物交付后,可能出现第三人对标的物主张权利或标的物所有权无法转移的风险。

【防范措施】

对买方来说,涉及不动产的,应当严格审核卖方是否为物权所有人。若标的物是动产,我国主要是以占有为所有权公示方式,故在交易价格合理的情况下,只要审查标的物占有状况即可。

【法条链接】

《民法典》第五百九十七条　因出卖人未取得处分权致使标的物所有权不能转移的,买受人可以解除合同并请求出卖人承担违约责任。

法律、行政法规禁止或者限制转让的标的物,依照其规定。

第五百九十八条　出卖人应当履行向买受人交付标的物或者交付提取标的物的单证,并转移标的物所有权的义务。

第五百九十九条　出卖人应当按照约定或者交易习惯向买受人交付提取标的物单证以外的有关单证和资料。

风险点 126：与无权代理人签订买卖合同

【风险提示】

在买卖合同的签订中,经常有代理人以被代理人名义签订合同的情况。在被代理人授权范围内,代理人签订的合同约定的权利义务应由被代理人承受;但代理人超越代理权或代理权授权期限届满后订立的合同,未经被代理人追认,由行为人承担责任。需要注意的是,行为人没有代理权、超越代理权或者代理权终止后,仍然实施代理行为,相对人有理由相信行为人有代理权的,代理行为有效。

【防范措施】

对于业务员或经营管理人员代表其单位订立的合同,企业应注意了解对方的授权情况,包括授权范围、授权期限及所开具授权委托书的真实性。

【法条链接】

《民法典》第一百七十一条　行为人没有代理权、超越代理权或者代理权终止后,仍然实施代理行为,未经被代理人追认的,对被代理人不发生效力。

相对人可以催告被代理人自收到通知之日起三十日内予以追认。被代理人未作表示的,视为拒绝追认。行为人实施的行为被追认前,善意相对人有撤销的权利。撤销应当以通知的方式作出。

行为人实施的行为未被追认的,善意相对人有权请求行为人履行债务或者就其受到的损害请求行为人赔偿。但是,赔偿的范围不得超过被代理人追认时相对人所能获得的利益。

相对人知道或者应当知道行为人无权代理的,相对人和行为人按照各自的过错承担责任。

第一百七十二条　行为人没有代理权、超越代理权或者代理权终止后,仍然实施代理行为,相对人有理由相信行为人有代理权的,代理行为有效。

《最高人民法院关于当前形势下审理民商事合同纠纷案件若干问题的指导意见》第十三条　合同法第四十九条规定的表见代理制度不仅要求代理人的无权代理行为在客观上形成具有代理权的表象,而且要求相对人在主观上善意且无过失地相信行为人有代理权。合同相对人主张构成表见代理的,应当承担举证责任,不仅应当举证证明代理行为存在诸如合同书、公章、印鉴等有权代理的客观表象形式要素,而且应当证明其善意且无过失地相信行为人具有代理权。

第十四条　人民法院在判断合同相对人主观上是否属于善意且无过失时,应当结合合同缔结与履行过程中的各种因素综合判断合同相对人是否尽到合理注意义务,此外还要考虑合同的缔结时间、以谁的名义签字、是否盖有相关印章及印章真伪、标的物的交付方式与地点、购买的材料、租赁的器材、所借款项的用途、建筑单位是否知道项目经理的行为、是否参与合同履行等各种因素,作出综合分析判断。

风险点127:买方不按时提货导致货物损毁

【风险提示】

根据《民法典》第六百零四条、第六百零五条的规定,标的物毁损、灭失的风险,在标的物交付之前由出卖人承担,交付之后由买受人承担,但是法律另有规定或者当事人另有约定的除外。因买受人的原因致使标的物未按照约定期限交付的,买受人应当自违反约定时起承担标的物毁损、灭失的风险。从前述法律规定,可以看出我国《民法典》买卖合同标的物风险承担原则采用"交付转移风险原则",即以标的物的交付为风险转移的时间标准,在标的物交付给买受人之前由出卖人承担,交付之后由买受人承担,而不论标的物所有权是否转移。但因买受人原因(如不按时提货)致使标的物不能按照约定期限交付的,买受人应当自违反约定时起承担标的物毁损、灭失的风险。

【防范措施】

作为买卖合同的买方,为了避免因迟延收货承担货物毁损、灭失的风险,建议做好以下几点:

1. 在合同中明确约定货物风险转移时间和交付方式。根据《民法典》第六百零四条的规定,货物风险承担原则采用的是"交付转移风险原则",但允许合同相对人另行约定。

2. 在签订买卖合同时,应对交付地、交付时间、交付方式进行明确约定,避免使用含义模糊的文字表述,产生理解分歧。

3. 出现可能无法按时收货的情形时,应提前通知卖方,协商变更送货时间。

【法条链接】

《民法典》第六百零四条　标的物毁损、灭失的风险,在标的物交付之前由出卖人承担,交付之后由买受人承担,但是法律另有规定或者当事人另有约定的除外。

第六百零五条　因买受人的原因致使标的物未按照约定的期限交付的,买受人应当自违反约定时起承担标的物毁损、灭失的风险。

风险点 128:购买已抵押的物品

【风险提示】

根据《民法典》第四百零六条的规定,抵押期间,抵押人可以转让抵押财产。当事人另有约定的,按照其约定。抵押财产转让的,抵押权不受影响。抵押人转让抵押财产的,应当及时通知抵押权人。抵押权人能够证明抵押财产转让可能损害抵押权的,可以请求抵押人将转让所得的价款向抵押权人提前清偿债务或者提存。转让的价款超过债权数额的部分归抵押人所有,不足部分由债务人清偿。可见,购买已抵押物品存在较大风险,原抵押权人因抵押人(出卖人)未能按时偿还款项而行使抵押权,购买者可能面临物品被强制收回的风险。

【防范措施】

企业在购买动产物品时,为了降低交易风险,应注意以下几点:

1. 在交易前调查清楚交易的动产上是否设定抵押权。动产抵押的,抵押权自抵押合同生效时设立;未经登记,不得对抗善意第三人。如交易标的已设定抵押权,则必须了解抵押担保债权的情况,包括主债权、利息、履行状况、违约责任等,以准确评估抵押风险及责任范围。

2. 如果交易动产上设定了抵押权,买受人应取得抵押权人的书面确认,明确抵押担保债权金额(包括利息、违约金、费用等),在交易价款中预先扣除抵押债权金额,或在交易中对抵押债权的清偿作出安排。

3. 如果经过调查确认交易动产无抵押登记,可以在交易合同中以单独条款列明或要求卖方出具书面的无抵押承诺,同时在交易中尽快转移占有动产并取得动产所有权。

【法条链接】

《民法典》第四百零三条　以动产抵押的,抵押权自抵押合同生效时设立;未经登记,不得对抗善意第三人。

第四百零六条　抵押期间,抵押人可以转让抵押财产。当事人另有约定的,按照其约定。抵押财产转让的,抵押权不受影响。

抵押人转让抵押财产的,应当及时通知抵押权人。抵押权人能够证明抵押财产转让可能损害抵押权的,可以请求抵押人将转让所得的价款向抵押权人提前清偿债务或者提存。转让的价款超过债权数额的部分归抵押人所有,不足部分由债务人清偿。

《最高人民法院关于适用〈中华人民共和国民法典〉有关担保制度的解释》第五十六条　买受人在出卖人正常经营活动中通过支付合理对价取得已被设立担保物权的动产,担保物权人请求就该动产优先受偿的,人民法院不予支持,但是有下列情形之一的除外:

(一)购买商品的数量明显超过一般买受人;

(二)购买出卖人的生产设备;

(三)订立买卖合同的目的在于担保出卖人或者第三人履行债务;

(四)买受人与出卖人存在直接或者间接的控制关系;

(五)买受人应当查询抵押登记而未查询的其他情形。

前款所称出卖人正常经营活动,是指出卖人的经营活动属于其营业执照明确记载的经营范围,且出卖人持续销售同类商品。前款所称担保物权人,是指已经办理登记的抵押权人、所有权保留买卖的出卖人、融资租赁合同的出租人。

风险点129：一物数卖

【风险提示】

遇到"一物数卖"时，谁能得到商品呢？在两份买卖合同中，如果前手买家自愿放弃合同权利，不再要求卖家履行合同交付标的物，则卖家应当履行与后手买家的合同。在这种情况下，标的物交付给后手买家即可，不会出现冲突。如果所有买家都不放弃，都要求卖家交付标的物，那么关于标的物归谁所有就成了一个大问题。现行法律规定的分配原则是：先来后到，谁先抢到手是谁的；都还没抢到手，以先付钱的为先；都没抢到手也没付钱的，以最早签合同的为先。

【防范措施】

为了防范出卖人"一物数卖"行为，应注意以下几点：

1. 在买卖合同拟定违约条款时，应明确违约损失的类型，增加关于律师费、诉讼费、保全费、担保费及差旅费等损失由违约方赔偿的责任条款。对于出卖人违反约定与第三人签订买卖合同并完成交付的违约情形，可以约定特别条款，加重出卖人的违约成本。

2. 订立买卖合同后，应尽快完成所有权转移。标的物为一般动产的，买受人应要求出卖人尽快向自己交付，或者共同委托第三方保管；标的物为特殊动产的，买受人应要求出卖人尽快办理所有权变更登记。

3. 多重买卖一般以特定物为标的物，因此，在实际履行已经不可能的情形下，买受人可以要求出卖人交付与原合同约定相同或者相似的标的物。

【法条链接】

《民法典》第二百零八条　不动产物权的设立、变更、转让和消灭，应当依照法律规定登记。动产物权的设立和转让，应当依照法律规定交付。

《最高人民法院关于审理买卖合同纠纷案件适用法律问题的解释》第六条　出卖人就同一普通动产订立多重买卖合同，在买卖合同均有效的情况下，买受人均要求实际履行合同的，应当按照以下情形分别处理：

（一）先行受领交付的买受人请求确认所有权已经转移的，人民法院应予支持；

（二）均未受领交付，先行支付价款的买受人请求出卖人履行交付标的物等合同义务的，人民法院应予支持；

（三）均未受领交付，也未支付价款，依法成立在先合同的买受人请求出卖人履行交付标的物等合同义务的，人民法院应予支持。

风险点130：卖方逾期交付标的物

【风险提示】

按时交付标的物是卖方最基本的合同义务。司法实践中，"逾期交货"是常见的卖方违约行为。除卖方明显违约外，双方在合同中未对出卖人交货时间作出明确约定也是引发风险的主要原因。依据《民法典》的规定，双方如果没有约定履行期限或履行期限不明确，则需要双方协商签订补充协议，达不成补充协议的，债务人可以随时履行，债权人也可以随时要求履行，但应当给对方必要的准备时间。上述规定虽然赋予双方当事人在未约定履行期限的情形下随时履行或随时要求对方履行的权利，但是这也增加了买卖双方的交易成本及法律风险，尤其是对买方来说，其还可能因卖方不能及时供货对第三方违约或造成重大工程项目无法按进度推进等，因此，在买卖合同中，明确约定卖方的履行期限是很有必要的。

【防范措施】

为防止逾期交货的违约风险，企业在签订合同过程中应注意以下几个方面：

1. 在书面合同中明确约定交货的具体期限，如"自本合同签订之日起5日内将货物运至买方指定的交货地点"。

2. 为敦促卖方履行交货义务，可在合同中明确约定逾期交货的违约责任。需要注意的是，应尽量避免在合同中出现这样的表述："任何一方违反合同约定，应赔偿由此给对方造成的损失。"这样约定会因缺乏可操作性而失去违约责任应有的功能。一旦发生纠纷，买方将面临"举证难"的现实问题，如举证不能，买方很难挽回遭受的损失。

3. 在依据合同无法确定履行期限的情形下，买方应及时通过发催促函或其他书面形式要求卖方履行供货义务或者在口头合同的情形下采取录音等形式固定证据，以便主张权利。

【法条链接】

《民法典》第五百一十条　合同生效后，当事人就质量、价款或者报酬、履行地点等内容没有约定或者约定不明确的，可以协议补充；不能达成补充协议的，按照合同相关条款或者交易习惯确定。

第五百一十一条　当事人就有关合同内容约定不明确,依据前条规定仍不能确定的,适用下列规定:

　　(一)质量要求不明确的,按照强制性国家标准履行;没有强制性国家标准的,按照推荐性国家标准履行;没有推荐性国家标准的,按照行业标准履行;没有国家标准、行业标准的,按照通常标准或者符合合同目的的特定标准履行。

　　(二)价款或者报酬不明确的,按照订立合同时履行地的市场价格履行;依法应当执行政府定价或者政府指导价的,依照规定履行。

　　(三)履行地点不明确,给付货币的,在接受货币一方所在地履行;交付不动产的,在不动产所在地履行;其他标的,在履行义务一方所在地履行。

　　(四)履行期限不明确的,债务人可以随时履行,债权人也可以随时请求履行,但是应当给对方必要的准备时间。

　　(五)履行方式不明确的,按照有利于实现合同目的的方式履行。

　　(六)履行费用的负担不明确的,由履行义务一方负担;因债权人原因增加的履行费用,由债权人负担。

　　第五百七十七条　当事人一方不履行合同义务或者履行合同义务不符合约定的,应当承担继续履行、采取补救措施或者赔偿损失等违约责任。

　　第六百零一条　出卖人应当按照约定的时间交付标的物。约定交付期限的,出卖人可以在该交付期限内的任何时间交付。

　　第六百零二条　当事人没有约定标的物的交付期限或者约定不明确的,适用本法第五百一十条、第五百一十一条第四项的规定。

风险点 131:卖方交付标的物不符合约定的质量标准

【风险提示】

　　标的物质量是一个非常重要的问题,买方提出的标的物质量和数量要求,是整个买卖合同中的核心部分。而卖方在签订合同时,也默认自己提供的标的物符合对方要求的标准,如果达不到,就是根本违约。对于卖方来说,作为产品的提供者,应当保证产品质量与合同约定的质量要求一致,并且符合国家标准和行业标准。但是在很多情况下,产品质量并非由卖方主观意志决定,而且很有可能出现买方故意刁难卖方拖延付款或者拒绝履行合同义务等情形,面对这些情况,就必须要有一系列防控措施来保证卖方交付产品的质量符合合同要求。

【防范措施】

　　就卖方而言,应当在合同中约定"视为合格条款",即约定买方收到货物多少天内不提出质量异议则产品视为合格。这个条款是作为卖方保证产品质量符合要求，从而保护自己合法权益的最有效条款。另外，在合同中约定的质量异议期要相对短一点。质量异议期一般根据产品种类和数量进行合理科学的确定，单独就卖方而言，质量异议期肯定是越短越好，这样会让对方不具备足够的时间来提出质量异议，从而降低自己的风险。

【法条链接】

《民法典》第六百一十五条　出卖人应当按照约定的质量要求交付标的物。出卖人提供有关标的物质量说明的，交付的标的物应当符合该说明的质量要求。

第六百一十六条　当事人对标的物的质量要求没有约定或者约定不明确，依据本法第五百一十条的规定仍不能确定的，适用本法第五百一十一条第一项的规定。

第六百一十七条　出卖人交付的标的物不符合质量要求的，买受人可以依据本法第五百八十二条至第五百八十四条的规定请求承担违约责任。

第六百一十八条　当事人约定减轻或者免除出卖人对标的物瑕疵承担的责任，因出卖人故意或者重大过失不告知买受人标的物瑕疵的，出卖人无权主张减轻或者免除责任。

第六百一十九条　出卖人应当按照约定的包装方式交付标的物。对包装方式没有约定或者约定不明确，依据本法第五百一十条的规定仍不能确定的，应当按照通用的方式包装；没有通用方式的，应当采取足以保护标的物且有利于节约资源、保护生态环境的包装方式。

风险点132：买卖合同标的物约定不清晰

【风险提示】

交易标的物的约定，属于买卖合同的主要内容。关于交易的产品，一般要求明确清晰。买卖合同的标的物也即产品，合同条款都是围绕标的物进行约定的。有的企业认为因产品名称而出现纠纷的可能性比较低，故对产品条款的约定不重视。但实务中，因买卖合同对产品条款约定不清晰引致的纠纷不在少数。一旦产品条款本身存在争议或约定不明，则关于产品的质量标准、验收标准均可能存在本质上的区别。

【防范措施】

1.合同条款使用符合标准的产品名称。出卖人与买受人明确产品名称时尽量使用行业公认的产品名称，尤其是根据行业内标准的产品分类。在进出口贸易中，商品名称不同,归类也可能不同;商品归类编码决定了货物的税负、贸易管制,对一些通过退税获取经营利润的企业来说,商品归类直接决定退税率及出口贸易的可行性。

2. 无明确名称的采用约定俗成的产品名称。如无任何标准名称,则宜采用本行业约定俗成的产品名称。我国法律对商事交易中的习惯一般予以确认,但关于是否构成习惯,司法实务中,法院极为谨慎。若要使用俗称或代称,建议在明确产品名称的定义后备注使用,避免因为产品名称约定不明而引发纠纷。

【法条链接】

《民法典》第五百九十六条　买卖合同的内容一般包括标的物的名称、数量、质量、价款、履行期限、履行地点和方式、包装方式、检验标准和方法、结算方式、合同使用的文字及其效力等条款。

风险点 133:买卖合同的产品包装方式未约定

【风险提示】

产品包装方式是合同的主要条款。产品的包装方式既可以指包装物的材料,又可以指包装的操作方式,它对于产品品质的保护具有重要作用,尤其是对一些易腐、易碎、易潮以及化学物品等更是如此。对有的产品来说,质量标准的一部分可能通过包装本身来表现。实务中,如果买卖合同中未约定产品包装方式,那么当产品质量出现问题时,极易产生争议。

【防范措施】

1. 合同应当明确约定产品包装的条款。买卖合同中,由于买卖标的的特殊性,不同的包装会给产品带来不同影响。法律对产品包装规格并没有强制性规定,故需要当事人根据实际情况和需要在合同中予以约定。卖方与买方应明确产品包装的材料、包装方式、包装程度、包装费用承担等包装相关条款,避免产品包装费用的承担以及因包装不善引发纠纷的风险。

2. 合同应当约定符合法律规定的包装方式。若法律对包装有特殊规定,即使合同没有约定,或者约定的包装标准低于法律强制性规定,则卖方仍需要根据法律规定执行。因为低于国家强制性规定的包装标准约定,可能无效,或者在买卖合同当事人之间是有效的,但消费者仍需要承担法律责任。

【法条链接】

《民法典》第五百一十条　合同生效后,当事人就质量、价款或者报酬、履行地点等内容没有约定或者约定不明确的,可以协议补充;不能达成补充协议的,按照合同相关条款或者交易习惯确定。

第六百一十九条 出卖人应当按照约定的包装方式交付标的物。对包装方式没有约定或者约定不明确,依据本法第五百一十条的规定仍不能确定的,应当按照通用的方式包装;没有通用方式的,应当采取足以保护标的物且有利于节约资源、保护生态环境的包装方式。

风险点134:买卖合同的价款及结算约定不明

【风险提示】

价款及结算是合同的主要条款。价格对买卖合同的交易双方都很重要,因此明确约定产品价格、付款方式、付款期限,有利于保护交易双方的权利。否则,卖方会先要求买方支付全部价款再交付货物,买方则会要求收到全部货物并验收合格后再支付货款。因此,若产品价格、付款方式、付款期限约定不明确,在合同履行过程中易产生纠纷。

【防范措施】

1. 买卖合同应当明确产品单价或总价款,并注明结算币种。同时,产品价格是含税价还是不含税价也要约定清楚。

2. 买卖合同应当明确货款结算方式。货款结算应明确支付金额、支付时间、支付方式,明确买受人在什么情况下以什么方式支付多少金额的货款。建议在合同中明确约定卖方确认的收款账号,明确开户行及银行账号,并由卖方承担因账户问题而产生的任何风险及责任。

【法条链接】

《民法典》**第五百一十条** 合同生效后,当事人就质量、价款或者报酬、履行地点等内容没有约定或者约定不明确的,可以协议补充;不能达成补充协议的,按照合同相关条款或者交易习惯确定。

第五百一十一条 当事人就有关合同内容约定不明确,依据前条规定仍不能确定的,适用下列规定:

(一)质量要求不明确的,按照强制性国家标准履行;没有强制性国家标准的,按照推荐性国家标准履行;没有推荐性国家标准的,按照行业标准履行;没有国家标准、行业标准的,按照通常标准或者符合合同目的的特定标准履行。

（二）价款或者报酬不明确的，按照订立合同时履行地的市场价格履行；依法应当执行政府定价或者政府指导价的，依照规定履行。

（三）履行地点不明确，给付货币的，在接受货币一方所在地履行；交付不动产的，在不动产所在地履行；其他标的，在履行义务一方所在地履行。

（四）履行期限不明确的，债务人可以随时履行，债权人也可以随时请求履行，但是应当给对方必要的准备时间。

（五）履行方式不明确的，按照有利于实现合同目的的方式履行。

（六）履行费用的负担不明确的，由履行义务一方负担；因债权人原因增加的履行费用，由债权人负担。

第五百九十六条 买卖合同的内容一般包括标的物的名称、数量、质量、价款、履行期限、履行地点和方式、包装方式、检验标准和方法、结算方式、合同使用的文字及其效力等条款。

风险点 135：买卖合同的交付时间和方式未约定或约定不明

【风险提示】

交付时间是买卖合同的重要条款，其重要性在于卖方原因导致标的物不能按约定期限交付的，卖方应承担逾期交付或提前交付的违约责任，以及买方原因致使标的物不能按约定期限交付的，买方应自违反约定之日起承担标的物毁损、灭失的风险。

不同的交付方式关系到运费及运输风险。交付方式一般包括买方自提、卖方代办运输和卖方送货上门三种方式，这三种交付方式的不同关系运费的承担主体以及运输风险承担主体的不同。在买方自提的情况下，买方是委托物流公司提货还是派自有车辆提货的风险也不同，这种模式下运输费用由买方承担，运输中风险就买卖双方而言由买方承担；在卖方代办运输的情况下，运输公司是买方指定还是卖方自主选定的风险也不同，要根据实际约定判断；而在卖方送货上门的情况下，不仅运输费用由卖方承担，至买方收货前，货物的风险也由卖方承担。

【防范措施】

"交付"是风险转移的分界点，即标的物风险在交付之前由出卖人承担、交付之后由买受人承担。交付时间是一个重要的时间节点，买卖合同有必要进行明确约定以避免产生纠纷。另外，应当根据标的物是否需要运输以及标的物交付地点等情况，明确约定交付方式，避免买卖双方因交付方式不明确产生的纠纷。

【法条链接】

《民法典》第五百九十八条 出卖人应当履行向买受人交付标的物或者交付提取标的物的单证,并转移标的物所有权的义务。

第五百九十九条 出卖人应当按照约定或者交易习惯向买受人交付提取标的物单证以外的有关单证和资料。

第六百零一条 出卖人应当按照约定的时间交付标的物。约定交付期限的,出卖人可以在该交付期限内的任何时间交付。

第六百零二条 当事人没有约定标的物的交付期限或者约定不明确的,适用本法第五百一十条、第五百一十一条第四项的规定。

第六百零四条 标的物毁损、灭失的风险,在标的物交付之前由出卖人承担,交付之后由买受人承担,但是法律另有规定或者当事人另有约定的除外。

风险点136:买卖合同的验收标准的约定存在争议

【风险提示】

合同中关于产品或标的物的检验标准的约定是重要条款,一般需要在合同中予以明确约定。验收则是按照一定标准进行检验后收下或认可标的物。实务中,一般验收标准作为合同附件,一旦发生争议,主要根据该附件所列标准明确是否违约。我国《民法典》明确如不符合验收标准,则需要承担违约责任。

【防范措施】

为避免争议,买卖合同中应明确约定验收标准。实务中,有的企业对于验收标准的约定比较笼统,导致发生争议时,合同条款不利于争议的解决。另外,对于验收标准的修改,应当签订书面补充协议。

【法条链接】

《民法典》第六百一十五条 出卖人应当按照约定的质量要求交付标的物。出卖人提供有关标的物质量说明的,交付的标的物应当符合该说明的质量要求。

第六百一十六条 当事人对标的物的质量要求没有约定或者约定不明确,依据本法第五百一十条的规定仍不能确定的,适用本法第五百一十一条第一项的规定。

第六百一十七条 出卖人交付的标的物不符合质量要求的,买受人可以依据本法第五百八十二条至第五百八十四条的规定请求承担违约责任。

第六百二十四条　出卖人依照买受人的指示向第三人交付标的物,出卖人和买受人约定的检验标准与买受人和第三人约定的检验标准不一致的,以出卖人和买受人约定的检验标准为准。

风险点137：买卖合同中未约定交付地点

【风险提示】

交付地点是合同的重要内容,按照约定的地点交付货物也是重要的合同义务。作为卖方的企业应根据合同约定的交付地点交付标的物,交付地点又与标的物毁损、灭失的风险承担息息相关。在法律或当事人没有约定的情况下,标的物毁损、灭失的风险在标的物交付之前由出卖人承担,交付之后由买受人承担。若当事人没有约定交付地点或约定不明,则在合同履行中极易产生纠纷。

【防范措施】

对买方来说,明确标的物在买方处或买方指定地点交付更为稳妥,以规避标的物在运输途中发生毁损、灭失的风险。另外,买方应当按约定收取标的物,如果买方违反约定没有收取标的物,则标的物毁损、灭失的风险自违反约定时起由买受人承担。

【法条链接】

《民法典》第六百零三条　出卖人应当按照约定的地点交付标的物。

当事人没有约定交付地点或者约定不明确,依据本法第五百一十条的规定仍不能确定的,适用下列规定：

(一)标的物需要运输的,出卖人应当将标的物交付给第一承运人以运交给买受人；

(二)标的物不需要运输,出卖人和买受人订立合同时知道标的物在某一地点的,出卖人应当在该地点交付标的物；不知道标的物在某一地点的,应当在出卖人订立合同时的营业地交付标的物。

第六百零八条　出卖人按照约定或者依据本法第六百零三条第二款第二项的规定将标的物置于交付地点,买受人违反约定没有收取的,标的物毁损、灭失的风险自违反约定时起由买受人承担。

风险点 138：货物的交付时间或地点约定不明

【风险提示】

买卖合同的主要权利义务就是交付货物和支付价款，若货物的交付时间、地点无法确定，则会影响合同履行，甚至会导致合同目的无法实现，企业还可能因为履行不当需承担违约责任。

【防范措施】

在买卖合同中，为防止货物的交付时间和地点约定不明造成合同不能按时履行，应注意以下事项：

1. 作为出卖方，建议在订立合同时便约定好交付时间和交付地点。

2. 对于交付时间不明确的，可以协议补充；不能达成补充协议的，按照合同有关条款或者交易习惯确定，债务人可以随时履行，债权人也可以随时要求履行，但应当给对方必要的准备时间。

3. 交付地点不确定的，可以协议补充；不能达成补充协议的，按照合同有关条款或者交易习惯确定。如仍不能确定，适用《民法典》第六百零三条第二款之规定，标的物需要运输的，出卖人应当将标的物交付给第一承运人以运交给买受人；标的物不需要运输，出卖人和买受人订立合同时知道标的物在某一地点的，出卖人应当在该地点交付标的物；不知道标的物在某一地点的，应当在出卖人订立合同时的营业地交付。

【法条链接】

《民法典》第五百一十条　合同生效后，当事人就质量、价款或者报酬、履行地点等内容没有约定或者约定不明确的，可以协议补充；不能达成补充协议的，按照合同相关条款或者交易习惯确定。

第五百一十一条　当事人就有关合同内容约定不明确，依据前条规定仍不能确定的，适用下列规定：

（一）质量要求不明确的，按照强制性国家标准履行；没有强制性国家标准的，按照推荐性国家标准履行；没有推荐性国家标准的，按照行业标准履行；没有国家标准、行业标准的，按照通常标准或者符合合同目的的特定标准履行。

（二）价款或者报酬不明确的，按照订立合同时履行地的市场价格履行；依法应当执行政府定价或者政府指导价的，依照规定履行。

（三）履行地点不明确，给付货币的，在接受货币一方所在地履行；交付不动产的，在不动产所在地履行；其他标的，在履行义务一方所在地履行。

（四）履行期限不明确的，债务人可以随时履行，债权人也可以随时请求履行，但是应当给对方必要的准备时间。

（五）履行方式不明确的，按照有利于实现合同目的的方式履行。

（六）履行费用的负担不明确的，由履行义务一方负担；因债权人原因增加的履行费用，由债权人负担。

第六百零二条 当事人没有约定标的物的交付期限或者约定不明确的，适用本法第五百一十条、第五百一十一条第四项的规定。

第六百零三条 出卖人应当按照约定的地点交付标的物。

当事人没有约定交付地点或者约定不明确，依据本法第五百一十条的规定仍不能确定的，适用下列规定：

（一）标的物需要运输的，出卖人应当将标的物交付给第一承运人以运交给买受人；

（二）标的物不需要运输，出卖人和买受人订立合同时知道标的物在某一地点的，出卖人应当在该地点交付标的物；不知道标的物在某一地点的，应当在出卖人订立合同时的营业地交付标的物。

风险点139：买卖合同没有对运输途中货物损毁、灭失风险进行约定

【风险提示】

在买卖合同中，买卖的货物有时会出现毁损、灭失的情况。此时涉及买卖货物的风险承担问题。风险承担，是指买卖的货物在合同生效后因不可归责于当事人双方的事由（如地震、火灾、飓风等）毁损、灭失时，该损失由哪方当事人承担的问题。我国《民法典》第六百零四条规定："标的物毁损、灭失的风险，在标的物交付之前由出卖人承担，交付之后由买受人承担，但是法律另有规定或者当事人另有约定的除外。"可见，除法律另有规定或者当事人另有约定外，货物毁损、灭失的风险在其交付之前由出卖人承担，交付之后由买受人承担。

【防范措施】

对出卖人来说，为了尽早将货物在途毁损、灭失的风险转移出去，尽量约定合同履行地为己方所在地，即货物在己方所在地交给承运人就完成交付义务。

对买受人来说，为了免于承担货物在途毁损、灭失的风险，尽量约定合同履行地为己方所在地，即在己方所在地收到货物才视为出卖人完成交付。

【法条链接】

《民法典》第六百零三条　出卖人应当按照约定的地点交付标的物。

当事人没有约定交付地点或者约定不明确,依据本法第五百一十条的规定仍不能确定的,适用下列规定:

(一)标的物需要运输的,出卖人应当将标的物交付给第一承运人以运交给买受人;

(二)标的物不需要运输,出卖人和买受人订立合同时知道标的物在某一地点的,出卖人应当在该地点交付标的物;不知道标的物在某一地点的,应当在出卖人订立合同时的营业地交付标的物。

第六百零四条　标的物毁损、灭失的风险,在标的物交付之前由出卖人承担,交付之后由买受人承担,但是法律另有规定或者当事人另有约定的除外。

第六百零五条　因买受人的原因致使标的物未按照约定的期限交付的,买受人应当自违反约定时起承担标的物毁损、灭失的风险。

第六百零六条　出卖人出卖交由承运人运输的在途标的物,除当事人另有约定外,毁损、灭失的风险自合同成立时起由买受人承担。

第六百零七条　出卖人按照约定将标的物运送至买受人指定地点并交付给承运人后,标的物毁损、灭失的风险由买受人承担。

当事人没有约定交付地点或者约定不明确,依据本法第六百零三条第二款第一项的规定标的物需要运输的,出卖人将标的物交付第一承运人后,标的物毁损、灭失的风险由买受人承担。

第六百零八条　出卖人按照约定或者依据本法第六百零三条第二款第二项的规定将标的物置于交付地点,买受人违反约定没有收取的,标的物毁损、灭失的风险自违反约定时起由买受人承担。

风险点140:买方检验货物不及时或未及时通知卖方

【风险提示】

在卖方交付货物后,买方须对货物进行检验。买方检验的目的是查明卖方交付的标的物是否符合合同的约定。检验的主要内容是标的物的品种、数量、质量和包装等。如果经过检验发现标的物与合同约定不符,还需查明造成不符的原因,如果属于卖方责任,卖方就应当承担赔偿损失、退货等责任。

买方在检查后若发现货物不符合合同约定,应当及时将具体情况通知卖方。在合理期间内未通知或者自货物收到之日起2年内(对货物有质量保证期的,适用质量保证期,不适用该2年的规定)未通知卖方的,视为货物数量或者质量符合约定,买方需要承担货物不符合约定带来的所有损失。

【防范措施】

买方在收到货物时应当在约定的检验期间内检验;没有约定检验期间的,应当及时检验。买方若发现货物数量或者质量不符合约定,应当及时通知卖方。

【法条链接】

《民法典》第六百二十条　买受人收到标的物时应当在约定的检验期限内检验。没有约定检验期限的,应当及时检验。

第六百二十一条　当事人约定检验期限的,买受人应当在检验期限内将标的物的数量或者质量不符合约定的情形通知出卖人。买受人怠于通知的,视为标的物的数量或者质量符合约定。

当事人没有约定检验期限的,买受人应当在发现或者应当发现标的物的数量或者质量不符合约定的合理期限内通知出卖人。买受人在合理期限内未通知或者自收到标的物之日起二年内未通知出卖人的,视为标的物的数量或者质量符合约定;但是,对标的物有质量保证期的,适用质量保证期,不适用该二年的规定。

出卖人知道或者应当知道提供的标的物不符合约定的,买受人不受前两款规定的通知时间的限制。

风险点141:买方没有实际验货就直接在送货单上签字

【风险提示】

检验即检查与验收。在买卖合同中,买受人收到出卖人交付的标的物之后应当及时进行检验,这不仅是买受人的一项权利,也是买受人应当履行的一项法定义务。如果买受人发现标的物存在数量、质量、品种、型号、规格等方面的瑕疵,有权及时通知出卖人,并要求出卖人承担相应的退换货责任。如果买受人没有在法律规定的期限内检验标的物并告知出卖人,法律即认可出卖人全面履行了交付标的物的义务,之后买受人便无权要求出卖人承担违约责任。我国《民法典》第六百二十三条规定:"当事人对检验期限未作约定,买受人签收的送货单、确认单等载明标的物数量、型号、规格的,推定买受人已经对数量和外观瑕疵进行检验,但是有相关证据足以推翻的除外。"可见,买受人在送货单上签字,就表示其已对货物数量进行了检验,认为货物没有问题,如此后出现问题,在没有明确证据推翻的情况下,责任应由买受人承担。

【防范措施】

实践中,买方应当对自己购买的货物进行全面、及时的检验,以保护自己的合法权益。买方签收货物即表明其对货物的数量、型号、规格等予以确认,事后如果没有充足的证据,货物的数量和外观瑕疵责任应由买方承担。

【法条链接】

《民法典》第六百二十三条 当事人对检验期限未作约定,买受人签收的送货单、确认单等载明标的物数量、型号、规格的,推定买受人已经对数量和外观瑕疵进行检验,但是有相关证据足以推翻的除外。

风险点142:部分履约骗取信任,大额赊货后下落不明

【风险提示】

现实生活中,利用合同骗取钱财的例子比比皆是。在签订合同时,骗子的常用手法是通过部分履约给对方诚信的印象,如先履行几份小额合同,付小额定金,制造本身履约能力强、信誉好的假象,骗取对方的信任,然后签订大额合同,骗取一大批货物后逃之夭夭。

【防范措施】

企业在进行赊销交易前,要对客户的资金状况和信用记录进行详细的调查,这包括直接调查、委托银行或专业资信调查公司进行调查,以及利用公开资料如财务报表、纳税情况等进行综合判断。同时,应建立客户资信管理档案,记录客户的信用信息,以便在后续交易中进行信用风险评估。

【法条链接】

《刑法》第二百二十四条 有下列情形之一,以非法占有为目的,在签订、履行合同过程中,骗取对方当事人财物,数额较大的,处三年以下有期徒刑或者拘役,并处或者单处罚金;数额巨大或者有其他严重情节的,处三年以上十年以下有期徒刑,并处罚金;数额特别巨大或者有其他特别严重情节的,处十年以上有期徒刑或者无期徒刑,并处罚金或者没收财产:

(一)以虚构的单位或者冒用他人名义签订合同的;

（二）以伪造、变造、作废的票据或者其他虚假的产权证明作担保的；

（三）没有实际履行能力，以先履行小额合同或者部分履行合同的方法，诱骗对方当事人继续签订和履行合同的；

（四）收受对方当事人给付的货物、货款、预付款或者担保财产后逃匿的；

（五）以其他方法骗取对方当事人财物的。

风险点143：分期付款买卖合同

【风险提示】

分期付款买卖是一种特殊的买卖形式，一般认为其是买受人将其应付的总价款按照一定期限分批向出卖人支付的买卖。在分期付款买卖合同中，为保证出卖人债权的安全，法律赋予了其一项特别的法定解除权。根据《民法典》第六百三十四条的规定，分期付款的买受人未支付到期价款的数额达到全部价款的1/5，经催告后在合理期限内仍未支付到期价款的，出卖人可以请求买受人支付全部价款或者解除合同。出卖人解除合同的，可以向买受人请求支付该标的物的使用费。可见，在买受人未支付的到期价款达到全部价款的1/5时，在经过催告后，买受人在合理期限内没有支付到期价款的，出卖人就可以选择解除合同。

【防范措施】

在实践中，双方当事人在签订分期付款买卖合同时需要注意，《民法典》第六百三十四条属于任意性规范，当事人可以对解除合同的条件另行约定。另外，在符合法定解除条件时，出卖人完全可以继续保留合同，要求买受人提前支付全部价款。但是，当事人在约定时，买受人到期不能支付的价款数额只能比1/5高；如果低于1/5则是违反规定的。

【法条链接】

《民法典》第六百三十四条 分期付款的买受人未支付到期价款的数额达到全部价款的五分之一，经催告后在合理期限内仍未支付到期价款的，出卖人可以请求买受人支付全部价款或者解除合同。

出卖人解除合同的，可以向买受人请求支付该标的物的使用费。

风险点144：试用期限届满视为购买的风险

【风险提示】

试用买卖是生产型企业中常见的交易方式，通常是设备供应商向购买者提供其新开发的生产设备试用；购买者若试用满意则购买，试用不满意则退回。在试用买卖中，就买方而言，要特别注意避免本意不想购买但按法律规定被视作购买的风险。

【防范措施】

为避免试用期限届满视为购买的风险，试用方应当在试用买卖产合同中约定明确的试用期间，并且在试用期间届满前明确书面通知出卖方是否购买。同时，在决定购买前，应避免支付价款，也不得对设备实施出卖、出租、抵押等行为，否则将被认定为同意购买。

【法条链接】

《民法典》第六百三十七条　试用买卖的当事人可以约定标的物的试用期限。对试用期限没有约定或者约定不明确，依据本法第五百一十条的规定仍不能确定的，由出卖人确定。

第六百三十八条　试用买卖的买受人在试用期内可以购买标的物，也可以拒绝购买。试用期限届满，买受人对是否购买标的物未作表示的，视为购买。

试用买卖的买受人在试用期内已经支付部分价款或者对标的物实施出卖、出租、设立担保物权等行为的，视为同意购买。

风险点145：试用买卖没有预先说明使用费

【风险提示】

试用买卖，是指在订立合同之前，出卖人将标的物交给买受人试用，双方约定在试用一定期限之后，由试用人来决定是否购买标的物并与之订立买卖合同。实践中，对于试用买卖是否需要支付使用费的问题，可以由买卖双方自由协商。而如果双方对此没有约定或者约定不明，法律认定为免费试用，出卖人无权在事后要求买受人支付使用费。

【防范措施】

企业在与消费者签订试用买卖合同时，关于是否有使用费的问题，应当在合同中进行明确约定。

【法条链接】

《民法典》第六百三十九条　试用买卖的当事人对标的物使用费没有约定或者约定不明确的,出卖人无权请求买受人支付。

风险点146:所有权保留买卖合同

【风险提示】

所有权保留,是指在转移标的物所有权的买卖合同中,依当事人约定或法律规定,出卖人转移标的物的占有权给合同的另一方当事人,但出卖人仍保留其对该标的物的所有权。当对方当事人支付全部价款或合同约定的条件成立时,该标的物的所有权才发生转移的一种行为。我国《民法典》第六百四十一条规定:"当事人可以在买卖合同中约定买受人未履行支付价款或者其他义务的,标的物的所有权属于出卖人。出卖人对标的物保留的所有权,未经登记,不得对抗善意第三人。"可见,我国法律承认当事人通过约定所有权保留条款来确定标的物所有权转移的时间。所有权保留买卖条款设定的主要目的是通过所有权和使用权在特定阶段的分享,来降低出卖人不能取得标的物价款的风险。实务中,出卖人在行使取回权时极易与买受人产生纠纷。

【防范措施】

企业在行使所有权保留之标的物取回权时,应当注意如下几方面:

1.买卖合同中应明确约定买受人取得标的物所有权的特定条件以及违约后的回赎期间。

2.在行使取回权之前,针对买受人违约行为履行相应催告义务。在出卖人催告后的合理期限内,买受人仍未履行合同约定义务或纠正违约行为,对出卖人利益造成严重损害的,出卖人方可行使标的物取回权。企业为有效行使该标的物的取回权,应注意在履行催告义务的过程中留存相应证据文件,包括但不限于催告函件的副本、送达文件等。

3.在行使取回权时,应注意是否属于法律限制行使取回权的范围。在买受人已支付价款达到75%或者第三人已善意取得标的物的情况下,出卖人不能行使取回权。

4.在标的物取回后,出卖人再次出卖标的物时尽量采用拍卖方式。虽然我国现有法律及司法解释并未强制性要求采取拍卖方式,但标的物再次出卖价格应当合理,不能明显低于市场价格,否则,出卖人再次出卖标的物后不能弥补所受损失部分很可能无法获得买受人的赔偿。

【法条链接】

《民法典》第六百四十一条　当事人可以在买卖合同中约定买受人未履行支付价款或者其他义务的,标的物的所有权属于出卖人。

出卖人对标的物保留的所有权,未经登记,不得对抗善意第三人。

第六百四十二条　当事人约定出卖人保留合同标的物的所有权,在标的物所有权转移前,买受人有下列情形之一,造成出卖人损害的,除当事人另有约定外,出卖人有权取回标的物:

(一)未按照约定支付价款,经催告后在合理期限内仍未支付;

(二)未按照约定完成特定条件;

(三)将标的物出卖、出质或者作出其他不当处分。

出卖人可以与买受人协商取回标的物;协商不成的,可以参照适用担保物权的实现程序。

第六百四十三条　出卖人依据前条第一款的规定取回标的物后,买受人在双方约定或者出卖人指定的合理回赎期限内,消除出卖人取回标的物的事由的,可以请求回赎标的物。

买受人在回赎期限内没有回赎标的物,出卖人可以以合理价格将标的物出卖给第三人,出卖所得价款扣除买受人未支付的价款以及必要费用后仍有剩余的,应当返还买受人;不足部分由买受人清偿。

《最高人民法院关于审理买卖合同纠纷案件适用法律问题的解释》第二十六条　买受人已经支付标的物总价款的百分之七十五以上,出卖人主张取回标的物的,人民法院不予支持。

在民法典第六百四十二条第一款第三项情形下,第三人依据民法典第三百一十一条的规定已经善意取得标的物所有权或者其他物权,出卖人主张取回标的物的,人民法院不予支持。

第九章

赠 与 合 同

风险点 147:随意签订赠与合同

【风险提示】

我国《民法典》第六百五十八条规定,赠与人在赠与财产的权利转移之前可以撤销赠与。经过公证的赠与合同或者依法不得撤销的具有救灾、扶贫、助残等公益、道德义务性质的赠与合同,不适用前款规定。第六百六十条第一款规定,经过公证的赠与合同或者依法不得撤销的具有救灾、扶贫、助残等公益、道德义务性质的赠与合同,赠与人不交付赠与财产的,受赠人可以请求交付。

近年来,企业公益捐助行为越来越多,旨在产生积极的社会影响和树立品牌形象。但企业如果不能顺利完整地履行公益捐赠义务,将面临被起诉风险。

【防范措施】

企业一旦作出捐赠承诺,无论该年度盈亏情况,都要履行承诺。因此,企业进行公益捐助时一定要量力而行。需要注意的是,企业在签订赠与合同后出现经济状况恶化,严重影响生产经营的,可以主张不再履行赠与义务。

【法条链接】

《民法典》第六百五十八条 赠与人在赠与财产的权利转移之前可以撤销赠与。

经过公证的赠与合同或者依法不得撤销的具有救灾、扶贫、助残等公益、道德义务性质的赠与合同,不适用前款规定。

第六百六十条 经过公证的赠与合同或者依法不得撤销的具有救灾、扶贫、助残等公益、道德义务性质的赠与合同,赠与人不交付赠与财产的,受赠人可以请求交付。

依据前款规定应当交付的赠与财产因赠与人故意或者重大过失致使毁损、灭失的,赠与人应当承担赔偿责任。

第六百六十二条 赠与的财产有瑕疵的,赠与人不承担责任。附义务的赠与,赠与的财产有瑕疵的,赠与人在附义务的限度内承担与出卖人相同的责任。

赠与人故意不告知瑕疵或者保证无瑕疵,造成受赠人损失的,应当承担赔偿责任。

第六百六十六条 赠与人的经济状况显著恶化,严重影响其生产经营或者家庭生活的,可以不再履行赠与义务。

风险点148:赠与财产损毁

【风险提示】

我国《民法典》第六百六十条第二款规定,"依据前款规定应当交付的赠与财产因赠与人故意或者重大过失致使毁损、灭失的,赠与人应当承担赔偿责任"。可见,我国《民法典》对于赠与财产毁损灭失的责任承担,采用过错责任原则。过错责任原则,是指民事主体只有在主观上有过错的情况下,才对因自己的行为造成的损害承担民事责任。由于赠与具有无偿性,不存在接受赠与物的对等给付,因此出于平衡双方利益考虑,法律规定的赠与人的注意义务也处于较低限度。

【防范措施】

就捐赠的企业而言,既然作出了捐赠承诺,就应当在合理范围内妥善保管赠与标的物,诚信履行赠与承诺;就受赠人而言,对于因赠与人轻微过失或者无过失导致赠与物毁损灭失的,亦不应苛责赠与人承担赔偿责任,过分苛责赠与人将会不利于发扬扶危济困的精神、维护人与人之间的和谐关系。

【法条链接】

《民法典》第六百六十条 经过公证的赠与合同或者依法不得撤销的具有救灾、扶贫、助残等公益、道德义务性质的赠与合同,赠与人不交付赠与财产的,受赠人可以请求交付。

依据前款规定应当交付的赠与财产因赠与人故意或者重大过失致使毁损、灭失的,赠与人应当承担赔偿责任。

风险点149：赠与财产有瑕疵

【风险提示】

我国《民法典》第六百六十二条规定，赠与的财产有瑕疵的，赠与人不承担责任。附义务的赠与，赠与的财产有瑕疵的，赠与人在附义务的限度内承担与出卖人相同的责任。赠与人故意不告知瑕疵或者保证无瑕疵，造成受赠人损失的，应当承担赔偿责任。可见，对赠与人来说，如果其不告知受赠人赠与物存在瑕疵，会存在一定的法律风险。

【防范措施】

企业在赠与财物时，为规避相应法律风险，要注意以下事项：

1. 务必签订赠与合同，以明确赠与关系。
2. 赠与人应在赠与合同中说明赠与财产可能存在的瑕疵，至少不要保证无瑕疵，否则由此给受赠人造成损失的，赠与人将承担责任。

【法条链接】

《民法典》第六百六十二条　赠与的财产有瑕疵的，赠与人不承担责任。附义务的赠与，赠与的财产有瑕疵的，赠与人在附义务的限度内承担与出卖人相同的责任。

赠与人故意不告知瑕疵或者保证无瑕疵，造成受赠人损失的，应当承担赔偿责任。

风险点150：企业在赠与后经营状况恶化

【风险提示】

我国《民法典》第六百六十六条规定："赠与人的经济状况显著恶化，严重影响其生产经营或者家庭生活的，可以不再履行赠与义务。"但在一些社会公益活动中，对那些本无经济能力捐赠，甚至濒临破产的企业，纯粹出于商业宣传树立企业慈善形象的目的而签订赠与合同，又以自身企业经营困难为由撤销赠与的，不能简单适用《民法典》第六百六十六条规定，否则对受赠人也是不公平的。此种情形下，如果受赠人因此遭受损失，本来作为赠与人的企业有可能需要承担损害赔偿责任。

【防范措施】

企业在作出赠与承诺前，应当先衡量自己的经济实力，勿作出违背经济实力的承诺。

【法条链接】

《民法典》第六百六十六条　赠与人的经济状况显著恶化,严重影响其生产经营或者家庭生活的,可以不再履行赠与义务。

第十章

借款合同

风险点 151：企业之间口头约定借款合同

【风险提示】

借款合同，是指贷款人向借款人提供借款，借款人到期返还借款并支付利息的一种协议。根据《民法典》第六百六十八条第一款的规定，借款合同应当采用书面形式，但自然人之间借款另有约定的除外。可见，虽然借款合同有书面形式与口头形式，但除了自然人之间的借款合同可以采用口头形式外，其他主体之间的借款合同应当采用书面方式订立。

【防范措施】

在实践中，口头合同与书面合同都比较常见。可能会出现有的企业之间关系比较好，在借款时仅作出口头允诺的情况。对出借方来说，没有书面合同，若对方违约或不认可存在借款事实，自身将面临维权难的问题。为了避免不必要的纠纷，企业之间订立借款合同时，应当采用书面形式。

【法条链接】

《民法典》第四百九十条　当事人采用合同书形式订立合同的，自当事人均签名、盖章或者按指印时合同成立。在签名、盖章或者按指印之前，当事人一方已经履行主要义务，对方接受时，该合同成立。

法律、行政法规规定或者当事人约定合同应当采用书面形式订立，当事人未采用书面形式但是一方已经履行主要义务，对方接受时，该合同成立。

第六百六十八条第一款　借款合同应当采用书面形式，但是自然人之间借款另有约定的除外。

风险点152：在空白借款协议上签字

【风险提示】

借贷协议上利息处为空白，借款人签字后即交给出借人，出借人再在空白处填写高额利息：这是实践中非常容易引发争议的情况。借款人通常主张利息是合同订立后对方擅自添加上去的，认为利息约定无效并申请鉴定。司法实践中，借款人在空白借款协议上签字，应视为对合同内容的概括性授权，合同相对方在空白处可以填写相应内容。空白借款合同的相关内容被明确后，对借款人具有约束力。

【防范措施】

企业经营者切忌签订空白借款协议或者含有空白条文的协议。应明确的是，空白借款协议不代表没有约定或不成立，利息处空白不代表没有利息。恰恰相反，签订空白协议说明对合同内容的概括性授权，合同相对方在空白处可以随意填写相应内容。因此，在与他人签订合同时应当仔细审核合同内容，不留空白，合同中重要条款如有留白必须划掉或打叉。

【法条链接】

《民法典》第一百四十三条　具备下列条件的民事法律行为有效：
（一）行为人具有相应的民事行为能力；
（二）意思表示真实；
（三）不违反法律、行政法规的强制性规定，不违背公序良俗。

风险点153：在本金中预先扣除借款利息

【风险提示】

我国《民法典》第六百七十条规定，借款的利息不得预先在本金中扣除。利息预先在本金中扣除的，应当按照实际借款数额返还借款并计算利息。《最高人民法院关于审理民间借贷案件适用法律若干问题的规定》第二十六条规定，借据、收据、欠条等债权凭证载明的借款金额，一般认定为本金。预先在本金中扣除利息的，人民法院应当将实际出借的金额认定为本金。可见，法律禁止贷款人将利息从本金中预先扣除，如果预先扣除利息，借款人应当按照贷款人实际提供借款的数额返还借款并计算利息。

【防范措施】

借款本金是借款合同中最重要的组成内容,在签订借款合同时,对借款本金条款应注意以下几点:

1. 我国法律对预先扣除利息做了禁止性规定,禁止变相收取高额利息;利息预先在本金中扣除的,应当按照实际借款数额返还借款并计算利息。

2. 借款合同中,应以实际出借金额为借款本金,借款金额应当写明币种。

3. 尽量通过银行转账的方式交付借款,必要时可以在借款合同或借条中注明借款人的银行账号,日后若就借款发生纠纷,便于提供银行流水证明借款事实。若选择使用现金出借,应当在借款合同或借条中明确注明"现金交付",并让借款人签署收条证明已收到全部现金借款。另外,如果借款金额比较大,不建议现金交付借款,而应当通过银行或者其他方式转账支付借款。

【法条链接】

《民法典》第六百七十条　借款的利息不得预先在本金中扣除。利息预先在本金中扣除的,应当按照实际借款数额返还借款并计算利息。

《最高人民法院关于审理民间借贷案件适用法律若干问题的规定》第二十五条　出借人请求借款人按照合同约定利率支付利息的,人民法院应予支持,但是双方约定的利率超过合同成立时一年期贷款市场报价利率四倍的除外。

前款所称"一年期贷款市场报价利率",是指中国人民银行授权全国银行间同业拆借中心自2019年8月20日起每月发布的一年期贷款市场报价利率。

第二十六条　借据、收据、欠条等债权凭证载明的借款金额,一般认定为本金。预先在本金中扣除利息的,人民法院应当将实际出借的金额认定为本金。

风险点154:贷款人未按约定将款项交给借款人

【风险提示】

发放贷款是贷款人最基本的一项义务。在借款合同中,贷款人应当严格按照合同约定的期限、数额为借款人提供款项。无论是没有按期提供,还是没有按量提供,都是违约行为;如果给借款人造成损失,贷款人应当承担赔偿责任。

【防范措施】

企业在日常经济往来中,为了正常运行,会经常与银行发生资金往来。借款合同本来就是一个有偿、双务的合同,银行作为金融机构,在与企业签订借款合同之后,应当依法履行自己的义务。如果因为银行没有及时履行义务导致企业遭受损失,企业有权要求银行承担赔偿责任。当然,企业在依法维护己方权利的同时,也应该注意履行义务。

【法条链接】

《民法典》第六百七十一条　贷款人未按照约定的日期、数额提供借款,造成借款人损失的,应当赔偿损失。

借款人未按照约定的日期、数额收取借款的,应当按照约定的日期、数额支付利息。

风险点155:擅自改变银行贷款用途

【风险提示】

借款人不按约定用途使用借款是一种违约行为,会损害贷款人的利益。如金融贷款合同中,某些贷款是根据国家宏观调控政策、国家信贷政策、国家产业政策发放的,如果借款人不按合同约定用途使用借款,将使国家对经济的宏观调控流于形式,最终影响经济安全和国家经济政策的贯彻落实,同时也可能造成部分产业投资过热,影响金融运作。因此,我国法律明确规定,借款人不按约定使用借款,给贷款人造成损失的应予以赔偿。同时,贷款人可以停止发放贷款、提前收回贷款或解除合同。

【防范措施】

借款人擅自改变借款用途,就会使原当事人共同预期的收益变得不确定,增加贷款人的贷款风险,最终可能导致借款难以收回。为规避相应法律风险,贷款人应注意以下几点:

1.在借款合同中明确借款用途,对未按照约定用途使用借款的,约定较重违约责任以增加其违约成本。

2.可以要求借款人提供保证人,并在借款合同中的相关保证条款中要求保证人承诺监督借款人专款专用,若保证人未尽监督义务而造成借款被挪作他用,保证人不得免除保证责任。

3.对于借款人未按照约定用途挪用借款的情况,分期提供贷款或者根据资金使用进度提供贷款的贷款人可以对尚未发出的贷款暂停发放;款项已全部贷出的,可以要求贷款期限加速到期,将已经借出的借款提前收回。

【法条链接】

《民法典》第六百七十三条　借款人未按照约定的借款用途使用借款的,贷款人可以停止发放借款、提前收回借款或者解除合同。

风险点156:没有约定借款利息

【风险提示】

实务中,有些企业之间无偿借贷,是借贷当事人之间相互帮助而发生的债权债务关系。但是较多企业间借贷是有利息的,对于此类有利息的借款,有的借款人只是口头承诺支付利息,在书写借条直接书写借款数额,故意省略借款利息。根据《民法典》第六百八十条第二款的规定,借款合同对支付利息没有约定的,视为没有利息。

【防范措施】

在民间借贷关系中,利息是借贷双方最容易发生矛盾的地方。企业间进行借款时,出借人如果要求借款人支付利息,应当在借款合同中明确约定借款利息。约定借款利息时,应注意以下几点:

1.借款利率应明确为年利率或月利率,同时用大写标明。在实务中,法院在审理民间借贷纠纷案件时,对于各种以"利息""违约金""服务费""中介费""保证金""延期费"等突破或变相突破法定利率红线的,依法不予支持。

2.明确约定逾期还款利率。到期未还款的利率是否和约定的借款期限内利率一致是民间借贷纠纷中常见的争议焦点,逾期利率带有惩罚性质,可以在借款合同中约定逾期利率高于借期利率。

3.根据相关司法解释的规定,以中国人民银行授权全国银行间同业拆借中心每月20日发布的一年期贷款市场报价利率(LPR)的4倍为标准确定民间借贷利率的司法保护上限。因此,约定利率高于4倍LPR标准的部分不受保护。

【法条链接】

《民法典》第六百八十条　禁止高利放贷,借款的利率不得违反国家有关规定。

借款合同对支付利息没有约定的,视为没有利息。

借款合同对支付利息约定不明确,当事人不能达成补充协议的,按照当地或者当事人的交易方式、交易习惯、市场利率等因素确定利息;自然人之间借款的,视为没有利息。

《最高人民法院关于审理民间借贷案件适用法律若干问题的规定》第二十四条 借贷双方没有约定利息，出借人主张支付利息的，人民法院不予支持。

自然人之间借贷对利息约定不明，出借人主张支付利息的，人民法院不予支持。除自然人之间借贷的外，借贷双方对借贷利息约定不明，出借人主张利息的，人民法院应当结合民间借贷合同的内容，并根据当地或者当事人的交易方式、交易习惯、市场报价利率等因素确定利息。

第二十八条 借贷双方对逾期利率有约定的，从其约定，但是以不超过合同成立时一年期贷款市场报价利率4倍为限。

未约定逾期利率或者约定不明的，人民法院可以区分不同情况处理：

（一）既未约定借期内利率，也未约定逾期利率，出借人主张借款人自逾期还款之日起参照当时一年期贷款市场报价利率标准计算的利息承担逾期还款违约责任的，人民法院应予支持；

（二）约定了借期内利率但是未约定逾期利率，出借人主张借款人自逾期还款之日起按照借期内利率支付资金占用期间利息的，人民法院应予支持。

风险点157：约定借款利率过高

【风险提示】

根据《最高人民法院关于审理民间借贷案件适用法律若干问题的规定》第二十五条的规定，出借人请求借款人按照合同约定利率支付利息的，人民法院应予支持，但是双方约定的利率超过合同成立时一年期贷款市场报价利率（LPR）4倍的除外。前款所称"一年期贷款市场报价利率"，是指中国人民银行授权全国银行间同业拆借中心自2019年8月20日起每月发布的一年期贷款市场报价利率。可见，企业间约定的借款利率超出法定受保护的利率范围（LPR的4倍）的，对超出法定受保护的利率范围部分的利息法院将不予以支持。

【防范措施】

我国法律法规和相关司法解释对借贷关系中的司法保护上限利息有明确规定，因此在约定借款利息时，应严格遵守该上限利息规定，并注意以下两点：

1. 根据相关司法解释的规定，以中国人民银行授权全国银行间同业拆借中心每月20日发布的LPR的4倍为标准确定民间借贷利率的司法保护上限。因此，在约定利率时，即使约定的借款利率高于该4倍LPR标准，超出部分也将不受保护。

2. 我国禁止职业高利贷行为，未依法取得放贷资格的出借人，以营利为目的向社会不特定对象提供借款、高利放贷,涉嫌非法经营,金额达到入罪标准的,将可能被公安机关立案侦查,被追究相应刑事法律责任。

【法条链接】

《最高人民法院关于审理民间借贷案件适用法律若干问题的规定》第二十五条 出借人请求借款人按照合同约定利率支付利息的,人民法院应予支持,但是双方约定的利率超过合同成立时一年期贷款市场报价利率四倍的除外。

前款所称"一年期贷款市场报价利率",是指中国人民银行授权全国银行间同业拆借中心自2019年8月20日起每月发布的一年期贷款市场报价利率。

《刑法》第二百二十五条 违反国家规定,有下列非法经营行为之一,扰乱市场秩序,情节严重的,处五年以下有期徒刑或者拘役,并处或者单处违法所得一倍以上五倍以下罚金;情节特别严重的,处五年以上有期徒刑,并处违法所得一倍以上五倍以下罚金或者没收财产:

(一)未经许可经营法律、行政法规规定的专营、专卖物品或者其他限制买卖的物品的;

(二)买卖进出口许可证、进出口原产地证明以及其他法律、行政法规规定的经营许可证或者批准文件的;

(三)未经国家有关主管部门批准非法经营证券、期货、保险业务的,或者非法从事资金支付结算业务的;

(四)其他严重扰乱市场秩序的非法经营行为。

风险点158:借款合同没有对支付利息的期限作出约定

【风险提示】

借款人应当按照约定的期限支付利息。在借款人支付利息时,应该首先按照合同约定,在没有约定时,根据法律规定来确定支付的期限和方式。我国《民法典》第六百七十四条规定,借款人应当按照约定的期限支付利息。对支付利息的期限没有约定或者约定不明确,依据该法第五百一十条的规定仍不能确定,借款期间不满一年的,应当在返还借款时一并支付;借款期间一年以上的,应当在每届满一年时支付,剩余期间不满一年的,应当在返还借款时一并支付。可见,在双方当事人没有约定利息支付期限时,确定支付期限的主要方法是:(1)协议补充;(2)若无法达成协议进行补充,双方可以按照合同的相关条款或者交易习惯进行确定。

现实生活中,并不是所有借款合同都对支付利息的期限进行了明确约定。合同中没有约定支付利息的期限,虽然可以根据法律规定进行补充或者推定,但这不仅会导致交易效率降低,还会使双方发生纠纷。

【防范措施】

企业在签订借款合同时,无论作为哪一方当事人,都应该注意要对借款合同的主要内容作出明确约定。在借款合同中,利息的支付期限作为一项重要内容,应当明确约定。这样不仅可以预防纠纷的产生,还能够在发生纠纷时有据可循。

【法条链接】

《民法典》第五百一十条　合同生效后,当事人就质量、价款或者报酬、履行地点等内容没有约定或者约定不明确的,可以协议补充;不能达成补充协议的,按照合同相关条款或者交易习惯确定。

第六百七十四条　借款人应当按照约定的期限支付利息。对支付利息的期限没有约定或者约定不明确,依据本法第五百一十条的规定仍不能确定,借款期间不满一年的,应当在返还借款时一并支付;借款期间一年以上的,应当在每届满一年时支付,剩余期间不满一年的,应当在返还借款时一并支付。

风险点159:法定代表人"私贷公用"

【风险提示】

《最高人民法院关于审理民间借贷案件适用法律若干问题的规定》第二十二条规定,法人的法定代表人或者非法人组织的负责人以单位名义与出借人签订民间借贷合同,有证据证明所借款项系法定代表人或者负责人个人使用,出借人请求将法定代表人或者负责人列为共同被告或者第三人的,人民法院应予准许。法人的法定代表人或者非法人组织的负责人以个人名义与出借人订立民间借贷合同,所借款项用于单位生产经营,出借人请求单位与个人共同承担责任的,人民法院应予支持。可见,作为法定代表人虽自身未使用款项,但基于合同相对性的基本原理,仍需就该笔借款承担清偿责任。

【防范措施】

实践中,"私贷公用"的情况下,法定代表人虽自身未使用款项,但需要就该笔借款承担责任。为减轻自身还款责任,应尽可能将企业一同纳入还款责任主体,具体建议如下:

1. 与出借人明确约定借款用途。法定代表人在与出借人签订借款合同时,应明确约定所借款项全部用于企业生产经营。

2. 加盖企业公章。如果法定代表人将借款用于企业,在借款合同上加盖企业公章,可在一定程度上证明借款被用于企业生产经营。

3. 将借贷资金汇入企业账户。法定代表人签订借款合同后,可以要求出借人向企业账户转账履行借款合同,可在一定程度上证明法定代表人将所借款项用于企业;也可在借款合同或借据中明确收款账户为企业账户。

4. 保留企业自认的相关证据,并要求企业提供财产担保。如果企业承认借款为企业借款并自担偿还责任,或者各方当事人对于借款用于企业生产经营均无异议,则足以认定满足"借款用于企业生产经营"。法定代表人应当及时采用书面形式固定企业所作出的意思表示,如通过股东会决议、加盖企业印章的说明文件等方式固定。

【法条链接】

《民法典》第一百七十六条　民事主体依照法律规定或者按照当事人约定,履行民事义务,承担民事责任。

《最高人民法院关于审理民间借贷案件适用法律若干问题的规定》第二十二条　法人的法定代表人或者非法人组织的负责人以单位名义与出借人签订民间借贷合同,有证据证明所借款项系法定代表人或者负责人个人使用,出借人请求将法定代表人或者负责人列为共同被告或者第三人的,人民法院应予准许。

法人的法定代表人或者非法人组织的负责人以个人名义与出借人订立民间借贷合同,所借款项用于单位生产经营,出借人请求单位与个人共同承担责任的,人民法院应予支持。

风险点 160:还款不让对方出具收据或未收回借条

【风险提示】

实践中,常有一些债务人(借款人)过于相信对方,或者由于一时疏忽,自己还款后未让收款人出具收据,也没有收回借条,从而引发不必要的纠纷,尤其是在提供现金还款时,还款人往往会因为举证困难在诉讼中处于不利地位,最终有可能造成"一债二还"的经济损失。

【防范措施】

企业在还款时,应当收回借条或欠条;如果出现条据遗失的情况,应要求对方出具收据。为避免不必要的纠纷,收据要注明还款人、收款人、还款时间、还款方式等内容。在使用微信、支付宝或者银行转账还款时,应备注款项用途。

【法条链接】

《民法典》第六百七十五条　借款人应当按照约定的期限返还借款。对借款期限没有约定或者约定不明确,依据本法第五百一十条的规定仍不能确定的,借款人可以随时返还;贷款人可以催告借款人在合理期限内返还。

第六百七十六条　借款人未按照约定的期限返还借款的,应当按照约定或者国家有关规定支付逾期利息。

《民事诉讼法》第六十七条　当事人对自己提出的主张,有责任提供证据。

当事人及其诉讼代理人因客观原因不能自行收集的证据,或者人民法院认为审理案件需要的证据,人民法院应当调查收集。

人民法院应当按照法定程序,全面地、客观地审查核实证据。

风险点161:借款合同因过诉讼时效丧失胜诉权

【风险提示】

诉讼时效是法律为了保护当事人权益,要求当事人在法定期限内主张权利的法定时效。如果借款合同超过了诉讼时效,出借人可以向法院提起诉讼,但是法院不再强制性地保护其权益,出借人的胜诉权消灭。当借款人以诉讼时效已过进行抗辩时,法院会依据法律规定支持其主张,出借人会面临败诉的法律后果。

【防范措施】

就出借人而言,要积极行使自己的权利,使诉讼时效中断,才能不超过诉讼时效,不丧失胜诉权。根据《民法典》的规定,要产生诉讼时效中断的效果,并在诉讼或仲裁中提出诉讼时效中断的主张,通常可以采用以下几种方式:

1. 在诉讼时效届满之前,向义务人送达书面函件,包括公函、律师函等,要求借款人以书面方式签收。以邮寄方式送达的,应在快递单上注明函件的主要内容,如"催收借款5万元的律师函",并取得相应邮件的签收回执。借款人拒绝签收的,可以考虑委托公证处对送达过程进行公证。

2. 要求借款人以书面方式就债务的履行出具还款计划,包括借款人承诺延期履行等情形。

3. 在诉讼时效届满前向人民法院起诉。

4.若时效已过,可以要求借款人承诺或同意履行义务,并保留相应的证据。

【法条链接】

《民法典》第一百九十二条　诉讼时效期间届满的,义务人可以提出不履行义务的抗辩。

诉讼时效期间届满后,义务人同意履行的,不得以诉讼时效期间届满为由抗辩;义务人已经自愿履行的,不得请求返还。

第十一章

保 证 合 同

风险点162：保证合同非书面形式

【风险提示】

《民法典》中规定了一系列必须采用书面形式的合同，其中就包括保证合同，即保证合同必须以书面形式订立，如民间常用的口头保证或其他形式订立的保证合同不成立；这是订立保证合同的基础。

【防范措施】

企业签订保证合同时，应当以书面形式订立。需要说明的是，书面形式指合同书、信件、电报、电传、传真等可以有形地表现所载内容的形式。以电子数据交换、电子邮件等方式能够有形地表现所载内容，并可以随时调取查用的数据电文，视为书面形式。

【法条链接】

《民法典》第四百六十九条　当事人订立合同，可以采用书面形式、口头形式或者其他形式。

书面形式是合同书、信件、电报、电传、传真等可以有形地表现所载内容的形式。

以电子数据交换、电子邮件等方式能够有形地表现所载内容，并可以随时调取查用的数据电文，视为书面形式。

第四百九十条　当事人采用合同书形式订立合同的，自当事人均签名、盖章或者按指印时合同成立。在签名、盖章或者按指印之前，当事人一方已经履行主要义务，对方接受时，该合同成立。

法律、行政法规规定或者当事人约定合同应当采用书面形式订立，当事人未采用书面形式但是一方已经履行主要义务，对方接受时，该合同成立。

第六百八十五条 保证合同可以是单独订立的书面合同,也可以是主债权债务合同中的保证条款。

第三人单方以书面形式向债权人作出保证,债权人接收且未提出异议的,保证合同成立。

风险点163:主债权债务合同无效

【风险提示】

根据我国《民法典》第六百八十二条的规定,保证合同是主债权债务合同的从合同。主债权债务合同无效的,保证合同无效,但是法律另有规定的除外。保证合同被确认无效后,债务人、保证人、债权人有过错的,应当根据其过错各自承担相应的民事责任。可见,从相互关系来看,主债权债务合同与保证合同是主合同与从合同的关系,亦即主债权债务合同是主合同,保证合同是主债权债务合同的从合同。由于保证合同在性质上具有附从性,当主债权债务合同无效时,作为从合同的保证合同失去了所附从的主合同,自然也就随之无效。需要提醒的是,如果法律另有规定,则保证合同可以独立存在,例如,根据《最高人民法院关于审理独立保函纠纷案件若干问题的规定》,银行以及非银行金融机构开具的"独立保函"(银行或非银行金融机构作为开立人,以书面形式向受益人出具的,同意在受益人请求付款并提交符合保函要求的单据时,向其支付特定款项或在保函最高金额内付款的承诺),其效力不受主债权债务合同效力的影响。

关于保证合同被确认无效后,保证人是否需要承担民事责任,不能一概而论,而需要根据案件具体情况综合分析保证人是否存在过错,并据此判断保证人是否需要承担民事责任。

【防范措施】

保证作为常见的担保方式之一,在实践中被广泛采用,在以保证方式提供担保时,有以下事项需要注意:

1.建议在保证合同中明确约定承担的保证责任是一般保证还是连带责任保证。如果是一般保证,只有在主合同纠纷经法院审判或者仲裁机构仲裁,且就债务人的财产依法强制执行仍然不能履行债务时,保证人才承担保证责任;在此之前,一般情况下,保证人有权拒绝向债权人承担保证责任。如果是连带责任保证,只要债务人不履行到期债务或者发生当事人约定的情形,那么债权人除了可以要求债务人履行债务,还可以要求保证人承担保证责任履行债务。二者的主要区别在于,前者必须经过司法机关对债务人的强制执行,才能要求保证人承担责任。需要注意的是,如果当事人在保证合同中对保证方式没有约定或者约定不明确,则按一般保证承担责任。

2. 建议在保证合同中明确约定保证期间,且保证期间应当晚于主债务履行期限,否则视为没有约定保证期间。如果对保证期间没有约定或者约定不明,保证期间推定为主债务履行期限届满之日起6个月。

3. 连带责任保证的债权人,应当在保证期间请求保证人承担保证责任;一般保证的债权人,应当在保证期间对债务人提起诉讼或者申请仲裁,否则保证人就不再承担保证责任。

【法条链接】

《民法典》第六百八十二条 保证合同是主债权债务合同的从合同。主债权债务合同无效的,保证合同无效,但是法律另有规定的除外。

保证合同被确认无效后,债务人、保证人、债权人有过错的,应当根据其过错各自承担相应的民事责任。

第六百八十六条 保证的方式包括一般保证和连带责任保证。

当事人在保证合同中对保证方式没有约定或者约定不明确的,按照一般保证承担保证责任。

第六百八十七条 当事人在保证合同中约定,债务人不能履行债务时,由保证人承担保证责任的,为一般保证。

一般保证的保证人在主合同纠纷未经审判或者仲裁,并就债务人财产依法强制执行仍不能履行债务前,有权拒绝向债权人承担保证责任,但是有下列情形之一的除外:

(一)债务人下落不明,且无财产可供执行;

(二)人民法院已经受理债务人破产案件;

(三)债权人有证据证明债务人的财产不足以履行全部债务或者丧失履行债务能力;

(四)保证人书面表示放弃本款规定的权利。

第六百八十八条 当事人在保证合同中约定保证人和债务人对债务承担连带责任的,为连带责任保证。

连带责任保证的债务人不履行到期债务或者发生当事人约定的情形时,债权人可以请求债务人履行债务,也可以请求保证人在其保证范围内承担保证责任。

风险点164：主合同变更加重保证责任

【风险提示】

债权人和债务人在未经保证人书面同意的情况下即变更主债权债务合同内容，如债务减轻，则保证人对变更后的债务承担保证责任；如债务加重，保证人对加重的部分不承担保证责任。债权人和债务人未经保证人书面同意变更主债权债务合同的履行期限的，保证期间不受影响。

【防范措施】

在主合同履行过程中，如果主合同变更加重了债务人的负担，债权人应尽量要求保证人书面同意对加重的债务承担保证责任，否则保证人对加重的部分不承担保证责任。

【法条链接】

《民法典》第六百九十五条　债权人和债务人未经保证人书面同意，协商变更主债权债务合同内容，减轻债务的，保证人仍对变更后的债务承担保证责任；加重债务的，保证人对加重的部分不承担保证责任。

债权人和债务人变更主债权债务合同的履行期限，未经保证人书面同意的，保证期间不受影响。

风险点165：与分支机构签订保证合同

【风险提示】

根据《最高人民法院关于适用〈中华人民共和国民法典〉有关担保制度的解释》第十一条第一款的规定，公司的分支机构未经公司股东会或者董事会决议以自己的名义对外提供担保，相对人请求公司或者其分支机构承担担保责任的，人民法院不予支持，但是相对人不知道且不应当知道分支机构对外提供担保未经公司决议程序的除外。

【防范措施】

在审查分支机构对外签订的担保合同的效力时，须审查合同的签订是否经过公司决议程序。如经过公司决议程序，担保合同对公司发生效力，公司承担担保责任；如未经公司决议程序，债权人也非善意，那么担保对公司不发生效力。但公司并非不承担任何责任,具体还要结合双方过错,最终判定公司是否需要承担补充赔偿责任。因此,在公司的分支机构提供担保时,债权人要注意留存证据证明已对其公司股东会或董事会决议进行了合理审查。

【法条链接】

《民法典》第七十四条 法人可以依法设立分支机构。法律、行政法规规定分支机构应当登记的,依照其规定。

分支机构以自己的名义从事民事活动,产生的民事责任由法人承担;也可以先以该分支机构管理的财产承担,不足以承担的,由法人承担。

《最高人民法院关于适用〈中华人民共和国民法典〉有关担保制度的解释》第十一条 公司的分支机构未经公司股东(大)会或者董事会决议以自己的名义对外提供担保,相对人请求公司或者其分支机构承担担保责任的,人民法院不予支持,但是相对人不知道且不应当知道分支机构对外提供担保未经公司决议程序的除外。

金融机构的分支机构在其营业执照记载的经营范围内开立保函,或者经有权从事担保业务的上级机构授权开立保函,金融机构或者其分支机构以违反公司法关于公司对外担保决议程序的规定为由主张不承担担保责任的,人民法院不予支持。金融机构的分支机构未经金融机构授权提供保函之外的担保,金融机构或者其分支机构主张不承担担保责任的,人民法院应予支持,但是相对人不知道且不应当知道分支机构对外提供担保未经金融机构授权的除外。

担保公司的分支机构未经担保公司授权对外提供担保,担保公司或者其分支机构主张不承担担保责任的,人民法院应予支持,但是相对人不知道且不应当知道分支机构对外提供担保未经担保公司授权的除外。

公司的分支机构对外提供担保,相对人非善意,请求公司承担赔偿责任的,参照本解释第十七条的有关规定处理。

风险点166:与政府机构签订保证合同

【风险提示】

保证人如果是机关法人以及以公益为目的的非营利法人、非法人组织,那么其签订的保证合同无效。原则上,任何具有完全民事行为能力的主体都可以成为保证人,但《民法典》规定了两类主体不得为保证人:一是机关法人(如政府、人大、政协以及公检法机关等)不得为保证人,但是经国务院批准为使用外国政府或者国际经济组织贷款进行转贷的除外;二是以公益为目的的非营利法人、非法人组织不得为保证人。

【防范措施】

在签订保证合同时,主债权人除了要审查保证人代为清偿债务的能力,还要审查保证人是否有作为保证人的主体资格。

【法条链接】

《民法典》第六百八十三条 机关法人不得为保证人,但是经国务院批准为使用外国政府或者国际经济组织贷款进行转贷的除外。

以公益为目的的非营利法人、非法人组织不得为保证人。

《最高人民法院关于适用〈中华人民共和国民法典〉有关担保制度的解释》第五条 机关法人提供担保的,人民法院应当认定担保合同无效,但是经国务院批准为使用外国政府或者国际经济组织贷款进行转贷的除外。

居民委员会、村民委员会提供担保的,人民法院应当认定担保合同无效,但是依法代行村集体经济组织职能的村民委员会,依照村民委员会组织法规定的讨论决定程序对外提供担保的除外。

第六条 以公益为目的的非营利性学校、幼儿园、医疗机构、养老机构等提供担保的,人民法院应当认定担保合同无效,但是有下列情形之一的除外:

(一)在购入或者以融资租赁方式承租教育设施、医疗卫生设施、养老服务设施和其他公益设施时,出卖人、出租人为担保价款或者租金实现而在该公益设施上保留所有权;

(二)以教育设施、医疗卫生设施、养老服务设施和其他公益设施以外的不动产、动产或者财产权利设立担保物权。

登记为营利法人的学校、幼儿园、医疗机构、养老机构等提供担保,当事人以其不具有担保资格为由主张担保合同无效的,人民法院不予支持。

风险点167:随便为他人出具保证承诺书

【风险提示】

我国《民法典》第六百八十一条规定,保证人和债权人约定,当债务人不履行到期债务或者发生当事人约定的情形时,保证人向债权人履行债务或者承担责任的合同为保证合同。第六百八十五条规定,保证合同既可以采用单独订立的书面合同形式,也可以采用主债权债务合同中的保证条款,若第三人单方以书面形式向债权人作出保证,债权人接收且未提出异议的,也可成立保证合同。简言之,保证合同的成立主要有三种方式:第一,签订书面保证合同,即保证人和债权人以书面形式就保证合同的主要条款达成协议,保证合同即告成立。第二,保证人在含有保证条款的主债权债务合同的保证人处签字、盖章。第三,保证人单方以书面形式向债权人出具保证书,表示当债务人不履行债务时,由其代为履行或承担损害赔偿责任,债权人接受且未提出异议的,保证合同亦成立。

【防范措施】

除单独订立保证合同、主债权债务合同中的保证条款外,第三人单方以书面形式向债权人作出保证,债权人接收且未提出异议的,也可以发生保证的法律效力。因此,企业在签署保证书、承诺书时,一定要仔细看清楚保证书、承诺书的内容,谨慎签署。

【法条链接】

《民法典》第六百八十一条 保证合同是为保障债权的实现,保证人和债权人约定,当债务人不履行到期债务或者发生当事人约定的情形时,保证人履行债务或者承担责任的合同。

第六百八十五条 保证合同可以是单独订立的书面合同,也可以是主债权债务合同中的保证条款。

第三人单方以书面形式向债权人作出保证,债权人接收且未提出异议的,保证合同成立。

第七百零一条 保证人可以主张债务人对债权人的抗辩。债务人放弃抗辩的,保证人仍有权向债权人主张抗辩。

风险点168:保证合同对保证方式没有约定

【风险提示】

我国《民法典》第六百八十六条规定,保证的方式包括一般保证和连带责任保证。当事人在保证合同中对保证方式没有约定或者约定不明确的,按照一般保证承担保证责任。一般保证,是指当事人在保证合同中约定,债务人不能履行债务时,由保证人承担保证责任的保证。一般保证的保证人享有先诉抗辩权,即在主合同纠纷未经审判或者仲裁,并就债务人财产依法强制执行仍不能履行债务前,对债权人可以拒绝承担保证责任。连带责任保证,是指当事人在保证合同中约定保证人与债务人对债务承担连带责任的保证。也就是说,连带责任保证的债务人在主合同规定的履行期届满没有履行债务的,债权人既可以要求债务人履行债务,也可以要求保证人在其保证范围内承担保证责任,保证人没有先诉抗辩权。

【防范措施】

企业在与他人签订保证合同时,如果要求保证人承担连带保证责任,应在保证合同内容中明确约定"连带保证责任"或在签字、盖章处注明为"连带保证人",否则会被认定为一般保证。

【法条链接】

《民法典》第六百八十六条　保证的方式包括一般保证和连带责任保证。

当事人在保证合同中对保证方式没有约定或者约定不明确的,按照一般保证承担保证责任。

第六百八十七条　当事人在保证合同中约定,债务人不能履行债务时,由保证人承担保证责任的,为一般保证。

一般保证的保证人在主合同纠纷未经审判或者仲裁,并就债务人财产依法强制执行仍不能履行债务前,有权拒绝向债权人承担保证责任,但是有下列情形之一的除外:

(一)债务人下落不明,且无财产可供执行;

(二)人民法院已经受理债务人破产案件;

(三)债权人有证据证明债务人的财产不足以履行全部债务或者丧失履行债务能力;

(四)保证人书面表示放弃本款规定的权利。

风险点169:最高额保证合同

【风险提示】

最高额保证,是指债权人与保证人之间就债务人在一定期间内连续发生的若干笔债务,确定一个最高限额,由保证人在此限额内对债务人履行债务进行保证。与连带责任保证以及一般保证不同,最高额保证合同所担保的债权并非确定的某一笔或者某几笔债权,而是在一定期间连续发生的债权。最高额保证的特殊性主要表现在:(1)最高额保证所担保的主债权具有不确定性;(2)最高额保证所担保的主债权是连续发生的一系列债权。

【防范措施】

由于最高额保证合同具有极强的独立性和不可分性，企业在提供最高额保证担保时应注意以下几点：

1. 明确保证最高限额，切忌限额空白。保证人应明确最高额保证合同中的限额，在司法实践中，如果最高额保证合同中金额部分空白，则可能会被视为对合同内容中约定事项的无限授权；此举会加重保证人的保证责任。如保证人明知合同中最高保证金额内容空白而不提出异议，则视为其对空白部分内容是放任和默认的，将承担相应后果。

2. 明确最高额保证的范围。我国法律规定，最高额保证的范围应及于主债权及其利息、违约金、实现债权的费用等债权人的全部损失，当事人另有约定的，按照其约定。鉴于此，为防止债权范围处于不确定状态，作为保证人，建议在保证合同中对保证范围作出明确约定。

【法条链接】

《民法典》第六百九十条　保证人与债权人可以协商订立最高额保证的合同，约定在最高债权额限度内就一定期间连续发生的债权提供保证。

最高额保证除适用本章规定外，参照适用本法第二编最高额抵押权的有关规定。

风险点170：未约定保证期间

【风险提示】

我国《民法典》第六百九十二条规定，保证期间是确定保证人承担保证责任的期间，不发生中止、中断和延长。债权人与保证人可以约定保证期间，但是约定的保证期间早于主债务履行期限或者与主债务履行期限同时届满的，视为没有约定；没有约定或者约定不明确的，保证期间为主债务履行期限届满之日起6个月。债权人与债务人对主债务履行期限没有约定或者约定不明确的，保证期间自债权人请求债务人履行债务的宽限期届满之日起计算。第六百九十四条规定，一般保证的债权人在保证期间届满前对债务人提起诉讼或者申请仲裁的，从保证人拒绝承担保证责任的权利消灭之日起，开始计算保证债务的诉讼时效。连带责任保证的债权人在保证期间届满前请求保证人承担保证责任的，从债权人请求保证人承担保证责任之日起，开始计算保证债务的诉讼时效。

实务中，由于债权人与保证人对保证期间没有约定或者约定不明确而产生较多纠纷。

【防范措施】

在借贷关系中保证担保十分常见。如果企业经营需要他方提供保证担保,在与他方签署保证合同时务必作出明确的意思表述,约定由保证人为债务的履行提供保证担保,避免使用"担保至还清借款本息为止"等含义模糊的表述,否则将被认定为对保证期间的约定不够明确。实践中无论企业作为债权人还是保证人,建议在签署保证合同时写明保证期间的起止时间。如果没有约定或者约定不明,法律将视保证期间为主债务履行期届满之日起6个月。虽然对于是"连带责任保证"还是"一般保证",当事人之间有自主选择权,但为了保证自己的抗辩权,建议企业在作保证人时应尽量选择一般保证,避免因选择连带责任保证不享先诉抗辩权而直接需要向债权人承担保证责任。另外,企业作为债权人,要及时在不能延长的保证期间内行使自己的债权,避免因未及时行权而丧失债权。

【法条链接】

《民法典》第六百九十二条 保证期间是确定保证人承担保证责任的期间,不发生中止、中断和延长。

债权人与保证人可以约定保证期间,但是约定的保证期间早于主债务履行期限或者与主债务履行期限同时届满的,视为没有约定;没有约定或者约定不明确的,保证期间为主债务履行期限届满之日起六个月。

债权人与债务人对主债务履行期限没有约定或者约定不明确的,保证期间自债权人请求债务人履行债务的宽限期届满之日起计算。

第六百九十四条 一般保证的债权人在保证期间届满前对债务人提起诉讼或者申请仲裁的,从保证人拒绝承担保证责任的权利消灭之日起,开始计算保证债务的诉讼时效。

连带责任保证的债权人在保证期间届满前请求保证人承担保证责任的,从债权人请求保证人承担保证责任之日起,开始计算保证债务的诉讼时效。

风险点171:主债权合同内容变动,未通知保证人

【风险提示】

我国《民法典》第六百九十五条规定,保证期间债权人和债务人未经保证人书面同意,协议变更主债权债务合同内容,如果减轻债务,保证人对减轻后的债务继续承担保证责任;反之,如果加重了债务人的债务,保证人对于加重部分不承担保证责任。

变更债务履行期限,保证期间仍为原合同约定的或者法律规定的期间。

【防范措施】

就债权人而言,为了确保保证人继续承担保证责任,如果主合同变更加重了债务人的义务,对主合同变更的情况应及时取得保证人的书面同意。

【法条链接】

《民法典》第六百九十五条　债权人和债务人未经保证人书面同意,协商变更主债权债务合同内容,减轻债务的,保证人仍对变更后的债务承担保证责任;加重债务的,保证人对加重的部分不承担保证责任。

债权人和债务人变更主债权债务合同的履行期限,未经保证人书面同意的,保证期间不受影响。

风险点172:债务转让未经保证人同意

【风险提示】

根据《民法典》第六百九十七条的规定,债权人未经保证人书面同意,允许债务人转移全部或者部分债务,保证人对未经其同意转移的债务不再承担保证责任,但是债权人和保证人另有约定的除外。可见,债权人允许债务人转移债务必须要经保证人的书面同意才不影响保证人承担保证责任。

【防范措施】

就债权人而言,在允许债务人转移债务前,应当先征求保证人的意见,如果保证人同意债务转让,应要求其出具书面同意的文书;如果保证人不同意债务转让,则要慎重考虑,否则保证人对未经其同意转移的债务不再承担保证责任。

【法条链接】

《民法典》第六百九十七条　债权人未经保证人书面同意,允许债务人转移全部或者部分债务,保证人对未经其同意转移的债务不再承担保证责任,但是债权人和保证人另有约定的除外。

第三人加入债务的,保证人的保证责任不受影响。

风险点173：企业联保

【风险提示】

因中小企业规模不大、抗风险能力不强等，银行在对企业贷款时，有更加严格的标准和程序要求。在实践中，银行有时会要求企业通过"联保"的方式提供保证。企业联保，是指企业在向银行贷款时，通过多家企业彼此相互提供连带责任保证的方式对银行作出保证。企业通过联保的方式向银行贷款，风险极大。一家企业无法偿还债务，可能导致所有参与联保的企业同时被"拉下水"，被迫承担债务。

【防范措施】

企业应当慎重选用企业联保贷款，不到绝境，不采用联保方式贷款融资。若已决定采用企业联保方式融资，企业应当慎重选择联保对象，在充分审查对方公司生产经营现状、企业负债、贷款用途等信息后，再决定是否选择其为联保对象。另外，各联保企业之间应当明确约定责任，通过规定较重的违约责任来加大各方违约成本，降低联保风险。

【法条链接】

《民法典》第六百八十四条　保证合同的内容一般包括被保证的主债权的种类、数额，债务人履行债务的期限，保证的方式、范围和期间等条款。

第六百八十六条　保证的方式包括一般保证和连带责任保证。

当事人在保证合同中对保证方式没有约定或者约定不明确的，按照一般保证承担保证责任。

第六百八十八条　当事人在保证合同中约定保证人和债务人对债务承担连带责任的，为连带责任保证。

连带责任保证的债务人不履行到期债务或者发生当事人约定的情形时，债权人可以请求债务人履行债务，也可以请求保证人在其保证范围内承担保证责任。

第六百九十一条　保证的范围包括主债权及其利息、违约金、损害赔偿金和实现债权的费用。当事人另有约定的，按照其约定。

风险点174：保证合同约定"禁止债权转让"条款

【风险提示】

保证人有权为了债务人仅向特定债权人承担保证责任。法律并没有明确保证人的保证意图,仅表明保证之效力,故保证人可以仅向特定债权人承担担保责任。

根据《民法典》的规定,保证合同可约定禁止债权转让。当保证人仅向特定债权人承担保证责任时,其就会要求在保证合同中明确禁止债权转让。从保证人角度来看,保证人与债权人约定禁止债权转让,债权人未经保证人书面同意转让债权的,保证人对受让人不再承担保证责任。即使债权人通知了保证人,保证人对受让人也绝对不承担任何保证责任。

【防范措施】

就保证人而言,应明确是否允许转让债权:若不允许,应当在保证合同中设立专门条款。就债权转让受让人而言,若受让债权带有保证合同,应重点审查保证合同中有无约定禁止债权转让条款。虽然保证合同的禁止转让条款对债权转让合同的效力没有影响,但是对保证人不生效,即受让人不能要求保证人承担保证责任。

【法条链接】

《民法典》第六百九十六条　债权人转让全部或者部分债权,未通知保证人的,该转让对保证人不发生效力。

保证人与债权人约定禁止债权转让,债权人未经保证人书面同意转让债权的,保证人对受让人不再承担保证责任。

第十二章

租 赁 合 同

风险点 175：口头约定租赁合同

【风险提示】

我国《民法典》第四百六十九条第一款规定，当事人订立合同，可以采用书面形式、口头形式或者其他形式。第七百零七条规定，租赁期限为6个月以上的，租赁关系双方应当订立书面的租赁合同。若租赁关系双方没有订立书面的租赁合同，无法确定租赁期限，视为不定期租赁。第七百三十条规定，对于不定期租赁，当事人可以随时解除合同，但是应当在合理期限之前通知对方。

实务中，如果没有采用书面形式订立租赁合同，一旦发生争议，口说无凭，当事人的权利很难得到保护。

【防范措施】

租赁期限为6个月以上的租赁合同应当采用书面合同的形式确定双方的租赁关系，否则企业会面临随时解除租赁关系的经营风险。

【法条链接】

《民法典》第四百六十九条 当事人订立合同，可以采用书面形式、口头形式或者其他形式。

书面形式是合同书、信件、电报、电传、传真等可以有形地表现所载内容的形式。

以电子数据交换、电子邮件等方式能够有形地表现所载内容，并可以随时调取查用的数据电文，视为书面形式。

第七百零七条 租赁期限六个月以上的，应当采用书面形式。当事人未采用书面形式，无法确定租赁期限的，视为不定期租赁。

第七百三十条 当事人对租赁期限没有约定或者约定不明确，依据本法第五百一十条的规定仍不能确定的,视为不定期租赁;当事人可以随时解除合同,但是应当在合理期限之前通知对方。

风险点176:没有约定租赁期限

【风险提示】

租赁期限是承租人可以使用租赁物的期限。租赁期限直接关系租赁物的使用和返还时间、租金的收取期间,故其是租赁合同的重要条款。根据《民法典》第七百三十条的规定,当事人对租赁期限没有约定或者约定不明确,依据该法第五百一十条的规定仍不能确定的,视为不定期租赁;当事人可以随时解除合同,但是应当在合理期限之前通知对方。

对于不定期租赁合同,双方当事人均有权随时解除合同,且不以对方违约为要件。因此,租赁合同没有约定租赁期限的风险在于对方当事人可以随时行使任意解除权,使租赁法律关系处于不稳定状态,从而可能给当事人造成损失。

【防范措施】

出租人和承租人在订立租赁合同时,为了降低相关法律风险,建议将合同订立为定期租赁合同,即明确约定租赁期间。

【法条链接】

《民法典》第五百一十条　合同生效后,当事人就质量、价款或者报酬、履行地点等内容没有约定或者约定不明确的,可以协议补充;不能达成补充协议的,按照合同相关条款或者交易习惯确定。

第七百三十条　当事人对租赁期限没有约定或者约定不明确,依据本法第五百一十条的规定仍不能确定的,视为不定期租赁;当事人可以随时解除合同,但是应当在合理期限之前通知对方。

风险点177:租赁合同期限超过20年

【风险提示】

租赁合同是出租人将租赁物交付给承租人使用、收益,承租人支付租金的合同。承租人通过与出租人形成租赁关系,获得租赁物的使用权而满足自己一定期限内的生产或者生活需要。如果承租人的目的是长期或者永久获得租赁物的使用权,则完全可以通过买卖或者其他形式实现其目的,为此,世界上很多国家或地区的法律都对租赁合同的最长期限作出了限制,以体现租赁合同与买卖、转让等合同的区别。我国《民法典》规定租赁期限的最高限制为20年,超过20年的部分无效。

【防范措施】

签订长期租赁合同,应当注意以下事项:

1. 在签订租赁合同时,约定租赁期限不得超过20年,否则超过部分无效。现实生活中,有的企业为了实现租赁期限超过20年之目的,同时签订两份履行期限前后连续的租赁合同,对于此种规避法律强制性规定的行为,司法实践中仍然可能会被认定为租赁期限超过20年,超过部分无效。

2. 租赁期限超过20年的部分无效,虽然出租人有权要求在20年期限届满时收回租赁标的物,但根据诚信原则,出租人仍然应当在合理时间提前通知承租人。

3. 租赁期限超过20年之后,如果承租人继续使用租赁标的物,出租人也没有提出异议,则在法律上视为双方形成不定期租赁关系,并非对租赁期限超过20年部分的认可。根据我国《民法典》第七百三十条的规定,对于不定期租赁,当事人可以随时解除合同,但是应当在合理期限之前通知对方。

【法条链接】

《民法典》第七百零五条 租赁期限不得超过二十年。超过二十年的,超过部分无效。

租赁期限届满,当事人可以续订租赁合同;但是,约定的租赁期限自续订之日起不得超过二十年。

第七百三十条 当事人对租赁期限没有约定或者约定不明确,依据本法第五百一十条的规定仍不能确定的,视为不定期租赁;当事人可以随时解除合同,但是应当在合理期限之前通知对方。

第七百三十四条第一款 租赁期限届满,承租人继续使用租赁物,出租人没有提出异议的,原租赁合同继续有效,但是租赁期限为不定期。

风险点178:房屋租赁合同未办理登记备案

【风险提示】

我国《民法典》第七百零六条规定,当事人未依照法律、行政法规规定办理租赁合同登记备案手续的,不影响合同的效力。与原《合同法》相比,本条是《民法典》新增的规定。2009 年《最高人民法院关于审理城镇房屋租赁合同纠纷案件具体应用法律若干问题的解释》(已被修改)第四条第一款的规定:"当事人以房屋租赁合同未按照法律、行政法规规定办理登记备案手续为由,请求确认合同无效的,人民法院不予支持。"《民法典》的上述规定,与最高人民法院上述司法解释的精神一脉相承。

虽然房屋租赁合同不因未办理登记备案手续而导致无效,但是,违反《商品房屋租赁管理办法》第十四条第一款的规定,未办理房屋租赁登记备案,仍然需要承担相应的法律责任。根据《商品房屋租赁管理办法》第二十三条的规定,建设行政主管部门除了可以责令房屋租赁合同当事人限期改正,还可以对逾期不改正的当事人处以罚款。其中,个人逾期不改正的,处以 1000 元以下罚款;单位逾期不改正的,处以 1000 元以上 1 万元以下罚款。

【防范措施】

从遵守行政管理规定的角度考虑,建议房屋租赁合同的各方当事人依法办理房屋租赁合同的登记备案手续,避免不必要的法律纠纷和责任。

【法条链接】

《民法典》第七百零六条　当事人未依照法律、行政法规规定办理租赁合同登记备案手续的,不影响合同的效力。

《商品房屋租赁管理办法》第十四条　房屋租赁合同订立后三十日内,房屋租赁当事人应当到租赁房屋所在地直辖市、市、县人民政府建设(房地产)主管部门办理房屋租赁登记备案。

房屋租赁当事人可以书面委托他人办理租赁登记备案。

第二十三条　违反本办法第十四条第一款、第十九条规定的,由直辖市、市、县人民政府建设(房地产)主管部门责令限期改正;个人逾期不改正的,处以一千元以下罚款;单位逾期不改正的,处以一千元以上一万元以下罚款。

风险点 179:出租人没有按时交付租赁物

【风险提示】

出租人不能按照约定交付租赁物或者交付的租赁物不符合约定的使用、收益用途的,应承担违约责任,同时承租人可拒绝向出租人支付租金。这是法律的规定,是出租人在签订租赁合同后应当履行的义务。一旦签订租赁合同,出租人就要注意交付租赁物,不能因为眼前小利而失信,从而招致不必要的法律纠纷。

【防范措施】

就出租人而言,在签订合同之前,务必根据实际情况综合考虑能否按合同条款的要求切实履行,如果预判己方不能按拟签订的合同条款全面履行,应当积极与对方协商修改合同条款,或者根据实际情况决定不再签订该合同。

就承租人而言,建议在合同中设计违约责任条款,对违约行为以及违约金的计算方式等作出明确约定,一旦出租人违约,承租人可以直接依据合同中的违约责任条款追究对方的违约责任。

【法条链接】

《民法典》第五百七十七条　当事人一方不履行合同义务或者履行合同义务不符合约定的,应当承担继续履行、采取补救措施或者赔偿损失等违约责任。

第七百零八条　出租人应当按照约定将租赁物交付承租人,并在租赁期限内保持租赁物符合约定的用途。

风险点180：承租人未经出租人同意转租

【风险提示】

租赁虽然属于债权关系,但出租人在选择承租人时,往往是经过选择才允许特定的人承租的,出租人与承租人之间在某种程度上具有人身信赖关系。在转租的情形下,虽然承租人并不脱离租赁关系,但承租人并不实际使用租赁物,出租人也难以了解第三人对租赁物的使用状况,出租人对承租人的人身依赖关系可能受到影响或者破坏。因此,我国《民法典》第七百一十六条规定,承租人转租必须经出租人同意;未经出租人同意而擅自转租,出租人可以解除租赁合同。

【防范措施】

在签订租赁合同时,建议在合同条款中明确约定是否允许承租人转租。如果合同没有对转租问题作出约定,那么在拟转租之前,承租人务必向出租人征求意见,询问出租人是否同意承租人将租赁物转租。如果出租人同意转租,应当注意固定证据;如果出租人不同意转租,则承租人不能擅自转租,以免产生不利后果。

【法条链接】

《民法典》第七百一十六条　承租人经出租人同意,可以将租赁物转租给第三人。承租人转租的,承租人与出租人之间的租赁合同继续有效;第三人造成租赁物损失的,承租人应当赔偿损失。

承租人未经出租人同意转租的,出租人可以解除合同。

第七百一十七条 承租人经出租人同意将租赁物转租给第三人,转租期限超过承租人剩余租赁期限的,超过部分的约定对出租人不具有法律约束力,但是出租人与承租人另有约定的除外。

第七百一十八条 出租人知道或者应当知道承租人转租,但是在六个月内未提出异议的,视为出租人同意转租。

风险点181:承租人未按时支付租金

【风险提示】

支付租金是承租人的主要义务。我国《民法典》第七百二十二条规定,承租人无正当理由未支付或者迟延支付租金的,出租人可以请求承租人在合理期限内支付;承租人逾期不支付的,出租人可以解除合同。可见,在没有正当理由的情况下,如果承租人拒绝履行支付租金的义务,或者履行义务有瑕疵,出租人有权要求承租人在合理期限之内支付。承租人在合理期限内仍然不支付的,此时出租人享有法定合同解除权。

【防范措施】

为了防范承租人无正当事由迟延支付或拒不支付租金的风险,在租赁合同中应就承租人按时履行支付义务增设违约惩罚条款内容,以避免承租人不正确履行支付义务造成出租人损失的风险。常见的违约惩罚条款,诸如设定迟延支付租金时须按日向出租人支付违约金;或是出租人有权没收承租人交付的租赁保证金;或是在租赁合同中明确约定承租人逾期超过一定期限仍未支付租金的,出租人有权通知解除合同,并要求承租人支付一定金额的违约金等。通过在租赁合同中设定违约金的方式督促承租人及时履行支付义务。

【法条链接】

《民法典》第七百二十一条 承租人应当按照约定的期限支付租金。对支付租金的期限没有约定或者约定不明确,依据本法第五百一十条的规定仍不能确定,租赁期限不满一年的,应当在租赁期限届满时支付;租赁期限一年以上的,应当在每届满一年时支付,剩余期限不满一年的,应当在租赁期限届满时支付。

第七百二十二条　承租人无正当理由未支付或者迟延支付租金的,出租人可以请求承租人在合理期限内支付;承租人逾期不支付的,出租人可以解除合同。

风险点182:买卖不破租赁

【风险提示】

买卖不破租赁原则,是指承租人在承租租赁物之后,在租赁期间租赁物的所有权发生变化的,原来的租赁合同并不因此而失效。也就是说,承租人在租赁关系存续期间对租赁物的占有、使用权能够对抗第三人。但是,买卖不破租赁原则是有条件的:(1)原房屋租赁合同仍然有效;(2)出租人将租赁物的所有权让与第三人;(3)让与所有权的生效时间在租赁期间内。只有在满足上述条件时,才能够发生买卖不破租赁的法律效力。此外,该原则并不是绝对的,以下情形不适用此原则:(1)房屋在出租之前已经设立抵押权,因为抵押权的实现而发生所有权变动;(2)房屋在出租之前已经被人民法院依法查封。

【防范措施】

买卖不破租赁是法律为了保护承租方作出的特殊规定,因此企业在购买厂房、写字楼或商品房等不动产时,应当审查该不动产是否已出租给他人;如果已出租他人且租期较长,应当慎重考虑。

【法条链接】

《民法典》第七百二十五条　租赁物在承租人按照租赁合同占有期限内发生所有权变动的,不影响租赁合同的效力。

风险点183:侵犯房屋承租人的优先购买权

【风险提示】

所谓房屋承租人的优先购买权,是指在房屋租赁期间,当出租人将租赁房屋转让给第三人时,房屋承租人依照法律规定享有的、在同等条件下优先于其他潜在购买人购买房屋的权利。房屋承租人行使优先购买权,必须以出租人出卖租赁房屋的行为发生在租赁期间内为前提条件,如果出卖租赁房屋的行为发生在租赁开始之前或者租赁结束之后,房屋承租人均不享有优先购买权。需要说明的是,承租人行使优先购买权受到"同等条件"的限制,如果承租人要求比其他潜在购买人更低的价格或者更优惠的条件购买租赁房屋,则出租人可以拒绝承租人的购买要求。

【防范措施】

企业出卖正在租赁的房屋、厂房等不动产时,应当提前通知承租人,否则就侵害了承租人在同等条件下的优先购买权,需要承担相应的法律责任。

就承租人而言,行使优先购买权应当在法定期限内作出明确表示,即承租人应当在收到出租人通知之日起 15 日内明确表示购买,否则就视为放弃优先购买权。

【法条链接】

《民法典》第七百二十六条　出租人出卖租赁房屋的,应当在出卖之前的合理期限内通知承租人,承租人享有以同等条件优先购买的权利;但是,房屋按份共有人行使优先购买权或者出租人将房屋出卖给近亲属的除外。

出租人履行通知义务后,承租人在十五日内未明确表示购买的,视为承租人放弃优先购买权。

第七百二十七条　出租人委托拍卖人拍卖租赁房屋的,应当在拍卖五日前通知承租人。承租人未参加拍卖的,视为放弃优先购买权。

第七百二十八条　出租人未通知承租人或者有其他妨害承租人行使优先购买权情形的,承租人可以请求出租人承担赔偿责任。但是,出租人与第三人订立的房屋买卖合同的效力不受影响。

风险点 184:侵犯房屋承租人的优先承租权

【风险提示】

根据《民法典》第七百三十四条第二款的规定,租赁期限届满,房屋承租人享有以同等条件优先承租的权利。这是《民法典》新增设的规定,原《合同法》并未规定房屋承租人的优先承租权。对优先承租权的理解,需要特别注意两点:第一,承租人的优先承租权仅限于房屋承租人,对于房屋租赁之外的其他承租人,在租赁期限届满时,并不享有优先承租权;第二,优先承租权的行使以同等条件为前提,只有在同等条件下,房屋承租人才能行使优先承租权。

【防范措施】

原《合同法》虽然规定了承租人的优先购买权,但是并未规定优先承租权。房屋承租人的优先承租权是《民法典》新增设的规定,作为房屋租赁的双方,尤其是房屋租赁的出租人,应当特别注意《民法典》实施前后的这一变化。在原《合同法》时代出租人无须考虑房屋承租人的优先承租权,但是到了《民法典》时代需要与时俱进,应根据《民法典》的规定重新审查租赁行为、租赁流程的合规性,避免产生不必要的法律纠纷和经济损失。

【法条链接】

《民法典》第七百三十四条　租赁期限届满,承租人继续使用租赁物,出租人没有提出异议的,原租赁合同继续有效,但是租赁期限为不定期。

租赁期限届满,房屋承租人享有以同等条件优先承租的权利。

风险点185:出租期限届满没有续签合同

【风险提示】

不定期租赁合同,是指没有租赁期限,双方可以随时解除租赁关系的合同。根据《民法典》第七百三十四条的规定,租赁期间届满,如果承租人继续使用租赁物,而出租人也没有提出异议,原租赁合同继续有效,只不过租赁期限变更为不定期,双方可以随时提出解除合同。需要注意的是,出租人要解除合同的,需要在合理期限内通知承租人。

【防范措施】

当事人续订合同有两种方式,约定更新和法定更新。约定更新,是指合同当事人于租赁期间届满后另订一个合同,约定延长租赁期限。法定更新,是指租赁期间届满后,合同当事人以法律规定的某种行为表明租赁关系继续存在。《民法典》第七百三十四条就是关于法定更新的规定。实务中,租赁合同的双方当事人一定要搞清楚自己的情形是否属于法定更新;如果属于法定更新,就要依法继续履行相应的合同义务,否则要承担违约责任。

【法条链接】

《民法典》第七百三十条　当事人对租赁期限没有约定或者约定不明确,依据本法第五百一十条的规定仍不能确定的,视为不定期租赁;当事人可以随时解除合同,但是应当在合理期限之前通知对方。

第七百三十四条　租赁期限届满,承租人继续使用租赁物,出租人没有提出异议的,原租赁合同继续有效,但是租赁期限为不定期。

租赁期限届满,房屋承租人享有以同等条件优先承租的权利。

风险点186:发起人以个人名义签订租赁合同

【风险提示】

我国《民法典》第六十条规定,法人以其全部财产独立承担民事责任。根据《公司法》第三条第一款与和第四条第一款的规定,公司是企业法人,有独立的法人财产,享有法人财产权。公司以其全部财产对公司的债务承担责任。有限责任公司的股东以其认缴的出资额为限对公司承担责任;股份有限公司的股东以其认购的股份为限对公司承担责任。可见,公司和股东的财产相互独立,各自独立承担法律责任,股东仅以其认购的出资额为限承担有限责任,这也是现代公司法的基本规定。但是,在法人设立过程中,设立人为了设立法人必然需要从事相关民事活动,由于法人此时尚未正式设立,其法律后果应该如何承担,我国《民法典》第七十五条对此作出了明确规定,即设立人为设立法人从事的民事活动,其法律后果由法人承受;法人未成立的,其法律后果由设立人承受,设立人为二人以上的,享有连带债权,承担连带债务。设立人为设立法人以自己的名义从事民事活动产生的民事责任,第三人有权选择请求法人或者设立人承担。另外,根据《最高人民法院关于适用〈中华人民共和国公司法〉若干问题的规定(三)》第二条的规定,发起人为设立公司以自己名义对外签订合同,合同相对人请求该发起人承担合同责任的,人民法院应予支持;公司成立后合同相对人请求公司承担合同责任的,人民法院应予支持。

【防范措施】

公司在设立过程中,为了选择合适的经营场所经常会涉及房屋租赁,在此过程中建议以公司名义签订租赁合同。在设立阶段,由于公司尚不具备签订租赁合同的主体资格,发起人可以先用自己的名义承租;公司成立后,应及时与出租人达成补充协议或是将承租人变更为公司,以公司的名义及时追认租赁合同关系,之后以公司名义履行租赁合同所约定的各项权利义务,以免除股东个人承担公司债务的风险。否则,根据上述法律规定,在公司不能履行债务的情况下,为了保护租赁合同相对人的合法权益,合同相对人有权要求公司或者签订合同的发起人承担法律责任。

【法条链接】

《民法典》第六十条 法人以其全部财产独立承担民事责任。

第七十五条 设立人为设立法人从事的民事活动,其法律后果由法人承受;法人未成立的,其法律后果由设立人承受,设立人为二人以上的,享有连带债权,承担连带债务。

设立人为设立法人以自己的名义从事民事活动产生的民事责任,第三人有权选择请求法人或者设立人承担。

《公司法》第三条 公司是企业法人,有独立的法人财产,享有法人财产权。公司以其全部财产对公司的债务承担责任。

公司的合法权益受法律保护,不受侵犯。

第四条 有限责任公司的股东以其认缴的出资额为限对公司承担责任;股份有限公司的股东以其认购的股份为限对公司承担责任。

公司股东对公司依法享有资产收益、参与重大决策和选择管理者等权利。

《最高人民法院关于适用〈中华人民共和国公司法〉若干问题的规定(三)》第二条 发起人为设立公司以自己名义对外签订合同,合同相对人请求该发起人承担合同责任的,人民法院应予支持;公司成立后合同相对人请求公司承担合同责任的,人民法院应予支持。

风险点187:出租人以承租人违约为由,强行留置其物品

【风险提示】

我国《民法典》第四百四十七条第一款规定,债务人不履行到期债务,债权人可以留置已经合法占有的债务人的动产,并有权就该动产优先受偿。根据该规定,留置权,是指在债权债务关系中,债权人依据一定的法律关系占有债务人的动产,在债务人未履行合同义务时,债权人对其占有的债务人的动产予以留置并变价优先受偿的权利。在留置权法律关系中,行使留置权的债权人是留置权人,被留置的动产是留置物。根据上述规定,留置权的成立需要具备以下两个构成要件:其一,债务人不履行到期债务,也就是说,债务的履行期限必须已经届满,债权人只能基于已经到期的债务行使留置权,对尚未到期的债务,不能据此行使留置权。其二,债权人已经合法占有债务人的动产,债权人事先合法占有债务人的动产,这是行使留置权的前提;对债权人事先未占有的债务人动产,或者债权人非法占有的债务人动产,债权人均不能行使留置权。

现实生活中,出租人作为债权人扣留承租人的财产,迫使承租人支付租金的行为从表面上看容易让人误以为是行使留置权,其实不然。虽然承租人拖欠的租金履行期限已经届满,符合留置权的其中一个构成要件,但是租赁房屋内的物品并非出租人事先合法占有的动产,故出租人扣留租赁房屋的物品,不符合《民法典》第四百四十

七条规定的行使留置权的条件。

综上所述,出租人对承租人存放在租赁房屋内的财产并不享有法定的留置权。

【防范措施】

遇到承租人拖欠租金的情形,出租人切不可鲁莽行事,强行扣押承租人的财产物品,以免造成不必要的不利后果。如遇承租人拖欠租金,为了防止承租人转移财产逃避债务,出租人可以依据《民事诉讼法》的规定向人民法院申请诉前财产保全,由人民法院依法对承租人存放在租赁房屋内的物品进行查封、扣押,以便出租人的合法权益能够及时得到维护。

【法条链接】

《民法典》第四百四十七条 债务人不履行到期债务,债权人可以留置已经合法占有的债务人的动产,并有权就该动产优先受偿。

前款规定的债权人为留置权人,占有的动产为留置财产。

第四百四十八条 债权人留置的动产,应当与债权属于同一法律关系,但是企业之间留置的除外。

第十三章

融资租赁合同

风险点188：出租人不具备相应资质

【风险提示】

融资租赁合同的出租人，只能是从事融资租赁业务的租赁公司，而不能是一般的自然人、法人或其他组织，这是融资租赁合同主体上的特征。在我国，只有经金融管理部门批准许可经营的公司，才有从事融资租赁业务、订立融资租赁合同的资格。

【防范措施】

在融资租赁合同中，我国法律要求出租人具有相应资质，因此承租人在签订此类合同时应当对出租人的资质进行认真审核，确定其享有该资质后再签订合同，以免给自己造成不必要的损失。

【法条链接】

《民法典》第七百三十五条　融资租赁合同是出租人根据承租人对出卖人、租赁物的选择，向出卖人购买租赁物，提供给承租人使用，承租人支付租金的合同。

《金融租赁公司管理办法》第二条　本办法所称金融租赁公司，是指经国家金融监督管理总局批准设立的，以经营融资租赁业务为主的非银行金融机构。

金融租赁公司名称中应当标明"金融租赁"字样。未经国家金融监督管理总局批准，任何组织不得设立金融租赁公司，任何组织不得在其名称中使用"金融租赁"字样。

第三条　本办法所称专业子公司，是指经国家金融监督管理总局批准，金融租赁公司设立的从事特定领域融资租赁业务或以特定业务模式开展融资租赁业务的专业化租赁子公司。

本办法所称项目公司，是指金融租赁公司、专业子公司为从事某类具体融资租赁业务等特定目的而专门设立的项目子公司。

风险点189：租赁物的质量瑕疵责任

【风险提示】

融资租赁合同当中，既有出租人与出卖人的买卖合同关系，又有出租人与承租人之间的租赁关系。一般来说，出租人应承租人的要求购买指定的租赁物，交给承租人使用，出租人只承担中间的买入及出租义务，并获取相应的租金。原则上，对于租赁物的质量瑕疵，应当由租赁物的出卖人而不是出租人承担责任，承租人也不能以此为由要求出租人减少租金。但是，法律也作了相应的例外规定，即承租人依赖出租人的技能确定租赁物或出租人干预选择租赁物的，出租人应当承担相应的责任。

【防范措施】

就出租人而言，为规避相应法律风险，建议不要干预承租人选择租赁物。就承租人而言，如果对租赁物的种类、规格、型号等不了解，应尽量依赖出租人的技能确定租赁物。

【法条链接】

《民法典》第七百四十七条 租赁物不符合约定或者不符合使用目的的，出租人不承担责任。但是，承租人依赖出租人的技能确定租赁物或者出租人干预选择租赁物的除外。

风险点190：承租人未按约定支付租金

【风险提示】

我国《民法典》第七百五十二条规定，承租人应当按照约定支付租金。承租人经催告后在合理期限内仍不支付租金的，出租人可以请求支付全部租金；也可以解除合同，收回租赁物。可见，承租人应当按照合同约定的期限、数额、方式或币种支付租金。需要注意的是，承租人在租赁期间要承担标的物毁损、灭失的风险，即使标的物因不可归责于双方的事由发生毁损、灭失，承租人也应支付租金。

【防范措施】

承租人在签订融资租赁合同时一定要谨慎，充分考虑租金的数额和期限，在自己的能力范围内进行约定。若承租人不能如期支付租金,出租人有权解除合同并收回租赁物。

【法条链接】

《民法典》第七百五十一条　承租人占有租赁物期间,租赁物毁损、灭失的,出租人有权请求承租人继续支付租金,但是法律另有规定或者当事人另有约定的除外。

第七百五十二条　承租人应当按照约定支付租金。承租人经催告后在合理期限内仍不支付租金的,出租人可以请求支付全部租金;也可以解除合同,收回租赁物。

风险点 191:承租人擅自处分租赁物

【风险提示】

融资租赁交易中,合同客体租赁物的所有权在租赁期间归属于出租人。在租赁期间,租赁物由承租人实际占有和使用,一旦承租人将租赁物转让、抵押、质押、投资入股或者以其他方式处分,将会对出租人的租赁物所有权和租金债权的实现构成严重威胁,甚至可能发生受让人根据善意取得制度取得租赁物所有权的情况。如此,出租人租金债权的物权保障也消失殆尽。因此,承租人擅自处分租赁物是严重的违约行为,立法赋予出租人在此时解除合同的权利。需要注意的是,在司法实务中擅自处分租赁物的主体不限于承租人,还包括租赁物的实际使用人。无论何种情况,出租人都可以主张解除合同。

综上所述,融资租赁关系中租赁物被承租人长期占有使用,脱离所有权人监管,出租人随时面临承租人擅自处分租赁物的风险。

【防范措施】

出租人应当在融资租赁合同中约定承租人擅自处分租赁物的违约责任。如果承租人在租赁期间擅自处分租赁物,出租人可以根据融资租赁合同的约定,要求承租人承担相应的违约责任,赔偿相应的损失。

【法条链接】

《民法典》第七百四十五条　出租人对租赁物享有的所有权,未经登记,不得对抗善意第三人。

第七百五十三条　承租人未经出租人同意,将租赁物转让、抵押、质押、投资入股或者以其他方式处分的,出租人可以解除融资租赁合同。

风险点 192：没有约定租赁物所有权的归属

【风险提示】

我国《民法典》第七百五十七条规定，出租人和承租人可以约定租赁期限届满租赁物的归属；对租赁物的归属没有约定或者约定不明确，依据该法第五百一十条的规定仍不能确定的，租赁物的所有权归出租人。可见，若当事人未事先在合同中明确约定租赁期届满后有关租赁物所有权的归属，则该租赁物将归属于出租人。

【防范措施】

承租人可以与出租人约定租赁期限届满时租赁物的归属，可以归出租人所有，也可以归承租人所有。因此，承租人若希望租赁期限届满后租赁物归自己所有，务必在融资租赁合同中进行明确约定。

【法条链接】

《民法典》**第五百一十条** 合同生效后，当事人就质量、价款或者报酬、履行地点等内容没有约定或者约定不明确的，可以协议补充；不能达成补充协议的，按照合同相关条款或者交易习惯确定。

第七百五十七条 出租人和承租人可以约定租赁期限届满租赁物的归属；对租赁物的归属没有约定或者约定不明确，依据本法第五百一十条的规定仍不能确定的，租赁物的所有权归出租人。

第十四章

承 揽 合 同

风险点193：承揽人将承揽工作交由第三人完成

【风险提示】

承揽合同中，有些工作必须由承揽人独自完成，有些工作承揽人可以交由第三人来完成。根据相关法律的规定，合同中的主要工作应当由承揽人完成，合同另有约定的除外。这里所说的"主要工作"，是指对定作物的质量有决定性作用的工作，如果质量在工作中不起决定性作用，那么"主要工作"就应是指完成数量上的大部分工作。承揽人可以将辅助工作交给第三人完成，这样就会产生两个法律关系：一是定作人与承揽人之间的承揽合同关系；二是承揽人与承担辅助工作的第三人之间的"次承揽"关系，即我们所说的"转包"，承揽人需对第三人交付的成果向定作人负责。

【防范措施】

定作人与承揽人订立承揽合同，是基于对承揽人本人的设备、技术和劳力的信任。因此，如合同没有特别约定，承揽人应当以自己的设备、技术和劳力完成承揽工作，不得将主要工作交由第三人完成。

【法条链接】

《民法典》第七百七十二条　承揽人应当以自己的设备、技术和劳力，完成主要工作，但是当事人另有约定的除外。

承揽人将其承揽的主要工作交由第三人完成的，应当就该第三人完成的工作成果向定作人负责；未经定作人同意的，定作人也可以解除合同。

第七百七十三条　承揽人可以将其承揽的辅助工作交由第三人完成。承揽人将其承揽的辅助工作交由第三人完成的，应当就该第三人完成的工作成果向定作人负责。

风险点194：承揽人不按约定选用材料

【风险提示】

承揽合同是定作人要求承揽人交付工作成果的合同，目的是获得符合要求的定制物，因此承揽人的劳动成果应当满足定作人的要求。比如，在选用材料方面，承揽人用于制作的材料应当符合合同约定，并通过定作人的检验。如果材料经检验没有达到定作人的要求，定作人有权要求承揽人更换或采取其他补救措施。

【防范措施】

诚信在合同履行过程中始终是当事人必须遵守的准则，承揽合同更是如此。承揽人应当按约定使用定作人选择的材料，完成定作人提出的要求。

【法条链接】

《民法典》第七百七十四条　承揽人提供材料的，应当按照约定选用材料，并接受定作人检验。

第七百七十五条　定作人提供材料的，应当按照约定提供材料。承揽人对定作人提供的材料应当及时检验，发现不符合约定时，应当及时通知定作人更换、补齐或者采取其他补救措施。

承揽人不得擅自更换定作人提供的材料，不得更换不需要修理的零部件。

风险点195：承揽人发现定作人提供的施工图纸不合理

【风险提示】

如果定作人提供的图纸或者技术要求不合理，承揽人技艺再精湛、技术水平再高，工作成果也难以达到合同约定的标准。鉴于承揽人对其完成的工作成果有瑕疵担保的义务，为了其自身利益和实现保证合同目的，发现定作人提供的图纸或者技术要求不合理的，承揽人应当及时通知定作人。定作人在接到承揽人的通知后，从合同目的和承揽人的利益出发，应当及时答复承揽人，更改图纸或者不合理的技术要求，以使合同继续履行。根据《民法典》第七百七十六条的规定，承揽人发现定作人提供的图纸或者技术要求不合理的，应当及时通知定作人；因定作人怠于答复等原因造成承揽人损失的，应当赔偿损失。

【防范措施】

实务中，承揽人发现定作人提供的图纸或者技术要求不合理通知定作人时，会发生定作人怠于答复或者拒绝更改等情形;在此情况下,承揽人的合理做法是停止工作,中止合同的履行。中止履行合同给承揽人造成的损失,应当由定作人赔偿。

【法条链接】

《民法典》第七百七十六条　承揽人发现定作人提供的图纸或者技术要求不合理的,应当及时通知定作人。因定作人怠于答复等原因造成承揽人损失的,应当赔偿损失。

风险点196:定作人中途变更要求

【风险提示】

定作人与承揽人签订承揽合同的目的是获得特定的定作物,因此为使定作物符合己方要求,定作人可以在合同履行过程中提出变更合同内容。一旦对合同内容进行变更,就会对合同当事人的利益产生影响。为实现双方利益平衡,我国《民法典》第七百七十七条规定,定作人中途变更承揽工作的要求,造成承揽人损失的,应当赔偿损失。

【防范措施】

在履行合同时,因当事人的要求变更合同内容的情况时有发生。一般情况下,合同变更对当事人来说不会造成大的损失。但是在承揽合同中,因合同内容变更会对合同的完成产生重大影响,承揽人也会因此承受不必要的损失。为避免给承揽人造成损失,在订立合同时,定作人应当尽量避免对合同内容进行更改;如果确有必要更改,定作人应就变更合同给承揽人造成的损失承担赔偿责任。

【法条链接】

《民法典》第七百七十七条　定作人中途变更承揽工作的要求,造成承揽人损失的,应当赔偿损失。

风险点197:定作人不履行协助义务

【风险提示】

承揽合同的定作人有协助义务。承揽合同的履行需要定作人提供适当的保障,如果定作人不协助承揽人,承揽合同将不能顺利履行甚至无法履行,双方当事人订立合同的目的也难以实现,此时,承揽人可以解除合同。

【防范措施】

承揽合同中定作人为获得特定标的物才与承揽人订立合同,因此定作人应当在承揽人履行合同的过程中协助承揽人完成工作任务。通常来说,当事人会在承揽合同中对定作人的协助义务进行约定,但是也会出现当事人遗漏这部分内容的情况。依据承揽合同特有的性质,即使合同中没有明确约定定作人的协助义务,在合同的履行过程中,定作人也应当为承揽人提供协助。

【法条链接】

《民法典》第七百七十八条　承揽工作需要定作人协助的,定作人有协助的义务。定作人不履行协助义务致使承揽工作不能完成的,承揽人可以催告定作人在合理期限内履行义务,并可以顺延履行期限;定作人逾期不履行的,承揽人可以解除合同。

第七百七十九条　承揽人在工作期间,应当接受定作人必要的监督检验。定作人不得因监督检验妨碍承揽人的正常工作。

风险点198:承揽人的工作成果不符合合同约定

【风险提示】

承揽人完成的工作成果,应当达到定作人的要求;定作人满意之后承揽人方可取得报酬。也就是说,如果承揽人的工作成果在验收时出现问题,或在完工后不久出现瑕疵,承揽人应当对此承担责任。

【防范措施】

承揽人完成的工作成果应当接受定作人的验收:如果获得定作人的认可,即可获得劳动报酬;如果工作成果有瑕疵或没有达到定作人在合同中提出的要求,承揽人应当继续对工作成果进行修缮,直到符合合同约定。此外,承揽人还应当严格遵守合同约定,在数量、质量、履行期限等方面符合合同约定;如果出现违约的情况,承担人需要承担违约责任。

【法条链接】

《民法典》第七百七十条　承揽合同是承揽人按照定作人的要求完成工作,交付工作成果,定作人支付报酬的合同。

承揽包括加工、定作、修理、复制、测试、检验等工作。

第七百七十一条 承揽合同的内容一般包括承揽的标的、数量、质量、报酬、承揽方式,材料的提供,履行期限,验收标准和方法等条款。

风险点199:承揽人在完成工作时受伤

【风险提示】

对承揽人在完成承揽任务过程中造成的损害,原则上由承揽人承担责任,除非定作人存在定作过失、指示过失和选任过失。定作过失,是指定作人确定的定作任务本身存在过失。指示过失,是指定作人指示承揽人的定作方法存在过失。选任过失,是指定作人选任承揽人有过失,如承揽人没有承担特种加工活动的资质而予以选任。

【防范措施】

承揽人在交付劳动成果过程中,要严格遵守操作规范,增强安全防范意识,尽量避免身体受到伤害;定作人在定作、指示或者选任时,要注意审查资质,提供安全的劳动场所,加强职业保护等措施,最大限度降低工作风险,保护他人人身安全。

【法条链接】

《民法典》第一千一百九十三条　承揽人在完成工作过程中造成第三人损害或者自己损害的,定作人不承担侵权责任。但是,定作人对定作、指示或者选任有过错的,应当承担相应的责任。

风险点200:定作人解除合同

【风险提示】

定作物完成之前,定作人有权在特定情形下解除合同:第一,须在承揽工作完成前;第二,须及时通知承揽人;第三,须赔偿承揽人的损失。可见,定作人的任意解除权并非毫无限制;给承揽人造成损失的,定作人须承担赔偿责任。

【防范措施】

在履行承揽合同时,定作人可以在合同履行期间内的任何时间解除承揽合同,但这无疑会给承揽人造成人工、物料损失,虽然这种损失应当由定作人负责赔偿,但实务中难以确定赔偿金额。为了避免类似情况出现,建议承揽人在合同中约定定金条款,用以限制定作人解除合同权以及挽回定作人解除合同给承揽人造成的损失。

关于定金数额的设置。根据《民法典》的定金罚则,承揽合同中可以约定定金数额为总价款的20%,当定作人单方解除合同时,承揽人有权没收定作人交付的定金。若定金不足以弥补定作人损失,由定作人予以赔偿。

【法条链接】

《民法典》第五百八十六条　当事人可以约定一方向对方给付定金作为债权的担保。定金合同自实际交付定金时成立。

定金的数额由当事人约定;但是,不得超过主合同标的额的百分之二十,超过部分不产生定金的效力。实际交付的定金数额多于或者少于约定数额的,视为变更约定的定金数额。

第五百八十七条　债务人履行债务的,定金应当抵作价款或者收回。给付定金的一方不履行债务或者履行债务不符合约定,致使不能实现合同目的的,无权请求返还定金;收受定金的一方不履行债务或者履行债务不符合约定,致使不能实现合同目的的,应当双倍返还定金。

第五百八十八条第二款　定金不足以弥补一方违约造成的损失的,对方可以请求赔偿超过定金数额的损失。

第七百八十七条　定作人在承揽人完成工作前可以随时解除合同,造成承揽人损失的,应当赔偿损失。

第十五章

建设工程合同

风险点201：施工合同示范文本使用不当

【风险提示】

进入合同签订阶段后，首先面临的是合同起草及合同文本的选择问题。建设工程合同一般标的额大、周期长、影响大、权利义务关系复杂。为更好地指导建设工程合同当事人的签约行为，维护合同当事人的合法权益，国家、地方建设工程主管、监管部门制定了相关合同示范文本，如针对工程总承包项目，住建部发布了《建设项目工程总承包合同（示范文本）》（GF-2020-0216）；针对施工总承包项目，住建部、原国家工商行政管理总局发布了《建设工程施工合同（示范文本）》（GF-2017-0201）。虽然我国发行的各类建设工程合同示范文本均不强制要求使用，但是在拟定建设工程合同文本时，发承包双方通常会直接引用相关示范文本，或者是在示范文本的基础上，结合企业实际作出相应的修改后使用。

实务中，企业在使用施工合同示范文本时存在以下风险：

1. 由于合同示范文本均不是强制性使用，通常会发生承发包双方根据各自情况进行调整修改的情形，因此会打破合同示范文本对合同当事人的权利义务和风险配置相对公平合理的格局。

2. 合同示范文本发布和更新具有滞后性。合同示范文本往往是主管部门根据社会经济发展变化和建筑市场发展过程中暴露的相关问题，结合相关部门法律法规的发布及更新，堵塞管理漏洞，优化承发包双方权利义务配置，从而服务于建设市场的良好发展秩序而制定的，这也决定了合同示范文本本身具有一定的滞后性。

【防范措施】

为避免盲目使用施工合同示范文本引起的法律风险，建议如下：

1. 企业的合同管理人员要熟练掌握各类合同示范文本的发布及使用情况，做好各类合同示范文本的分析和研读工作,了解合同示范文本各条款的权利义务配置情况,掌握行业规范管理要求导向。这样在修改示范文本时,才能很好地评判修改条款的合理性和风险性,提高自身合同风险识别水平。

2. 随着社会的发展以及法律法规的变化,各类合同示范文本为适应新的管理需求以及政策法规变化,往往会不定期更新。企业的合同管理人员要实时关注合同示范文本更新情况,掌握新旧合同示范文本的变化情况,站在自身的代表利益方的角度评判适用新旧合同示范文本对企业带来的影响,从而做好相应的风险防范措施。

3. 鉴于建设工程合同关系的复杂性,企业应建立业务部门和法务风控部门双重评审机制,从业务管控和法律风险合规两方面全面分析合同风险,确保全面识别合同风险,及时进行谈判并优化合同,保障企业利益。

【法条链接】

《招标投标法》第十九条 招标人应当根据招标项目的特点和需要编制招标文件。招标文件应当包括招标项目的技术要求、对投标人资格审查的标准、投标报价要求和评标标准等所有实质性要求和条件以及拟签订合同的主要条款。

国家对招标项目的技术、标准有规定的,招标人应当按照其规定在招标文件中提出相应要求。

招标项目需要划分标段、确定工期的,招标人应当合理划分标段、确定工期,并在招标文件中载明。

第四十六条 招标人和中标人应当自中标通知书发出之日起三十日内,按照招标文件和中标人的投标文件订立书面合同。招标人和中标人不得再行订立背离合同实质性内容的其他协议。

招标文件要求中标人提交履约保证金的,中标人应当提交。

《招标投标法实施条例》第七十五条 招标人和中标人不按照招标文件和中标人的投标文件订立合同,合同的主要条款与招标文件、中标人的投标文件的内容不一致,或者招标人、中标人订立背离合同实质性内容的协议的,由有关行政监督部门责令改正,可以处中标项目金额5‰以上10‰以下的罚款。

《最高人民法院关于审理建设工程施工合同纠纷案件适用法律问题的解释(一)》第二条 招标人和中标人另行签订的建设工程施工合同约定的工程范围、建设工期、工程质量、工程价款等实质性内容,与中标合同不一致,一方当事人请求按照中标合同确定权利义务的,人民法院应予支持。

招标人和中标人在中标合同之外就明显高于市场价格购买承建房产、无偿建设住房配套设施、让利、向建设单位捐赠财物等另行签订合同,变相降低工程价款,一方当事人以该合同背离中标合同实质性内容为由请求确认无效的,人民法院应予支持。

风险点202：违反招投标规定签订的建设工程施工合同

【风险提示】

招投标是市场经济下进行大宗货物买卖或者建设工程发包与承包时通常采用的竞争交易方式。对建设工程施行招投标，其优越性在于将竞争机制引入工程的发包和承包环节，使招标方可以对各投标方的报价、技术等条件进行综合比较，从而选择技术力量强、质量保障体系可靠并且有良好信誉的投标人作为承包方进行施工建设，有利于保证工程质量、缩短工期、降低工程造价、提高投资效益。

建设工程的招投标活动必须遵守公开、公平、公正的原则进行。依法必须招标的建设工程却未招标的，存在以下风险。

一、导致所涉施工合同被认定为无效的风险

根据《最高人民法院关于审理建设工程施工合同纠纷案件适用法律问题的解释（一）》第一条的规定，建设工程必须进行招标而未招标的，应当依据《民法典》第一百五十三条第一款的规定，认定无效。该司法解释第六条规定，建设工程施工合同无效，一方当事人请求对方赔偿损失的，应当就对方过错、损失大小、过错与损失之间的因果关系承担举证责任。损失大小无法确定，一方当事人请求参照合同约定的质量标准、建设工期、工程价款支付时间等内容确定损失大小的，人民法院可以结合双方过错程度、过错与损失之间的因果关系等因素作出裁判。可见，建设工程施工合同被认定无效后，关于工程款结算、工程质量责任承担等需要适用合同无效的法律后果，双方权利义务的基础将发生重大变化，守约方将丧失追究违约方违约责任的权利基础等。

二、受到责令限期改正、罚款等行政处罚的风险

我国《招标投标法》第四十九条规定："违反本法规定，必须进行招标的项目而不招标的，将必须进行招标的项目化整为零或者以其他任何方式规避招标的，责令限期改正，可以处项目合同金额千分之五以上千分之十以下的罚款；对全部或者部分使用国有资金的项目，可以暂停项目执行或者暂停资金拨付；对单位直接负责的主管人员和其他直接责任人员依法给予处分。"可见，必须进行招标的项目而不招标的，发包单位可能面临限期改正、罚款等行政处罚。司法实践中，法院在审理案件时，发现工程项目属于应招标而未招标的，除了对所涉施工合同效力作出否定性评价以外，可以向行政机关发送司法建议，建议行政机关对发包人予以行政处罚。

【防范措施】

为避免发生必须招标的项目未按招投标相关法律法规之规定履行招标程序确定

施工方,导致合同无效,招标人应当根据《招标投标法》第三条、《必须招标的工程项目规定》第二条、第四条、第五条及《必须招标的基础设施和公用事业项目范围规定》第二条等相关法律法规之规定,确定项目是否属于必须招标的范围;对于必须招标的项目,招标人应严格按照现行有效的法律法规之规定,做到应招必招。施工企业作为投标人也应依法依规进行投标活动,未进行招投标程序,不得私下签订合同,更不能先施工再补虚假招投标手续。

【法条链接】

《民法典》第一百五十三条　违反法律、行政法规的强制性规定的民事法律行为无效。但是,该强制性规定不导致该民事法律行为无效的除外。

违背公序良俗的民事法律行为无效。

第七百九十条　建设工程的招标投标活动,应当依照有关法律的规定公开、公平、公正进行。

《最高人民法院关于审理建设工程施工合同纠纷案件适用法律问题的解释(一)》第一条　建设工程施工合同具有下列情形之一的,应当依据民法典第一百五十三条第一款的规定,认定无效:

(一)承包人未取得建筑业企业资质或者超越资质等级的;

(二)没有资质的实际施工人借用有资质的建筑施工企业名义的;

(三)建设工程必须进行招标而未招标或者中标无效的。

承包人因转包、违法分包建设工程与他人签订的建设工程施工合同,应当依据民法典第一百五十三条第一款及第七百九十一条第二款、第三款的规定,认定无效。

第六条　建设工程施工合同无效,一方当事人请求对方赔偿损失的,应当就对方过错、损失大小、过错与损失之间的因果关系承担举证责任。

损失大小无法确定,一方当事人请求参照合同约定的质量标准、建设工期、工程价款支付时间等内容确定损失大小的,人民法院可以结合双方过错程度、过错与损失之间的因果关系等因素作出裁判。

《招标投标法》第三条　在中华人民共和国境内进行下列工程建设项目包括项目的勘察、设计、施工、监理以及与工程建设有关的重要设备、材料等的采购,必须进行招标:

(一)大型基础设施、公用事业等关系社会公共利益、公众安全的项目;

(二)全部或者部分使用国有资金投资或者国家融资的项目;

(三)使用国际组织或者外国政府贷款、援助资金的项目。

前款所列项目的具体范围和规模标准,由国务院发展计划部门会同国务院有关部门制订,报国务院批准。

法律或者国务院对必须进行招标的其他项目的范围有规定的,依照其规定。

第四十九条　违反本法规定,必须进行招标的项目而不招标的,将必须进行招标的项目化整为零或者以其他任何方式规避招标的,责令限期改正,可以处项目合同金额千分之五以上千分之十以下的罚款;对全部或者部分使用国有资金的项目,可以暂停项目执行或者暂停资金拨付;对单位直接负责的主管人员和其他直接责任人员依法给予处分。

《必须招标的工程项目规定》第二条　全部或者部分使用国有资金投资或者国家融资的项目包括：

（一）使用预算资金200万元人民币以上,并且该资金占投资额10%以上的项目；

（二）使用国有企业事业单位资金,并且该资金占控股或者主导地位的项目。

第四条　不属于本规定第二条、第三条规定情形的大型基础设施、公用事业等关系社会公共利益、公众安全的项目,必须招标的具体范围由国务院发展改革部门会同国务院有关部门按照确有必要、严格限定的原则制订,报国务院批准。

第五条　本规定第二条至第四条规定范围内的项目,其勘察、设计、施工、监理以及与工程建设有关的重要设备、材料等的采购达到下列标准之一的,必须招标：

（一）施工单项合同估算价在400万元人民币以上；

（二）重要设备、材料等货物的采购,单项合同估算价在200万元人民币以上；

（三）勘察、设计、监理等服务的采购,单项合同估算价在100万元人民币以上。

同一项目中可以合并进行的勘察、设计、施工、监理以及与工程建设有关的重要设备、材料等的采购,合同估算价合计达到前款规定标准的,必须招标。

《必须招标的基础设施和公用事业项目范围规定》第二条　不属于《必须招标的工程项目规定》第二条、第三条规定情形的大型基础设施、公用事业等关系社会公共利益、公众安全的项目,必须招标的具体范围包括：

（一）煤炭、石油、天然气、电力、新能源等能源基础设施项目；

（二）铁路、公路、管道、水运,以及公共航空和A1级通用机场等交通运输基础设施项目；

（三）电信枢纽、通信信息网络等通信基础设施项目；

（四）防洪、灌溉、排涝、引（供）水等水利基础设施项目；

（五）城市轨道交通等城建项目。

风险点 203：工程竣工后不经验收直接交付使用

【风险提示】

建设工程竣工后，发包人应当根据合同约定的施工图纸及说明书、国家颁发的施工验收规范和质量检验标准及时进行验收。验收合格的，发包人应当按照约定支付价款，并接收该建设工程。建设工程竣工经验收合格后，方可交付使用；未经验收或者验收不合格的，不得交付使用。根据《建设工程质量管理条例》第五十八条的规定，建设单位未组织竣工验收，擅自交付使用的，责令改正，处工程合同价款 2% 以上 4% 以下的罚款；造成损失的，依法承担赔偿责任。

【防范措施】

法律对工程的验收和交付使用做了许多限制，这是因为建设工程较为特殊，其质量能否达标关系包括人的生命安全在内许多方面的问题。所以，企业对待建设工程要十分谨慎，在经验收合格并交付使用前，不建议投入使用，不然一旦出现问题，相关主体要承担民事甚至刑事责任。

【法条链接】

《民法典》第七百九十九条　建设工程竣工后，发包人应当根据施工图纸及说明书、国家颁发的施工验收规范和质量检验标准及时进行验收。验收合格的，发包人应当按照约定支付价款，并接收该建设工程。

建设工程竣工经验收合格后，方可交付使用；未经验收或者验收不合格的，不得交付使用。

《建设工程质量管理条例》第十六条　建设单位收到建设工程竣工报告后，应当组织设计、施工、工程监理等有关单位进行竣工验收。

建设工程竣工验收应当具备下列条件：

（一）完成建设工程设计和合同约定的各项内容；
（二）有完整的技术档案和施工管理资料；
（三）有工程使用的主要建筑材料、建筑构配件和设备的进场试验报告；
（四）有勘察、设计、施工、工程监理等单位分别签署的质量合格文件；
（五）有施工单位签署的工程保修书。

建设工程经验收合格的，方可交付使用。

第五十八条　违反本条例规定，建设单位有下列行为之一的，责令改正，处工程合同价款 2% 以上 4% 以下的罚款；造成损失的，依法承担赔偿责任：

（一）未组织竣工验收，擅自交付使用的；
（二）验收不合格，擅自交付使用的；
（三）对不合格的建设工程按照合格工程验收的。

风险点204：发包人不按合同约定提供施工场地

【风险提示】

发包人未按合同约定的时间和要求提供"场地"的，承包人可以顺延工程日期，并有权请求赔偿停工、窝工等损失。此处的"损失"是指发包人因未按合同约定时间和要求提供场地致使承包人施工成本增加的金额。

虽然提供"场地"义务不像支付工程款义务那样容易引起重视，但提供"场地"和提供"施工图"（施工资料）这两项工作是发包人最基本的合同义务。因为承包人的施工任务需要在施工场地上完成，如果发包人不能提供施工场地，承包人就失去了履行合同的前提条件，所以提供"场地"是发包人履行合同的一项基本义务，也是发包人的主要合同义务。

【防范措施】

在一个建设工程项目中，承包人按照发包人的要求进行建设，发包人应履行提供建设场地的义务。为避免承担相应责任，发包人应当按约定给承包人提供施工场地。

【法条链接】

《民法典》第八百零三条　发包人未按照约定的时间和要求提供原材料、设备、场地、资金、技术资料的，承包人可以顺延工程日期，并有权请求赔偿停工、窝工等损失。

风险点205：承包人将全部建设工程转包给第三人

【风险提示】

转包，是指承包单位承包建设工程后，不履行合同约定的责任和义务，而将其承包的全部建设工程转给他人或者将其承包的全部建设工程肢解以后以分包的名义分别转给其他单位承包的行为。发包人与承包人签订建设工程合同，是因为承包人具备发包人要求的条件。如果承包人将工程项目全部转包给第三方，会使发包人的利益难以得到保障，也容易引发纠纷。根据《民法典》第七百九十一条的规定，承包人不能将其承包的全部建设工程转包给第三人或者将其承包的全部建设工程支解以后以分包的名义分别转包给第三人。《建筑法》第二十八条规定，禁止承包单位将其承包的全部建筑工程转包给他人，禁止承包单位将其承包的全部建筑工程肢解以后以分包的名义分别转包给他人。该法第六十七条规定，承包单位将承包的工程转包的，责令改正，没收违法所得，并处罚款，可以责令停业整顿，降低资质等级；情节严重的，吊销资质证书。承包单位有前款规定的违法行为的，对因转包工程不符合规定的质量标准造成的损失，与接受转包的单位承担连带赔偿责任。《建设工程质量管理条例》第六十二条第一款规定，违反该条例规定，承包单位将承包的工程转包的，责令改正，没收违法所得，对施工单位处工程合同价款0.5%以上1%以下的罚款；可以责令停业整顿，降低资质等级；情节严重的，吊销资质证书。

【防范措施】

国家对转包有较为严格的规定，为防范相应法律风险，承包人必须严格按照法律规定与合同约定进行项目建设，不得将建设工程非法转包，否则将会承担相应的法律责任。

【法条链接】

《民法典》第七百九十一条 发包人可以与总承包人订立建设工程合同，也可以分别与勘察人、设计人、施工人订立勘察、设计、施工承包合同。发包人不得将应当由一个承包人完成的建设工程支解成若干部分发包给数个承包人。

总承包人或者勘察、设计、施工承包人经发包人同意，可以将自己承包的部分工作交由第三人完成。第三人就其完成的工作成果与总承包人或者勘察、设计、施工承包人向发包人承担连带责任。承包人不得将其承包的全部建设工程转包给第三人或者将其承包的全部建设工程支解以后以分包的名义分别转包给第三人。

禁止承包人将工程分包给不具备相应资质条件的单位。禁止分包单位将其承包的工程再分包。建设工程主体结构的施工必须由承包人自行完成。

第八百零六条 承包人将建设工程转包、违法分包的，发包人可以解除合同。

发包人提供的主要建筑材料、建筑构配件和设备不符合强制性标准或者不履行协助义务，致使承包人无法施工，经催告后在合理期限内仍未履行相应义务的，承包人可以解除合同。

合同解除后，已经完成的建设工程质量合格的，发包人应当按照约定支付相应的工程价款；已经完成的建设工程质量不合格的，参照本法第七百九十三条的规定处理。

《建筑法》第二十八条 禁止承包单位将其承包的全部建筑工程转包给他人，禁止承包单位将其承包的全部建筑工程肢解以后以分包的名义分别转包给他人。

第二十九条 建筑工程总承包单位可以将承包工程中的部分工程发包给具有相应资质条件的分包单位；但是，除总承包合同中约定的分包外，必须经建设单位认可。施工总承包的，建筑工程主体结构的施工必须由总承包单位自行完成。

建筑工程总承包单位按照总承包合同的约定对建设单位负责；分包单位按照分包合同的约定对总承包单位负责。总承包单位和分包单位就分包工程对建设单位承担连带责任。

禁止总承包单位将工程分包给不具备相应资质条件的单位。禁止分包单位将其承包的工程再分包。

第六十七条 承包单位将承包的工程转包的，或者违反本法规定进行分包的，责令改正，没收违法所得，并处罚款，可以责令停业整顿，降低资质等级；情节严重的，吊销资质证书。

承包单位有前款规定的违法行为的，对因转包工程或者违法分包的工程不符合规定的质量标准造成的损失，与接受转包或者分包的单位承担连带赔偿责任。

《建设工程质量管理条例》第六十二条 违反本条例规定，承包单位将承包的工程转包或者违法分包的，责令改正，没收违法所得，对勘察、设计单位处合同约定的勘察费、设计费25%以上50%以下的罚款；对施工单位处工程合同价款0.5%以上1%以下的罚款；可以责令停业整顿，降低资质等级；情节严重的，吊销资质证书。

工程监理单位转让工程监理业务的，责令改正，没收违法所得，处合同约定的监理酬金25%以上50%以下的罚款；可以责令停业整顿，降低资质等级；情节严重的，吊销资质证书。

第七十八条 本条例所称肢解发包，是指建设单位将应当由一个承包单位完成的建设工程分解成若干部分发包给不同的承包单位的行为。

本条例所称违法分包，是指下列行为：

（一）总承包单位将建设工程分包给不具备相应资质条件的单位的；

（二）建设工程总承包合同中未有约定，又未经建设单位认可，承包单位将其承包的部分建设工程交由其他单位完成的；

（三）施工总承包单位将建设工程主体结构的施工分包给其他单位的；

（四）分包单位将其承包的建设工程再分包的。

本条例所称转包，是指承包单位承包建设工程后，不履行合同约定的责任和义务，将其承包的全部建设工程转给他人或者将其承包的全部建设工程肢解以后以分包的名义分别转给其他单位承包的行为。

风险点206：承包人将建设工程违法分包

【风险提示】

分包是承包人承包工程后，将其承包范围内的部分工程交由第三人完成的行为。分包从法律效力上分为合法分包和违法分包。合法分包，主要是指分包主体符合施工资质要求、专业工程经约定或经建设单位认可条件下的分包，分包内容是除主体结构施工外的部分内容，只允许一次分包且分包指向内容合法。违法分包，主要是指施工单位承包工程后违反法律法规规定或者施工合同关于工程分包的约定，把单位工程或分部分项工程分包给其他单位或个人施工的行为。根据《民法典》第八百零六条第一款的规定，承包人将建设工程违法分包的，发包人可以解除合同。《建筑法》第二十九条第三款规定，禁止总承包单位将工程分包给不具备相应资质条件的单位。禁止分包单位将其承包的工程再分包。《建设工程质量管理条例》第二十五条第三款规定，施工单位不得违法分包工程。

实务中，接到建设工程项目的建筑施工企业，出于成本控制、人员管理等原因，有时无视相关规定，将其承接的工程分包给报价偏低的不具有相应资质的分包单位或个人，施工过程中多数会疏于管理。当违法分包甚至层层分包出现在一个建设工程中时，其带来的人员风险、技术风险将大幅增加，因各方协调或监管不力等极容易造成工期延误。同时，实际施工人因对安全质量的重视程度不够，规章制度欠缺，安全防护设备不足，或者因工人安全意识不够，没有经过安全培训就上岗作业等原因引发的安全、质量事故频发。而且违法分包或层层分包还导致我国建筑领域出现了一种不良现象：资质一流的施工队伍参与投标，资质二流的施工队伍进场，而真正进行施工作业的是资质三流的施工队伍。因此，违法分包行为严重地破坏了建筑市场的公平竞争，还造成建设工程施工合同纠纷频发，扰乱建设工程市场秩序，而且极大危害人民的生命和财产安全，故我国现行法律、法规明令禁止违法分包行为，并规定了对该类行为的相应处罚。

【防范措施】

建筑施工企业须做好自我约束，提高违法分包的风险意识，主动杜绝违法分包。另外，应当做好工程分包管理，加强合同审核，重点做好工程承发包、招投标等事项的法律合规审核；做好合同策划，规范专业分包、劳务分包，严格审核合同签订相对人的资质资格，做好分包队伍的履约评价，建立分包商队伍白名单和黑名单并进行动态管理。

【法条链接】

《民法典》第八百零六条　承包人将建设工程转包、违法分包的,发包人可以解除合同。

发包人提供的主要建筑材料、建筑构配件和设备不符合强制性标准或者不履行协助义务,致使承包人无法施工,经催告后在合理期限内仍未履行相应义务的,承包人可以解除合同。

合同解除后,已经完成的建设工程质量合格的,发包人应当按照约定支付相应的工程价款;已经完成的建设工程质量不合格的,参照本法第七百九十三条的规定处理。

《建筑法》第二十九条　建筑工程总承包单位可以将承包工程中的部分工程发包给具有相应资质条件的分包单位;但是,除总承包合同中约定的分包外,必须经建设单位认可。施工总承包的,建筑工程主体结构的施工必须由总承包单位自行完成。

建筑工程总承包单位按照总承包合同的约定对建设单位负责;分包单位按照分包合同的约定对总承包单位负责。总承包单位和分包单位就分包工程对建设单位承担连带责任。

禁止总承包单位将工程分包给不具备相应资质条件的单位。禁止分包单位将其承包的工程再分包。

第六十七条　承包单位将承包的工程转包的,或者违反本法规定进行分包的,责令改正,没收违法所得,并处罚款,可以责令停业整顿,降低资质等级;情节严重的,吊销资质证书。

承包单位有前款规定的违法行为的,对因转包工程或者违法分包的工程不符合规定的质量标准造成的损失,与接受转包或者分包的单位承担连带赔偿责任。

《建设工程质量管理条例》第二十五条　施工单位应当依法取得相应等级的资质证书,并在其资质等级许可的范围内承揽工程。

禁止施工单位超越本单位资质等级许可的业务范围或者以其他施工单位的名义承揽工程。禁止施工单位允许其他单位或者个人以本单位的名义承揽工程。

施工单位不得转包或者违法分包工程。

第六十二条　违反本条例规定,承包单位将承包的工程转包或者违法分包的,责令改正,没收违法所得,对勘察、设计单位处合同约定的勘察费、设计费25%以上50%以下的罚款;对施工单位处工程合同价款0.5%以上1%以下的罚款;可以责令停业整顿,降低资质等级;情节严重的,吊销资质证书。

工程监理单位转让工程监理业务的,责令改正,没收违法所得,处合同约定的监理酬金25%以上50%以下的罚款;可以责令停业整顿,降低资质等级;情节严重的,吊销资质证书。

第七十八条 本条例所称肢解发包，是指建设单位将应当由一个承包单位完成的建设工程分解成若干部分发包给不同的承包单位的行为。

本条例所称违法分包，是指下列行为：

（一）总承包单位将建设工程分包给不具备相应资质条件的单位的；

（二）建设工程总承包合同中未有约定，又未经建设单位认可，承包单位将其承包的部分建设工程交由其他单位完成的；

（三）施工总承包单位将建设工程主体结构的施工分包给其他单位的；

（四）分包单位将其承包的建设工程再分包的。

本条例所称转包，是指承包单位承包建设工程后，不履行合同约定的责任和义务，将其承包的全部建设工程转给他人或者将其承包的全部建设工程肢解以后以分包的名义分别转给其他单位承包的行为。

《建筑工程施工发包与承包违法行为认定查处管理办法》第十二条 存在下列情形之一的，属于违法分包：

（一）承包单位将其承包的工程分包给个人的；

（二）施工总承包单位或专业承包单位将工程分包给不具备相应资质单位的；

（三）施工总承包单位将施工总承包合同范围内工程主体结构的施工分包给其他单位的，钢结构工程除外；

（四）专业分包单位将其承包的专业工程中非劳务作业部分再分包的；

（五）专业作业承包人将其承包的劳务再分包的；

（六）专业作业承包人除计取劳务作业费用外，还计取主要建筑材料款和大中型施工机械设备、主要周转材料费用的。

《最高人民法院关于审理建设工程施工合同纠纷案件适用法律问题的解释（一）》第一条 建设工程施工合同具有下列情形之一的，应当依据民法典第一百五十三条第一款的规定，认定无效：

（一）承包人未取得建筑业企业资质或者超越资质等级的；

（二）没有资质的实际施工人借用有资质的建筑施工企业名义的；

（三）建设工程必须进行招标而未招标或者中标无效的。

承包人因转包、违法分包建设工程与他人签订的建设工程施工合同，应当依据民法典第一百五十三条第一款及第七百九十一条第二款、第三款的规定，认定无效。

第六条 建设工程施工合同无效，一方当事人请求对方赔偿损失的，应当就对方过错、损失大小、过错与损失之间的因果关系承担举证责任。

损失大小无法确定，一方当事人请求参照合同约定的质量标准、建设工期、工程价款支付时间等内容确定损失大小的，人民法院可以结合双方过错程度、过错与损失之间的因果关系等因素作出裁判。

第四十三条 实际施工人以转包人、违法分包人为被告起诉的,人民法院应当依法受理。

实际施工人以发包人为被告主张权利的,人民法院应当追加转包人或者违法分包人为本案第三人,在查明发包人欠付转包人或者违法分包人建设工程价款的数额后,判决发包人在欠付建设工程价款范围内对实际施工人承担责任。

风险点207:发包人不按约定支付工程进度款

【风险提示】

发包人不按约定支付工程价款是建设实务中常见的纠纷。在建设工程合同法律关系中,支付工程价款是发包人的法定义务;发包人不按约定支付工程价款的,承包人可以催告发包人在合理期限内支付价款。发包人逾期不支付的,除根据建设工程的性质不宜折价、拍卖外,承包人可以与发包人协议将该工程折价,也可以请求人民法院将该工程依法拍卖。建设工程价款就该工程折价或者拍卖的价款优先受偿。但需要注意的是,根据《最高人民法院关于审理建设工程施工合同纠纷案件适用法律问题的解释(一)》第四十一条的规定,建设工程承包人行使优先权的期限最长不得超过18个月,自发包人应当给付建设工程价款之日起算。

【防范措施】

为规避相应法律风险,发包人应当按约定给承包人支付工程进度款。发包人没有按照约定支付工程款的,承包人首先可以写书面催告单,要求发包人在合理期限内支付工程款。如果发包人依旧不支付工程款,承包人可以向人民法院起诉,要求发包人支付工程款或者将工程折价拍卖以获取工程款。

【法条链接】

《民法典》第八百零七条 发包人未按照约定支付价款的,承包人可以催告发包人在合理期限内支付价款。发包人逾期不支付的,除根据建设工程的性质不宜折价、拍卖外,承包人可以与发包人协议将该工程折价,也可以请求人民法院将该工程依法拍卖。建设工程的价款就该工程折价或者拍卖的价款优先受偿。

《最高人民法院关于审理建设工程施工合同纠纷案件适用法律问题的解释(一)》第二十一条 当事人约定,发包人收到竣工结算文件后,在约定期限内不予答复,视为认可竣工结算文件的,按照约定处理。承包人请求按照竣工结算文件结算工程价款的,人民法院应予支持。

第四十一条 承包人应当在合理期限内行使建设工程价款优先受偿权,但最长不得超过十八个月,自发包人应当给付建设工程价款之日起算。

风险点208:建设工程合同中约定"背靠背"条款

【风险提示】

"背靠背"条款又称"业主支付前提"条款,是指合同存在三方或多方、具有上下游合作关系的业务中,中间方主体将其与上游主体合同中的义务(义务范围包括但不限于支付价款,提供货物、特定服务等),以相同形式转移给下游的合作主体,以上游主体给付或履约作为向下游主体给付或履约的前提条件。

实践中,将支付合同价款的限制条件设置为"背靠背"条款最为常见,其中建设工程合同中工程款的支付尤为典型。工程款支付的"背靠背"条款实质上是合同一方向下分散合同风险,缓解合同履行过程中垫资、融资压力的手段。司法实践中,大家对"背靠背"条款的效力存在不同的认识和判定,主要有两种观点:一是"背靠背"条款有效观点。该观点认为"背靠背"条款属于平等民事主体之间对自身合法民事权益的处置,系民事主体之间的意思自治,且不属于法律规定的无效情形。二是"背靠背"条款无效观点。该观点认为"背靠背"条款突破合同相对性,发包人是否付款不能作为总承包方拒付工程款的理由,"背靠背"条款明显有违公平原则。实务通说观点将"以业主支付为前提"的"背靠背"条款认定为有效。经笔者检索,大部分法院判决认为,建设工程分包合同中的"背靠背"条款是总承包人和分包人的真实意思表示,内容不违反法律、行政法规的效力性强制性规定,应当有效。

【防范措施】

司法实践中的主流观点虽倾向于确认"背靠背"条款的法律效力。但是,法院也对"背靠背"条款的适用设置了严格的条件,以防止对其的滥用,损害分包商合法权益,进而损害农民工权益。因此,承包商不仅要注重"背靠背"条款的形式设置,更要注重"背靠背"条款的实质管理,从而达到转移矛盾、转嫁风险、降低成本的目的。承包方为防范"背靠背"条款的相应法律风险,可从以下方面入手:

1.明确承包方的支付以建设单位的支付为前提:若未收到建设单位的款项则有权不予支付,同时明确未能按时支付款项时相应的责任归属。对该条款最好以突出显示的方式注明,让分包方知晓与了解,并予以简要说明,保证该条款没有使分包方处于不利地位,符合公平原则。另外,承包方不仅应在其与建设单位签订的承包合同中明确付款进度与期限,在与分包方签订的合同中也应披露相应的付款进度与期限,使承包合同与分包合同的付款进度尽量保持一致。

2. 承包方在收取款项时应做好备注,将工程款所对应的工程项目分别归类,防止款项与工程无法对应的情况发生。承包方所设立的工程价款账目应与工程项目一一对应,明确表明每一笔支付的款项是具体哪一个项目的阶段或进度款。避免在发生争议时,承包方无法证明是否已收到发包方的款项以及是否将收到的款项支付给分包方。

3. 在建设单位无法支付工程价款时,应积极行使债权,通过催款、发函等行为督促建设单位支付款项,上述行为应在工程竣工验收合格后及时行使,不宜拖延过久。若上述行为未能达到让建设单位付款的结果,则承包方应采取诉讼、仲裁方式积极主张债权。在承包方行使这些权利时,应留存相关的函件与资料,作为其没有怠于行使债权的证据。

【法条链接】

《民法典》第一百四十四条　无民事行为能力人实施的民事法律行为无效。

第一百四十六条　行为人与相对人以虚假的意思表示实施的民事法律行为无效。

以虚假的意思表示隐藏的民事法律行为的效力,依照有关法律规定处理。

第一百五十三条　违反法律、行政法规的强制性规定的民事法律行为无效。但是,该强制性规定不导致该民事法律行为无效的除外。

违背公序良俗的民事法律行为无效。

第一百五十四条　行为人与相对人恶意串通,损害他人合法权益的民事法律行为无效。

第一百五十八条　民事法律行为可以附条件,但是根据其性质不得附条件的除外。附生效条件的民事法律行为,自条件成就时生效。附解除条件的民事法律行为,自条件成就时失效。

第一百五十九条　附条件的民事法律行为,当事人为自己的利益不正当地阻止条件成就的,视为条件已经成就;不正当地促成条件成就的,视为条件不成就。

第五百二十三条　当事人约定由第三人向债权人履行债务,第三人不履行债务或者履行债务不符合约定的,债务人应当向债权人承担违约责任。

第五百九十三条　当事人一方因第三人的原因造成违约的,应当依法向对方承担违约责任。当事人一方和第三人之间的纠纷,依照法律规定或者按照约定处理。

《北京市高级人民法院关于审理建设工程施工合同纠纷案件若干疑难问题的解答》第22条　分包合同中约定总包人收到发包人支付工程款后再向分包人支付的条

款的效力如何认定?

分包合同中约定待总包人与发包人进行结算且发包人支付工程款后,总包人再向分包人支付工程款的,该约定有效。因总包人拖延结算或怠于行使其到期债权致使分包人不能及时取得工程款,分包人要求总包人支付欠付工程款的,应予支持。总包人对于其与发包人之间的结算情况以及发包人支付工程款的事实负有举证责任。

《安徽省高级人民法院关于审理建设工程施工合同纠纷案件适用法律问题的指导意见(二)》第十一条 非法转包、违法分包建设工程,实际施工人与承包人约定以发包人与承包人的结算结果作为结算依据,承包人与发包人尚未结算,实际施工人向承包人主张工程价款的,分别下列情形处理:

(一)承包人与发包人未结算尚在合理期限内的,驳回实际施工人的诉讼请求。

(二)承包人已经开始与发包人结算、申请仲裁或者诉至人民法院的,中止审理。

(三)承包人怠于向发包人主张工程价款,实际施工人主张参照发包人与承包人签订的建设工程施工合同确定工程价款的,应予支持。

第十六章

运 输 合 同

风险点209：托运人没有如实申报货物的情况

【风险提示】

根据《民法典》第八百二十五条的规定,如实申报托运货物的相关情况是托运人的义务。在托运人将货物交给承运人时,其应该将货物的名称、性质等必要情况告知承运人。如果托运人没有履行如实申报义务导致货物受损,那么托运人应该为此承担赔偿责任。

【防范措施】

实践中,货物运输合同在企业之间是非常普遍的。而在货运合同中,托运人承担的义务不仅仅是将货物交给承运人,其还应当将货物的相关信息告诉承运人,以便承运人将货物安全地运送到目的地。

【法条链接】

《民法典》第八百二十五条　托运人办理货物运输,应当向承运人准确表明收货人的姓名、名称或者凭指示的收货人,货物的名称、性质、重量、数量,收货地点等有关货物运输的必要情况。

因托运人申报不实或者遗漏重要情况,造成承运人损失的,托运人应当承担赔偿责任。

第八百二十六条　货物运输需要办理审批、检验等手续的,托运人应当将办理完有关手续的文件提交承运人。

风险点 210：托运人没有按约定履行包装义务

【风险提示】

托运人应当依据合同约定包装货物。如果双方对包装方式没有约定或者约定不明确，依据法律规定，双方当事人可以达成补充协议。未达成补充协议并且按照合同的有关条款或者交易习惯无法确定包装方式的，应当按照通用的方式进行包装。如果没有通用方式，则采用足以保护标的物的包装方式。尤其是对于一些易燃、易爆、有毒、有腐蚀性、有放射性的危险物品，托运人必须按照国家规定的方式进行包装，否则承运人有权拒绝运输货物。

【防范措施】

对货物的包装关系承运人能否将货物安全、顺利地送到目的地。若托运人没有按照约定的方式履行包装义务，很可能导致货物毁损。涉及危险物品的，甚至可能造成更严重损害。因此，法律规定如果托运人不履行包装义务，承运人就可以拒绝运输货物。实践中，企业作为托运人，应当依照约定对运输的货物进行包装；作为承运人，如果托运人没有履行此项义务，其完全可以拒绝履行合同。

【法条链接】

《民法典》第八百二十七条　托运人应当按照约定的方式包装货物。对包装方式没有约定或者约定不明确的，适用本法第六百一十九条的规定。

托运人违反前款规定的，承运人可以拒绝运输。

第八百二十八条　托运人托运易燃、易爆、有毒、有腐蚀性、有放射性等危险物品的，应当按照国家有关危险物品运输的规定对危险物品妥善包装，做出危险物品标志和标签，并将有关危险物品的名称、性质和防范措施的书面材料提交承运人。

托运人违反前款规定的，承运人可以拒绝运输，也可以采取相应措施以避免损失的发生，因此产生的费用由托运人负担。

风险点 211：运输合同的变更

【风险提示】

在运输合同中，托运人享有一项比较特殊的权利，即其可以变更运输合同。因为现代社会信息发达、市场交易效率不断提高，很可能出现托运人与承运人签订运输合同之后，收货人又将货物转手出卖给第三人，或者因为在履行合同中出现的矛盾而解除买卖合同的情况。此时,托运人可能就需要将货物取回或者转送给第三人。如果不赋予托运人此项权利,很可能会出现托运人经常违约的现象。因此,在货物运输合同中,我国法律允许托运人变更合同,但如果因此导致承运人受到损失,托运人应当进行赔偿。

【防范措施】

实践中,因为买卖双方合同的变更,运输合同也会随之变更。承运人不得拒绝托运人提出的变更运输合同的要求,但其因托运人变更运输合同遭受损失的,可向托运人主张赔偿。

【法条链接】

《民法典》第八百二十九条　在承运人将货物交付收货人之前,托运人可以要求承运人中止运输、返还货物、变更到达地或者将货物交给其他收货人,但是应当赔偿承运人因此受到的损失。

风险点212:收货人无正当理由拒绝收货

【风险提示】

我国《民法典》第八百三十七条规定,收货人不明或者收货人无正当理由拒绝受领货物的,承运人依法可以提存货物。可见,在两种情况下,承运人享有提存权:(1)收货人不明;(2)收货人无正当理由拒绝受领货物。也就是说,有这两种情况之一,承运人就可以按照法律规定将货物进行提存。

【防范措施】

日常经济往来中,当事人双方签订货运合同后,收货人有时会因各种原因,不依法履行提取货物的义务。在遇到此种情况时,确定承运人是否享有提存权,还要看收货人不收取货物是否具有正当理由。如果收货人是因货物有瑕疵等理由拒绝收取,则承运人就不可以将货物提存。实践中,企业作收货人时,应当按时提取货物;作承运人时,如果收货人没有正当理由不提取货物,可以将货物提存。

【法条链接】

《民法典》第八百三十七条　收货人不明或者收货人无正当理由拒绝受领货物的,承运人依法可以提存货物。

风险点213:货物在运输途中损毁

【风险提示】

安全将货物运送到目的地是承运人的责任;承运人需要对运输过程中货物的毁损、灭失承担损害赔偿责任。此时承担的是无过错责任,即承运人不得因证明自己没有过错而免责。但需要注意是,《民法典》规定了承运人的三项免责事由:

1. 不可抗力。不可抗力,是指不能预见、不能避免且无法克服的客观情况。不可抗力发生时,承运人不需要承担赔偿责任。

2. 货物本身的自然性质或者合理损耗。货物本身的自然性质,是指货物本身的物理或者化学变化,如变质、生锈、破裂等。合理损耗,是指在货物运送过程中,损耗在有关部门规定范围内的尾差或者自然减量的标准。由于货物本身的自然性质或者合理损耗属于正常现象,因此让承运人承担责任,有违法律的公平、公正原则。

3. 托运人、收货人的过错。托运人、收货人的过错是指对于货物在运输过程中所造成的损失,托运人、收货人在主观上存在故意或者过失。因此,托运人、收货人的过错,不能让承运人来为他们买单,否则同样会加重承运人的责任。

在承运人需要对货物的损失承担赔偿责任时,对于货物损害赔偿数额的计算,当事人之间有约定的,按照约定;没有约定或者约定不明确的,双方可以依据《民法典》第五百一十条的规定达成补充协议。不能达成协议的,可以按照合同的交易习惯进行确定;仍然无法确定的,按照交付或者应当交付时货物到达地的市场价格计算。法律、行政法规对赔偿额的计算方法和赔偿限额另有规定的,依照其规定。

【防范措施】

在货运合同中,当事人因货物的损害赔偿责任发生纠纷的情况非常多见。就承运人而言,需要注意免责事由,避免因不了解法律规定而承担过重的责任。

【法条链接】

《民法典》第五百一十条 合同生效后,当事人就质量、价款或者报酬、履行地点等内容没有约定或者约定不明确的,可以协议补充;不能达成补充协议的,按照合同相关条款或者交易习惯确定。

第八百三十二条 承运人对运输过程中货物的毁损、灭失承担赔偿责任。但是,承运人证明货物的毁损、灭失是因不可抗力、货物本身的自然性质或者合理损耗以及托运人、收货人的过错造成的,不承担赔偿责任。

第八百三十三条 货物的毁损、灭失的赔偿额,当事人有约定的,按照其约定;没有约定或者约定不明确,依据本法第五百一十条的规定仍不能确定的,按照交付或者应当交付时货物到达地的市场价格计算。法律、行政法规对赔偿额的计算方法和赔偿限额另有规定的,依照其规定。

第八百三十四条 两个以上承运人以同一运输方式联运的,与托运人订立合同的承运人应当对全程运输承担责任;损失发生在某一运输区段的,与托运人订立合同的承运人和该区段的承运人承担连带责任。

第八百三十五条 货物在运输过程中因不可抗力灭失,未收取运费的,承运人不得请求支付运费;已经收取运费的,托运人可以请求返还。法律另有规定的,依照其规定。

风险点214:托运人拖欠运费不付

【风险提示】

承运人的留置权,是指除当事人另有约定的情况外,托运人或者收货人不支付运费、保管费以及其他运输费用的,承运人有权对相应的运输货物进行留置。承运人留置权的成立需要具备以下三个条件:(1)承运人合法占有货物;(2)托运人或者收货人不支付运费、保管费等费用;(3)当事人没有在合同中约定不得留置货物。需要注意的是,对于留置权的实现,法律也规定了相应的条件。首先,承运人应当给予托运人或者收货人履行义务的宽限期。宽限期可以由双方在合同中约定;如果合同未约定,承运人也可以自行确定。其次,承运人行使留置权应该及时通知托运人或收货人。最后,承运人行使留置权时,应当依据法律规定的方式将货物变价受偿。

【防范措施】

就承运人而言,托运人不支付运费时,承运人应当依法行使留置权,如及时通知托运人并给予托运人履行义务的宽限期。

【法条链接】

《民法典》第四百五十三条 留置权人与债务人应当约定留置财产后的债务履行期限;没有约定或者约定不明确的,留置权人应当给债务人六十日以上履行债务的期限,但是鲜活易腐等不易保管的动产除外。债务人逾期未履行的,留置权人可以与债务人协议以留置财产折价,也可以就拍卖、变卖留置财产所得的价款优先受偿。

留置财产折价或者变卖的,应当参照市场价格。

第八百三十六条 托运人或者收货人不支付运费、保管费或者其他费用的,承运人对相应的运输货物享有留置权,但是当事人另有约定的除外。

第十七章

技 术 合 同

风险点215：职务技术成果财产权归属

【风险提示】

职务技术成果，是指执行法人或者非法人组织的工作任务或者主要利用法人或者非法人组织的物质技术条件所完成的技术成果。一般情况下，职务技术成果的使用权、转让权属于法人或者非法人组织的，法人或者非法人组织可以就该项职务技术成果订立技术合同。需要注意的是，非职务技术成果的财产权，即非职务技术成果的使用权、转让权，则属于完成技术成果的个人。

【防范措施】

在处理职务技术成果的使用和转让事项时，最基本的就是要弄清楚其是否属于职务技术成果以及单位是否具有使用权、转让权。在判断职务或者非职务技术成果时，最重要的依据是看其是否是在执行单位任务或者是否是利用单位的物质技术条件完成的。只有确定是职务技术成果，单位才有权进行转让或者使用等。

【法条链接】

《民法典》第八百四十七条 职务技术成果的使用权、转让权属于法人或者非法人组织的，法人或者非法人组织可以就该项职务技术成果订立技术合同。法人或者非法人组织订立技术合同转让职务技术成果时，职务技术成果的完成人享有以同等条件优先受让的权利。

职务技术成果是执行法人或者非法人组织的工作任务，或者主要是利用法人或者非法人组织的物质技术条件所完成的技术成果。

第八百四十八条 非职务技术成果的使用权、转让权属于完成技术成果的个人，完成技术成果的个人可以就该项非职务技术成果订立技术合同。

第八百四十九条 完成技术成果的个人享有在有关技术成果文件上写明自己是技术成果完成者的权利和取得荣誉证书、奖励的权利。

风险点216：委托开发合同未约定开发成果的专利申请权归属

【风险提示】

委托开发完成的发明创造，除法律另有规定或者当事人另有约定外，申请专利的权利属于研究开发人。研究开发人取得专利权的，委托人可以依法实施该专利。研究开发人转让专利申请权的，委托人享有以同等条件优先受让的权利。实务中，企业往往投入巨资委托第三方进行技术研发，如果委托合同没有对专利申请权归属进行约定，将面临无法取得专利权的风险。

【防范措施】

企业在委托他人进行技术开发时，应当在委托开发合同中明确约定专利申请权归属，明确违约责任。

【法条链接】

《民法典》第八百四十五条 技术合同的内容一般包括项目的名称，标的的内容、范围和要求，履行的计划、地点和方式，技术信息和资料的保密，技术成果的归属和收益的分配办法，验收标准和方法，名词和术语的解释等条款。

与履行合同有关的技术背景资料、可行性论证和技术评价报告、项目任务书和计划书、技术标准、技术规范、原始设计和工艺文件，以及其他技术文档，按照当事人的约定可以作为合同的组成部分。

技术合同涉及专利的，应当注明发明创造的名称、专利申请人和专利权人、申请日期、申请号、专利号以及专利权的有效期限。

第八百五十九条 委托开发完成的发明创造，除法律另有规定或者当事人另有约定外，申请专利的权利属于研究开发人。研究开发人取得专利权的，委托人可以依法实施该专利。

研究开发人转让专利申请权的，委托人享有以同等条件优先受让的权利。

风险点217：技术转让合同没有约定后续改进的技术成果归属

【风险提示】

我国《民法典》第八百七十五条规定，当事人可以按照互利的原则，在合同中约定实施专利、使用技术秘密后续改进的技术成果的分享办法;没有约定或者约定不明确,依据该法第五百一十条的规定仍不能确定的,一方后续改进的技术成果,其他各方无权分享。第五百一十条规定,合同生效后,当事人就质量、价款或者报酬、履行地点等内容没有约定或者约定不明确的,可以协议补充;不能达成补充协议的,按照合同相关条款或者交易习惯确定。

后续改进,是指在技术转让合同有效期内,当事人一方或各方对作为合同标的的专利技术或者技术秘密成果所作的革新和改良。技术转让合同的订立和履行,不仅实现了现有技术的转移、推广和应用,而且是当事人进行改良、革新和进行新的研究开发的基础。合同订立后,当事人一方或者双方在技术转让合同标的技术的基础上作出创新和改良是常见现象。如果在签订合同时,当事人没有对后续改进的技术成果归属进行约定,极易产生纠纷。

【防范措施】

由于技术转让双方可就技术改进成果归属进行约定,为避免争议,受让方应当在合同中约定技术改进成果归自己所有。同时,为鼓励转让方进行技术改进,可在合同中约定对技术改进予以奖励,根据其推广应用的范围和取得的经济效益,给予合理的报酬。

【法条链接】

《民法典》第五百一十条　合同生效后,当事人就质量、价款或者报酬、履行地点等内容没有约定或者约定不明确的,可以协议补充;不能达成补充协议的,按照合同相关条款或者交易习惯确定。

第八百七十五条　当事人可以按照互利的原则,在合同中约定实施专利、使用技术秘密后续改进的技术成果的分享办法;没有约定或者约定不明确,依据本法第五百一十条的规定仍不能确定的,一方后续改进的技术成果,其他各方无权分享。

风险点218:技术咨询合同主要条款约定不明

【风险提示】

技术咨询合同,是指当事人一方为另一方就特定技术项目提供可行性论证、技术预测、专题技术调查、分析评价报告等,另一方支付报酬的合同。技术咨询合同的主要条款是当事人双方履行技术合同和承担违约责任、解决合同纠纷的重要依据。实务中,技术咨询合同常常因为主要条款不明确或有瑕疵而产生风险。

【防范措施】

实践中,企业在确定技术咨询合同主要条款时,应注意下列问题:一是弄清合同的性质,合理界定双方的权利和义务;二是合同的条款要作全面规定且详细具体,防止遗漏某些重要事项;三是技术咨询合同的用语要准确、恰当、清楚,对一些关键性的名词术语要作必要定义或解释;四是在技术咨询合同中可以约定技术实施后风险责任的承担条款;五是当事人可以在合同中约定新技术成果的归属和分享原则。

【法条链接】

《民法典》第八百七十八条　技术咨询合同是当事人一方以技术知识为对方就特定技术项目提供可行性论证、技术预测、专题技术调查、分析评价报告等所订立的合同。

技术服务合同是当事人一方以技术知识为对方解决特定技术问题所订立的合同,不包括承揽合同和建设工程合同。

第八百七十九条　技术咨询合同的委托人应当按照约定阐明咨询的问题,提供技术背景材料及有关技术资料,接受受托人的工作成果,支付报酬。

第八百八十条　技术咨询合同的受托人应当按照约定的期限完成咨询报告或者解答问题,提出的咨询报告应当达到约定的要求。

第八百八十一条　技术咨询合同的委托人未按照约定提供必要的资料,影响工作进度和质量,不接受或者逾期接受工作成果的,支付的报酬不得追回,未支付的报酬应当支付。

技术咨询合同的受托人未按期提出咨询报告或者提出的咨询报告不符合约定的,应当承担减收或者免收报酬等违约责任。

技术咨询合同的委托人按照受托人符合约定要求的咨询报告和意见作出决策所造成的损失,由委托人承担,但是当事人另有约定的除外。

风险点219:技术服务合同主要条款约定不明

【风险提示】

技术服务合同,是指一方以技术知识为另一方解决特定技术问题,另一方支付报酬的合同。技术服务合同的主要条款是当事人双方履行技术合同和承担违约责任、解决合同纠纷的重要依据。实务中,技术服务合同常常因为主要条款不明确或有瑕疵而产生风险。

【防范措施】

企业在签订技术服务合同时应注意以下事项:第一,服务项目名称应与合同内容相符;第二,在约定工作条件和协作事项时,应注意技术服务中委托方应向服务方阐明所要解决的技术问题要点,提供有关背景资料、数据、原始设计文件以及必要的样品材料、场地和必要的工作条件,同时双方还要明确在合同中需要双方协作、支付的具体问题;第三,当事人可以在合同中约定新技术成果的归属和分享原则。

【法条链接】

《民法典》第八百七十八条　技术咨询合同是当事人一方以技术知识为对方就特定技术项目提供可行性论证、技术预测、专题技术调查、分析评价报告等所订立的合同。

技术服务合同是当事人一方以技术知识为对方解决特定技术问题所订立的合同,不包括承揽合同和建设工程合同。

第八百七十九条　技术咨询合同的委托人应当按照约定阐明咨询的问题,提供技术背景材料及有关技术资料,接受受托人的工作成果,支付报酬。

第八百八十条　技术咨询合同的受托人应当按照约定的期限完成咨询报告或者解答问题,提出的咨询报告应当达到约定的要求。

第八百八十一条　技术咨询合同的委托人未按照约定提供必要的资料,影响工作进度和质量,不接受或者逾期接受工作成果的,支付的报酬不得追回,未支付的报酬应当支付。

技术咨询合同的受托人未按期提出咨询报告或者提出的咨询报告不符合约定的,应当承担减收或者免收报酬等违约责任。

技术咨询合同的委托人按照受托人符合约定要求的咨询报告和意见作出决策所造成的损失,由委托人承担,但是当事人另有约定的除外。

风险点220:受让侵犯他人技术成果的技术

【风险提示】

我国《民法典》第八百五十条规定,非法垄断技术或者侵害他人技术成果的技术合同无效。第八百七十四条规定,受让人或者被许可人按照约定实施专利、使用技术秘密侵害他人合法权益的,由让与人或者许可人承担责任,但是当事人另有约定的除外。需要注意的是,非法垄断技术或者侵害他人技术成果的技术合同无效;对于合同无效后技术受让人面临的法律后果,《民法典》及相关司法解释依据是否善意作了不同的规定:不知情且支付合理对价的善意受让人,可以在其取得使用权利的范围内继续使用该技术秘密,但应当向权利人支付合理的使用费并承担保密义务;已向无效合同的让与人或者许可人支付的使用费,可以要求让与人或许可人返还。与让与人串通或者知道或应当知道另一方侵权仍与其订立或者履行合同的恶意受让人,应当与让与人承担连带赔偿责任和保密义务,且不得继续使用该技术秘密。

【防范措施】

企业在受让技术时,为规避相应法律风险,建议如下:

1. 签订合同前确认技术提供方是否为合法权利人,对技术提供方进行必要审查,不要因贪小便宜而受到欺诈。

2. 在技术转让合同中约定转让方所拥有的技术没有侵犯他人技术成果,否则要承担相应的违约责任,并且侵犯他人技术所造成的损失全部由转让方承担。

3. 了解技术的真实性、可靠性与市场价值,在科学鉴定和评估基础上支付使用费,考察技术标的时还应了解该技术实施后可能创造的经济效益、市场范围、是否已实施、实施范围,从而衡量付出的费用成本。

【法条链接】

《民法典》第八百五十条　非法垄断技术或者侵害他人技术成果的技术合同无效。

第八百七十四条　受让人或者被许可人按照约定实施专利、使用技术秘密侵害他人合法权益的,由让与人或者许可人承担责任,但是当事人另有约定的除外。

第十八章

保 管 合 同

风险点221：不按照约定支付保管费

【风险提示】

我国《民法典》第九百零三条规定，寄存人未按照约定支付保管费或者其他费用的，保管人对保管物享有留置权，但是当事人另有约定的除外。留置权，就是指债权人以合法手段占有债务人的财物，由此产生的债权未得到清偿以前留置该项财物并在超过一定期限仍未得到清偿时依法变卖留置财物，从价款中优先受偿的权利。

【防范措施】

寄存人在签订保管合同时应当对保管费等作出明确约定，避免双方对保管费发生争议时，发生保管人将货物留置的情况。

【法条链接】

《民法典》第九百零三条　寄存人未按照约定支付保管费或者其他费用的，保管人对保管物享有留置权，但是当事人另有约定的除外。

风险点222：无偿为他人保管财物

【风险提示】

保管合同可为有偿，亦可为无偿。保管人的保管义务在有偿与无偿两种情形下有所区别。保管物损毁、灭失的，在无偿的场合，只要保管人能证明自己没有故意或者重大过失，就不用承担赔偿责任；在有偿的场合，因保管人保管不善造成保管物毁损、灭失的，无论是故意、重大过失还是轻微过失，保管人均应当承担赔偿责任。

【防范措施】

就寄存人而言,若保管物是贵重物品,应当向保管人支付一定的保管费用。就保管人而言,无偿为他人保管的财物毁损、灭失的,为避免承担赔偿责任,应当积极举证证明自己没有故意或重大过失。

【法条链接】

《民法典》第八百九十七条 保管期内,因保管人保管不善造成保管物毁损、灭失的,保管人应当承担赔偿责任。但是,无偿保管人证明自己没有故意或者重大过失的,不承担赔偿责任。

风险点223:保管人将保管物转交第三人保管而造成保管物丢失

【风险提示】

保管合同是基于一定信赖订立的合同。未经双方当事人约定,保管人不得将保管物擅自转交第三人保管,否则造成保管物毁损、灭失的,无论该第三人及保管人对该损毁、灭失有无过错,保管人均应当承担赔偿责任。

【防范措施】

企业临时为他人保管货物时,为规避货物丢失的风险,建议在保管合同中约定:"保管物可转交第三人保管;由第三人保管后,保管物发生丢失及被盗等情况时,应当由第三人承担责任。"

【法条链接】

《民法典》第八百九十四条 保管人不得将保管物转交第三人保管,但是当事人另有约定的除外。

保管人违反前款规定,将保管物转交第三人保管,造成保管物损失的,应当承担赔偿责任。

风险点224:第三人对保管物主张权利

【风险提示】

我国《民法典》规定,第三人对保管物主张权利的,除依法对保管物采取保全或者执行措施外,保管人应当履行向寄存人返还保管物的义务。

【防范措施】

　　第三人对保管物主张权利而对保管人提起诉讼或者对保管物申请扣押的,保管人应当及时通知寄存人。通知的目的在于使寄存人及时参加诉讼,以维护自己的合法权益。如果第三人以保管人为被告提起诉讼,那么保管人可以请求法院变更寄存人为被告。

【法条链接】

　　《民法典》第八百九十六条　第三人对保管物主张权利的,除依法对保管物采取保全或者执行措施外,保管人应当履行向寄存人返还保管物的义务。

　　第三人对保管人提起诉讼或者对保管物申请扣押的,保管人应当及时通知寄存人。

第十九章

仓 储 合 同

风险点225：存货人不按约定时间提货

【风险提示】

我国《民法典》第九百一十五条规定，储存期限届满，存货人或者仓单持有人应当凭仓单、入库单等提取仓储物。存货人或者仓单持有人逾期提取的，应当加收仓储费；提前提取的，不减收仓储费。第九百一十六条规定，储存期限届满，存货人或者仓单持有人不提取仓储物的，保管人可以催告其在合理期限内提取；逾期不提取的，保管人可以提存仓储物。实务中，提存费主要包括：公证费、公告费、邮电费、保管费、评估鉴定费、代管费、拍卖变卖费、保险费，以及为保管、处理、运输提存标的物所支出的必要的费用。

【防范措施】

签订仓储合同时，当事人双方应当在合同中对保管期限作出明确约定，避免因保管期限发生纠纷，导致各自遭受不必要的损失。另外，存货人应当在约定期限内将货物搬走，否则保管人有权将货物提存，届时要承担提存费用。

【法条链接】

《民法典》第五百七十条　有下列情形之一，难以履行债务的，债务人可以将标的物提存：

（一）债权人无正当理由拒绝受领；

（二）债权人下落不明；

（三）债权人死亡未确定继承人、遗产管理人，或者丧失民事行为能力未确定监护人；

（四）法律规定的其他情形。

标的物不适于提存或者提存费用过高的,债务人依法可以拍卖或者变卖标的物,提存所得的价款。

第九百一十五条　储存期限届满,存货人或者仓单持有人应当凭仓单、入库单等提取仓储物。存货人或者仓单持有人逾期提取的,应当加收仓储费;提前提取的,不减收仓储费。

第九百一十六条　储存期限届满,存货人或者仓单持有人不提取仓储物的,保管人可以催告其在合理期限内提取;逾期不提取的,保管人可以提存仓储物。

风险点226:存货人提取货物时发现物品损坏

【风险提示】

储存期内,因保管不善造成仓储物毁损、灭失的,保管人应当承担赔偿责任。因仓储物本身的自然性质、包装不符合约定或者超过有效储存期造成仓储物变质、损坏的,保管人不承担赔偿责任。

【防范措施】

就存货人而言,在与保管人签订仓储合同前,应当注意审查保管人的保管条件;在保管人无保存货物的条件或者保存条件不满足要求时,应当及时转移货物。就保管人而言,在与存货人签订仓储合同前,应对存货人的货物进行细致检查,如果发现存货人储存易燃、易爆、有毒、有腐蚀性、有放射性等危险物品或者易变质物品,应当要求存货人说明该物品的性质,提供有关资料。

【法条链接】

《民法典》第九百零六条　储存易燃、易爆、有毒、有腐蚀性、有放射性等危险物品或者易变质物品的,存货人应当说明该物品的性质,提供有关资料。

存货人违反前款规定的,保管人可以拒收仓储物,也可以采取相应措施以避免损失的发生,因此产生的费用由存货人负担。

保管人储存易燃、易爆、有毒、有腐蚀性、有放射性等危险物品的,应当具备相应的保管条件。

第九百一十七条　储存期内,因保管不善造成仓储物毁损、灭失的,保管人应当承担赔偿责任。因仓储物本身的自然性质、包装不符合约定或者超过有效储存期造成仓储物变质、损坏的,保管人不承担赔偿责任。

风险点227：危险物品和易变质物品的储存

【风险提示】

储存易燃、易爆、有毒、有腐蚀性、有放射性等危险物品或者易变质物品的,存货人应当说明该物品的性质,提供有关资料。如果拒绝提供资料,一切不利后果由存货人一方承担。另外,保管人可以拒收仓储物,也可以采取相应措施以避免损失的发生,因此产生的费用由存货人承担。

【防范措施】

就存货人而言,存储易燃、易爆、有毒、有腐蚀性、有放射性等危险物品或者易变质物品时,应当向保管人说明物品的性质,并提供有关资料。就保管人而言,储存易燃、易爆、有毒、有腐蚀性、有放射性等危险物品的,应当具备相应的保管条件。

【法条链接】

《民法典》第九百零六条　储存易燃、易爆、有毒、有腐蚀性、有放射性等危险物品或者易变质物品的,存货人应当说明该物品的性质,提供有关资料。

存货人违反前款规定的,保管人可以拒收仓储物,也可以采取相应措施以避免损失的发生,因此产生的费用由存货人负担。

保管人储存易燃、易爆、有毒、有腐蚀性、有放射性等危险物品的,应当具备相应的保管条件。

风险点228：存货人转让仓单

【风险提示】

仓单是从保管人处提取货物的凭证。一般情况下,仓单的持有人为存货人,但由于仓单仅是代表一定物权的书面凭证,在实际生活中,存货人可以将自己的仓单进行背书转让或者将其出质担保实现债权。需要注意的是,仓单的转让要符合一定的条件,除了需要存货人或仓单持有人背书外,还需要有保管人的签字或者盖章,即仓储物的保管人应当知晓。这样做的主要目的在于维护交易安全,确保保管人将储存物交给正确的权利主体,以避免他人利用捡拾或偷窃的仓单进行冒名提取,扰乱市场秩序。

【防范措施】

存货人或仓单持有人要对仓单进行转让时,应当经过保管人的签字或盖章,否则可能造成仓单转让无效,使自己的利益受损。

【法条链接】

《民法典》第九百一十条　仓单是提取仓储物的凭证。存货人或者仓单持有人在仓单上背书并经保管人签名或者盖章的,可以转让提取仓储物的权利。

风险点229:仓储物变质,保管人没有履行通知义务

【风险提示】

保管人发现入库仓储物变质或者其他损坏的,应当及时通知存货人或者仓单持有人。在仓储物的保管过程中,仓储物变质或损坏的原因有很多,包括:货物本身的性质所致;不符合约定的保管条件所致;瑕疵本来就存在,验收时没有发现等。无论仓储物变质或损坏是否因保管人的过错而发生,保管人都有通知义务。

【防范措施】

对于保管人来说,一旦发现仓储物变质或损坏应及时通知存货人,如此,消极层面上可防止己方承担不必要的责任,积极层面上可避免对方损失的扩大,尽到保管人的注意义务。

【法条链接】

《民法典》第九百一十二条　保管人发现入库仓储物有变质或者其他损坏的,应当及时通知存货人或者仓单持有人。

风险点230:验收后的仓储物出现问题

【风险提示】

签订仓储合同以后,标的物在入库时,保管人应当按照约定对入库仓储物进行验收。保管人验收时发现入库仓储物与约定不符的,应当及时通知存货人。保管人验收后,发生仓储物的品种、数量、质量不符合约定的情况的,保管人应当承担损害赔偿责任。

【防范措施】

仓储物的入库验收并非仅是形式检查,也是责任划分的重要路径。所以,保管人

在进行入库验收时必须谨慎,仔细检查仓储物的数量、质量以及品种等各个事项。发现问题要与存货人协商或者拒绝入库。否则入库以后出现问题,由保管人承担赔偿责任。

【法条链接】

《民法典》第九百零七条　保管人应当按照约定对入库仓储物进行验收。保管人验收时发现入库仓储物与约定不符合的,应当及时通知存货人。保管人验收后,发生仓储物的品种、数量、质量不符合约定的,保管人应当承担赔偿责任。

第二十章

委 托 合 同

风险点231：受托人处理委托事务垫付费用

【风险提示】

在委托合同中，委托人有自由选择特别委托或者概括委托的权利。特别委托，是指委托人将特定的一项或数项事务特别地委托受托人处理；概括委托，是指委托人将一切事务概括地委托给受托人处理。在有偿委托的情况下，委托人在享有委托权利的同时，还承担着向受托人支付费用、报酬的义务。受托人为处理委托事务垫付的必要费用，委托人应当偿还该费用并支付利息。所谓必要费用，包括差旅费、通信费、交通费、邮费、仓储费等。

【防范措施】

就受托人而言，应当要求委托人预付处理委托事务的费用。为避免产生纠纷，双方应在委托合同中约定垫付费用的利息起算日及利率。

【法条链接】

《民法典》第九百二十一条　委托人应当预付处理委托事务的费用。受托人为处理委托事务垫付的必要费用，委托人应当偿还该费用并支付利息。

风险点232：因受托人过错给委托人造成损失

【风险提示】

有偿的委托合同中，因受托人的过错或者超越权限给委托人造成损失的，委托人可以要求赔偿损失。无偿的委托合同中，必须是因受托人的故意或者重大过失给委托人造成损失，委托人才可以要求赔偿损失。处理委托事务时，受托人若因不可归责于自己的事由受到损失,也可以向委托人要求赔偿损失。如果委托人经受托人同意,委托第三人处理委托事务,并因此给受托人造成损失,受托人同样可以向委托人要求赔偿损失。

【防范措施】

企业作为委托人,为了防范因受托人过错造成损失的风险,可以采取以下措施:

1. 在选择受托人时,应进行仔细的调查和了解,确保其信誉和能力,避免受托人不当行为造成损失。

2. 在委托合同中,应明确约定委托事项的具体要求,包括时间、地点、任务等,确保受托人按照约定履行,以减少理解偏差或执行不当造成的损失。

3. 为防止受托人滥用权力或进行不当行为,应在委托书中设定明确的约束机制,如要求受托人定期报告进展情况,或限制将委托事项外包给第三方的条件,以减少不当行为的风险。

4. 定期与受托方进行沟通和审查委托进展情况,及时发现并解决潜在问题,避免风险扩大。

【法条链接】

《民法典》第九百二十九条 有偿的委托合同,因受托人的过错造成委托人损失的,委托人可以请求赔偿损失。无偿的委托合同,因受托人的故意或者重大过失造成委托人损失的,委托人可以请求赔偿损失。

受托人超越权限造成委托人损失的,应当赔偿损失。

第九百三十条 受托人处理委托事务时,因不可归责于自己的事由受到损失的,可以向委托人请求赔偿损失。

第九百三十一条 委托人经受托人同意,可以在受托人之外委托第三人处理委托事务。因此造成受托人损失的,受托人可以向委托人请求赔偿损失。

第九百三十二条 两个以上的受托人共同处理委托事务的,对委托人承担连带责任。

风险点 233:转委托

【风险提示】

受托人应当亲自处理委托事务。经委托人同意,受托人可以转委托。转委托经同意或者追认的,委托人可以就委托事务直接指示转委托的第三人,受托人仅就第三人的选任及其对第三人的指示承担责任。转委托未经同意或者追认的,受托人应当对转委托的第三人的行为承担责任;但是,在紧急情况下受托人为了维护委托人的利益需要转委托第三人的除外。

【防范措施】

受托人应当亲自处理委托事务,不得擅自将自己的受托事务任意转委托他人处理,否则就是一种违约行为,其须对因此给委托人带来的损失承担赔偿责任。如果在紧急情况下转委托,受托人应当保留好相关证据,以证明是在紧急情况下为保护委托人的利益而转委托的。

【法条链接】

《民法典》第九百二十三条 受托人应当亲自处理委托事务。经委托人同意,受托人可以转委托。转委托经同意或者追认的,委托人可以就委托事务直接指示转委托的第三人,受托人仅就第三人的选任及其对第三人的指示承担责任。转委托未经同意或者追认的,受托人应当对转委托的第三人的行为承担责任;但是,在紧急情况下受托人为了维护委托人的利益需要转委托第三人的除外。

风险点234:受托人以自己的名义与第三人订立合同

【风险提示】

如果受托人在授权范围内以自己的名义与第三人订立合同,第三人在订立合同时知道受托人与委托人之间存在代理关系,该合同可以直接约束委托人和第三人。但是如果第三人确实不知道受托人与委托人之间的代理关系,且受托人因第三人的原因对委托人不履行义务,受托人应当向委托人披露第三人,委托人可以行使受托人对第三人的权利。当然,如果受托人因委托人的原因对第三人不履行义务,受托人应当向第三人披露委托人,第三人也可以选择受托人或者委托人作为相对人主张其权利。

【防范措施】

受托人以自己的名义和第三人订立合同的情形较为复杂,法律也根据不同的情况作出了详细的规定,以此来约束委托人、受托人和第三人的行为。在履行合同义务时,要时刻记住合同相对性,同时根据具体情况进行具体分析,并善于用法律的规定解决现实中遇到的问题。委托合同履行过程中出现第三人时,更应该谨慎对待,在保护好自己权益的同时,保障合同的顺利履行。

【法条链接】

《民法典》第九百二十五条 受托人以自己的名义,在委托人的授权范围内与第三人订立的合同,第三人在订立合同时知道受托人与委托人之间的代理关系的,该合同直接约束委托人和第三人;但是,有确切证据证明该合同只约束受托人和第三人的除外。

第九百二十六条 受托人以自己的名义与第三人订立合同时,第三人不知道受托人与委托人之间的代理关系的,受托人因第三人的原因对委托人不履行义务,受托人应当向委托人披露第三人,委托人因此可以行使受托人对第三人的权利。但是,第三人与受托人订立合同时如果知道该委托人就不会订立合同的除外。

受托人因委托人的原因对第三人不履行义务,受托人应当向第三人披露委托人,第三人因此可以选择受托人或者委托人作为相对人主张其权利,但是第三人不得变更选定的相对人。

委托人行使受托人对第三人的权利的,第三人可以向委托人主张其对受托人的抗辩。第三人选定委托人作为其相对人的,委托人可以向第三人主张其对受托人的抗辩以及受托人对第三人的抗辩。

风险点 235:解除委托合同

【风险提示】

根据《民法典》第九百三十三条的规定,委托人或者受托人可以随时解除委托合同。实务中,委托合同当事人任意解除合同的情形主要有两种:委托人撤销委托和受托人辞去委托。无论是委托人撤销委托还是受托人辞去委托,均为当事人一方的权利。该权利从性质上讲属于形成权,即以当事人单方意思表示就可发生法律效力。

虽然委托人或者受托人可以随时解除委托合同,但因解除合同造成对方损失的,除不可归责于该当事人的事由外,无偿委托合同的解除方应当赔偿因解除时间不当造成的直接损失,有偿委托合同的解除方应当赔偿对方的直接损失和合同履行后可以获得的利益。

【防范措施】

委托人或者受托人可以随时解除合同,但因解除合同给对方造成损失的,应予以赔偿。为防范此风险,双方应在签订合同时预知可能影响处理事务的因素,尽量避免解除合同。

【法条链接】

《民法典》第九百三十三条 委托人或者受托人可以随时解除委托合同。因解除合同造成对方损失的,除不可归责于该当事人的事由外,无偿委托合同的解除方应当赔偿因解除时间不当造成的直接损失,有偿委托合同的解除方应当赔偿对方的直接损失和合同履行后可以获得的利益。

第二十一章

物业服务合同

风险点236：物业服务企业公开作出的有利于业主的服务承诺

【风险提示】

物业服务承诺，是指物业服务人为保证物业服务的质量和效益，向全体业主公开作出的有关物业服务内容和标准的单方意思表示。根据《民法典》第九百三十八条第二款的规定，物业服务人公开作出的有利于业主的服务承诺，也是物业服务合同的组成部分，业主有权要求其履行。可见，物业服务企业在小区内通过张贴海报等方式作出的有利于小区业主的服务承诺，即使没有被明确写入物业服务合同文本中，只要业主能够提供证据证明物业服务企业确有承诺，该承诺就应当被认定为物业合同的组成部分。

【防范措施】

物业服务企业应当谨慎对待服务承诺，确保所承诺的服务能够得到有效实施，避免因无法兑现承诺而引发的纠纷或法律责任。具体而言，应当注意以下事项：

1. 物业服务企业应当确保服务承诺具有可操作性，避免使用模糊不清的措辞，以免引起误解或争议。

2. 在作出服务承诺时，物业服务企业应充分考虑自身的服务能力和资源，确保承诺的服务项目和标准符合实际情况，避免因超出自身能力范围而导致服务承诺无法实现。

3. 物业服务企业在作出服务承诺时，应遵守国家相关法律法规，特别是《物业管理条例》等规定，确保服务承诺不违反法律规定。

【法条链接】

《民法典》第九百三十八条　物业服务合同的内容一般包括服务事项、服务质量、服务费用的标准和收取办法、维修资金的使用、服务用房的管理和使用、服务期限、服务交接等条款。

物业服务人公开作出的有利于业主的服务承诺,为物业服务合同的组成部分。

物业服务合同应当采用书面形式。

风险点237：业主以前期物业服务合同无效为由拒交物业管理费

【风险提示】

前期物业服务合同,是指建设单位与物业服务企业就前期物业管理阶段双方的权利义务所达成的协议,是物业服务企业被授权开展物业管理服务的依据。前期物业服务合同突破了合同相对性原则,对业主具有约束力,并为我国法律法规及司法实务所确认。物业服务企业的选聘一般由业主大会决定,但是实践中业主大会的成立需要时间,如果在此之前让每个业主自己与物业服务企业签订前期物业服务合同,缺乏可行性,甚或引发其他问题。因此,为维护广大业主的合法利益,只能暂时"剥夺"业主自主选聘物业服务企业的权利。我国《民法典》第九百三十九条规定,建设单位依法与物业服务人订立的前期物业服务合同,以及业主委员会与业主大会依法选聘的物业服务人订立的物业服务合同,对业主具有法律约束力。

实务中,有的业主对前期物业服务合同的效力并不认可而不愿支付相应的物业费,从而引发民事纠纷。

【防范措施】

业主以前期物业服务合同无效为由拒交物业管理费的,建议物业服务企业先催告业主在合理期限内交纳物业费;若经过书面催交,该业主仍逾期不交纳,物业服务企业可依据前期物业服务合同的约定追究该业主的违约责任。但切记不得采取停止供电、供水、供热、供燃气等方式进行处理,否则将构成侵权。

【法条链接】

《民法典》第九百三十九条　建设单位依法与物业服务人订立的前期物业服务合同,以及业主委员会与业主大会依法选聘的物业服务人订立的物业服务合同,对业主具有法律约束力。

第九百四十四条　业主应当按照约定向物业服务人支付物业费。物业服务人已经按照约定和有关规定提供服务的,业主不得以未接受或者无需接受相关物业服务为由拒绝支付物业费。

业主违反约定逾期不支付物业费的,物业服务人可以催告其在合理期限内支付;合理期限届满仍不支付的,物业服务人可以提起诉讼或者申请仲裁。

物业服务人不得采取停止供电、供水、供热、供燃气等方式催交物业费。

《物业管理条例》第二十一条　在业主、业主大会选聘物业服务企业之前,建设单位选聘物业服务企业的,应当签订书面的前期物业服务合同。

风险点238:物业服务企业与开发商未通过招投标签订的前期物业服务合同

【风险提示】

前期物业管理,是指在业主、业主大会选聘物业服务企业之前,由建设单位选聘物业服务企业实施的物业管理。国家提倡并规定住宅物业必须通过招投标的方式选聘物业服务企业,但建设单位没有通过招投标的方式选聘物业服务企业并不违反法律、行政法规的效力性规定,只是违反管理性规定,因此建设单位与物业服务企业签订的前期物业服务合同为有效合同。虽然前期物业服务合同有效,但根据《物业管理条例》第五十六条的规定,住宅物业的建设单位未通过招投标的方式选聘物业服务企业或者未经批准,擅自采用协议方式选聘物业服务企业的,由县级以上地方人民政府房地产行政主管部门责令限期改正,给予警告,可以并处10万元以下的罚款。

【防范措施】

为规避相应法律风险,建设单位选择前期物业服务企业时应注意以下事项:

1. 在业主、业主大会选聘物业服务企业之前,建设单位尽可能依照《物业管理条例》第二十四条的规定,通过招投标的方式选定符合资质的物业服务企业,并接受行政主管部门的监督。

2. 若无法通过招投标完成,需要采用协议方式选聘具有相应资质的物业服务企业,应当经物业所在地的区、县人民政府房地产行政主管部门批准。

3. 与物业服务企业签订前期物业服务合同时,应当以书面形式签订。

4. 销售房屋时,应当向买受人明示前期物业服务合同的约定内容及适用范围。

【法条链接】

《民法典》第一百五十三条　违反法律、行政法规的强制性规定的民事法律行为无效。但是,该强制性规定不导致该民事法律行为无效的除外。

违背公序良俗的民事法律行为无效。

《前期物业管理招标投标管理暂行办法》第二条　前期物业管理,是指在业主、业主大会选聘物业管理企业之前,由建设单位选聘物业管理企业实施的物业管理。

建设单位通过招投标的方式选聘具有相应资质的物业管理企业和行政主管部门对物业管理招投标活动实施监督管理,适用本办法。

《物业管理条例》第二十四条　国家提倡建设单位按照房地产开发与物业管理相分离的原则,通过招投标的方式选聘物业服务企业。

住宅物业的建设单位,应当通过招投标的方式选聘物业服务企业;投标人少于3个或者住宅规模较小的,经物业所在地的区、县人民政府房地产行政主管部门批准,可以采用协议方式选聘物业服务企业。

第五十六条　违反本条例的规定,住宅物业的建设单位未通过招投标的方式选聘物业服务企业或者未经批准,擅自采用协议方式选聘物业服务企业的,由县级以上地方人民政府房地产行政主管部门责令限期改正,给予警告,可以并处10万元以下的罚款。

风险点239:前期物业服务合同期限未满,业主委员会解聘物业服务企业

【风险提示】

我国《物业管理条例》第二十六条规定,前期物业服务合同可以约定期限;但是,期限未满、业主委员会与物业服务企业签订的物业服务合同生效的,前期物业服务合同终止。可见,前期物业服务合同具体期限由建设单位和物业服务企业约定,最长至业主委员会与其选聘的物业服务企业签订的物业服务合同生效时止。

【防范措施】

前期物业服务企业应当认识到其签订的"前期物业服务合同"属于临时性质,在业主委员会新签订的物业服务合同生效时,该临时合同同时失效。因此,前期物业服务企业应未雨绸缪,做好随时有可能被替换的准备。另外,前期物业服务企业应考虑到业主不满意自身服务时,可以在约定期满前终止服务合同,所以应当认真负责地做好物业服务工作,不断提升服务水平,在业主面前展现优秀的服务能力,从而在新合同的签订过程中赢得优先选聘地位。

【法条链接】

《物业管理条例》第二十六条　前期物业服务合同可以约定期限;但是,期限未满、业主委员会与物业服务企业签订的物业服务合同生效的,前期物业服务合同终止。

风险点240：业主以房屋没入住为由拒交物业管理费

【风险提示】

我国《民法典》第九百四十四条第一款规定，业主应当按照约定向物业服务人支付物业费。物业服务人已经按照约定和有关规定提供服务的，业主不得以未接受或者无须接受相关物业服务为由拒绝支付物业费。根据《物业管理条例》第七条的规定，业主在物业管理活动中，履行按时交纳物业服务费用的义务。可见，房屋是否住人跟是否要交纳物业费没有必然联系。

【防范措施】

物业服务企业在实施物业管理过程中，为防范业主拒交物业费的风险，建议如下：

1. 法律规定交纳物业管理费的起算时间点实行意思自治原则，由当事人约定。因此，物业服务企业在签署物业服务合同时，应明确约定物业管理费的交纳时间点，建议约定从业主收楼或收到收楼通知之日起就要开始交纳物业管理费。

2. 由于业主收楼或收到收楼通知之日的信息是由开发商所掌握的，因此物业服务企业应主动与开发商联系，取得此等信息。如果条件允许，物业服务企业应备份业主签收房屋的签收单、书面收楼通知、快递单等资料，以备查询使用。

【法条链接】

《民法典》第九百四十四条　业主应当按照约定向物业服务人支付物业费。物业服务人已经按照约定和有关规定提供服务的，业主不得以未接受或者无需接受相关物业服务为由拒绝支付物业费。

业主违反约定逾期不支付物业费的，物业服务人可以催告其在合理期限内支付；合理期限届满仍不支付的，物业服务人可以提起诉讼或者申请仲裁。

物业服务人不得采取停止供电、供水、供热、供燃气等方式催交物业费。

《物业管理条例》第七条　业主在物业管理活动中，履行下列义务：

（一）遵守管理规约、业主大会议事规则；

（二）遵守物业管理区域内物业共用部位和共用设施设备的使用、公共秩序和环境卫生的维护等方面的规章制度；

（三）执行业主大会的决定和业主大会授权业主委员会作出的决定；

（四）按照国家有关规定交纳专项维修资金；

（五）按时交纳物业服务费用；

（六）法律、法规规定的其他义务。

第四十一条 业主应当根据物业服务合同的约定交纳物业服务费用。业主与物业使用人约定由物业使用人交纳物业服务费用的，从其约定，业主负连带交纳责任。

已竣工但尚未出售或者尚未交给物业买受人的物业，物业服务费用由建设单位交纳。

风险点241：物业服务企业通过断电、断水方式催交物业费

【风险提示】

我国《民法典》第六百五十四条规定，用电人应当按照国家有关规定和当事人的约定及时支付电费。用电人逾期不支付电费的，应当按照约定支付违约金。用电人经催告在合理期限内仍不支付电费和违约金的，供电人可以按照国家规定的程序中止供电。供电人依据前款规定中止供电的，应当事先通知用电人。第六百五十六条规定，供用水、供用气、供用热力合同，参照适用供用电合同的有关规定。第九百四十四条第三款规定，物业服务人不得采取停止供电、供水、供热、供燃气等方式催交物业费。可见，供水供电的主体是供水供电企业，在业主逾期不交付水电费的情况下，供水供电企业有权对业主采取停水停电措施，物业服务企业并非合同主体，无权停水停电。

【风险防范建议】

对于物业服务企业在实施物业管理过程中如何防范业主不交物业费的法律风险，建议如下：

1. 交纳物业费是业主的义务，当业主拒交物业费时，物业服务企业可对该业主下发"催交物业费用通知书"，通过书面通知向业主催要，要求业主在一定期限内交纳。

2. 如该业主仍拒不交纳，物业服务企业可将该业主诉至法院。如果业主也拒不交纳水电等费用，物业服务企业也可致函相应的企业说明情况，由供水、供电等单位作为主体行使权利。

【法条链接】

《民法典》第六百五十四条 用电人应当按照国家有关规定和当事人的约定及时支付电费。用电人逾期不支付电费的，应当按照约定支付违约金。经催告用电人在合理期限内仍不支付电费和违约金的，供电人可以按照国家规定的程序中止供电。

供电人依据前款规定中止供电的，应当事先通知用电人。

第六百五十六条 供用水、供用气、供用热力合同,参照适用供用电合同的有关规定。

第九百四十四条 业主应当按照约定向物业服务人支付物业费。物业服务人已经按照约定和有关规定提供服务的,业主不得以未接受或者无需接受相关物业服务为由拒绝支付物业费。

业主违反约定逾期不支付物业费的,物业服务人可以催告其在合理期限内支付;合理期限届满仍不支付的,物业服务人可以提起诉讼或者申请仲裁。

物业服务人不得采取停止供电、供水、供热、供燃气等方式催交物业费。

风险点242:物业服务企业上调物业管理费

【风险提示】

我国《物业服务收费管理办法》第七条规定,物业服务收费实行政府指导价的,有定价权限的人民政府价格主管部门应当会同房地产行政主管部门根据物业管理服务等级标准等因素,制定相应的基准价及其浮动幅度,并定期公布。具体收费标准由业主与物业服务企业根据规定的基准价和浮动幅度在物业服务合同中约定。实行市场调节价的物业服务收费,由业主与物业服务企业在物业服务合同中约定。《物业服务收费明码标价规定》第十条规定,实行明码标价的物业服务收费的标准等发生变化时,物业服务企业应当在执行新标准前1个月,将所标示的相关内容进行调整,并应标示新标准开始实行的日期。

现实生活中,有的物业服务企业因没有依法上调物业管理费,从而与业主产生纠纷。

【防范措施】

物业服务企业在上调物业管理费时,为避免产生纠纷,应当注意以下事项:

1.应清楚调整物业管理费的程序,区分政府指导价和市场调节价,实行政府指导价的,调整的范围不能超出政府的指导上限。

2.提出上调物业费的要求,应通过业主委员会征得广大业主同意后才执行。

3.在执行物业管理费新标准前1个月,应将明码标价牌所标示的相关内容进行调整,并应标示新标准开始实行的日期。

【法条链接】

《物业服务收费管理办法》第七条 物业服务收费实行政府指导价的,有定价权限的人民政府价格主管部门应当会同房地产行政主管部门根据物业管理服务等级标准等因素，制定相应的基准价及其浮动幅度，并定期公布。具体收费标准由业主与物业管理企业根据规定的基准价和浮动幅度在物业服务合同中约定。

实行市场调节价的物业服务收费，由业主与物业管理企业在物业服务合同中约定。

《物业服务收费明码标价规定》第十条　实行明码标价的物业服务收费的标准等发生变化时，物业管理企业应当在执行新标准前一个月，将所标示的相关内容进行调整，并应标示新标准开始实行的日期。

第二十二章

行 纪 合 同

风险点243：行纪人处理委托事务的费用承担

【风险提示】

行纪合同是行纪人以自己的名义为委托人从事贸易活动,委托人支付报酬的合同。行纪人在受委托进行贸易活动的过程中,会产生各种各样的交易费用。一般情况下,如果当事人没有特别约定,所产生的交易费用由行纪人承担,这是行纪合同与委托合同的区别之一。

【防范措施】

企业签订行纪合同时,如果作为委托人,需要注意在没有约定的情况下,支付贸易活动的必要费用是行纪人的义务;如果作为行纪人,不想履行此项义务,那么在签订合同时,就需要在合同中作出特别的约定。

【法条链接】

《民法典》第九百五十一条　行纪合同是行纪人以自己的名义为委托人从事贸易活动,委托人支付报酬的合同。

第九百五十二条　行纪人处理委托事务支出的费用,由行纪人负担,但是当事人另有约定的除外。

风险点244：行纪人高于委托人指定的价格卖出产品

【风险提示】

根据《民法典》第九百五十五条第二款的规定,行纪人高于委托人指定的价格卖出或者低于委托人指定的价格买入的,若原委托合同无特别约定,并且事后也未能达成补充协议,或不能按照原合同有关条款或交易习惯确定,该利益属于委托人。

【防范措施】

受托人与委托人订立行纪合同的,受托人如欲保护自身利益,应对合同标的价格变化作出约定,明确由受托方享有价格变化所带来的利益。若无明确约定,则受托人要求自己享有价格变化利益的请求将不受法律保护。

【法条链接】

《民法典》第九百五十五条 行纪人低于委托人指定的价格卖出或者高于委托人指定的价格买入的,应当经委托人同意;未经委托人同意,行纪人补偿其差额的,该买卖对委托人发生效力。

行纪人高于委托人指定的价格卖出或者低于委托人指定的价格买入的,可以按照约定增加报酬;没有约定或者约定不明确,依据本法第五百一十条的规定仍不能确定的,该利益属于委托人。

委托人对价格有特别指示的,行纪人不得违背该指示卖出或者买入。

风险点245:行纪人自己购买委托物

【风险提示】

根据《民法典》第九百五十六条的规定,行纪人卖出或者买入具有市场定价的商品,除委托人有相反的意思表示外,行纪人自己可以作为买受人或者出卖人。行纪人有前款规定情形的,仍然可以请求委托人支付报酬。需要注意的是,当行纪人买入商品时,其与委托人之间产生买卖合同关系,对双方因该商品产生的纠纷可以适用《民法典》中关于买卖合同的规定。

【防范措施】

实务中,在委托人没有反对意见的情况下,行纪人可以自行买入具有市场定价的商品,并可以要求委托人支付报酬。但企业作为行纪人行使购买权时,应注意同时满足以下条件:(1)行纪合同合法有效;(2)行纪人未对委托事务作出处理;(3)委托人对行纪人的买入没有反对意见。

【法条链接】

《民法典》第九百五十六条 行纪人卖出或者买入具有市场定价的商品,除委托人有相反的意思表示外,行纪人自己可以作为买受人或者出卖人。

行纪人有前款规定情形的,仍然可以请求委托人支付报酬。

风险点246:第三人不履行义务致使委托人受到损害

【风险提示】

我国《民法典》第九百五十八条规定,行纪人与第三人订立合同的,行纪人对该合同直接享有权利、承担义务。第三人不履行义务致使委托人受到损害的,行纪人应当承担赔偿责任,但是行纪人与委托人另有约定的除外。据此可知,在行纪合同中,行纪人与第三人所签订的合同直接对行纪人发生法律效力。如果委托人与行纪人没有在合同中明确约定第三人违约时的责任承担方式,则在第三人没有履行义务给委托人造成损失时,行纪人有义务承担损害赔偿责任。

【防范措施】

在日常的交易活动中,行纪合同不同于委托合同,基于合同的相对性,在第三人违约给委托人造成损失时,应该由行纪人来承担损害赔偿责任。行纪人如果想要免除自己承担违约责任的义务,可以在签订行纪合同时,与委托人在合同中作出明确的约定。

【法条链接】

《民法典》第九百五十八条　行纪人与第三人订立合同的,行纪人对该合同直接享有权利、承担义务。

第三人不履行义务致使委托人受到损害的,行纪人应当承担赔偿责任,但是行纪人与委托人另有约定的除外。

风险点247:委托人不支付报酬

【风险提示】

行纪合同是一种有偿、双务合同。在合同中,既然行纪人依法履行了义务,那么委托人就应该依法支付报酬。根据《民法典》第九百五十九条的规定,行纪人完成或者部分完成委托事务的,委托人应当向其支付相应的报酬。委托人逾期不支付报酬的,行纪人对委托物享有留置权,但是当事人另有约定的除外。可见,如果当事人没有在合同中特别约定,在委托人没有按时支付报酬时,行纪人享有留置权。

【防范措施】

实务中,当委托人不按时支付报酬时,法律赋予了行纪人留置权。但是,行纪人应当注意行使留置权是有条件的,即只有在满足以下三个条件时,其才可以行使留置权:(1)行纪人依法占有委托物;(2)委托人没有正当理由迟延支付报酬;(3)委托合同中,没有特别约定不得留置。需要注意的是,如果留置物在经过折价、拍卖之后,价款超过了委托人应支付的报酬,行纪人应该将剩余的价款归还给委托人;如果价款不足以支付报酬,在折价、拍卖之后,行纪人依然有权继续请求委托人支付剩余报酬。

【法条链接】

《民法典》第九百五十九条　行纪人完成或者部分完成委托事务的,委托人应当向其支付相应的报酬。委托人逾期不支付报酬的,行纪人对委托物享有留置权,但是当事人另有约定的除外。

第二十三章

中 介 合 同

风险点248:中介人违反如实报告义务

【风险提示】

我国《民法典》第九百六十二条规定,中介人应当就有关订立合同的事项向委托人如实报告。中介人故意隐瞒与订立合同有关的重要事实或者提供虚假情况,损害委托人利益的,不得请求支付报酬并应当承担赔偿责任。

中介人故意隐瞒与订立合同有关的重要事实或者提供虚假情况,损害委托人利益的,不得要求支付报酬并应当承担相应的赔偿责任,具体条件如下:(1)中介人主观上具有故意,即中介人明知与订立合同有关的重要事实或者其他真实情况,但是有意进行隐瞒或者提供虚假情况。(2)中介人客观上没有将与订立合同有关的重要事实向委托人报告,或者提供了虚假的情况。并非与订立合同有关的所有事项都是重要的,所谓"重要事实",就是能够直接影响委托人作出是否订立合同之决定的事实,这种事实因订立合同类型的不同而不同。(3)中介人隐瞒重要事实或者提供虚假情况的行为,损害了委托人的利益给委托人造成了损失。

【防范措施】

为规避相应法律风险,中介人应当就有关订立合同的事项向委托人如实报告,不得故意隐瞒与订立合同有关的重要事实或者提供虚假情况。中介人的告知义务程度绝对不能仅停留在简单告知层面,至少需要对相关信息进行审核,甚至对重要事实进行积极调查。对于重要的交易信息,中介人应当采取书面告知的形式告知委托人,如在房地产买卖中介协议中,对于交易的房地产面积、产权证号、有无违建、抵押贷款等情况均应写明,或者在签订房地产买卖中介协议之前,通过书面告知书、微信、短信、邮件等方式告知委托人,确保委托人是在充分了解真实情况的基础上作出的意思表示。

【法条链接】

《民法典》第九百六十二条 中介人应当就有关订立合同的事项向委托人如实报告。

中介人故意隐瞒与订立合同有关的重要事实或者提供虚假情况,损害委托人利益的,不得请求支付报酬并应当承担赔偿责任。

风险点249:中介人未核查第三人的信用情况

【风险提示】

我国《民法典》第九百六十二条规定,中介人应当就有关订立合同的事项向委托人如实报告。中介人故意隐瞒与订立合同有关的重要事实或者提供虚假情况,损害委托人利益的,不得请求支付报酬并应当承担赔偿责任。

实务中,因中介人未及时核查第三人的信用情况、履约能力等信息,导致委托人的财物遭受第三人损害的现象时有发生,从而引发纠纷。

【防范措施】

为规避相应法律风险,中介人在签订中介合同前,应尽到审慎核查的义务,尽可能地了解第三人的真实情况,并详尽告知委托人有关第三人的信用、履约能力等现实情况,以确保委托人获得正确、充分的交易信息,从而促成合同的订立。

【法条链接】

《民法典》第九百六十二条 中介人应当就有关订立合同的事项向委托人如实报告。

中介人故意隐瞒与订立合同有关的重要事实或者提供虚假情况,损害委托人利益的,不得请求支付报酬并应当承担赔偿责任。

风险点250:买方与卖方绕过中介直接签订合同

【风险提示】

"跳单",是指在中介合同中,委托人在接受中介服务时,利用中介人提供的交易机会或媒介服务,绕开中介人与相对方直接订立合同。实务中,"跳单"现象经常发生,已经成为中介合同相关的常见纠纷类型。"跳单"行为违背诚信和公平原则,严重损害中介人的利益,扰乱市场秩序。对此,我国《民法典》第九百六十五条规定,委托人在接受中介人的服务后,利用中介人提供的交易机会或者媒介服务,绕开中介人直接订立合同的,应当向中介人支付报酬。

【防范措施】

委托人绕开中介与第三方签订合同,就是违背良心办事,终究不会逃过法律的规制,在中介要求支付中介费的情况下,其应当向中介人支付。因此,企业在买房、租厂房时,不得绕开中介与第三方签订合同,否则最终不仅赔了面子,还要照常买单。

【法条链接】

《民法典》第九百六十五条　委托人在接受中介人的服务后,利用中介人提供的交易机会或者媒介服务,绕开中介人直接订立合同的,应当向中介人支付报酬。

风险点251:提供中介服务的费用承担

【风险提示】

关于提供中介服务期间的费用,如果中介人促成合同成立,我国法律规定一般由中介人负担,除非有特别约定,否则中介人不得请求委托人支付相应费用。如果合同不成立,中介人没有获得报酬,可以按照约定要求委托人承担必要费用。

由中介人承担订立合同期间支付的费用是由中介合同的性质所决定的。委托人与中介人订立中介合同想通过中介人找到符合条件的标的物,中介人应对标的物能否满足委托人的要求而承担相应责任。如果合同成功订立,中介人就可以获得报酬,抵销提供中介服务期间的花费。

【防范措施】

就中介人而言,如果提供中介服务所需费用较高,建议在中介合同中约定:"未促成合同成立,中介人可请求委托人支付从事中介活动支出的必要费用。"

【法条链接】

《民法典》第九百六十三条　中介人促成合同成立的,委托人应当按照约定支付报酬。对中介人的报酬没有约定或者约定不明确,依据本法第五百一十条的规定仍不能确定的,根据中介人的劳务合理确定。因中介人提供订立合同的媒介服务而促成合同成立的,由该合同的当事人平均负担中介人的报酬。

中介人促成合同成立的,中介活动的费用,由中介人负担。

第九百六十四条 中介人未促成合同成立的,不得请求支付报酬;但是,可以按照约定请求委托人支付从事中介活动支出的必要费用。

第二十四章

合 伙 合 同

风险点252：未签订书面合伙合同

【风险提示】

合伙合同是两个以上合伙人为了共同的目的，订立的共享利益、共担风险的合同。合伙合同是认定合伙关系的基础，是调整内部合伙关系的依据，是确定合伙人权利义务关系的准则。从便于处理合伙事务、避免纠纷角度出发，合伙合同原则上应采用书面形式订立。实践中，是合伙各方并未签订书面合伙合同，导致合伙人之间就利润分配、债务分担等问题发生争议的情况较为常见。

【防范措施】

为使合伙人之间能够正确处理合伙内部事务，避免产生不必要的纠纷，合伙人之间应当加强对合伙业务的审慎态度，通过签订书面合伙合同，对合伙人的合伙份额、利润分配等问题进行明确约定。

【法条链接】

《民法典》第一百三十五条　民事法律行为可以采用书面形式、口头形式或者其他形式；法律、行政法规规定或者当事人约定采用特定形式的，应当采用特定形式。

第四百六十九条　当事人订立合同，可以采用书面形式、口头形式或者其他形式。

书面形式是合同书、信件、电报、电传、传真等可以有形地表现所载内容的形式。

以电子数据交换、电子邮件等方式能够有形地表现所载内容，并可以随时调取查用的数据电文，视为书面形式。

第九百六十七条　合伙合同是两个以上合伙人为了共同的事业目的，订立的共享利益、共担风险的协议。

风险点253：合伙人不按约定履行出资义务

【风险提示】

我国《民法典》第九百六十八条规定，合伙人应当按照约定的出资方式、数额和缴付期限，履行出资义务。根据《合伙企业法》第四十九条第一款的规定，合伙人未履行出资义务的，经其他合伙人一致同意，可以决议将其除名。该条第二款规定，对合伙人的除名决议应当书面通知被除名人。被除名人接到除名通知之日，除名生效，被除名人退伙。

【防范措施】

针对合伙人可能不按约定履行出资义务的问题，建议采取以下措施，防患于未然：

1. 合伙人之间应当签订书面合伙合同，明确约定各方的权利义务、出资时间、金额等，避免发生纠纷时口说无凭。

2. 在合伙合同中明确约定，合伙人不按合伙合同约定的时间、金额履行出资义务，需要根据逾期时间按逾期金额的一定比例向其他合伙人支付逾期违约金。

3. 在合伙合同中明确约定，经催告仍未履行出资义务的，其他合伙人有权将未履行出资义务的合伙人除名，并追究其违约责任。

【法条链接】

《民法典》第九百六十八条　合伙人应当按照约定的出资方式、数额和缴付期限，履行出资义务。

《合伙企业法》第四十九条　合伙人有下列情形之一的，经其他合伙人一致同意，可以决议将其除名：

（一）未履行出资义务；

（二）因故意或者重大过失给合伙企业造成损失；

（三）执行合伙事务时有不正当行为；

（四）发生合伙协议约定的事由。

对合伙人的除名决议应当书面通知被除名人。被除名人接到除名通知之日，除名生效，被除名人退伙。

被除名人对除名决议有异议的，可以自接到除名通知之日起三十日内，向人民法院起诉。

风险点254：合伙的利润分配和亏损分担

【风险提示】

我国《民法典》第九百七十二条规定，合伙的利润分配和亏损分担，按照合伙合同的约定办理；合伙合同没有约定或者约定不明确的，由合伙人协商决定；协商不成的，由合伙人按照实缴出资比例分配、分担；无法确定出资比例的，由合伙人平均分配、分担。《合伙企业法》第三十三条第一款也规定，合伙企业的利润分配、亏损分担，按照合伙协议的约定办理；合伙协议未约定或者约定不明确的，由合伙人协商决定；协商不成的，由合伙人按照实缴出资比例分配、分担；无法确定出资比例的，由合伙人平均分配、分担。

【防范措施】

合伙人应当在合伙合同中对利润分配、亏损分担等事项作出明确约定，发生争议时，做到有"法"可依。另外，合伙人投入投资款时，可尽量使用银行转账方式，并保存转账凭证。

【法条链接】

《民法典》第九百七十二条 合伙的利润分配和亏损分担，按照合伙合同的约定办理；合伙合同没有约定或者约定不明确的，由合伙人协商决定；协商不成的，由合伙人按照实缴出资比例分配、分担；无法确定出资比例的，由合伙人平均分配、分担。

《合伙企业法》第三十三条 合伙企业的利润分配、亏损分担，按照合伙协议的约定办理；合伙协议未约定或者约定不明确的，由合伙人协商决定；协商不成的，由合伙人按照实缴出资比例分配、分担；无法确定出资比例的，由合伙人平均分配、分担。

合伙协议不得约定将全部利润分配给部分合伙人或者由部分合伙人承担全部亏损。

风险点255：合伙债务的连带责任

【风险提示】

根据《民法典》第九百七十二条的规定，合伙人可以在合伙合同中约定亏损分担比例。但是，这仅具有内部效力，仅在合伙人内部生效。根据该法第九百七十三条的规定，合伙人对合伙债务承担连带责任。也就是说，合伙人对合伙债务的约定，并不具有对外效力,合伙人应当对合伙债务承担连带责任。清偿合伙债务超过自己应当承担份额的合伙人,有权向其他合伙人追偿。

【防范措施】

合伙人应当在合伙合同中明确约定利润分配和亏损分担的方式和比例,以免以后发生争执。同时,合伙人应当谨慎地选择有信用的合作伙伴经营事业,因为发生亏损时,合伙人要以个人财产对合伙债务承担无限连带责任。

【法条链接】

《民法典》第九百七十二条 合伙的利润分配和亏损分担,按照合伙合同的约定办理;合伙合同没有约定或者约定不明确的,由合伙人协商决定;协商不成的,由合伙人按照实缴出资比例分配、分担;无法确定出资比例的,由合伙人平均分配、分担。

第九百七十三条 合伙人对合伙债务承担连带责任。清偿合伙债务超过自己应当承担份额的合伙人,有权向其他合伙人追偿。

风险点256:合伙人对合伙期限没有约定

【风险提示】

合伙人对合伙期限没有约定或者约定不明确,依据《民法典》第五百一十条的规定仍不能确定的,视为不定期合伙。根据《民法典》第九百七十六条第三款的规定,合伙人可以随时解除不定期合伙合同,但是应当在合理期限内通知其他合伙人。

【防范措施】

在现实生活中,各合伙人可能基于对彼此的信任及依赖而不约定合伙期限,导致日后感情出现破裂时引发不必要的合同纠纷。对此,合伙人应当在合伙合同中明确合伙期限条款,否则将被视为不定期合伙,进而面临其他合伙人随时解除合伙合同的法律风险。

【法条链接】

《民法典》第九百七十六条 合伙人对合伙期限没有约定或者约定不明确,依据本法第五百一十条的规定仍不能确定的,视为不定期合伙。

合伙期限届满,合伙人继续执行合伙事务,其他合伙人没有提出异议的,原合伙合同继续有效,但是合伙期限为不定期。

合伙人可以随时解除不定期合伙合同,但是应当在合理期限之前通知其他合伙人。

风险点257:合伙期限届满后继续履行合伙合同

【风险提示】

合伙可以分为定期合伙和不定期合伙。其中,合伙人在合伙合同中明确约定合伙期限的,为定期合伙,其他为不定期合伙。

不定期合伙在两种情况下存在:一是合伙合同中未约定合伙期限,或者合伙期限约定不明确,不能通过补充协议确定,也无法通过合同的其他条款和交易习惯确定合伙期限的,合伙就被视为不定期合伙;二是合伙期限届满,合伙人继续执行合伙事务,其他合伙人没有提出异议的,原合伙合同继续有效,但是合伙期限为不定期。在不定期合伙中,合伙人可以随时解除不定期合伙合同,但是应当在合理期限内通知其他合伙人。

【防范措施】

合伙期限届满后,合伙期限为不定期,合伙人在合理期限内通知其他合伙人之后,有权随时解除不定期合伙合同,此时合伙关系处于不稳定的状态。因此,为了避免潜在的纠纷和责任,合伙人在合伙期限届满后应当及时签订新的合同,明确合伙期限和其他相关条款。

【法条链接】

《民法典》第九百七十六条　合伙人对合伙期限没有约定或者约定不明确,依据本法第五百一十条的规定仍不能确定的,视为不定期合伙。

合伙期限届满,合伙人继续执行合伙事务,其他合伙人没有提出异议的,原合伙合同继续有效,但是合伙期限为不定期。

合伙人可以随时解除不定期合伙合同,但是应当在合理期限之前通知其他合伙人。

风险点258:合伙合同的终止

【风险提示】

实务中,合伙合同的终止主要涉及合伙人主体资格的丧失。合伙人是自然人的,合伙人死亡或者丧失民事行为能力后,合伙合同终止。合伙人是公司或者其他组织形式的,组织终止,合伙合同终止;但是,合伙合同另有约定或者根据合伙事务的性质不宜终止的除外。

【防范措施】

合伙终止之后,需要合伙人对合伙财产进行清算,如果合伙财产在支付因终止而产生的费用以及清偿合伙债务后有剩余的,剩余的合伙财产将按照合伙人约定的利润分配的比例来处理;没有约定的,依据《民法典》第九百七十二条的顺序处理即可。合伙财产不足以支付合伙债务的,合伙人虽然对外承担无限连带责任,但是也需要按照内部确定的各自偿还合伙债务的比例。由此可见,为了避免潜在的纠纷和责任,合伙人应当在合伙合同中约定利润分配和亏损分担的比例。

【法条链接】

《民法典》第九百七十二条　合伙的利润分配和亏损分担,按照合伙合同的约定办理;合伙合同没有约定或者约定不明确的,由合伙人协商决定;协商不成的,由合伙人按照实缴出资比例分配、分担;无法确定出资比例的,由合伙人平均分配、分担。

第九百七十七条　合伙人死亡、丧失民事行为能力或者终止的,合伙合同终止;但是,合伙合同另有约定或者根据合伙事务的性质不宜终止的除外。

第九百七十八条　合伙合同终止后,合伙财产在支付因终止而产生的费用以及清偿合伙债务后有剩余的,依据本法第九百七十二条的规定进行分配。

第二十五章

准 合 同

风险点259:企业为避免他人利益受损失而管理他人事务

【风险提示】

无因管理,是指没有法定的或者约定的义务,为避免他人利益受损失而进行管理的行为。根据《民法典》第一百二十一条和第九百七十九条的规定,没有法定的或者约定的义务,为避免他人利益受损失而进行管理的人,有权请求受益人偿还因此支出的必要费用。管理人没有法定的或者约定的义务,为避免他人利益受损失而管理他人事务的,可以请求受益人偿还因管理事务而支出的必要费用;管理人因管理事务而受到损失的,可以请求受益人给予适当补偿。

【防范措施】

企业为避免他人利益受损失而管理他人事务时,应注意以下几点:

1. 在实施管理行为前,应注意以下事项不宜适用无因管理:一是违法行为,如为他人销赃等;二是必须经本人授权、同意或者必须由本人亲为的行为,如股东的投票权、演员亲自表演节目等;三是违反公序良俗的行为;四是单纯属于管理人自己的事项。

2. 企业作为无因管理人,有权请求受益人偿还支出的必要费用。所谓必要费用,是指一个理性的管理人在完成管理事务时所支出的合理费用。对于管理事务无益的支出费用,管理人无权请求本人偿还。受益人偿还必要费用及其利息,并不以其是否获得管理利益为前提条件,即使受益人没有因管理人的管理事务而获得管理收益,但只要管理人为管理其事务尽到了合理义务,且没有违背受益人真实意愿,受益人就应当向管理人偿还必要的费用。

3. 企业作为无因管理人,在管理事务时对受益人有通知的义务。在实践中,通知是认定管理人有为他人管理事务的意思的重要方式。

【法条链接】

《民法典》第一百二十一条　没有法定的或者约定的义务,为避免他人利益受损失而进行管理的人,有权请求受益人偿还由此支出的必要费用。

第九百七十九条　管理人没有法定的或者约定的义务,为避免他人利益受损失而管理他人事务的,可以请求受益人偿还因管理事务而支出的必要费用;管理人因管理事务受到损失的,可以请求受益人给予适当补偿。

管理事务不符合受益人真实意思的,管理人不享有前款规定的权利;但是,受益人的真实意思违反法律或者违背公序良俗的除外。

第九百八十条　管理人管理事务不属于前条规定的情形,但是受益人享有管理利益的,受益人应当在其获得的利益范围内向管理人承担前条第一款规定的义务。

第九百八十一条　管理人管理他人事务,应当采取有利于受益人的方法。中断管理对受益人不利的,无正当理由不得中断。

第九百八十二条　管理人管理他人事务,能够通知受益人的,应当及时通知受益人。管理的事务不需要紧急处理的,应当等待受益人的指示。

第九百八十三条　管理结束后,管理人应当向受益人报告管理事务的情况。管理人管理事务取得的财产,应当及时转交给受益人。

第九百八十四条　管理人管理事务经受益人事后追认的,从管理事务开始时起,适用委托合同的有关规定,但是管理人另有意思表示的除外。

风险点260:误向他人转账

【风险提示】

不当得利,是指没有法律根据取得不当利益,他人财产因此受到损失的法律事实。根据《民法典》第九百八十五条和第九百八十七条的规定,得利人没有法律根据取得不当利益的,受损失的人可以请求得利人返还取得的利益。得利人知道或者应当知道取得的利益没有法律根据的,受损失的人可以请求得利人返还其取得的利益并依法赔偿损失。

实务中,企业误向他人转账及对方收到钱后不予归还的情况时有发生。根据上述规定可知,收款人的行为构成不当得利,企业可以请求收款人返还转错的款项。

【防范措施】

企业应增强风险意识,加强财务管理和审核流程,以避免误向他人转账的情况发

生。当出现此种情况时,可以通过以下方式维权:

1. 发现转错账后,应当第一时间联系付款账户的银行,向银行说明情况,并提供相关转账凭证和错误交易的详细信息。一般来说,银行会协助核实收款账户的有效性,并尝试与收款方联系,请求退还款项。需要注意的是,并非所有银行都提供撤销转账服务,部分银行可能不同意退还转账款项。

2. 如果银行无法直接联系到收款方或退款进程受阻,企业应尝试与收款方直接沟通,向收款方解释转账错误,并请求其自愿退还款项。若收款方同意退款,双方应协商具体的退款方式和时间。需要说明的是,如果不知道对方的身份信息,可请求银行协助查询收款人的信息,银行可能会要求提供相关证据,如转账记录、身份证明等,以验证转账的真实性。如果银行同意协助,可能会提供收款人的姓名、账户号码等基本信息。如果无法直接通过银行获取收款人的信息,可以采取法律途径来获取这些信息。

3. 如果收款方拒绝退还款项,企业应准备转账凭证等证据,以不当得利为由向法院提起民事诉讼。

需要注意的是,在整个处理过程中,企业应妥善保留所有与转账错误相关的证据,包括转账记录、沟通记录、法律文件等,这些证据将在后续的法律程序中起到至关重要的作用。

【法条链接】

《**民法典**》第九百八十五条　得利人没有法律根据取得不当利益的,受损失的人可以请求得利人返还取得的利益,但是有下列情形之一的除外:

(一)为履行道德义务进行的给付;

(二)债务到期之前的清偿;

(三)明知无给付义务而进行的债务清偿。

第九百八十七条　得利人知道或者应当知道取得的利益没有法律根据的,受损失的人可以请求得利人返还其取得的利益并依法赔偿损失。

第九百八十八条　得利人已经将取得的利益无偿转让给第三人的,受损失的人可以请求第三人在相应范围内承担返还义务。

第二十六章

股权转让合同

风险点261：股权转让未办理登记手续

【风险提示】

我国《公司法》第三十四条规定，公司登记事项发生变更的，应当依法办理变更登记。公司登记事项未经登记或者未经变更登记，不得对抗善意相对人。《最高人民法院关于适用〈中华人民共和国公司法〉若干问题的规定（三）》第二十七条第一款规定，股权转让后尚未向公司登记机关办理变更登记，原股东将仍登记于其名下的股权转让，受让股东以其对于股权享有实际权利为由，请求认定处分股权行为无效的，人民法院可以参照法律法规关于善意取得的相关规定处理。根据《民法典》第三百一十一条第一款的规定，无处分权人将不动产或者动产转让给受让人的，所有权人有权追回；除法律另有规定外，符合善意取得情形的，受让人取得该不动产或者动产的所有权。可见，股权转让未办理登记手续的，虽然双方签订的《股权转让协议》合法有效，但不得对抗善意相对人。

【防范措施】

实务中，股东转让股权后，时常出现公司怠于履行义务，未能及时办理股东名册变更、公司章程修改、工商变更登记手续而使受让方不能正常取得股东身份或行使股东权利的现象。股权转让合同尽管合法有效，也因未办理变更登记手续而无法产生对抗善意相对人的效力，致使受让股东的权益无法得到保障。对此，受让股东可从以下方面做好风险防范：

1. 受让股权后，要求转让股东履行通知公司变更登记的义务。

2. 采取发律师函等方式督促公司履行对股东名册、公司登记等内容的变更工作。

3. 经催告后，公司仍然怠于履行义务的，可以起诉公司，请求法院判令公司协助办理股权变更的手续，维护自己的合法权益。

【法条链接】

《民法典》第三百一十一条 无处分权人将不动产或者动产转让给受让人的,所有权人有权追回;除法律另有规定外,符合下列情形的,受让人取得该不动产或者动产的所有权:

(一)受让人受让该不动产或者动产时是善意;

(二)以合理的价格转让;

(三)转让的不动产或者动产依照法律规定应当登记的已经登记,不需要登记的已经交付给受让人。

受让人依据前款规定取得不动产或者动产的所有权的,原所有权人有权向无处分权人请求损害赔偿。

当事人善意取得其他物权的,参照适用前两款规定。

《公司法》第三十四条 公司登记事项发生变更的,应当依法办理变更登记。

公司登记事项未经登记或者未经变更登记,不得对抗善意相对人。

《市场主体登记管理条例》第三条 市场主体应当依照本条例办理登记。未经登记,不得以市场主体名义从事经营活动。法律、行政法规规定无需办理登记的除外。

市场主体登记包括设立登记、变更登记和注销登记。

第二十四条 市场主体变更登记事项,应当自作出变更决议、决定或者法定变更事项发生之日起30日内向登记机关申请变更登记。

市场主体变更登记事项属于依法须经批准的,申请人应当在批准文件有效期内向登记机关申请变更登记。

《最高人民法院关于适用〈中华人民共和国公司法〉若干问题的规定(三)》第二十七条 股权转让后尚未向公司登记机关办理变更登记,原股东将仍登记于其名下的股权转让、质押或者以其他方式处分,受让股东以其对于股权享有实际权利为由,请求认定处分股权行为无效的,人民法院可以参照民法典第三百一十一条的规定处理。

原股东处分股权造成受让股东损失,受让股东请求原股东承担赔偿责任、对于未及时办理变更登记有过错的董事、高级管理人员或者实际控制人承担相应责任的,人民法院应予支持;受让股东对于未及时办理变更登记也有过错的,可以适当减轻上述董事、高级管理人员或者实际控制人的责任。

风险点262：对外转让股权未书面通知其他股东

【风险提示】

我国《公司法》第八十四条规定，有限责任公司的股东之间可以相互转让其全部或者部分股权。股东向股东以外的人转让股权的，应当将股权转让的数量、价格、支付方式和期限等事项书面通知其他股东，其他股东在同等条件下有优先购买权。股东自接到书面通知之日起30日内未答复的，视为放弃优先购买权。两个以上股东行使优先购买权的，协商确定各自的购买比例；协商不成的，按照转让时各自的出资比例行使优先购买权。公司章程对股权转让另有规定的，从其规定。《最高人民法院关于适用〈中华人民共和国公司法〉若干问题的规定（四）》第二十一条第一款规定，有限责任公司的股东向股东以外的人转让股权，未就其股权转让事项征求其他股东意见，或者以欺诈、恶意串通等手段，损害其他股东优先购买权，其他股东主张按照同等条件购买该转让股权的，人民法院应当予以支持，但其他股东自知道或者应当知道行使优先购买权的同等条件之日起30日内没有主张，或者自股权变更登记之日起超过1年的除外。可见，股东未通知其他股东就擅自将股权对外转让，侵犯了其他股东的优先购买权。

【防范措施】

就股权转让双方当事人而言，签订股权转让协议时要注意其他股东是否已知情，不能侵犯其他股东的优先购买权，否则其他股东可向法院起诉主张同等条件下购买转让股权，其请求将会得到法院的支持，受让人与股东签订的协议将归于无效。

就被侵犯优先购买权的股东而言，优先购买权受到侵犯时，应该在知道或者应当知道优先购买权被侵犯之日起30日内以同等条件向法院主张优先购买权；超过此期限将不能得到法院支持。

【法条链接】

《公司法》第八十四条　有限责任公司的股东之间可以相互转让其全部或者部分股权。

股东向股东以外的人转让股权的，应当将股权转让的数量、价格、支付方式和期限等事项书面通知其他股东，其他股东在同等条件下有优先购买权。股东自接到书面通知之日起三十日内未答复的，视为放弃优先购买权。两个以上股东行使优先购买权的，协商确定各自的购买比例；协商不成的，按照转让时各自的出资比例行使优先购买权。

公司章程对股权转让另有规定的,从其规定。

第八十五条 人民法院依照法律规定的强制执行程序转让股东的股权时,应当通知公司及全体股东,其他股东在同等条件下有优先购买权。其他股东自人民法院通知之日起满二十日不行使优先购买权的,视为放弃优先购买权。

《最高人民法院关于适用〈中华人民共和国公司法〉若干问题的规定(四)》**第二十一条** 有限责任公司的股东向股东以外的人转让股权,未就其股权转让事项征求其他股东意见,或者以欺诈、恶意串通等手段,损害其他股东优先购买权,其他股东主张按照同等条件购买该转让股权的,人民法院应当予以支持,但其他股东自知道或者应当知道行使优先购买权的同等条件之日起三十日内没有主张,或者自股权变更登记之日起超过一年的除外。

前款规定的其他股东仅提出确认股权转让合同及股权变动效力等请求,未同时主张按照同等条件购买转让股权的,人民法院不予支持,但其他股东非因自身原因导致无法行使优先购买权,请求损害赔偿的除外。

股东以外的股权受让人,因股东行使优先购买权而不能实现合同目的的,可以依法请求转让股东承担相应民事责任。

风险点263:股东之间转让股权

【风险提示】

股权转让分为对内转让和对外转让。对内转让,是指股东将股权转让给公司内部其他股东,由于这种内部转让既不影响公司的资合性质和人合性质,又符合公司股权自由转让流通的市场规则,故《公司法》第八十四条第一款规定,有限责任公司的股东之间可以相互转让其全部或部分股权,即公司内部股东之间相互转让股权不受限制。但该条第三款规定:公司章程对股权转让另有规定的,从其规定。可见,公司可通过公司章程对公司内部股权自由转让进行限制。

实务中,股权内部转让纠纷主要有以下几种:一是转让方与受让方由于股权转让协议的订立、履行,特别是股权转让价格、价款、违约及对转让协议提出确认无效、撤销等产生的纠纷;二是公司其他股东对于转让是否知情产生的纠纷;三是其他股东认为转让股权侵害公司及其他股东权益产生的纠纷;四是股权转让导致公司股东人数不符合有限责任公司成立的人数限制而产生的纠纷等。

【防范措施】

公司内部股权转让自由是公司法的基本原则。因此,公司股东之间由于股权转让产生纠纷时，只要股权转让协议不违反国家法律法规禁止性规定，不存在《民法典》规定的关于合同无效的情形，也不违反公司章程关于内部转让的规定，一般应认定有效。为了贯彻股权内部转让自由原则，维护公司稳定健康发展，公司在制定章程时，可对内部股权转让比例等作相应规定，但这些规定不能违反国家法律法规禁止性规定，也不能变相禁止公司内部股权自由转让。同时，公司内部股东间在转让股权时要明确约定转让价款、履行方式、违约责任，因为股权转让协议也是一种合同，依照《民法典》合同编的相关规定，合同的必备条款未约定或约定不明，会导致合同不成立且无法履行。

【法条链接】

《公司法》第八十四条　有限责任公司的股东之间可以相互转让其全部或者部分股权。

股东向股东以外的人转让股权的，应当将股权转让的数量、价格、支付方式和期限等事项书面通知其他股东，其他股东在同等条件下有优先购买权。股东自接到书面通知之日起三十日内未答复的，视为放弃优先购买权。两个以上股东行使优先购买权的，协商确定各自的购买比例；协商不成的，按照转让时各自的出资比例行使优先购买权。

公司章程对股权转让另有规定的，从其规定。

风险点264：股权转让协议没有约定股权转让价格

【风险提示】

我国《民法典》第一百四十三条规定，"具备下列条件的民事法律行为有效：（一）行为人具有相应的民事行为能力；（二）意思表示真实；（三）不违反法律、行政法规的强制性规定，不违背公序良俗"。第四百七十条第一款规定，"合同的内容由当事人约定，一般包括下列条款：……（五）价款或者报酬……"第五百一十条规定，"合同生效后，当事人就质量、价款或者报酬、履行地点等内容没有约定或者约定不明确的，可以协议补充；不能达成补充协议的，按照合同相关条款或者交易习惯确定"。

关于股权转让协议缺乏《民法典》第四百七十条第一款第五项关于"价款"的合同要件，是否会导致协议无效的问题，司法实践中存在争议。观点一认为，股权转让协议未约定具体的转让价款，只是缺乏了合同的一般条款，但能确定协议当事人的名字或名称、标的和数量的必备条款，该协议便成立，只要该协议符合《民法典》第一百四十三条的规定便合法有效。观点二认为，根据商事活动的有偿交易规则，股权转让价款是股权转让合同的必备条款之一,缺乏这一条款,将使合同无法实际履行、合同目的无法实现,进而导致合同归于未成立状态。

【防范措施】

在司法实务中,各地法院对于"股权转让协议未约定转让价款能否发生法律效力"这一问题的裁判结果不尽相同。为规避相应法律风险,股权转让合同应当明确合同的主体、标的、数量、价款、支付时间及其方式等合同必备条款。若发现股权转让合同中未明确具体的股权转让款,应当尽快通过签订补充协议的方式明确。

【法条链接】

《民法典》第一百四十三条　具备下列条件的民事法律行为有效:
（一）行为人具有相应的民事行为能力;
（二）意思表示真实;
（三）不违反法律、行政法规的强制性规定,不违背公序良俗。

第四百七十条　合同的内容由当事人约定,一般包括下列条款:
（一）当事人的姓名或者名称和住所;
（二）标的;
（三）数量;
（四）质量;
（五）价款或者报酬;
（六）履行期限、地点和方式;
（七）违约责任;
（八）解决争议的方法。
当事人可以参照各类合同的示范文本订立合同。

第五百一十条　合同生效后,当事人就质量、价款或者报酬、履行地点等内容没有约定或者约定不明确的,可以协议补充;不能达成补充协议的,按照合同相关条款或者交易习惯确定。

风险点265:股权转让导致股东人数不符合法律规定

【风险提示】

我国《公司法》第四十二条规定,有限责任公司由1个以上50个以下股东出资设立。第八十四条规定,有限责任公司的股东之间可以相互转让其全部或者部分股权。

股东向股东以外的人转让股权的,应当将股权转让的数量、价格、支付方式和期限等事项书面通知其他股东,其他股东在同等条件下有优先购买权。股东自接到书面通知之日起 30 日内未答复的,视为放弃优先购买权。两个以上股东行使优先购买权的,协商确定各自的购买比例;协商不成的,按照转让时各自的出资比例行使优先购买权。公司章程对股权转让另有规定的,从其规定。

实务中,股权转让可能导致公司股东人数不符合法律规定,会引发合同效力及合同履行等诸多纠纷。

【风险防范建议】

股权转让时,应审慎核查公司的股东人数及公司章程的相关规定,合理构建股权转让交易架构,谨防因股权转让导致公司股东人数高于法定人数。如有限责任公司因股权转让导致股东人数超过 50 人的,可通过股权代持、设立合伙企业、股权信托等方式减少股东数,或将公司变更为股份有限公司,以防范因股东人数不符合法律规定而引发相关纠纷的风险。

【法条链接】

《公司法》第四十二条　有限责任公司由一个以上五十个以下股东出资设立。

第八十四条　有限责任公司的股东之间可以相互转让其全部或者部分股权。

股东向股东以外的人转让股权的,应当将股权转让的数量、价格、支付方式和期限等事项书面通知其他股东,其他股东在同等条件下有优先购买权。股东自接到书面通知之日起三十日内未答复的,视为放弃优先购买权。两个以上股东行使优先购买权的,协商确定各自的购买比例;协商不成的,按照转让时各自的出资比例行使优先购买权。

公司章程对股权转让另有规定的,从其规定。

风险点 266:股权转让协议中约定"对赌协议"条款

【风险提示】

我国《公司法》第八十四条第一款规定,有限责任公司的股东之间可以相互转让其全部或者部分股权。根据《全国法院民商事审判工作会议纪要》的规定,对于投资方与目标公司的股东或者实际控制人订立的"对赌协议",如无其他无效事由,认定有效并支持实际履行,司法实践对此并无争议。实务中,在股权投资领域约定"对赌协议"的情况较为常见,如果操作不当,极易产生法律风险。

【防范措施】

在股权转让协议中约定"对赌协议"时,为规避相应法律风险,应注意:

1. 投资方投资入股目标公司时,应当与目标公司的股东或者实际控制人签订"对赌协议",尽量不要与目标公司订立"对赌协议",以免"对赌协议"被认定无效或无法实际履行。

2. 投资方在订立"对赌协议"时,应当同时订立股权回购违约责任条款,以防止目标公司的股东或者实际控制人后续不履行股权回购义务,也方便投资方在对方违约时得到权利救济。

【法条链接】

《公司法》第八十四条 有限责任公司的股东之间可以相互转让其全部或者部分股权。

股东向股东以外的人转让股权的,应当将股权转让的数量、价格、支付方式和期限等事项书面通知其他股东,其他股东在同等条件下有优先购买权。股东自接到书面通知之日起三十日内未答复的,视为放弃优先购买权。两个以上股东行使优先购买权的,协商确定各自的购买比例;协商不成,按照转让时各自的出资比例行使优先购买权。

公司章程对股权转让另有规定的,从其规定。

《民法典》第一百四十三条 具备下列条件的民事法律行为有效:

(一)行为人具有相应的民事行为能力;

(二)意思表示真实;

(三)不违反法律、行政法规的强制性规定,不违背公序良俗。

《全国法院民商事审判工作会议纪要》 ……(一)关于"对赌协议"的效力及履行实践中俗称的"对赌协议",又称估值调整协议,……对于投资方与目标公司的股东或者实际控制人订立的"对赌协议",如无其他无效事由,认定有效并支持实际履行,实践中并无争议。但投资方与目标公司订立的"对赌协议"是否有效以及能否实际履行,存在争议。……

第二十七章

劳动合同

风险点267：不与劳动者签订劳动合同

【风险提示】

根据《劳动合同法》第十条的规定，建立劳动关系，应当订立书面劳动合同。已建立劳动关系，未同时订立书面劳动合同的，应当自用工之日起1个月内订立书面劳动合同。也就是说，首次建立劳动关系的，用人单位必须在用工之日起1个月内与劳动者签订书面劳动合同；劳动合同到期续签的，最好在合同到期前完成续签。这里的"用工"，是指用人单位决定招用职工后，对职工的工作进行安排，包括安排职工到工作场地了解并熟悉日后工作环境，学习企业的规章制度；安排职工进行岗前培训；直接安排职工从事某项具体的工作。

实务中，用人单位的常见不规范操作有以下几种：用人单位认为只要未与职工签订书面劳动合同，就无须为劳动者缴纳社会保险，从而降低用工成本；用人单位认为可以在试用期满后再与劳动者签订劳动合同；用人单位提出签订劳动合同，但是劳动者不愿意签订而拖延，最终未签订书面劳动合同；用人单位忽视签订劳动合同的重要性，错过签订劳动合同的"法定期限"（自用工之日起1个月内）。

用人单位不与劳动者签订书面劳动合同，可能面临以下法律风险：

1. 支付双倍工资。企业自用工之日起超过1个月不满1年未与劳动者订立书面劳动合同的，应当向劳动者每月再支付1个月工资，即支付双倍的工资。

2. 用人单位故意拖延不订立劳动合同的，由劳动行政部门责令改正；对劳动者造成损害的，应当承担赔偿责任。

3. 支付经济补偿金。自用工之日起不满1个月，因劳动者的原因未签订书面劳动合同，用人单位终止劳动关系的，无须支付经济补偿金；若自用工之日起超过1个月，因劳动者的原因未签订书面劳动合同，用人单位终止劳动关系的，仍需依法支付经济补偿金。

4. 可能被视为与劳动者订立无固定期限劳动合同。用人单位自用工之日起满1年不与职工订立书面劳动合同的,视为用人单位与职工已订立无固定期限劳动合同。

【防范措施】

1. 劳动者入职时,用人单位应当要求劳动者签订劳动合同,否则不予录用,从源头上预防潜在的风险。实务中,存在一些不法分子故意不与用人单位签订劳动合同,然后在上班几个月后向用人单位索取双倍工资的情形。

2. 劳动合同期满后,劳动者仍在用人单位工作的,最晚应在劳动合同到期后1个月内与其续签书面劳动合同。

3. 用人单位应建立并完善劳动合同档案管理制度,并指定专人负责劳动合同档案的归档和管理,防止劳动者未签订劳动合同的情况。在劳动合同订立、续订、变更、终止或解除过程中,人事管理部门应做到时间及时、手续完备、不留瑕疵。将包括招聘材料、个人信息在内的各项资料作为相关证据进行保存。

【法条链接】

《劳动合同法》第十条 建立劳动关系,应当订立书面劳动合同。

已建立劳动关系,未同时订立书面劳动合同的,应当自用工之日起一个月内订立书面劳动合同。

用人单位与劳动者在用工前订立劳动合同的,劳动关系自用工之日起建立。

第十四条 无固定期限劳动合同,是指用人单位与劳动者约定无确定终止时间的劳动合同。

用人单位与劳动者协商一致,可以订立无固定期限劳动合同。有下列情形之一,劳动者提出或者同意续订、订立劳动合同的,除劳动者提出订立固定期限劳动合同外,应当订立无固定期限劳动合同:

(一)劳动者在该用人单位连续工作满十年的;

(二)用人单位初次实行劳动合同制度或者国有企业改制重新订立劳动合同时,劳动者在该用人单位连续工作满十年且距法定退休年龄不足十年的;

(三)连续订立二次固定期限劳动合同,且劳动者没有本法第三十九条和第四十条第一项、第二项规定的情形,续订劳动合同的。

用人单位自用工之日起满一年不与劳动者订立书面劳动合同的,视为用人单位与劳动者已订立无固定期限劳动合同。

第十六条 劳动合同由用人单位与劳动者协商一致,并经用人单位与劳动者在劳动合同文本上签字或者盖章生效。

劳动合同文本由用人单位和劳动者各执一份。

第八十二条第一款　用人单位自用工之日起超过一个月不满一年未与劳动者订立书面劳动合同的,应当向劳动者每月支付二倍的工资。

《劳动合同法实施条例》第五条　自用工之日起一个月内,经用人单位书面通知后,劳动者不与用人单位订立书面劳动合同的,用人单位应当书面通知劳动者终止劳动关系,无需向劳动者支付经济补偿,但是应当依法向劳动者支付其实际工作时间的劳动报酬。

第六条　用人单位自用工之日起超过一个月不满一年未与劳动者订立书面劳动合同的,应当依照劳动合同法第八十二条的规定向劳动者每月支付两倍的工资,并与劳动者补订书面劳动合同;劳动者不与用人单位订立书面劳动合同的,用人单位应当书面通知劳动者终止劳动关系,并依照劳动合同法第四十七条的规定支付经济补偿。

前款规定的用人单位向劳动者每月支付两倍工资的起算时间为用工之日起满一个月的次日,截止时间为补订书面劳动合同的前一日。

第七条　用人单位自用工之日起满一年未与劳动者订立书面劳动合同的,自用工之日起满一个月的次日至满一年的前一日应当依照劳动合同法第八十二条的规定向劳动者每月支付两倍的工资,并视为自用工之日起满一年的当日已经与劳动者订立无固定期限劳动合同,应当立即与劳动者补订书面劳动合同。

风险点268：以入职登记表、录用审批表等文书替代劳动合同

【风险提示】

实务中,有的用人单位通过让劳动者填写入职登记表、录用审批表等文书代替签订书面劳动合同。通常情况下,入职登记表、录用审批表仅就入职者的身份信息、社会关系等与身份有关的事项进行登记,而不具备劳动合同的其他必备条款,因此入职登记表、录用审批表等难以被视为书面劳动合同。

用人单位以入职登记表、录用审批表等文书代替书面劳动合同的,可能面临未及时与劳动者签订书面劳动合同的法律风险。

【防范措施】

用人单位应当在用工之日起1个月内与劳动者签订书面劳动合同。用人单位以入职登记表、录用审批表等文书代替书面劳动合同的,须及时与劳动者补签书面劳动合同。

【法条链接】

《劳动合同法》第十条　建立劳动关系,应当订立书面劳动合同。

已建立劳动关系,未同时订立书面劳动合同的,应当自用工之日起一个月内订立书面劳动合同。

用人单位与劳动者在用工前订立劳动合同的,劳动关系自用工之日起建立。

第十六条 劳动合同由用人单位与劳动者协商一致,并经用人单位与劳动者在劳动合同文本上签字或者盖章生效。

劳动合同文本由用人单位和劳动者各执一份。

第十七条 劳动合同应当具备以下条款:

(一)用人单位的名称、住所和法定代表人或者主要负责人;

(二)劳动者的姓名、住址和居民身份证或者其他有效身份证件号码;

(三)劳动合同期限;

(四)工作内容和工作地点;

(五)工作时间和休息休假;

(六)劳动报酬;

(七)社会保险;

(八)劳动保护、劳动条件和职业危害防护;

(九)法律、法规规定应当纳入劳动合同的其他事项。

劳动合同除前款规定的必备条款外,用人单位与劳动者可以约定试用期、培训、保守秘密、补充保险和福利待遇等其他事项。

第八十二条 用人单位自用工之日起超过一个月不满一年未与劳动者订立书面劳动合同的,应当向劳动者每月支付二倍的工资。

用人单位违反本法规定不与劳动者订立无固定期限劳动合同的,自应当订立无固定期限劳动合同之日起向劳动者每月支付二倍的工资。

《劳动合同法实施条例》第五条 自用工之日起一个月内,经用人单位书面通知后,劳动者不与用人单位订立书面劳动合同的,用人单位应当书面通知劳动者终止劳动关系,无需向劳动者支付经济补偿,但是应当依法向劳动者支付其实际工作时间的劳动报酬。

第六条 用人单位自用工之日起超过一个月不满一年未与劳动者订立书面劳动合同的,应当依照劳动合同法第八十二条的规定向劳动者每月支付两倍的工资,并与劳动者补订书面劳动合同;劳动者不与用人单位订立书面劳动合同的,用人单位应当书面通知劳动者终止劳动关系,并依照劳动合同法第四十七条的规定支付经济补偿。

前款规定的用人单位向劳动者每月支付两倍工资的起算时间为用工之日起满一个月的次日,截止时间为补订书面劳动合同的前一日。

第七条 用人单位自用工之日起满一年未与劳动者订立书面劳动合同的,自用工之日起满一个月的次日至满一年的前一日应当依照劳动合同法第八十二条的规定向劳动者每月支付两倍的工资,并视为自用工之日起满一年的当日已经与劳动者订立无固定期限劳动合同,应当立即与劳动者补订书面劳动合同。

风险点269:以签订劳务合同、实习协议、非全日制用工合同等方式规避劳动关系

【风险提示】

实务中,有的用人单位以签订劳务合同、实习协议、非全日制用工合同替代劳动合同,意图规避劳动法对劳动者的特殊保护。司法实践中,法院、劳动争议仲裁委员会从用工实质层面判断是否存在劳动关系,而非简单地从双方签订的合同名称来判断。因此,即便用人单位与劳动者签订了劳务合同、实习协议等,如果用工实质符合劳动关系的特征,也会被认定为双方之间已建立劳动关系。我国法律对劳动关系的认定主要包括以下三个方面:(1)用人单位和劳动者符合法律、法规规定的主体资格;(2)用人单位依法制定的各项劳动规章制度适用于劳动者,劳动者受用人单位的劳动管理,从事用人单位安排的有报酬的劳动;(3)劳动者提供的劳动是用人单位业务的组成部分。

因劳务合同、实习协议等不具备《劳动合同法》规定的劳动合同应当具备的劳动合同期限、工作时间、劳动报酬等条款,这类合同不能被视为劳动合同。若实际劳动关系成立,用人单位会面临未及时订立书面劳动合同的法律风险。

【防范措施】

用人单位应当与建立劳动关系的劳动者订立书面劳动合同,而不应以签订劳务合同、实习协议、非全日制用工合同等方式恶意规避劳动关系。

【法条链接】

《劳动合同法》第十条　建立劳动关系,应当订立书面劳动合同。

已建立劳动关系,未同时订立书面劳动合同的,应当自用工之日起一个月内订立书面劳动合同。

用人单位与劳动者在用工前订立劳动合同的,劳动关系自用工之日起建立。

第十七条　劳动合同应当具备以下条款:

(一)用人单位的名称、住所和法定代表人或者主要负责人;

(二)劳动者的姓名、住址和居民身份证或者其他有效身份证件号码;

(三)劳动合同期限;

（四）工作内容和工作地点；

（五）工作时间和休息休假；

（六）劳动报酬；

（七）社会保险；

（八）劳动保护、劳动条件和职业危害防护；

（九）法律、法规规定应当纳入劳动合同的其他事项。

劳动合同除前款规定的必备条款外，用人单位与劳动者可以约定试用期、培训、保守秘密、补充保险和福利待遇等其他事项。

第八十二条 用人单位自用工之日起超过一个月不满一年未与劳动者订立书面劳动合同的，应当向劳动者每月支付二倍的工资。

用人单位违反本法规定不与劳动者订立无固定期限劳动合同的，自应当订立无固定期限劳动合同之日起向劳动者每月支付二倍的工资。

《关于确立劳动关系有关事项的通知》

一、用人单位招用劳动者未订立书面劳动合同，但同时具备下列情形的，劳动关系成立。

（一）用人单位和劳动者符合法律、法规规定的主体资格；

（二）用人单位依法制定的各项劳动规章制度适用于劳动者，劳动者受用人单位的劳动管理，从事用人单位安排的有报酬的劳动；

（三）劳动者提供的劳动是用人单位业务的组成部分。

风险点270：劳动者不愿意签订劳动合同

【风险提示】

根据《劳动合同法》第十条的规定，用人单位应当自用工之日起1个月内与劳动者订立书面劳动合同。我国《劳动合同法》没有规定因劳动者原因未签订劳动合同用人单位无须支付双倍工资，即只要存在未在法定时间内签订劳动合同的事实，用人单位就面临未签劳动合同的法律风险，即使存在劳动者故意拖延的情形。

【防范措施】

订立劳动合同是用人单位和劳动者的双方行为，也是用人单位的重要义务。用人单位应制定完善的劳动合同签订流程，及时依法与劳动者订立劳动合同。对于不愿意签订劳动合同的劳动者，应当尽早书面通知劳动者终止劳动关系，避免损失进一步扩大。需要注意的是，用人单位要固定和保存好劳动者不签订劳动合同的相关证据,以免争议发生后陷入被动局面。

【法条链接】

《劳动合同法》第十条　建立劳动关系,应当订立书面劳动合同。

已建立劳动关系,未同时订立书面劳动合同的,应当自用工之日起一个月内订立书面劳动合同。

用人单位与劳动者在用工前订立劳动合同的,劳动关系自用工之日起建立。

第十四条第三款　用人单位自用工之日起满一年不与劳动者订立书面劳动合同的,视为用人单位与劳动者已订立无固定期限劳动合同。

第十六条　劳动合同由用人单位与劳动者协商一致,并经用人单位与劳动者在劳动合同文本上签字或者盖章生效。

劳动合同文本由用人单位和劳动者各执一份。

第八十二条　用人单位自用工之日起超过一个月不满一年未与劳动者订立书面劳动合同的,应当向劳动者每月支付二倍的工资。

用人单位违反本法规定不与劳动者订立无固定期限劳动合同的,自应当订立无固定期限劳动合同之日起向劳动者每月支付二倍的工资。

《劳动合同法实施条例》第五条　自用工之日起一个月内,经用人单位书面通知后,劳动者不与用人单位订立书面劳动合同的,用人单位应当书面通知劳动者终止劳动关系,无需向劳动者支付经济补偿,但是应当依法向劳动者支付其实际工作时间的劳动报酬。

第六条　用人单位自用工之日起超过一个月不满一年未与劳动者订立书面劳动合同的,应当依照劳动合同法第八十二条的规定向劳动者每月支付两倍的工资,并与劳动者补订书面劳动合同;劳动者不与用人单位订立书面劳动合同的,用人单位应当书面通知劳动者终止劳动关系,并依照劳动合同法第四十七条的规定支付经济补偿。

前款规定的用人单位向劳动者每月支付两倍工资的起算时间为用工之日起满一个月的次日,截止时间为补订书面劳动合同的前一日。

第七条　用人单位自用工之日起满一年未与劳动者订立书面劳动合同的,自用工之日起满一个月的次日至满一年的前一日应当依照劳动合同法第八十二条的规定向劳动者每月支付两倍的工资,并视为自用工之日起满一年的当日已经与劳动者订立无固定期限劳动合同,应当立即与劳动者补订书面劳动合同。

风险点 271：代签劳动合同

【风险提示】

我国《劳动合同法》第十六条第一款规定，劳动合同由用人单位与劳动者协商一致，并经用人单位与劳动者在劳动合同文本上签字或者盖章生效。如果劳动合同不是劳动者本人签订的，则合同未生效。但是，《劳动合同法》同时也在第三条第一款规定，订立劳动合同，应当遵循平等自愿、协商一致、诚实信用等原则。如果劳动者本人授权他人代签，或者明知他人代签而不提出异议，并且也实际履行了劳动合同约定的内容，根据诚实信用原则，应当视为劳动者已与用人单位订立劳动合同。

实务中，存在劳动者故意找人代签，事后又否认自己签订了劳动合同，并以未订立劳动合同主张赔偿双倍工资的情形。用人单位若不能举证证明代签事实是经过劳动者授权的，将面临未订立书面劳动合同的法律风险。

【防范措施】

一般情况下，用人单位应当与劳动者本人签订劳动合同。如果遇到劳动者在外地等特殊情况，劳动者确实需要委托他人代签的，应当要劳动者提供明确的书面授权书。对于授权书与劳动合同，用人单位应放在一起妥善保管。

【法条链接】

《劳动合同法》第三条第一款　订立劳动合同，应当遵循合法、公平、平等自愿、协商一致、诚实信用的原则。

第十六条第一款　劳动合同由用人单位与劳动者协商一致，并经用人单位与劳动者在劳动合同文本上签字或者盖章生效。

《民法典》第一百六十五条　委托代理授权采用书面形式的，授权委托书应当载明代理人的姓名或者名称、代理事项、权限和期限，并由被代理人签名或者盖章。

风险点 272：签订劳动合同时只有人事专员签字，未加盖用人单位公章

【风险提示】

如果人事专员未获得用人单位明确授权，因其并非法定代表人，其签字无权代表用人单位，从而影响劳动合同效力，极易产生争议。

【防范措施】

用人单位与劳动者签订劳动合同，应当加盖用人单位公章，同时可以加署法定代

表人或者人事专员的姓名。

【法条链接】

《劳动合同法》第十六条　劳动合同由用人单位与劳动者协商一致,并经用人单位与劳动者在劳动合同文本上签字或者盖章生效。

劳动合同文本由用人单位和劳动者各执一份。

《民法典》第一百七十一条　行为人没有代理权、超越代理权或者代理权终止后,仍然实施代理行为,未经被代理人追认的,对被代理人不发生效力。

相对人可以催告被代理人自收到通知之日起三十日内予以追认。被代理人未作表示的,视为拒绝追认。行为人实施的行为被追认前,善意相对人有撤销的权利。撤销应当以通知的方式作出。

行为人实施的行为未被追认的,善意相对人有权请求行为人履行债务或者就其受到的损害请求行为人赔偿。但是,赔偿的范围不得超过被代理人追认时相对人所能获得的利益。

相对人知道或者应当知道行为人无权代理的,相对人和行为人按照各自的过错承担责任。

第一百七十二条　行为人没有代理权、超越代理权或者代理权终止后,仍然实施代理行为,相对人有理由相信行为人有代理权的,代理行为有效。

第四百九十条　当事人采用合同书形式订立合同的,自当事人均签名、盖章或者按指印时合同成立。在签名、盖章或者按指印之前,当事人一方已经履行主要义务,对方接受时,该合同成立。

法律、行政法规规定或者当事人约定合同应当采用书面形式订立,当事人未采用书面形式但是一方已经履行主要义务,对方接受时,该合同成立。

风险点 273:劳动合同没有约定必备条款

【风险提示】

用人单位在拟订劳动合同具体条款的过程中,应当严格依据法律规定进行。根据《劳动合同法》第十七条的规定,有9项必备条款,用人单位必须在劳动合同中明确约定。对于除必备条款外的其他条款,用人单位可以根据实际用工情况决定是否写入劳动合同。

未订立书面劳动合同和劳动合同欠缺必备条款,两者不能等同,用人单位承担不同法律责任。根据《劳动合同法》第八十一条的规定,用人单位提供的劳动合同文本中未载明必备条款的,由劳动行政部门责令改正,给劳动者造成损害的,应当承担赔偿责任。

【防范措施】

用人单位所用的劳动合同文本应当载明劳动法规定的劳动合同必备条款,包括:(1)用人单位的名称、住所和法定代表人或者主要负责人;(2)劳动者的姓名、住址和居民身份证或者其他有效身份证件号码;(3)劳动合同期限;(4)工作内容和工作地点;(5)工作时间和休息休假;(6)劳动报酬;(7)社会保险;(8)劳动保护、劳动条件和职业危害防护;(9)法律、法规规定应当纳入劳动合同的其他事项。

【法条链接】

《劳动合同法》第十七条 劳动合同应当具备以下条款:

(一)用人单位的名称、住所和法定代表人或者主要负责人;

(二)劳动者的姓名、住址和居民身份证或者其他有效身份证件号码;

(三)劳动合同期限;

(四)工作内容和工作地点;

(五)工作时间和休息休假;

(六)劳动报酬;

(七)社会保险;

(八)劳动保护、劳动条件和职业危害防护;

(九)法律、法规规定应当纳入劳动合同的其他事项。

劳动合同除前款规定的必备条款外,用人单位与劳动者可以约定试用期、培训、保守秘密、补充保险和福利待遇等其他事项。

第八十一条 用人单位提供的劳动合同文本未载明本法规定的劳动合同必备条款或者用人单位未将劳动合同文本交付劳动者的,由劳动行政部门责令改正;给劳动者造成损害的,应当承担赔偿责任。

风险点274:未与担任公司其他职务的董事、监事签订书面劳动合同

【风险提示】

董事(包括董事长)、监事因其职责为管理公司提供劳动,一般可不签订劳动合同,他们的职责和权利主要通过公司章程和股东会决议来确定。如相关人员兼任高级管理人员或者担任公司其他职务,公司应当依法与其签订劳动合同。否则,被确认

存在劳动关系后,公司将面临支付双倍工资或者视为签订无固定期限劳动合同的风险。

【防范措施】

为规避相应法律风险,公司应当与兼任其他职务的董事、监事签订劳动合同。另外,建议签订多份劳动合同,分别由董事会、总经理办公室、人力资源部等部门专门保管,防止被其取走或销毁。

【法条链接】

《公司法》第五十九条　股东会行使下列职权:

(一)选举和更换董事、监事,决定有关董事、监事的报酬事项;

(二)审议批准董事会的报告;

(三)审议批准监事会的报告;

(四)审议批准公司的利润分配方案和弥补亏损方案;

(五)对公司增加或者减少注册资本作出决议;

(六)对发行公司债券作出决议;

(七)对公司合并、分立、解散、清算或者变更公司形式作出决议;

(八)修改公司章程;

(九)公司章程规定的其他职权。

股东会可以授权董事会对发行公司债券作出决议。

对本条第一款所列事项股东以书面形式一致表示同意的,可以不召开股东会会议,直接作出决定,并由全体股东在决定文件上签名或者盖章。

第六十八条　有限责任公司董事会成员为三人以上,其成员中可以有公司职工代表。职工人数三百人以上的有限责任公司,除依法设监事会并有公司职工代表的外,其董事会成员中应当有公司职工代表。董事会中的职工代表由公司职工通过职工代表大会、职工大会或者其他形式民主选举产生。

董事会设董事长一人,可以设副董事长。董事长、副董事长的产生办法由公司章程规定。

第七十六条　有限责任公司设监事会,本法第六十九条、第八十三条另有规定的除外。

监事会成员为三人以上。监事会成员应当包括股东代表和适当比例的公司职工代表,其中职工代表的比例不得低于三分之一,具体比例由公司章程规定。监事会中的职工代表由公司职工通过职工代表大会、职工大会或者其他形式民主选举产生。

监事会设主席一人,由全体监事过半数选举产生。监事会主席召集和主持监事会会议；监事会主席不能履行职务或者不履行职务的，由过半数的监事共同推举一名监事召集和主持监事会会议。

董事、高级管理人员不得兼任监事。

《劳动合同法》第十条 建立劳动关系，应当订立书面劳动合同。

已建立劳动关系，未同时订立书面劳动合同的，应当自用工之日起一个月内订立书面劳动合同。

用人单位与劳动者在用工前订立劳动合同的，劳动关系自用工之日起建立。

第十四条 无固定期限劳动合同，是指用人单位与劳动者约定无确定终止时间的劳动合同。

用人单位与劳动者协商一致，可以订立无固定期限劳动合同。有下列情形之一，劳动者提出或者同意续订、订立劳动合同的，除劳动者提出订立固定期限劳动合同外，应当订立无固定期限劳动合同：

（一）劳动者在该用人单位连续工作满十年的；

（二）用人单位初次实行劳动合同制度或者国有企业改制重新订立劳动合同时，劳动者在该用人单位连续工作满十年且距法定退休年龄不足十年的；

（三）连续订立二次固定期限劳动合同，且劳动者没有本法第三十九条和第四十条第一项、第二项规定的情形，续订劳动合同的。

用人单位自用工之日起满一年不与劳动者订立书面劳动合同的，视为用人单位与劳动者已订立无固定期限劳动合同。

第八十二条 用人单位自用工之日起超过一个月不满一年未与劳动者订立书面劳动合同的，应当向劳动者每月支付二倍的工资。

用人单位违反本法规定不与劳动者订立无固定期限劳动合同的，自应当订立无固定期限劳动合同之日起向劳动者每月支付二倍的工资。

风险点275：劳动合同中有限制女职工结婚、生育的内容

【风险提示】

就女职工而言，怀孕、生育需要受到特殊保护。劳动合同中有限制女职工结婚、生育的内容的，劳动者可以向法院提起诉讼要求确认该劳动合同侵害女职工合法权益、违反法律强制性规定而全部或部分无效。

【防范措施】

用人单位应当严格遵守国家有关女职工权益保护的规定，不得在劳动合同中约

定"女职工在职期间不得结婚、生育"等违法内容。

【法条链接】

《劳动合同法》第三条第一款　订立劳动合同，应当遵循合法、公平、平等自愿、协商一致、诚实信用的原则。

第二十六条　下列劳动合同无效或者部分无效：

（一）以欺诈、胁迫的手段或者乘人之危，使对方在违背真实意思的情况下订立或者变更劳动合同的；

（二）用人单位免除自己的法定责任、排除劳动者权利的；

（三）违反法律、行政法规强制性规定的。

对劳动合同的无效或者部分无效有争议的，由劳动争议仲裁机构或者人民法院确认。

《妇女权益保障法》第四十三条　用人单位在招录（聘）过程中，除国家另有规定外，不得实施下列行为：

（一）限定为男性或者规定男性优先；

（二）除个人基本信息外，进一步询问或者调查女性求职者的婚育情况；

（三）将妊娠测试作为入职体检项目；

（四）将限制结婚、生育或者婚姻、生育状况作为录（聘）用条件；

（五）其他以性别为由拒绝录（聘）用妇女或者差别化地提高对妇女录（聘）用标准的行为。

第四十四条　用人单位在录（聘）用女职工时，应当依法与其签订劳动（聘用）合同或者服务协议，劳动（聘用）合同或者服务协议中应当具备女职工特殊保护条款，并不得规定限制女职工结婚、生育等内容。

职工一方与用人单位订立的集体合同中应当包含男女平等和女职工权益保护相关内容，也可以就相关内容制定专章、附件或者单独订立女职工权益保护专项集体合同。

第四十八条　用人单位不得因结婚、怀孕、产假、哺乳等情形，降低女职工的工资和福利待遇，限制女职工晋职、晋级、评聘专业技术职称和职务，辞退女职工，单方解除劳动（聘用）合同或者服务协议。

女职工在怀孕以及依法享受产假期间，劳动（聘用）合同或者服务协议期满的，劳动（聘用）合同或者服务协议期限自动延续至产假结束。但是，用人单位依法解除、终止劳动（聘用）合同、服务协议，或者女职工依法要求解除、终止劳动（聘用）合同、服务协议的除外。

用人单位在执行国家退休制度时，不得以性别为由歧视妇女。

《就业促进法》第二十七条 国家保障妇女享有与男子平等的劳动权利。

用人单位招用人员,除国家规定的不适合妇女的工种或者岗位外,不得以性别为由拒绝录用妇女或者提高对妇女的录用标准。

用人单位录用女职工,不得在劳动合同中规定限制女职工结婚、生育的内容。

第六十二条 违反本法规定,实施就业歧视的,劳动者可以向人民法院提起诉讼。

《违反〈劳动法〉有关劳动合同规定的赔偿办法》第二条 用人单位有下列情形之一,对劳动者造成损害的,应赔偿劳动者损失:

(一)用人单位故意拖延不订立劳动合同,即招用后故意不按规定订立劳动合同以及劳动合同到期后故意不及时续订劳动合同的;

(二)由于用人单位的原因订立无效劳动合同,或订立部分无效劳动合同的;

(三)用人单位违反规定或劳动合同的约定侵害女职工或未成年工合法权益的;

(四)用人单位违反规定或劳动合同的约定解除劳动合同的。

第三条 本办法第二条规定的赔偿,按下列规定执行:

(一)造成劳动者工资收入损失的,按劳动者本人应得工资收入支付给劳动者,并加付应得工资收入25%的赔偿费用;

(二)造成劳动者劳动保护待遇损失的,应按国家规定补足劳动者的劳动保护津贴和用品;

(三)造成劳动者工伤、医疗待遇损失的,除按国家规定为劳动者提供工伤、医疗待遇外,还应支付劳动者相当于医疗费用25%的赔偿费用;

(四)造成女职工和未成年工身体健康损害的,除按国家规定提供治疗期间的医疗待遇外,还应支付相当于其医疗费用25%的赔偿费用;

(五)劳动合同约定的其他赔偿费用。

风险点276:在劳动合同中设置排除劳动者权利、免除用人单位责任的内容

【风险提示】

在劳动合同中设置排除劳动者权利、免除用人单位责任的内容,如用人单位对工伤概不负责、员工无工资上岗、用人单位有权根据经营状况随时变动劳动者工作岗位等,可能导致劳动合同全部或部分无效,劳动者可通知用人单位解除劳动合同,并要求用人单位支付经济补偿、承担赔偿责任。

【防范措施】

用人单位不得在劳动合同中设置排除劳动者权利、免除用人单位责任的内容,应

当严格审查劳动合同条款是否存在违法及可能导致劳动合同全部或部分无效的情形。

【法条链接】

《劳动合同法》第二十六条 下列劳动合同无效或者部分无效：

（一）以欺诈、胁迫的手段或者乘人之危，使对方在违背真实意思的情况下订立或者变更劳动合同的；

（二）用人单位免除自己的法定责任、排除劳动者权利的；

（三）违反法律、行政法规强制性规定的。

对劳动合同的无效或者部分无效有争议的，由劳动争议仲裁机构或者人民法院确认。

第二十八条 劳动合同被确认无效，劳动者已付出劳动的，用人单位应当向劳动者支付劳动报酬。劳动报酬的数额，参照本单位相同或者相近岗位劳动者的劳动报酬确定。

第三十八条 用人单位有下列情形之一的，劳动者可以解除劳动合同：

（一）未按照劳动合同约定提供劳动保护或者劳动条件的；

（二）未及时足额支付劳动报酬的；

（三）未依法为劳动者缴纳社会保险费的；

（四）用人单位的规章制度违反法律、法规的规定，损害劳动者权益的；

（五）因本法第二十六条第一款规定的情形致使劳动合同无效的；

（六）法律、行政法规规定劳动者可以解除劳动合同的其他情形。

用人单位以暴力、威胁或者非法限制人身自由的手段强迫劳动者劳动的，或者用人单位违章指挥、强令冒险作业危及劳动者人身安全的，劳动者可以立即解除劳动合同，不需事先告知用人单位。

第四十六条 有下列情形之一的，用人单位应当向劳动者支付经济补偿：

（一）劳动者依照本法第三十八条规定解除劳动合同的；

（二）用人单位依照本法第三十六条规定向劳动者提出解除劳动合同并与劳动者协商一致解除劳动合同的；

（三）用人单位依照本法第四十条规定解除劳动合同的；

（四）用人单位依照本法第四十一条第一款规定解除劳动合同的；

（五）除用人单位维持或者提高劳动合同约定条件续订劳动合同，劳动者不同意续订的情形外，依照本法第四十四条第一项规定终止固定期限劳动合同的；

（六）依照本法第四十四条第四项、第五项规定终止劳动合同的；

（七）法律、行政法规规定的其他情形。

第四十七条　经济补偿按劳动者在本单位工作的年限,每满一年支付一个月工资的标准向劳动者支付。六个月以上不满一年的,按一年计算;不满六个月的,向劳动者支付半个月工资的经济补偿。

劳动者月工资高于用人单位所在直辖市、设区的市级人民政府公布的本地区上年度职工月平均工资三倍的,向其支付经济补偿的标准按职工月平均工资三倍的数额支付,向其支付经济补偿的年限最高不超过十二年。

本条所称月工资是指劳动者在劳动合同解除或者终止前十二个月的平均工资。

第八十六条　劳动合同依照本法第二十六条规定被确认无效,给对方造成损害的,有过错的一方应当承担赔偿责任。

《最高人民法院关于审理劳动争议案件适用法律问题的解释(一)》第四十一条　劳动合同被确认为无效,劳动者已付出劳动的,用人单位应当按照劳动合同法第二十八条、第四十六条、第四十七条的规定向劳动者支付劳动报酬和经济补偿。

由于用人单位原因订立无效劳动合同,给劳动者造成损害的,用人单位应当赔偿劳动者因合同无效所造成的经济损失。

风险点277:签订劳动合同时未填写签订日期

【风险提示】

劳动合同没有签订日期,劳动者有可能主张劳动合同签订于入职1个月之后,并要求用人单位支付双倍工资。

【防范措施】

用人单位在与劳动者签订劳动合同时应提醒劳动者填写签订日期,也可以在签订劳动合同时将签订日期打印上去,以免遗漏。

【法条链接】

《劳动合同法》第十条　建立劳动关系,应当订立书面劳动合同。

已建立劳动关系,未同时订立书面劳动合同的,应当自用工之日起一个月内订立书面劳动合同。

用人单位与劳动者在用工前订立劳动合同的,劳动关系自用工之日起建立。

第八十二条　用人单位自用工之日起超过一个月不满一年未与劳动者订立书面劳动合同的,应当向劳动者每月支付二倍的工资。

用人单位违反本法规定不与劳动者订立无固定期限劳动合同的,自应当订立无固定期限劳动合同之日起向劳动者每月支付二倍的工资。

风险点 278：劳动合同无效或部分无效

【风险提示】

根据《劳动合同法》第二十六条的规定，下列劳动合同无效或者部分无效。

1. 以欺诈、胁迫的手段或者乘人之危，使对方在违背真实意思的情况下订立或者变更劳动合同的。

欺诈，是指劳动合同的一方当事人故意陈述虚伪事实、隐瞒真实情况或者隐瞒真相，误导对方，使对方违背真实意思而订立合同。实践中比较常见的情形为：劳动者伪造学历、履历或者提供其他虚假情况以骗取与用人单位签订劳动合同；劳动者隐瞒尚未和原单位解除劳动关系的事实，与用人单位订立劳动合同；用人单位向劳动者虚假承诺福利待遇或夸大工资标准等。

胁迫，是指当事人一方以暴力或其他手段，威胁、强迫对方，或以将来要发生的损害相威胁，致使对方屈服于其压力，违背自己的真实意思而订立合同。如用人单位限制劳动者人身自由、威胁押金不予退还等。

乘人之危，是指乘对方处于危难之际，使对方违背自己的真实意思接受某种明显不公平的条件而订立合同。如用人单位乘劳动者生活处于窘迫急于找到工作之机，将劳动者的工资压得过低，与其实际劳动力价值明显不相符，使劳动者不得已而接受显失公平的合同条款。

2. 用人单位免除自己的法定责任、排除劳动者权利的。

劳动者与用人单位订立的劳动合同，基本上是用人单位事先拟定好的格式合同，劳动者通常不能对劳动合同内容提出异议或进行协商，只有签或不签的权利。实践中比较常见霸王条款的情形有：用人单位对工伤概不负责；让员工无工资上岗；用人单位有权根据经营状况随时变动劳动者工作岗位，劳动者必须服从单位安排。

3. 违反法律、行政法规强制性规定的。

"违反法律、行政法规强制性规定"属于兜底条款。实践中主要存在以下几种形式：约定试用期超过法定期限，试用期满后才缴纳社会保险；限制劳动者结婚、生育；约定工资低于最低工资标准；约定职工自愿放弃参加社会保险；约定职工辞职应当支付违约金，约定未提前通知离职，用人单位可以不批准；约定劳动者违反操作规程造成工伤概不负责；约定旷工 1 天扣 3 天工资。

劳动合同无效，包括全部无效和部分无效，两者的法律后果不尽相同。劳动合同全部无效，是指劳动合同的全部条款不发生法律效力，对双方当事人没有约束力。劳

动合同被认定全部无效的情况下,用人单位与劳动者之间的劳动关系及相应的权利义务都归于消灭。具体法律后果如下:

1. 如果是用人单位的原因导致劳动合同无效,劳动者可以随时解除劳动合同,此时用人单位需要按照法定标准向其支付经济补偿;如果是劳动者的原因导致劳动合同无效,用人单位可以随时解除劳动合同,而无须支付任何经济补偿。

2. 劳动合同被确认无效后,无论是哪一方的过错,只要劳动者已经付出劳动,用人单位就应当向劳动者支付劳动报酬。劳动报酬的数额,可以参照本单位相同或者相近岗位劳动者的劳动报酬确定;用人单位无相同或相近岗位的,按照本单位职工平均工资确定。

3. 由于用人单位原因订立无效劳动合同,给劳动者造成损害的,用人单位应当赔偿劳动者因合同无效所造成的经济损失。

劳动合同部分无效,是指劳动合同的部分条款虽然被确认无效,但并不影响其他条款的效力。在部分无效的劳动合同中,无效条款如不影响其余部分的效力,则其余部分仍然有效,对双方当事人具有约束力。具体法律后果如下:

1. 对于无效部分事项的确定和相应法律关系的调整,应根据相关法律规定进行,并且此种调整可以追溯到合同订立之时。

2. 劳动合同部分条款被确认无效,因此给一方当事人造成实际损失的,有过错的一方应承担赔偿责任。

【防范措施】

在与劳动者签订劳动合同时,用人单位应当谨慎审查劳动者的相关资质和所提供的各种信息,严格依据法律规定确定劳动合同的内容,避免出现劳动合同全部或部分无效的情形。

【法条链接】

《劳动合同法》第二十六条　下列劳动合同无效或者部分无效:

(一)以欺诈、胁迫的手段或者乘人之危,使对方在违背真实意思的情况下订立或者变更劳动合同的;

(二)用人单位免除自己的法定责任、排除劳动者权利的;

(三)违反法律、行政法规强制性规定的。

对劳动合同的无效或者部分无效有争议的,由劳动争议仲裁机构或者人民法院确认。

第三十八条　用人单位有下列情形之一的,劳动者可以解除劳动合同:

(一)未按照劳动合同约定提供劳动保护或者劳动条件的;

(二)未及时足额支付劳动报酬的;

(三)未依法为劳动者缴纳社会保险费的;

(四)用人单位的规章制度违反法律、法规的规定,损害劳动者权益的;

(五)因本法第二十六条第一款规定的情形致使劳动合同无效的;

(六)法律、行政法规规定劳动者可以解除劳动合同的其他情形。

用人单位以暴力、威胁或者非法限制人身自由的手段强迫劳动者劳动的,或者用人单位违章指挥、强令冒险作业危及劳动者人身安全的,劳动者可以立即解除劳动合同,不需事先告知用人单位。

第四十六条 有下列情形之一的,用人单位应当向劳动者支付经济补偿:

(一)劳动者依照本法第三十八条规定解除劳动合同的;

(二)用人单位依照本法第三十六条规定向劳动者提出解除劳动合同并与劳动者协商一致解除劳动合同的;

(三)用人单位依照本法第四十条规定解除劳动合同的;

(四)用人单位依照本法第四十一条第一款规定解除劳动合同的;

(五)除用人单位维持或者提高劳动合同约定条件续订劳动合同,劳动者不同意续订的情形外,依照本法第四十四条第一项规定终止固定期限劳动合同的;

(六)依照本法第四十四条第四项、第五项规定终止劳动合同的;

(七)法律、行政法规规定的其他情形。

第八十六条 劳动合同依照本法第二十六条规定被确认无效,给对方造成损害的,有过错的一方应当承担赔偿责任。

《最高人民法院关于审理劳动争议案件适用法律问题的解释(一)》**第四十一条** 劳动合同被确认为无效,劳动者已付出劳动的,用人单位应当按照劳动合同法第二十八条、第四十六条、第四十七条的规定向劳动者支付劳动报酬和经济补偿。

由于用人单位原因订立无效劳动合同,给劳动者造成损害的,用人单位应当赔偿劳动者因合同无效所造成的经济损失。

风险点279:未将签订后的劳动合同交付劳动者

【风险提示】

根据《劳动合同法》的规定,劳动合同文本由用人单位和劳动者各执一份。用人单位未将劳动合同文本交付劳动者的,由劳动行政部门责令改正;给劳动者造成损害的,应当承担赔偿责任。需要注意的是,未交付劳动合同与未订立劳动合同是不一样的,在前一种情况下,用人单位与劳动者之间实际已签订劳动合同,只是由于用人单位的原因未将劳动合同交付劳动者,劳动者不得以用人单位未交付劳动合同为由要求用人单位支付双倍工资。

【防范措施】

实务中,有些用人单位出于错误的管理理念,将劳动合同扣留而不交给劳动者。劳动者对于这种违法情形可以直接向用人单位所在地的劳动行政部门投诉,由劳动行政部门责令用人单位改正。因此,用人单位应及时向劳动者交付已经签订的劳动合同。

【法条链接】

《劳动合同法》第十六条　劳动合同由用人单位与劳动者协商一致,并经用人单位与劳动者在劳动合同文本上签字或者盖章生效。

劳动合同文本由用人单位和劳动者各执一份。

第八十一条　用人单位提供的劳动合同文本未载明本法规定的劳动合同必备条款或者用人单位未将劳动合同文本交付劳动者的,由劳动行政部门责令改正;给劳动者造成损害的,应当承担赔偿责任。

风险点280:保管不当导致劳动合同原件遗失

【风险提示】

用人单位因保管不当导致劳动合同原件遗失的,劳动者可以据此认为用人单位未依法订立书面劳动合同,要求支付双倍工资。

【防范措施】

1.用人单位与劳动者签订劳动合同后,应当让劳动者在劳动合同签收表上签名。劳动合同签收表应载明劳动者姓名、合同起止期限、工资标准等主要内容。

2.用人单位应统筹分类妥善保管已经签订的劳动合同与劳动合同签收表,存放位置应当加锁。用人单位对已经解除或者终止的劳动合同文本,应至少保存两年备查。

3.用人单位如有分支机构,应当要求分支机构将签订的劳动合同情况定期向总部备案。

4."董监高"、人事专员等特殊人员签订的劳动合同,应分别由董事会、总经理办公室或者人力资源部门负责人等部门、人员分开保管,以防被盗走。

【法条链接】

《劳动合同法》第十条 建立劳动关系,应当订立书面劳动合同。

已建立劳动关系,未同时订立书面劳动合同的,应当自用工之日起一个月内订立书面劳动合同。

用人单位与劳动者在用工前订立劳动合同的,劳动关系自用工之日起建立。

第五十条 用人单位应当在解除或者终止劳动合同时出具解除或者终止劳动合同的证明,并在十五日内为劳动者办理档案和社会保险关系转移手续。

劳动者应当按照双方约定,办理工作交接。用人单位依照本法有关规定应当向劳动者支付经济补偿的,在办结工作交接时支付。

用人单位对已经解除或者终止的劳动合同的文本,至少保存二年备查。

第八十二条 用人单位自用工之日起超过一个月不满一年未与劳动者订立书面劳动合同的,应当向劳动者每月支付二倍的工资。

用人单位违反本法规定不与劳动者订立无固定期限劳动合同的,自应当订立无固定期限劳动合同之日起向劳动者每月支付二倍的工资。

《人力资源社会保障部、最高人民法院关于劳动人事争议仲裁与诉讼衔接有关问题的意见(一)》第二十条 用人单位自用工之日起满一年未与劳动者订立书面劳动合同,视为自用工之日起满一年的当日已经与劳动者订立无固定期限劳动合同。

存在前款情形,劳动者以用人单位未订立书面劳动合同为由要求用人单位支付自用工之日起满一年之后的第二倍工资的,劳动人事争议仲裁委员会、人民法院不予支持。

《劳动争议调解仲裁法》第二十七条 劳动争议申请仲裁的时效期间为一年。仲裁时效期间从当事人知道或者应当知道其权利被侵害之日起计算。

前款规定的仲裁时效,因当事人一方向对方当事人主张权利,或者向有关部门请求权利救济,或者对方当事人同意履行义务而中断。从中断时起,仲裁时效期间重新计算。

因不可抗力或者有其他正当理由,当事人不能在本条第一款规定的仲裁时效期间申请仲裁的,仲裁时效中止。从中止时效的原因消除之日起,仲裁时效期间继续计算。

劳动关系存续期间因拖欠劳动报酬发生争议的,劳动者申请仲裁不受本条第一款规定的仲裁时效期间的限制;但是,劳动关系终止的,应当自劳动关系终止之日起一年内提出。

风险点281：未与试用期劳动者签订劳动合同或仅签订试用期合同

【风险提示】

根据《劳动合同法》第十条的规定，建立劳动关系，应当订立书面劳动合同。已建立劳动关系，未同时订立书面劳动合同的，应当自用工之日起1个月内订立书面劳动合同。可见，劳动者在进入用人单位工作之后，虽在试用期，但用人单位开始正式用工，双方之间就已经建立了劳动关系，用人单位应当与劳动者签订劳动合同。根据《劳动合同法》第十九条的规定，劳动者被用人单位录用后，双方可以在劳动合同中约定试用期，试用期应包括在劳动合同期限内。可见，用人单位不可以与劳动者仅签订试用期合同而不签订劳动合同。双方之间约定了试用期的，应当签订劳动合同，并将试用期包含在劳动合同期限内。

【防范措施】

1. 用人单位应当在用工之日起1个月内与劳动者签订书面劳动合同，而无论其是否还在试用期内。用人单位可以以书面形式通知劳动者签订书面劳动合同，并让其在回执上签字证明已收到该通知。用工之日起1个月内，若劳动者拒绝签订劳动合同，用人单位应当解除与该劳动者的劳动关系。

2. 用人单位若与劳动者约定试用期，应当将试用期包含在劳动合同期限内，不能仅签订试用期合同而不签订劳动合同。

3. 用人单位应当注意保管好已签订的劳动合同书、各种通知的回执单及其他相关证据材料。

【法条链接】

《劳动合同法》第十条　建立劳动关系，应当订立书面劳动合同。

已建立劳动关系，未同时订立书面劳动合同的，应当自用工之日起一个月内订立书面劳动合同。

用人单位与劳动者在用工前订立劳动合同的，劳动关系自用工之日起建立。

第十九条　劳动合同期限三个月以上不满一年的，试用期不得超过一个月；劳动合同期限一年以上不满三年的，试用期不得超过二个月；三年以上固定期限和无固定期限的劳动合同，试用期不得超过六个月。

同一用人单位与同一劳动者只能约定一次试用期。

以完成一定工作任务为期限的劳动合同或者劳动合同期限不满三个月的，不得约定试用期。

试用期包含在劳动合同期限内。劳动合同仅约定试用期的,试用期不成立,该期限为劳动合同期限。

第八十二条 用人单位自用工之日起超过一个月不满一年未与劳动者订立书面劳动合同的,应当向劳动者每月支付二倍的工资。

用人单位违反本法规定不与劳动者订立无固定期限劳动合同的,自应当订立无固定期限劳动合同之日起向劳动者每月支付二倍的工资。

第八十三条 用人单位违反本法规定与劳动者约定试用期的,由劳动行政部门责令改正;违法约定的试用期已经履行的,由用人单位以劳动者试用期满月工资为标准,按已经履行的超过法定试用期的期间向劳动者支付赔偿金。

风险点282:劳动合同约定的试用期违反法律规定

【风险提示】

用人单位与劳动者可以协商一致确定试用期期限,但不能超过《劳动合同法》规定的试用期的最长期限。《劳动合同法》根据劳动合同的期限长短,确定了不同的试用期最长期限,具体如下:(1)劳动合同期限3个月以上(包括3个月)不满1年的,试用期不得超过1个月,即可以约定1个月或短于1个月的试用期;(2)劳动合同期限1年以上(包括1年)不满3年的,试用期不得超过2个月,即可以约定2个月或短于2个月的试用期;(3)3年以上(包括3年)固定期限和无固定期限的劳动合同,试用期不得超过6个月,即可以约定6个月或短于6个月的试用期。

实务中,用人单位的常见不规范操作有:与劳动者约定的试用期期限违反《劳动合同法》第十九条第一款的规定;违反《劳动合同法》第十九条第二款的规定,与同一劳动者重复约定试用期。

《劳动合同法》对用人单位违法约定试用期的行为,也规定了明确的法律责任:

1. 由劳动行政部门责令改正。本规定针对的是违法约定的试用期尚未履行的情况。虽然试用期尚未履行,但劳动行政部门有权责令改正。

2. 支付赔偿金。本规定主要针对的是用人单位约定试用期超过法定上限或违法延长试用期的情况。如果违法约定的试用期已经实际履行,则用人单位应以劳动者试用期满月工资为标准,按已经履行的超过法定试用期的期间向劳动者支付赔偿金。

【防范措施】

1. 用人单位需要充分理解《劳动合同法》关于试用期的规定,严格根据法律规定拟定试用期条款和各项试用期制度。

2. 用人单位应当按照工作岗位的实际情况确定合法合理的试用期期限。试用期并非越长越好，也不应当千篇一律，用人单位应当针对不同劳动者、不同岗位、不同劳动合同期限，对试用期进行"个性化"设置。对于那些背景不是很了解的员工和需要较长时间考察的岗位，可以约定劳动合同期限所对应的法定上限的试用期；对于那些背景较为熟悉的员工和不需要较长时间考察的岗位，可以根据用人单位的需要设置较短的试用期。

3. 劳动者在试用期内，用人单位也应当对其每日考勤严格记录。同时，用人单位应当注意保管好劳动合同书、职工考勤记录及其他相关证据材料。

【法条链接】

《劳动合同法》第十九条　劳动合同期限三个月以上不满一年的，试用期不得超过一个月；劳动合同期限一年以上不满三年的，试用期不得超过二个月；三年以上固定期限和无固定期限的劳动合同，试用期不得超过六个月。

同一用人单位与同一劳动者只能约定一次试用期。

以完成一定工作任务为期限的劳动合同或者劳动合同期限不满三个月的，不得约定试用期。

试用期包含在劳动合同期限内。劳动合同仅约定试用期的，试用期不成立，该期限为劳动合同期限。

第二十条　劳动者在试用期的工资不得低于本单位相同岗位最低档工资或者劳动合同约定工资的百分之八十，并不得低于用人单位所在地的最低工资标准。

第七十条　非全日制用工双方当事人不得约定试用期。

第八十三条　用人单位违反本法规定与劳动者约定试用期的，由劳动行政部门责令改正；违法约定的试用期已经履行的，由用人单位以劳动者试用期满月工资为标准，按已经履行的超过法定试用期的期间向劳动者支付赔偿金。

风险点283：续签劳动合同约定试用期

【风险提示】

由于试用期与转正后的待遇、解除条件等均存在区别，根据《劳动合同法》第十九条第二款的规定，同一用人单位与同一劳动者只能约定一次试用期。法律之所以这样规定，是为了防止用人单位滥用试用期侵犯劳动者的权益。这里的"一次"，既适用于续签劳动合同时，也适用于劳动者在离职后再次被录用的情况。《劳动合同法》第八十三条规定，用人单位违反该法规定与劳动者约定试用期的，由劳动行政部门责令改正;违法约定的试用期已经履行的,由用人单位以劳动者试用期满月工资为标准,按已经履行的超过法定试用期的期间向劳动者支付赔偿金。

【防范措施】

劳动合同到期后,用人单位与劳动者续签劳动合同的,不得再约定试用期。另外,用人单位在劳动者已转正之后,不能再次要求劳动者试用,应当根据劳动者转正后实施的考核标准进行考察,否则要向劳动者支付赔偿金。

【法条链接】

《劳动合同法》第十九条第二款　同一用人单位与同一劳动者只能约定一次试用期。

第八十三条　用人单位违反本法规定与劳动者约定试用期的,由劳动行政部门责令改正;违法约定的试用期已经履行的,由用人单位以劳动者试用期满月工资为标准,按已经履行的超过法定试用期的期间向劳动者支付赔偿金。

风险点284:超出《劳动合同法》的规定约定违约金

【风险提示】

我国《劳动合同法》规定了两种可以约定违约金的情形:一是违反服务期约定;二是违反竞业限制约定。除这两种情况外,用人单位与劳动者在劳动合同中约定违约金条款的,该条款对劳动者没有拘束力,但对用人单位仍具有约束力,用人单位违约的,应承担违约责任。

【防范措施】

除涉及用人单位为劳动者提供专项培训费用,对其进行专业技术培训而约定服务期,以及负有保密义务的劳动者违反了与用人单位约定的竞业限制合同或条款这两种情况外,用人单位不得在劳动合同中与劳动者约定由劳动者承担违约金。

【法条链接】

《劳动合同法》第二十二条　用人单位为劳动者提供专项培训费用,对其进行专业技术培训的,可以与该劳动者订立协议,约定服务期。

劳动者违反服务期约定的,应当按照约定向用人单位支付违约金。违约金的数额不得超过用人单位提供的培训费用。用人单位要求劳动者支付的违约金不得超过服务期尚未履行部分所应分摊的培训费用。

用人单位与劳动者约定服务期的,不影响按照正常的工资调整机制提高劳动者在服务期期间的劳动报酬。

第二十三条 用人单位与劳动者可以在劳动合同中约定保守用人单位的商业秘密和与知识产权相关的保密事项。

对负有保密义务的劳动者,用人单位可以在劳动合同或者保密协议中与劳动者约定竞业限制条款,并约定在解除或者终止劳动合同后,在竞业限制期限内按月给予劳动者经济补偿。劳动者违反竞业限制约定的,应当按照约定向用人单位支付违约金。

第二十五条 除本法第二十二条和第二十三条规定的情形外,用人单位不得与劳动者约定由劳动者承担违约金。

风险点285:用人单位威胁劳动者签订合同

【风险提示】

我国《劳动合同法》第三条第一款规定,订立劳动合同,应当遵循合法、公平、平等自愿、协商一致、诚实信用的原则。其中,平等自愿原则要求双方平等进行协商,自愿签订合同,不得将一方意志强加给另一方。如果采用胁迫的手段强行签订合同,必然违反了一方的意愿,即使签订了合同,该合同也因违反一方的真实意思表示而无效。

【防范措施】

用人单位应当意识到人力资源的重要性,在与劳动者签订劳动合同时,遵守平等自愿、协商一致的原则,不得对劳动者进行欺诈或胁迫,否则即便签订了对自己有利的条款,也终究会在争议发生后被劳动争议仲裁机构或人民法院确认为无效。

【法条链接】

《劳动合同法》第三条第一款 订立劳动合同,应当遵循合法、公平、平等自愿、协商一致、诚实信用的原则。

第二十六条 下列劳动合同无效或者部分无效:

(一)以欺诈、胁迫的手段或者乘人之危,使对方在违背真实意思的情况下订立或者变更劳动合同的;

(二)用人单位免除自己的法定责任、排除劳动者权利的;

(三)违反法律、行政法规强制性规定的。

对劳动合同的无效或者部分无效有争议的,由劳动争议仲裁机构或者人民法院确认。

风险点286:员工伪造资质证件签订劳动合同

【风险提示】

现实生活中,入职时提供虚假材料的情况时有发生。有些人会为了获得某个职位提供虚假的学历、执业技能证书等。实践中,员工欺诈的行为需要达到一定程度才会出现合同无效的情形,针对提供虚假的执业技能证书、身份证、学历证书等可能对任职该岗位造成影响的欺诈行为,用人单位以此为由解除劳动关系是合法的。但需要注意的是,针对是否已婚、是否已育等涉及个人隐私的问题,员工欺瞒的,用人单位若以此为由解除劳动合同,属于违法解除劳动合同,因为对这类涉及个人隐私的问题隐瞒,一般情况下对员工任职该岗位并不会产生影响。

【防范措施】

在与劳动者签订劳动合同时,用人单位应当谨慎审查劳动者的相关资质和提供的各种信息,严格依据法律规定确定劳动合同的内容,避免出现劳动合同全部或部分无效的情形。

【法条链接】

《劳动合同法》第三条第一款　订立劳动合同,应当遵循合法、公平、平等自愿、协商一致、诚实信用的原则。

第二十六条　下列劳动合同无效或者部分无效:

(一)以欺诈、胁迫的手段或者乘人之危,使对方在违背真实意思的情况下订立或者变更劳动合同的;

(二)用人单位免除自己的法定责任、排除劳动者权利的;

(三)违反法律、行政法规强制性规定的。

对劳动合同的无效或者部分无效有争议的,由劳动争议仲裁机构或者人民法院确认。

风险点287：劳动合同到期后没续签，也未终止

【风险提示】

根据《劳动合同法》第八十二条的规定，用人单位与劳动者建立劳动关系，应当订立书面劳动合同。如果用人单位在用工之日起超过1个月不满1年未能与劳动者订立书面劳动合同，则需要向劳动者每月支付双倍工资。因此，订立书面劳动合同是用人单位的主要义务。

合同订立，不仅指初始建立劳动关系时要订立，还包括合同到期后的续签。订立书面劳动合同是稳固劳动关系的需要，用人单位应当严格执行。如果违反该规定，用人单位应当向劳动者支付双倍工资。

【防范措施】

用人单位有时会忽略劳动合同何时到期。在到期未续签的情况下，如果劳动者继续提供劳动，双方即形成事实劳动关系。为规避相应法律风险，用人单位应当准确掌握所有劳动者的合同期限，在到期前1个月决定是否与劳动者续签劳动合同，并及时发送通知给劳动者。

【法条链接】

《劳动合同法》第八十二条　用人单位自用工之日起超过一个月不满一年未与劳动者订立书面劳动合同的，应当向劳动者每月支付二倍的工资。

用人单位违反本法规定不与劳动者订立无固定期限劳动合同的，自应当订立无固定期限劳动合同之日起向劳动者每月支付二倍的工资。

《劳动合同法实施条例》第六条第一款　用人单位自用工之日起超过一个月不满一年未与劳动者订立书面劳动合同的，应当依照劳动合同法第八十二条的规定向劳动者每月支付两倍的工资，并与劳动者补订书面劳动合同；劳动者不与用人单位订立书面劳动合同的，用人单位应当书面通知劳动者终止劳动关系，并依照劳动合同法第四十七条的规定支付经济补偿。

《关于加强劳动合同管理完善劳动合同制度的通知》

五、强化劳动合同制度运行的日常管理工作。用人单位制定的实施方案应当经过职工代表大会或职工大会讨论通过，实施方案应当就劳动合同签订、履行和解除各个环节进行具体规定，作为劳动合同运行的依据。要加强对劳动合同签订、续订、变更、终止和解除各个环节的管理。对劳动者履行劳动合同情况主要是其个人工资、休假、保险福利、加班及奖惩等有关资料要有记录。劳动合同期满前应当提前一个月向

职工提出终止或续订劳动合同的书面意向,并及时办理有关手续。

风险点288:用人单位先提出不愿意续签劳动合同

【风险提示】

根据《劳动合同法》第四十四条与第四十六条的规定,劳动合同期满,除用人单位维持或者提高劳动合同约定条件续订劳动合同,劳动者不同意续订的情形外,用人单位终止固定期限劳动合同的,应当向劳动者支付经济补偿。可见,劳动合同期满,在劳动者不愿意续签劳动合同的情况下,用人单位如首先表示不愿意续签,需要支付原本可能不需要支付的经济补偿。

【防范措施】

如果用人单位想与劳动者续约,应当在劳动合同期满前提前1个月向劳动者提出续订劳动合同的书面意向,并及时办理有关手续。如果用人单位不想与劳动者续约,可在劳动合同期满前提前1个月书面征询劳动者的意见;如果劳动者明确表示不愿意续签劳动合同,则用人单位不需要给劳动者支付经济补偿。

【法条链接】

《民法典》第一百四十条　行为人可以明示或者默示作出意思表示。

沉默只有在有法律规定、当事人约定或者符合当事人之间的交易习惯时,才可以视为意思表示。

《劳动合同法》第四十四条　有下列情形之一的,劳动合同终止:

(一)劳动合同期满的;

(二)劳动者开始依法享受基本养老保险待遇的;

(三)劳动者死亡,或者被人民法院宣告死亡或者宣告失踪的;

(四)用人单位被依法宣告破产的;

(五)用人单位被吊销营业执照、责令关闭、撤销或者用人单位决定提前解散的;

(六)法律、行政法规规定的其他情形。

第四十六条　有下列情形之一的,用人单位应当向劳动者支付经济补偿:

(一)劳动者依照本法第三十八条规定解除劳动合同的;

(二)用人单位依照本法第三十六条规定向劳动者提出解除劳动合同并与劳动者协商一致解除劳动合同的;

(三)用人单位依照本法第四十条规定解除劳动合同的;

（四）用人单位依照本法第四十一条第一款规定解除劳动合同的；

（五）除用人单位维持或者提高劳动合同约定条件续订劳动合同，劳动者不同意续订的情形外，依照本法第四十四条第一项规定终止固定期限劳动合同的；

（六）依照本法第四十四条第四项、第五项规定终止劳动合同的；

（七）法律、行政法规规定的其他情形。

第四十七条 经济补偿按劳动者在本单位工作的年限，每满一年支付一个月工资的标准向劳动者支付。六个月以上不满一年的，按一年计算；不满六个月的，向劳动者支付半个月工资的经济补偿。

劳动者月工资高于用人单位所在直辖市、设区的市级人民政府公布的本地区上年度职工月平均工资三倍的，向其支付经济补偿的标准按职工月平均工资三倍的数额支付，向其支付经济补偿的年限最高不超过十二年。

本条所称月工资是指劳动者在劳动合同解除或者终止前十二个月的平均工资。

第八十二条 用人单位自用工之日起超过一个月不满一年未与劳动者订立书面劳动合同的，应当向劳动者每月支付二倍的工资。

用人单位违反本法规定不与劳动者订立无固定期限劳动合同的，自应当订立无固定期限劳动合同之日起向劳动者每月支付二倍的工资。

《关于加强劳动合同管理完善劳动合同制度的通知》

五、强化劳动合同制度运行的日常管理工作。用人单位制定的实施方案应当经过职工代表大会或职工大会讨论通过，实施方案应当就劳动合同签订、履行和解除各个环节进行具体规定，作为劳动合同运行的依据。要加强对劳动合同签订、续订、变更、终止和解除各个环节的管理。对劳动者履行劳动合同情况主要是其个人工资、休假、保险福利、加班及奖惩等有关资料要有记录。劳动合同期满前应当提前一个月向职工提出终止或续订劳动合同的书面意向，并及时办理有关手续。

风险点289：劳动者要求加薪导致未续签合同

【风险提示】

我国《劳动合同法》第四十四条规定，劳动合同期满时，劳动合同正常终止。根据该法第四十六条的规定，如果是用人单位不愿意续签劳动合同，则应当给予劳动者经济补偿；如果双方决定续签，则存在下一轮劳动合同的商定问题。对于下一轮劳动合同，如果用人单位未降低原劳动合同约定的条件（如薪资待遇不变或加薪），劳动者不愿意续签的，则劳动合同终止，用人单位不需要给劳动者支付经济补偿；如果用人单位在下一轮合同中降低原来约定的条件，导致劳动者不愿意续签劳动合同，劳动合同终止,用人单位应当给劳动者支付经济补偿。

【防范措施】

劳动合同期满续签时,如果劳动者要求加薪但用人单位不同意,可以收集与保留双方洽谈新一轮合同条件的证据,以证明不续签的原因在于对方而不是在于自己。企业作为用人单位则应在续签劳动合同时充分考虑相关风险。

【法条链接】

《劳动合同法》第四十四条 有下列情形之一的,劳动合同终止:

(一)劳动合同期满的;

(二)劳动者开始依法享受基本养老保险待遇的;

(三)劳动者死亡,或者被人民法院宣告死亡或者宣告失踪的;

(四)用人单位被依法宣告破产的;

(五)用人单位被吊销营业执照、责令关闭、撤销或者用人单位决定提前解散的;

(六)法律、行政法规规定的其他情形。

第四十六条 有下列情形之一的,用人单位应当向劳动者支付经济补偿:

(一)劳动者依照本法第三十八条规定解除劳动合同的;

(二)用人单位依照本法第三十六条规定向劳动者提出解除劳动合同并与劳动者协商一致解除劳动合同的;

(三)用人单位依照本法第四十条规定解除劳动合同的;

(四)用人单位依照本法第四十一条第一款规定解除劳动合同的;

(五)除用人单位维持或者提高劳动合同约定条件续订劳动合同,劳动者不同意续订的情形外,依照本法第四十四条第一项规定终止固定期限劳动合同的;

(六)依照本法第四十四条第四项、第五项规定终止劳动合同的;

(七)法律、行政法规规定的其他情形。

第四十七条 经济补偿按劳动者在本单位工作的年限,每满一年支付一个月工资的标准向劳动者支付。六个月以上不满一年的,按一年计算;不满六个月的,向劳动者支付半个月工资的经济补偿。

劳动者月工资高于用人单位所在直辖市、设区的市级人民政府公布的本地区上年度职工月平均工资三倍的,向其支付经济补偿的标准按职工月平均工资三倍的数额支付,向其支付经济补偿的年限最高不超过十二年。

本条所称月工资是指劳动者在劳动合同解除或者终止前十二个月的平均工资。

风险点290：不与连续工作满10年的劳动者续签劳动合同

【风险提示】

劳动者在用人单位工作已满10年的，符合与用人单位签订无固定期限劳动合同的条件。在双方劳动合同期满前，劳动者明确提出要求签订无固定期限劳动合同，但用人单位没有与劳动者协商或者征询劳动者是否同意续订合同，而是直接以劳动合同期限届满为由单方面提出终止劳动合同的，其行为构成违法终止劳动合同，应依法给劳动者支付赔偿金。

【防范措施】

如果劳动者连续订立两次劳动合同后再次续订，或在用人单位连续工作满10年，用人单位都应当与其订立无固定期限劳动合同。上述情形下，用人单位没有决定是否续签合同的选择权，劳动者提出续签的，必须续签。因此，如果用人单位不想与劳动者订立无固定期限劳动合同，就应当随时监控劳动合同的签订和履行情况，避免出现上述情形。

【法条链接】

《劳动合同法》第十四条　无固定期限劳动合同，是指用人单位与劳动者约定无确定终止时间的劳动合同。

用人单位与劳动者协商一致，可以订立无固定期限劳动合同。有下列情形之一，劳动者提出或者同意续订、订立劳动合同的，除劳动者提出订立固定期限劳动合同外，应当订立无固定期限劳动合同：

（一）劳动者在该用人单位连续工作满十年的；

（二）用人单位初次实行劳动合同制度或者国有企业改制重新订立劳动合同时，劳动者在该用人单位连续工作满十年且距法定退休年龄不足十年的；

（三）连续订立二次固定期限劳动合同，且劳动者没有本法第三十九条和第四十条第一项、第二项规定的情形，续订劳动合同的。

用人单位自用工之日起满一年不与劳动者订立书面劳动合同的，视为用人单位与劳动者已订立无固定期限劳动合同。

第四十八条　用人单位违反本法规定解除或者终止劳动合同，劳动者要求继续履行劳动合同的，用人单位应当继续履行；劳动者不要求继续履行劳动合同或者劳动合同已经不能继续履行的，用人单位应当依照本法第八十七条规定支付赔偿金。

第八十二条　用人单位自用工之日起超过一个月不满一年未与劳动者订立书面

劳动合同的,应当向劳动者每月支付二倍的工资。

用人单位违反本法规定不与劳动者订立无固定期限劳动合同的,自应当订立无固定期限劳动合同之日起向劳动者每月支付二倍的工资。

第八十七条 用人单位违反本法规定解除或者终止劳动合同的,应当依照本法第四十七条规定的经济补偿标准的二倍向劳动者支付赔偿金。

《劳动合同法实施条例》**第九条** 劳动合同法第十四条第二款规定的连续工作满10年的起始时间,应当自用人单位用工之日起计算,包括劳动合同法施行前的工作年限。

第十一条 除劳动者与用人单位协商一致的情形外,劳动者依照劳动合同法第十四条第二款的规定,提出订立无固定期限劳动合同的,用人单位应当与其订立无固定期限劳动合同。对劳动合同的内容,双方应当按照合法、公平、平等自愿、协商一致、诚实信用的原则协商确定;对协商不一致的内容,依照劳动合同法第十八条的规定执行。

第二十五条 用人单位违反劳动合同法的规定解除或者终止劳动合同,依照劳动合同法第八十七条的规定支付了赔偿金的,不再支付经济补偿。赔偿金的计算年限自用工之日起计算。

风险点291：与连续工作满10年的劳动者签订固定期限劳动合同

【风险提示】

根据《劳动合同法》第十四条的规定,无固定期限劳动合同,是指用人单位与劳动者约定无确定终止时间的劳动合同。劳动者在同一用人单位连续工作满10年后,劳动者提出或者同意续订、订立劳动合同的,除劳动者本人提出订立固定期限劳动合同外,用人单位应当与劳动者订立无固定期限劳动合同。该法第八十二条规定,如果用人单位违反规定不与劳动者订立无固定期限劳动合同,自应当订立无固定期限劳动合同之日起向劳动者每月支付双倍的工资。可见,连续工作满10年的劳动者若没有提出订立固定期限劳动合同,用人单位与其签订固定期限劳动合同,将面临向劳动者每月支付双倍工资的风险。

【防范措施】

用人单位在与劳动者续订合同时,应当主动审查劳动者是否满足签订无固定期限劳动合同的条件。如果用人单位希望与连续工作满10年的劳动者签订固定期限的劳动合同,应当书面征求劳动者的意见,除劳动者自愿选择签订固定期限劳动合同外,用人单位应当与劳动者签订无固定期限劳动合同。

【法条链接】

《**劳动合同法**》**第十四条** 无固定期限劳动合同,是指用人单位与劳动者约定无确定终止时间的劳动合同。

用人单位与劳动者协商一致,可以订立无固定期限劳动合同。有下列情形之一,劳动者提出或者同意续订、订立劳动合同的,除劳动者提出订立固定期限劳动合同外,应当订立无固定期限劳动合同:

(一)劳动者在该用人单位连续工作满十年的;

(二)用人单位初次实行劳动合同制度或者国有企业改制重新订立劳动合同时,劳动者在该用人单位连续工作满十年且距法定退休年龄不足十年的;

(三)连续订立二次固定期限劳动合同,且劳动者没有本法第三十九条和第四十条第一项、第二项规定的情形,续订劳动合同的。

用人单位自用工之日起满一年不与劳动者订立书面劳动合同的,视为用人单位与劳动者已订立无固定期限劳动合同。

第八十二条第二款 用人单位违反本法规定不与劳动者订立无固定期限劳动合同的,自应当订立无固定期限劳动合同之日起向劳动者每月支付二倍的工资。

风险点292:在脱产培训期间未与劳动者约定工资如何支付

【风险提示】

脱产培训,是指在工作时间进行全职进修或培训。此时劳动者即使未实际从事劳动合同中约定的工作内容,用人单位也不得擅自克扣劳动者的工资,但也不排除用人单位与劳动者另作约定。

用人单位在脱产培训期间未与劳动者约定工资如何支付的,劳动者可主张按照劳动合同约定的原有劳动报酬标准支付工资。

【防范措施】

因为劳动者在脱产培训期间未为用人单位提供劳动,故用人单位与劳动者签订培训协议时可协商酌情减少劳动报酬。

【法条链接】

《**劳动合同法**》**第二十二条** 用人单位为劳动者提供专项培训费用,对其进行专业技术培训的,可以与该劳动者订立协议,约定服务期。

劳动者违反服务期约定的,应当按照约定向用人单位支付违约金。违约金的数额不得超过用人单位提供的培训费用。用人单位要求劳动者支付的违约金不得超过服务期尚未履行部分所应分摊的培训费用。

用人单位与劳动者约定服务期的,不影响按照正常的工资调整机制提高劳动者在服务期期间的劳动报酬。

第三十五条 用人单位与劳动者协商一致,可以变更劳动合同约定的内容。变更劳动合同,应当采用书面形式。

变更后的劳动合同文本由用人单位和劳动者各执一份。

《劳动法》第三条 劳动者享有平等就业和选择职业的权利、取得劳动报酬的权利、休息休假的权利、获得劳动安全卫生保护的权利、接受职业技能培训的权利、享受社会保险和福利的权利、提请劳动争议处理的权利以及法律规定的其他劳动权利。

劳动者应当完成劳动任务,提高职业技能,执行劳动安全卫生规程,遵守劳动纪律和职业道德。

风险点293:虽与劳动者约定服务期,但约定违约金数额过高

【风险提示】

用人单位在与劳动者约定服务期的同时可约定相应的违约金。《劳动合同法》第二十二条规定了违约金的计算办法:"违约金的数额不得超过用人单位提供的培训费用。用人单位要求劳动者支付的违约金不得超过服务期尚未履行部分所应分摊的培训费用。"可见,服务期尚未履行的,违约金总额不得超过企业提供专业技术培训费用总额。服务期正在履行的,违约金处于动态计算过程:对于已经履行的服务期,用人单位不得主张该期间对应分摊的培训费用;对于尚未履行的服务期,用人单位可主张该期间对应分摊的培训费用。例如,某用人单位安排某职工进行专业技术培训,共支出培训费用6万元,约定服务期3年,假设用人单位约定的违约金总额为6万元。若服务期履行满2年时该职工提出离职,则此时该职工应承担尚未履行服务期部分对应的培训费用,即承担1年服务期对应的培训费用,即2万元。

违约金数额约定违反法律规定的,用人单位可能面临以下法律风险:超出法定上限的违约金可能被认定为无效,该部分数额对劳动者不产生法律效力。

【防范措施】

用人单位与劳动者在专业技术培训服务期协议中约定违约金条款时,需要提前

明确培训费用总额,并注意违约金总额不得超过专项培训费用总额。服务期履行期间劳动者违约的,用人单位需根据剩余的服务期确定违约金数额。

【法条链接】

《劳动合同法》第二十二条　用人单位为劳动者提供专项培训费用,对其进行专业技术培训的,可以与该劳动者订立协议,约定服务期。

劳动者违反服务期约定的,应当按照约定向用人单位支付违约金。违约金的数额不得超过用人单位提供的培训费用。用人单位要求劳动者支付的违约金不得超过服务期尚未履行部分所应分摊的培训费用。

用人单位与劳动者约定服务期的,不影响按照正常的工资调整机制提高劳动者在服务期期间的劳动报酬。

风险点294:培训协议条款约定不完善

【风险提示】

培训协议条款应当具备合法性、完整性、合理性,其内容主要包括培训对象、培训内容、培训项目、培训费用、培训时间、培训地点、培训形式。用人单位安排劳动者进行专业技术培训,还可以约定合理的服务期期限与违约金。培训协议条款约定不完整的,可能导致以下后果:

1. 未约定培训时间、地点、受训人员或约定不明的,可能增加用人单位培训计划外的费用支出,培训管理易陷入混乱。

2. 未约定培训项目与培训内容或约定不明的,一方面难以核算培训费用,另一方面用人单位事后将难以举证证明培训性质属于专业技术培训,服务期协议可能无效,用人单位将无法主张违约金。

3. 未约定培训费用或约定不明的,将影响专业技术培训服务期协议中违约金的计算。

4. 专业技术培训协议中未约定服务期与违约金条款或约定不明的,用人单位将难以向劳动者主张违约金。

【防范措施】

用人单位应当严格审查培训协议的内容,避免协议内容违法或约定不完善,必要时应委托律师等专业人员参与协议的签订。需要注意的是,培训费用、服务期、违约责任条款应为重点审查对象。

【法条链接】

《劳动合同法》第二十二条　用人单位为劳动者提供专项培训费用，对其进行专业技术培训的，可以与该劳动者订立协议，约定服务期。

劳动者违反服务期约定的，应当按照约定向用人单位支付违约金。违约金的数额不得超过用人单位提供的培训费用。用人单位要求劳动者支付的违约金不得超过服务期尚未履行部分所应分摊的培训费用。

用人单位与劳动者约定服务期的，不影响按照正常的工资调整机制提高劳动者在服务期期间的劳动报酬。

《劳动合同法实施条例》第十六条　劳动合同法第二十二条第二款规定的培训费用，包括用人单位为了对劳动者进行专业技术培训而支付的有凭证的培训费用、培训期间的差旅费用以及因培训产生的用于该劳动者的其他直接费用。

风险点 295：不与劳务派遣员工签订无固定期限劳动合同

【风险提示】

关于劳务派遣单位是否应当与劳务派遣员工签订无固定期限劳动合同，司法实践中关于此问题一直存在争议。一种观点认为，劳务派遣被列入《劳动合同法》特别规定项下，有关劳务派遣单位与派遣员工订立2年以上的固定期限劳动合同的内容属于特别规定，应优先适用。另一种观点认为，劳务派遣的专章规定不应凌驾于《劳动合同法》的规定之上，即派遣员工只要符合《劳动合同法》第十四条规定的订立无固定期限合同条件，就应有权要求与派遣单位续订无固定期限劳动合同。

2015年以前，司法实践中以第一种观点为主，即倾向于认为劳务派遣单位无须与派遣员工订立无固定期限劳动合同，实践中较多劳务派遣单位与派遣员工的合同都是一签2年、2年一续。但是，近年司法裁判观点逐渐发生了变化，虽然暂无明确的规定意见，但司法实践中第二种观点开始逐步占据主导地位，如《广州市中级人民法院关于审理劳动人事争议案件若干问题的研讨会纪要》明确劳务派遣单位作为用人单位，应当履行用人单位对劳动者的义务，包括被派遣劳动者同样适用《劳动合同法》第十四条关于无固定期限劳动合同的规定。

【防范措施】

劳务派遣单位应当时刻关注此类立法及司法裁判观点的变化，并对实务操作进行及时调整，对于派遣员工符合《劳动合同法》第十四条规定的订立无固定期限劳动合同的法定条件的,如派遣员工要求订立无固定期限劳动合同,劳务派遣单位应当予以续订。

【法条链接】

《劳动合同法》第十四条 无固定期限劳动合同,是指用人单位与劳动者约定无确定终止时间的劳动合同。

用人单位与劳动者协商一致,可以订立无固定期限劳动合同。有下列情形之一,劳动者提出或者同意续订、订立劳动合同的,除劳动者提出订立固定期限劳动合同外,应当订立无固定期限劳动合同:

(一)劳动者在该用人单位连续工作满十年的;

(二)用人单位初次实行劳动合同制度或者国有企业改制重新订立劳动合同时,劳动者在该用人单位连续工作满十年且距法定退休年龄不足十年的;

(三)连续订立二次固定期限劳动合同,且劳动者没有本法第三十九条和第四十条第一项、第二项规定的情形,续订劳动合同的。

用人单位自用工之日起满一年不与劳动者订立书面劳动合同的,视为用人单位与劳动者已订立无固定期限劳动合同。

第五十八条 劳务派遣单位是本法所称用人单位,应当履行用人单位对劳动者的义务。劳务派遣单位与被派遣劳动者订立的劳动合同,除应当载明本法第十七条规定的事项外,还应当载明被派遣劳动者的用工单位以及派遣期限、工作岗位等情况。

劳务派遣单位应当与被派遣劳动者订立二年以上的固定期限劳动合同,按月支付劳动报酬;被派遣劳动者在无工作期间,劳务派遣单位应当按照所在地人民政府规定的最低工资标准,向其按月支付报酬。

《广州市中级人民法院关于审理劳动人事争议案件若干问题的研讨会纪要》

28.劳务派遣是一种特殊的用工形式,劳务派遣单位作为用人单位,应当履行用人单位对劳动者的义务。故劳务派遣用工适用《劳动合同法》关于劳动合同的订立、履行、变更、解除和终止等一般规定,同样也适用《劳动合同法》第十四条关于无固定期限劳动合同的规定。

风险点296:劳务派遣协议中约定"用工单位随时退回被派遣劳动者"的条款

【风险提示】

用工单位退工必须依据《劳动合同法》第六十五条的规定,而不能私自与劳务派遣单位随意约定退工情形和条件,如在劳务派遣协议中约定"用工单位有权随时退回被派遣劳动者,无须承担任何责任"的条款,因违反法律强制性规定,属于无效约定。

【防范措施】

用工单位不得私自与劳务派遣单位随意约定退工情形和条件。另外,用工单位决定退回被派遣人员的,应谨慎审查退回行为是否符合《劳动合同法》允许的退工情形,避免承担赔偿责任。

【法条链接】

《劳动合同法》第六十五条　被派遣劳动者可以依照本法第三十六条、第三十八条的规定与劳务派遣单位解除劳动合同。

被派遣劳动者有本法第三十九条和第四十条第一项、第二项规定情形的,用工单位可以将劳动者退回劳务派遣单位,劳务派遣单位依照本法有关规定,可以与劳动者解除劳动合同。

《劳务派遣暂行规定》第十二条　有下列情形之一的,用工单位可以将被派遣劳动者退回劳务派遣单位:

(一)用工单位有劳动合同法第四十条第三项、第四十一条规定情形的;

(二)用工单位被依法宣告破产、吊销营业执照、责令关闭、撤销、决定提前解散或者经营期限届满不再继续经营的;

(三)劳务派遣协议期满终止的。

被派遣劳动者退回后在无工作期间,劳务派遣单位应当按照不低于所在地人民政府规定的最低工资标准,向其按月支付报酬。

第十三条　被派遣劳动者有劳动合同法第四十二条规定情形的,在派遣期限届满前,用工单位不得依据本规定第十二条第一款第一项规定将被派遣劳动者退回劳务派遣单位;派遣期限届满的,应当延续至相应情形消失时方可退回。

第十五条　被派遣劳动者因本规定第十二条规定被用工单位退回,劳务派遣单位重新派遣时维持或者提高劳动合同约定条件,被派遣劳动者不同意的,劳务派遣单位可以解除劳动合同。

被派遣劳动者因本规定第十二条规定被用工单位退回,劳务派遣单位重新派遣时降低劳动合同约定条件,被派遣劳动者不同意的,劳务派遣单位不得解除劳动合同。但被派遣劳动者提出解除劳动合同的除外。

第十六条　劳务派遣单位被依法宣告破产、吊销营业执照、责令关闭、撤销、决定提前解散或者经营期限届满不再继续经营的,劳动合同终止。用工单位应当与劳务派遣单位协商妥善安置被派遣劳动者。

第十七条　劳务派遣单位因劳动合同法第四十六条或者本规定第十五条、第十六条规定的情形,与被派遣劳动者解除或者终止劳动合同的,应当依法向被派遣劳动者支付经济补偿。

风险点 297:违法解除或终止劳动合同

【风险提示】

我国《劳动合同法》第四十八条规定,用人单位违反该法规定解除或者终止劳动合同,劳动者要求继续履行劳动合同的,用人单位应当继续履行;劳动者不要求继续履行劳动合同或者劳动合同已经不能继续履行的,用人单位应当依照经济补偿标准的双倍向劳动者支付赔偿金。可见,企业违法解除或终止劳动合同的,劳动者有权选择继续履行原合同或者选择要求支付赔偿金,该选择权由劳动者行使。

【防范措施】

企业应当组织人事部门认真学习《劳动合同法》的相关规定,不得违法解除或终止劳动合同。在解除劳动合同的实务中,较多企业不注重解除劳动合同通知书送达的重要性。相当多的企业口头解除,根本谈不上"解除劳动合同通知书送达"。如果劳动者因企业未送达而没有收到通知,或者劳动者已收到通知但企业没有办法证明劳动者收到,就起不到劳动合同解除的法律效力。企业如果因为送达解除劳动合同通知书不合法而被认定为违法解除劳动合同,可能要为此支付赔偿金。

【法条链接】

《劳动合同法》第四十八条　用人单位违反本法规定解除或者终止劳动合同,劳动者要求继续履行劳动合同的,用人单位应当继续履行;劳动者不要求继续履行劳动合同或者劳动合同已经不能继续履行的,用人单位应当依照本法第八十七条规定支付赔偿金。

第八十七条　用人单位违反本法规定解除或者终止劳动合同的,应当依照本法第四十七条规定的经济补偿标准的二倍向劳动者支付赔偿金。

风险点 298:劳动合同约定"用人单位可根据需要进行调岗,员工必须服从"的条款

【风险提示】

工作岗位既是员工工作内容的重要体现形式,也是员工决定是否签约的重要因

素。为防止用人单位滥用优势地位,在签约后随意变更劳动合同,损害劳动者的合法权益,《劳动合同法》对劳动合同的变更做了更严格的规定。根据《劳动合同法》的规定,劳动合同变更应当满足两个条件:(1)必须经过双方协商一致;(2)必须采取书面形式。调整岗位作为合同变更的重要内容,用人单位若没有经过协商而单方调岗,员工有权拒绝,劳动合同应当按原约定继续履行。

有的用人单位在变更劳动合同时存在一个误区,认为用人单位依法享有用工自主权,要怎么安排员工和调换员工岗位是自己的事,劳动者必须服从。事实却并非如此,根据《劳动合同法》的规定,除法律规定的用人单位有权单方变更的情形之外,用人单位要变更劳动合同,必须与员工协商一致,否则变更无效。

实务中,由于劳动合同履行过程中协商变更很难达成一致,因此有的用人单位往往通过劳动合同将这种事后协商变成事前协商,如约定"用人单位可根据需要进行调岗,员工必须服从"的条款;这种条款通常不具有法律效力,用人单位据此作出的调岗决定不受法律保护。

【防范措施】

用人单位不得在劳动合同中约定"可根据需要进行调岗,员工必须服从"等类似条款。用人单位在对劳动者岗位进行调整和变动时,首先,遵循合理原则,调动后的岗位以及该岗位的技能要求与原岗位及原岗位的技能要求不能相差太大,如让销售人员去做财务工作,可能会导致劳动者无法胜任新岗位的工作;其次,遵守诚实信用原则,要与劳动者协商一致,更不能通过调岗达到降低劳动者薪酬的目的。

【法条链接】

《劳动合同法》第三十五条　用人单位与劳动者协商一致,可以变更劳动合同约定的内容。变更劳动合同,应当采用书面形式。

变更后的劳动合同文本由用人单位和劳动者各执一份。

《最高人民法院关于审理劳动争议案件适用法律问题的解释(一)》第四十三条　用人单位与劳动者协商一致变更劳动合同,虽未采用书面形式,但已经实际履行了口头变更的劳动合同超过一个月,变更后的劳动合同内容不违反法律、行政法规且不违背公序良俗,当事人以未采用书面形式为由主张劳动合同变更无效的,人民法院不予支持。

风险点 299：口头变更劳动合同

【风险提示】

《劳动合同法》第三十五条对劳动合同变更的形式要求采取严格的书面变更制度，但 2021 年 1 月 1 日施行的《最高人民法院关于审理劳动争议案件适用法律问题的解释（一）》第四十三条在这方面做了一定的变通，即变更劳动合同"虽未采用书面形式，但已经实际履行了口头变更的劳动合同超过一个月，变更后的劳动合同内容不违反法律、行政法规且不违背公序良俗，当事人以未采用书面形式为由主张劳动合同变更无效的，人民法院不予支持"。可见，企业通过口头形式变更劳动合同，变更后的合同实际履行未超过 1 个月的，将面临劳动者反悔的风险。

【防范措施】

为避免劳动者事后反悔，企业与劳动者对变更劳动合同的内容协商一致后，应当签订书面协议。

【法条链接】

《劳动合同法》第三十五条　用人单位与劳动者协商一致，可以变更劳动合同约定的内容。变更劳动合同，应当采用书面形式。

变更后的劳动合同文本由用人单位和劳动者各执一份。

《最高人民法院关于审理劳动争议案件适用法律问题的解释（一）》第四十三条　用人单位与劳动者协商一致变更劳动合同，虽未采用书面形式，但已经实际履行了口头变更的劳动合同超过一个月，变更后的劳动合同内容不违反法律、行政法规且不违背公序良俗，当事人以未采用书面形式为由主张劳动合同变更无效的，人民法院不予支持。

风险点 300：医疗期满解除劳动合同

【风险提示】

医疗期，是指劳动者因患病或非因工负伤而停止工作治病休息，用人单位不得解除劳动合同的期间。医疗期是法律对劳动者权利的保障期间；在此期间内，用人单位不得随意解除劳动合同。实务中，有的用人单位为了钻法律的空子，不在医疗期内解除合同，而是在员工医疗期满后解除劳动合同，以为这样就没有风险；但这种想法是错误的，因为劳动者在医疗期满后解除劳动合同是附条件的，只有劳动者在规定的医疗期满后不能从事原工作,也不能从事由用人单位另行安排的工作时,用人单位方可解除劳动合同。用人单位医疗期届满后立即解除劳动合同,属于违法解除劳动合同,需要承担支付赔偿金等不利后果。

【防范措施】

用人单位在劳动者就医期间,可以调查核实劳动者的就医情况,了解劳动者病假期间的动向。在劳动者医疗期届满前向其发送书面通知(如医疗期满通知书),通知其于医疗期满后可返岗工作,如果劳动者在医疗期满后不能从事原工作,则用人单位应另行安排与其身体素质相称的工作(以上程序公司均需保留证据)。如果在此情况下,员工仍然不返岗工作,用人单位方可解除劳动合同。

【法条链接】

《劳动合同法》第四十条　有下列情形之一的,用人单位提前三十日以书面形式通知劳动者本人或者额外支付劳动者一个月工资后,可以解除劳动合同:

(一)劳动者患病或者非因工负伤,在规定的医疗期满后不能从事原工作,也不能从事由用人单位另行安排的工作的;

(二)劳动者不能胜任工作,经过培训或者调整工作岗位,仍不能胜任工作的;

(三)劳动合同订立时所依据的客观情况发生重大变化,致使劳动合同无法履行,经用人单位与劳动者协商,未能就变更劳动合同内容达成协议的。

第四十二条　劳动者有下列情形之一的,用人单位不得依照本法第四十条、第四十一条的规定解除劳动合同:

(一)从事接触职业病危害作业的劳动者未进行离岗前职业健康检查,或者疑似职业病病人在诊断或者医学观察期间的;

(二)在本单位患职业病或者因工负伤并被确认丧失或者部分丧失劳动能力的;

(三)患病或者非因工负伤,在规定的医疗期内的;

(四)女职工在孕期、产期、哺乳期的;

(五)在本单位连续工作满十五年,且距法定退休年龄不足五年的;

(六)法律、行政法规规定的其他情形。

风险点301:以劳动者不能胜任工作为由解除劳动合同

【风险提示】

非过错性解除劳动合同,是指劳动者不存在主观过错但基于某些客观原因,用人单位可以依法单方解除劳动合同。法律对于非过错性解除劳动合同,设定了较为严格的解除条件和程序,用人单位在实务操作中必须十分谨慎。对于不能胜任工作的员工,仅凭一次不胜任工作的结论,用人单位是不能解除劳动合同的,而应当安排调岗或培训,对同一员工应至少作出两次不胜任工作的结论,才能解除劳动合同。

【防范措施】

对于不能胜任工作的劳动者,用人单位不得直接解雇,而应当进行培训或者调整工作岗位;其仍不能胜任工作的,才可以解除劳动合同。需要注意的是,在培训或调岗期间,用人单位应当保留相应证据。

【法条链接】

《劳动合同法》第四十条　有下列情形之一的,用人单位提前三十日以书面形式通知劳动者本人或者额外支付劳动者一个月工资后,可以解除劳动合同:

(一)劳动者患病或者非因工负伤,在规定的医疗期满后不能从事原工作,也不能从事由用人单位另行安排的工作的;

(二)劳动者不能胜任工作,经过培训或者调整工作岗位,仍不能胜任工作的;

(三)劳动合同订立时所依据的客观情况发生重大变化,致使劳动合同无法履行,经用人单位与劳动者协商,未能就变更劳动合同内容达成协议的。

风险点302:依《公司法》解除董事、监事职务,但未依《劳动合同法》解除劳动合同

【风险提示】

与用人单位存在劳动关系的董事、监事被解除职务后,如果用人单位直接将其辞退,其可能提出公司虽然有权依据《公司法》解除其职务,但直接辞退违反《劳动合同法》,属于违法解除劳动关系。其可能要求恢复劳动关系,继续履行劳动合同;不要求继续履行劳动合同或者劳动合同已经不能继续履行的,其可能要求用人单位依法支付赔偿金。

【防范措施】

根据《公司法》的规定,公司董事、监事由股东会选举、更换,故其免职应适用《公司法》,不适用劳动法律。如果董事、监事在公司兼任高级管理人员或者担任公司其他职务,公司依照《公司法》免除上述签有劳动合同的人员的职务后欲解除劳动合同

的,应当注意审查是否符合《劳动合同法》的规定。

【法条链接】

《**劳动合同法**》**第三十八条** 用人单位有下列情形之一的,劳动者可以解除劳动合同:

（一）未按照劳动合同约定提供劳动保护或者劳动条件的;

（二）未及时足额支付劳动报酬的;

（三）未依法为劳动者缴纳社会保险费的;

（四）用人单位的规章制度违反法律、法规的规定,损害劳动者权益的;

（五）因本法第二十六条第一款规定的情形致使劳动合同无效的;

（六）法律、行政法规规定劳动者可以解除劳动合同的其他情形。

用人单位以暴力、威胁或者非法限制人身自由的手段强迫劳动者劳动的,或者用人单位违章指挥、强令冒险作业危及劳动者人身安全的,劳动者可以立即解除劳动合同,不需事先告知用人单位。

第三十九条 劳动者有下列情形之一的,用人单位可以解除劳动合同:

（一）在试用期间被证明不符合录用条件的;

（二）严重违反用人单位的规章制度的;

（三）严重失职,营私舞弊,给用人单位造成重大损害的;

（四）劳动者同时与其他用人单位建立劳动关系,对完成本单位的工作任务造成严重影响,或者经用人单位提出,拒不改正的;

（五）因本法第二十六条第一款第一项规定的情形致使劳动合同无效的;

（六）被依法追究刑事责任的。

第四十条 有下列情形之一的,用人单位提前三十日以书面形式通知劳动者本人或者额外支付劳动者一个月工资后,可以解除劳动合同:

（一）劳动者患病或者非因工负伤,在规定的医疗期满后不能从事原工作,也不能从事由用人单位另行安排的工作的;

（二）劳动者不能胜任工作,经过培训或者调整工作岗位,仍不能胜任工作的;

（三）劳动合同订立时所依据的客观情况发生重大变化,致使劳动合同无法履行,经用人单位与劳动者协商,未能就变更劳动合同内容达成协议的。

《**公司法**》**第五十九条** 股东会行使下列职权:

（一）选举和更换董事、监事,决定有关董事、监事的报酬事项;

（二）审议批准董事会的报告;

（三）审议批准监事会的报告;

（四）审议批准公司的利润分配方案和弥补亏损方案;

（五）对公司增加或者减少注册资本作出决议；

（六）对发行公司债券作出决议；

（七）对公司合并、分立、解散、清算或者变更公司形式作出决议；

（八）修改公司章程；

（九）公司章程规定的其他职权。

股东会可以授权董事会对发行公司债券作出决议。

对本条第一款所列事项股东以书面形式一致表示同意的，可以不召开股东会会议，直接作出决定，并由全体股东在决定文件上签名或者盖章。

第六十八条 有限责任公司董事会成员为三人以上，其成员中可以有公司职工代表。职工人数三百人以上的有限责任公司，除依法设监事会并有公司职工代表的外，其董事会成员中应当有公司职工代表。董事会中的职工代表由公司职工通过职工代表大会、职工大会或者其他形式民主选举产生。

董事会设董事长一人，可以设副董事长。董事长、副董事长的产生办法由公司章程规定。

第七十六条 有限责任公司设监事会，本法第六十九条、第八十三条另有规定的除外。

监事会成员为三人以上。监事会成员应当包括股东代表和适当比例的公司职工代表，其中职工代表的比例不得低于三分之一，具体比例由公司章程规定。监事会中的职工代表由公司职工通过职工代表大会、职工大会或者其他形式民主选举产生。

监事会设主席一人，由全体监事过半数选举产生。监事会主席召集和主持监事会会议；监事会主席不能履行职务或者不履行职务的，由过半数的监事共同推举一名监事召集和主持监事会会议。

董事、高级管理人员不得兼任监事。